LES PLAISIRS CACHÉS DE LA VIE

Du même auteur

The Political System of Napoleon III, Macmillan, 1958.
Emile Ollivier and the Liberal Empire of Napoleon III, Clarendon Press, 1963.
Histoire des passions françaises, 5 vol., t. I, *Ambition et Amour*, 1980 ; t. II, *Orgueil et Intelligence*, 1980, t. III, *Goût et Corruption*, 1981, t. IV, *Colère et Politique*, 1981, t. V, *Anxiété et Hypocrisie*, 1981, Seuil, coll. « Points Histoire » et Payot, coll. « Grande Bibliothèque Payot », en 2 vol.
Les Français, Fayard, 1983, « Points Actuels », 1984.
Le Bonheur, Fayard, 1988, et LGF, 1989.
Les Françaises et l'histoire intime de l'humanité (An Intimate History of Humanity), Fayard, 1994.
De la conversation, Fayard, 1999.

Theodore Zeldin

Les plaisirs cachés de la vie

Traduit de l'anglais
par Odile Demange

Fayard

Couverture Atelier Didier Thimonier
Dessins originaux de l'auteur
photo © Hannah Assouline

ISBN 978-2-213-68175-7

Pour Deirdre Wilson

Sommaire

Préface

Indignez-vous ! Calmez-vous ! Enrichissez-vous ! Travaillez plus ! Amusez-vous ! Soyez heureux ! Cachez vos rides ! Ces exhortations et d'autres de la même veine sont-elles les seules armes dont nous disposions pour nous défendre des cruautés de la vie ? L'humanité n'est plus ce qu'elle était lorsque ces formes anciennes de protection ont été inventées. Son savoir est plus vaste que jamais et elle a subi plus de désillusions qu'elle ne saurait en compter. Elle est libre désormais de s'affranchir de sa dépendance à l'égard de versions corrompues d'idéaux qui semblaient autrefois resplendir de beauté et d'espoir.

Je vous invite à reconsidérer, une à une, certaines des grandes décisions que vous avez à prendre. Chacun de mes chapitres vous pose une question. Chacun donne d'abord la parole à un être d'une autre époque, d'une autre civilisation, qui cherche à y répondre en faisant le récit de son expérience personnelle. Cela m'entraîne dans une conversation au cours de laquelle j'examine les autres réponses envisageables aujourd'hui, les occasions manquées du passé et les possibilités qui se sont manifestées depuis. Les personnages de cet ouvrage ne sont pas des héros à imiter. Si je les ai choisis, c'est, d'une part, parce qu'ils ont laissé des témoignages personnels d'une singulière franchise, suggérant qu'il est parfois plus facile de connaître les morts – quand leurs secrets intimes sont révélés – que les vivants – qui se donnent tant de mal pour dissimuler les leurs –, et, d'autre part, parce qu'ils m'ont inspiré des réflexions inattendues sur les tentatives dans lesquelles les humains pourraient s'engager à l'avenir. Ils m'ont incité à élargir ma conception de la vie, ils m'ont révélé mes manques et m'ont appris à faire la différence entre l'être humain et les opinions d'emprunt que chacun exprime. Au-delà de la narration et de l'explication, l'Histoire peut également être une provocation de l'imagination,

Je commence par les plaisirs et les peines d'être un individu aujourd'hui, souvent désemparé par des illusions sur les autres aussi bien que sur lui-même (chapitres 1-7). Quelles voies encore inexplorées s'offrent à ceux qui sont pris en tenaille entre la lutte pour obtenir l'approbation d'autrui et l'affirmation de leur droit à l'indépendance ? Et à ceux qui croient avoir conquis leur liberté et se retrouvent sans perspective ni pouvoir, ou injustement sous-estimés ? Les individus peuvent-ils trouver de nouveaux moyens d'exprimer la frustration que leur inspire une organisation de la civilisation qui ne leur convient pas ? Peuvent-ils sortir de l'impasse de la pauvreté et de l'endettement, ou, dans des cas plus rares, de l'excès d'argent ?

Je pars alors à la rencontre de ceux qui ont été transformés par leur appartenance à de vastes groupes, à une nation ou à une religion (chapitres 8 à 16). Plus j'explore l'histoire de ces groupes, plus j'essaie de comprendre comment ils sont devenus ce qu'ils sont, c'est-à-dire très différents de ce qu'ils étaient au départ, et plus je prends conscience que les barrières apparemment inexpugnables dont ils s'entourent sont moins étanches qu'elles ne le paraissent. Sous la surface des métaphores dont ils se servent pour se différencier, et sous celle des slogans qui dissimulent des conflits internes voire détournent l'attention d'idéaux abandonnés se cachent bien des incertitudes. Est-il inévitable que les gens oublient qu'ils regrettent rétrospectivement la violence que leurs engagements passionnés ont engendrée ? Pourquoi le plaisir qu'ils éprouvent à rire des folies humaines a-t-il si peu contribué à les éviter ? Dans l'histoire des relations entre les hommes et les femmes (chapitres 17-21), je relève quelques pistes qui pourraient contribuer à dissoudre peu à peu certaines habitudes débilitantes.

J'aborde ensuite une grande énigme : pourquoi tant de gens passent-ils une partie si importante de leurs journées à exercer des emplois ennuyeux, futiles, voire serviles ? Pourquoi n'existe-t-il pas suffisamment d'emplois intéressants et susceptibles de convenir aux talents de nouvelles générations (chapitres 22 à 25) ? Les désillusions, les trahisons, les infidélités sont encore plus nombreuses dans le milieu du travail qu'au sein des familles (chaque mois, deux millions d'Américains quittent leur emploi). Mes aventures au sein d'entreprises et de gouvernements m'ont fait comprendre à quel point ceux-ci ont du mal à changer, mais aussi qu'ils pourraient être bien différents. Le sens premier du mot anglais *business* était « angoisse », « détresse », « excès de zèle », « difficulté ». Je m'interroge sur la possibilité qu'il retrouve un sens nouveau, qu'il élabore une philosophie plus exaltante. Les triomphes de la technologie et de la médecine ont été le fruit d'une expérimentation incessante, d'une abondance de « recherche et développement ». Pourquoi d'autres professions et entreprises ne disposeraient-elles pas, parallèlement à leurs pratiques existantes, de l'équivalent d'un laboratoire leur permettant d'étudier, à échelle réduite, différentes manières de se réinventer, de réaliser un plus large éventail de leurs aspirations présentes ?

Mes derniers chapitres (26 à 28) sont consacrés à l'art de réfléchir sur la signification des années qui passent. J'en conclus qu'il est possible d'apercevoir même le vieillissement et la perspective de la mort sous une autre lumière.

Pourrait-on donc répartir différemment les énergies humaines entre rapports sexuels, commerciaux, et verbaux ? C'est par la conversation intime, en tête à tête, que, souvent, les humains arrivent à surmonter leur méfiance mutuelle et leurs malentendus. Pourtant, bien des conversations méritent à peine ce nom, parce qu'elles sont précipitées, entravées par les contraintes de la politesse et du statut social, la version humaine d'un chant d'oiseau qui ressasserait inlassablement le même refrain au sein du même cercle étroit de personnes. Un livre en revanche est une invitation à s'engager dans une conversation silencieuse avec un auteur et ses personnages, au rythme qui convient au lecteur. À la différence d'un thriller qui cherche à vous dissuader de le reposer avant de l'avoir fini, chacun de mes chapitres vous convie à interrompre votre lecture afin de méditer, réfléchir et amorcer vos propres conversations. J'aimerais bien savoir ce que vous voyez et comprenez que je ne vois ni ne comprends. Si nous nous disions des choses que nous n'avons encore jamais dites, peut-être pourrions-nous discuter de l'avenir de manière plus fructueuse.

Cependant, Thomas Edison avait affiché cet avertissement à la porte de son laboratoire : « L'homme ne reculera devant aucun expédient pour s'éviter le véritable travail de la réflexion. » Ce à quoi un humoriste rétorqua : « Pourquoi un homme devrait-il réfléchir alors que M. Edison tire ses conclusions à sa place ? Personnellement, nous accepterions de réfléchir toute la journée pour nous éviter le véritable travail. » Je préfère considérer la réflexion comme une activité de sociabilité. C'est bien souvent en rassemblant des idées et des individus issus de sphères différentes que la pensée évolue et que les découvertes surgissent. Dénicher des liens insoupçonnés entre des personnages dissemblables, entre des opinions apparemment incompatibles et entre le passé et le présent, ce duo aussi querelleur qu'inséparable, c'est s'ouvrir les portes des plaisirs cachés. Il est salutaire de voir le monde qui nous entoure non seulement sous des couleurs vives et bigarrées, mais aussi en sépia, qui suggère des rapprochements imprévus.

En publiant ce volume en français, avant sa parution dans sa langue anglaise originale, je reconnais ma dette et j'exprime ma chaleureuse reconnaissance à l'égard d'une civilisation qui a été une compagne et une inspiratrice constantes tout au long de ma vie d'adulte. Je sais à présent pourquoi Voltaire a eu besoin de l'Angleterre pour élaborer ses idées sur la liberté. Pour ma part, j'ai eu besoin de la France pour comprendre le concept de l'art de vivre.

1.

Quelle est la grande aventure de notre temps ?

En 1853, un étudiant iranien de vingt-trois ans quitta son foyer de Sultanabad parce qu'il ne voulait pas se marier comme l'y exhortaient ses parents. Il craignait en effet, en se fixant à un âge aussi précoce, de se condamner « à passer toute [sa] vie au même endroit et à ne rien apprendre du monde ». Prenant pour tout bagage trois miches de pain et ne portant que des vêtements d'été, il prit la direction du nord sans trop savoir où il allait. Il se retrouva ainsi en Russie. Pendant dix-huit ans, il continua à marcher et à voyager, parcourant la plupart des pays d'Europe, les États-Unis, le Japon, la Chine, l'Inde et l'Égypte. Il fit neuf fois le pèlerinage de La Mecque. « Aucune infirmité au monde n'est pire que l'ignorance », écrivit-il dans son journal intime.

Sans doute bien des routards ont-ils effectué d'aussi longs périples, mais lequel d'entre eux a, comme Hajj Sayyah, pris la peine d'apprendre la langue de presque tous les pays qu'il a visités, gagnant son gîte et son couvert comme traducteur ? Sans argent, sans lettres de recommandation, sans famille influente pour le soutenir, il n'en obtint pas moins audience auprès du tsar de Russie, du pape, des rois de Grèce et de Belgique, de Bismarck et de Garibaldi, et rencontra à plusieurs reprises Ulysses Grant, président des États-Unis.

Il fut le premier Iranien à obtenir la citoyenneté américaine. Bienvenu partout, il prouva que l'amabilité, la politesse et la modestie peuvent accomplir des prodiges. Il ne fut victime que d'une seule agression, à Naples, et ne fut insulté qu'une fois, par le consul ottoman dans la même ville : « Il est iranien, remarqua celui-ci ; comment pouvons-nous le croire ? » Mais, dès qu'il le connut mieux, le diplomate lui présenta ses excuses. Quant aux pickpockets napolitains, ils devinrent ses amis et lui accordèrent gratuitement le gîte dans la maison où ils formaient leurs « apprentis ». Ignorant toute rancune, il s'interrogeait simplement : « Comment peut-il y avoir des différences aussi considérables au sein du genre humain ? Comment peut-on être à ce point mesquin ou, au contraire, aussi noble ? »

Son insatiable curiosité ne le conduisit pas seulement à visiter les musées de toutes les villes où il se rendait, mais aussi leurs écoles, leurs bibliothèques, leurs églises, leurs usines, leurs jardins botaniques, leurs zoos, leurs prisons, leurs théâtres. Quand on lui demandait qui il était, il répondait : « Une créature de Dieu, un étranger dans cette ville. » Sa maxime préférée était : « Garde le secret sur ta richesse, ta destination et ta religion. » Il prenait plaisir à être un « homme ordinaire », capable de découvrir à quel point chaque homme ordinaire est extraordinaire. « Si j'étais roi, je ne verrais jamais les choses ainsi, parce que les rois ne peuvent fréquenter les pauvres. Le roi cherche à montrer son apparence aux gens alors que les pauvres cherchent à voir les gens tels qu'ils sont. Ils se déplacent librement et sans crainte. Personne ne les remarque, mais ils voient tout et tout le monde. »

Si les autres se montaient aussi bons envers lui, s'ils l'invitaient à venir chez eux, à les accompagner au théâtre et à participer à leurs sorties, c'est parce que, ce faisant, ils lui rendaient l'intérêt qu'il leur manifestait. Il n'approuvait pas tout pour autant et critiqua ainsi ouvertement la fabrication d'armes quand il rencontra le roi des Belges. Il prit bonne note des plaintes amères que suscitaient la pauvreté et l'oppression. Mais, à Paris, il écrivit : « Les gens d'ici jouissent de la liberté. Ils disent librement ce qu'ils veulent. Personne ne se mêle des affaires des autres... Le chagrin abrège la vie. Ces gens-là n'ont pas de chagrin, ils devraient ne jamais mourir. »

Quand il eut fini par regagner l'Iran, il s'engagea dans l'aventure ô combien différente de la vie publique, recherchant des solutions politiques aux maux de l'humanité. Indigné par les « épreuves et atrocités imméritées que des bêtes elles-mêmes ne supporteraient pas, et les humains moins encore, et qui sont pourtant infligées aux pauvres sujets persans infortunés et ignorants comme moi », il rejoignit le mouvement de lutte contre la corruption et les abus du gouvernement qui allait conduire à la révolution de 1905. Membre actif de la plus influente société secrète qui œuvrait pour le changement, il fut envoyé en prison puis en relégation à la campagne. Lorsque sa vie sembla menacée, il se réfugia cinq mois durant à l'ambassade des États-Unis. Au lendemain de la révolution, très admiré pour sa sagesse et son humilité, il fut surnommé l'Annonciateur secret du Mouvement humaniste. Le mot persan que l'on traduit par « humaniste » est *adamiyat*. Hajj Sayyah était un représentant de la « Confrérie de l'humanité » (*ashab-e adamiyat*). Mais la politique était et reste trop déchirée par les rivalités et les inimitiés pour que les idéaux d'Hajj Sayyah aient pu et puissent se réaliser. Par ailleurs, les routards ne recherchent d'ordinaire qu'une solution temporaire, repoussant le jour où il leur faudra revêtir la camisole de force propre aux institutions rigides. Quelle autre voie suivre ?

Ses dix-huit années de voyage ont été pour Hajj Sayyah une aventure, l'inverse même d'une carrière. Il se distinguait cependant d'aventuriers tels que Cortés – en quête d'un royaume, employant les armes traditionnelles, la force et la ruse – ou Christophe Colomb – attiré par l'or légendaire des Indes. Il n'avait rien de commun avec les pirates et les courtisans, les mercenaires et les chercheurs d'or californiens dont on faisait d'ordinaire l'archétype des aventuriers, pas plus qu'avec la définition qu'en donnait l'Académie française en 1823 : « Celui qui est sans nom et sans fortune, et qui vit d'intrigue. » Cela ne fait pas longtemps qu'il a cessé d'être insultant de se faire traiter d'aventurier, le terme ayant évolué pour désigner, au contraire, un idéaliste en quête de ce que n'offre pas la société ; mais cette acception n'a souvent recouvert qu'une vague aspiration à l'exotisme, à des sensations nouvelles ou à une simplicité primitive, un mépris des ambitions matérielles, voire le rejet de toute ambition sur le modèle du poète Rimbaud pour qui tout but était inepte. L'esprit d'aventure peut être associé à une évasion aussi bien qu'à un exploit purement personnel, ou encore au triomphe de la technologie, à l'instar du voyage dans la Lune.

Presque un siècle exactement après le début des pérégrinations d'Hajj Sayyah, Simon Murray, un jeune Anglais de dix-neuf ans, plaqué par sa petite amie et s'ennuyant à périr dans la fonderie de Manchester où il travaillait, s'est engagé dans la Légion étrangère française. Il voulait se prouver qu'il méritait un sort meilleur, qu'il avait la force nécessaire pour survivre aux épreuves et aux guerres les plus effroyables. Sa récompense a été la confiance en soi. Il a écrit un livre révélant un remarquable talent littéraire, dans lequel il raconte comment il a surmonté la cruauté et les dangers du désert. Son récit est d'ailleurs si captivant qu'on en a fait un film. Il s'est ensuite lancé dans les affaires, a dirigé d'énormes entreprises et s'est considérablement enrichi. Pourtant, cela ne lui suffisait toujours pas. Sexagénaire, il a réitéré son acte de défi juvénile en menant une expédition en solitaire dans l'Antarctique. Ses aventures s'inscrivent toutefois dans une tradition où l'on accomplit des actions parce qu'elles sont difficiles et constituent un vrai défi. Elles apportent un complément à la vie, comme le sport, elles permettent de s'évader de l'ordinaire, mais ne changent pas la vie. Si elles ont été importantes pour lui, l'existence des autres s'est poursuivie inchangée, tout aussi ordinaire. D'autres types d'aventures sont pourtant possibles.

Si vous et moi nous étions rencontrés au XVIe siècle, voici ce que je vous aurais dit : la grande aventure de notre temps est la découverte de nouveaux continents et d'océans inconnus. Cessons de ruminer nos motifs de mécontentement et cherchons un objectif plus exaltant. Partez en Amérique ! Ensuite, nous explorerons le reste du monde. Comment pourrions-nous croire avoir véritablement vécu tant que nous n'aurons pas contemplé toute l'étendue de la demeure de l'humanité ?

Un siècle plus tard, je vous aurais dit : la grande aventure de notre temps, c'est la science. Elle nous révélera l'existence, au-delà de ce que nous pouvons voir, toucher et entendre, d'un monde encore plus étonnant. Aucun objet n'est ce qu'il paraît être. Découvrons les secrets de la nature : ils promettent d'être bien plus surprenants que les fantaisies de la magie.

Au XVIIIe siècle, une merveilleuse aventure promettait l'avènement d'une ère d'égalité tout à fait inédite. Venez rejoindre la lutte contre les tyrannies publiques et privées, aurais-je pu vous dire. Renversons les despotes et proclamons la liberté pour tous. Assurons-nous que tout un chacun est en droit d'aspirer à n'importe quel type de réussite, aussi pauvres qu'aient été ses parents.

S'ajoutent à celles-là des aventures qui existent depuis la nuit des temps. La première est la quête d'une raison d'être et d'une existence moins égocentrique ; c'est ce qu'enseignent les religions et les idéologies. La deuxième, tout aussi ancienne mais négligée jusqu'à son récent retour en force, s'attache à vivre en harmonie avec toutes les créatures et plantes de la planète, avec des mers et une nature qui se renouvellent en permanence. La troisième est la recherche de la beauté et la faculté de l'apprécier sous des formes multiples, révélant ainsi que l'imagination est sans limites.

Chacune de ces aventures reste suffisamment attrayante pour absorber un individu sa vie durant, mais, depuis leur conception, un nouvel horizon est apparu. La compréhension de l'immensité de l'univers et de ses particules minuscules s'est transformée de fond en comble. Les hommes et les femmes ont été refaçonnés par l'éducation, l'information, par des expériences et des attentes qui n'avaient encore jamais vu le jour. Le monde se remplit d'un nouveau genre d'êtres humains. Bien des gens ne se satisfont plus de gagner laborieusement leur vie en n'exploitant qu'une fraction de leurs talents, en appliquant des méthodes inventées de longue date pour des créatures nettement plus soumises. Chacun a été formé pour se spécialiser dans un domaine unique et développer des compétences qui, certes, peuvent apporter une profonde satisfaction, mais risquent aussi de rétrécir l'imagination. Le « sens de la vie » n'est plus aussi clair qu'il était censé l'être jadis. Jamais encore autant d'êtres humains ne se sont posé autant de questions sur le but de leur existence, au-delà du labeur quotidien et des plaisirs nocturnes. Les vieilles croyances menacent de s'effondrer, réduisant l'individu à la nudité. Cela s'est déjà produit pour un grand nombre de gens, qui se retrouvent nus.

Je n'ai pour ma part aucune envie de couvrir ma nudité de vêtements d'emprunt ou usés. N'y a-t-il vraiment pas d'autres solutions que celles d'une « vie alternative » ou d'un destin « en retrait de la société » ? Les utopies et les dystopies n'ayant mené à rien, où aller si l'on ne croit plus aux promesses d'avenir meilleur et si on est las des prophètes de la sinistrose et du désespoir ? Les idéologies qui répandaient jadis l'espoir ont perdu leur éclat. Le progrès a laissé trop de monde au bord du chemin, trop de gens ne savent pas comment y trouver place, ils sont trop nombreux à se demander où il les conduit. De nouvelles lois, de nouvelles structures, de nouvelles théories, de nouvelles thérapies instantanées pour les âmes troublées prolifèrent, et pourtant un nombre incalculable de gens sont toujours insatisfaits.

Il ne manque certes pas d'experts, patentés ou non, pour prodiguer des conseils sur la manière de louvoyer entre tous les écueils et les hauts-fonds réels ou imaginaires. Un vaste choix de remèdes est disponible pour aider les individus, aussi perdus ou perplexes soient-ils, à accéder au bonheur, à la richesse, au succès et à bien d'autres choses encore. On trouve déjà une incroyable panoplie de solutions commerciales, de programmes politiques ou de psychothérapies.

À quoi bon chercher encore une autre formule qui vous permettrait d'obtenir ce que vous voulez ? Au demeurant, la plupart des gens n'obtiennent pas ce qu'ils veulent, et beaucoup ne savent même pas ce qu'ils veulent. Certains choisiraient peut-être des plaisirs très différents s'ils en connaissaient l'existence.

Une fois dépouillés de leurs certitudes, les humains se sont toujours hâtés d'en trouver d'autres pour remplacer celles qu'ils avaient perdues. Quand on ne peut plus continuer à faire ce que l'on a toujours fait, quand, par exemple, il devient irréaliste d'espérer mener une carrière stable assortie de bonnes possibilités d'avancement et d'une retraite assurée, l'aspiration à la sécurité devient une préoccupation majeure. J'ai pourtant du mal à trouver exaltante l'idée de chercher à étayer et rafistoler des institutions détraquées qui ne cessent de tomber en panne comme une vieille guimbarde, alors qu'il est évident qu'une nouvelle crise les abattra tôt ou tard.

Je n'ai pas envie de passer le temps qui m'est imparti sur cette terre comme un touriste ahuri entouré d'étrangers, en vacances du néant, ignorant quand celles-ci prendront fin, coincé dans une queue où il attend qu'on lui serve une nouvelle boule de glace au bonheur. Je suis conscient d'avoir goûté trop peu d'aliments, expérimenté trop peu de formes de travail, grignoté avec trop d'hésitation les montagnes de savoir qui m'entourent, aimé trop peu de gens, compris trop peu de nations et trop peu de lieux. Je n'ai vécu qu'imparfaitement, et la seule chose qui m'habilite à écrire ce livre est que j'aimerais savoir plus clairement ce que pourrait être une vie vraiment pleine. Suis-je pleinement vivant, ou ne fais-je que survivre quand je répète les mêmes gestes, que j'inspire et expire toujours de la même manière, que je suis un itinéraire que d'autres ont tracé pour moi, que je me rends tous les jours au même bureau ? Ou faut-il que je me renouvelle, que je ne me contente plus d'écouter chanter les autres, que je cesse de me laisser divertir par eux pour composer moi-même un chant susceptible d'inspirer autrui, qu'au lieu d'être « amusé » je devienne moi-même « muse » ?

Plutôt que de chercher une niche où je puisse me sentir en sécurité, de me torturer en me demandant ce que sont mes vraies passions, mes vrais talents, je voudrais sentir le goût, ne fût-ce que sous forme d'une minuscule bouchée, de toutes les expériences offertes à l'être humain. Et ce que je ne puis expérimenter moi-même, j'aimerais l'imaginer en faisant la connaissance d'autres gens, de ceux qui sont allés là où je ne suis pas allé. Au lieu d'être paralysé par mon incapacité à choisir entre toutes les solutions qui défilent devant moi, au lieu d'ignorer ce qui me semble trop loin ou désagréable, je pars de l'idée que l'expérience de chacun m'intéresse. Une âme perdue est une âme pour laquelle les pensées des autres demeurent un mystère, et que personne n'écoute.

La grande aventure de notre temps consiste à découvrir qui habite notre planète. On a beau avoir usé beaucoup de salive pour ranger plus ou moins malaisément les êtres humains en classes et en catégories, les pensées intimes et les sentiments confus de chacun des sept milliards d'individus uniques qui vivent sur terre restent pour l'essentiel un secret. Les infimes divergences d'expériences et d'attitudes de chacun, qui le distinguent de l'« individu moyen » cher aux statisticiens, sont l'essence et le faix de chaque existence, qui attirent et repoussent et font de chacun l'être qu'il est. Néanmoins, les gens ont beau prétendre s'intéresser aux autres par-dessus tout, ils ne se connaissent pas réciproquement. Bien trop souvent, ils estiment qu'on se méprend sur leurs intentions ou sur leur caractère, et qu'on tire des conclusions erronées d'apparences superficielles.

On peut s'engager dans cette aventure en partant à la découverte de trois lieux négligés, à commencer par la partie de l'existence la plus dissimulée aux regards. Je vois la vie privée surgir des ténèbres et revendiquer l'attention, cherchant à évincer la vie publique. Au lieu d'être obsédé par les directives, les réglementations, les hiérarchies institutionnelles, je préfère explorer les conséquences des relations interpersonnelles et intimes qui jouent un rôle de plus en plus déterminant dans la qualité d'une existence. Les familles cessant d'être dominées par les questions de propriété, les querelles familiales n'étant plus aussi sanglantes que par le passé, et la recherche d'un partenaire sympathique devenant de plus en plus captivante et stimulante, la vie privée devient la source d'un nouveau type d'énergie et de priorités différentes. Les contacts humains ne se limitent plus à l'échelle d'un quartier, ce qui permet à des relations beaucoup plus variées, aussi bien passagères que durables, de remodeler le paysage. L'interaction entre deux individus qui nouent des liens affectifs, intellectuels ou culturels produit un nouveau moteur de changement. Le duo, ou le couple, exerce une influence aussi importante que l'âme solitaire ou la foule irrationnelle. Les êtres humains ne sont pas obligés de choisir entre autonomie individuelle et lutte collective. Les relations à deux occupent aujourd'hui dans la vie une place plus centrale que jamais, et il s'est avéré qu'elles pouvaient être à l'origine de nombreuses réalisations extraordinaires en de multiples domaines d'activité. Les Chinois ont fait preuve de prescience en utilisant, pour écrire le mot « humanité » (*ren*), un idéogramme représentant deux êtres humains, traduisant ainsi l'idée que l'essence même de l'humanité réside dans la relation. L'intimité est un microscope qui révèle un univers jusqu'alors invisible, dissimulé par la culture de la hiérarchie et du faux-semblant. Si beaucoup de gens tiennent à préserver leur intimité, ils veulent aussi qu'on reconnaisse qu'ils ne sont pas « comme tout le monde ». Le heurt entre ces sensibilités – le désir de se dissimuler et l'envie occasionnelle de se découvrir et d'être vu tel qu'on est réellement – ouvre un champ d'action encore inexploré.

Je franchirai en second lieu la barrière la plus redoutable qui sépare les êtres humains : celle de la mort. Il me semble que chacun vit autant dans le passé que dans le présent, perpétuant des habitudes et des idées très anciennes, souvent sans en avoir conscience. Être pauvre, ce n'est pas seulement manquer d'argent, c'est aussi ne posséder que ses propres souvenirs. L'originalité de notre temps est que le monde actuel est plus riche de souvenirs qu'il ne l'a jamais été – les civilisations traditionnelles n'en ont jamais eu autant – et pourtant n'en fait guère usage. Un immense héritage de souvenirs attend d'être partagé. Jamais il n'y a eu autant d'universitaires, de livres, de musées, d'archives et de souvenirs capables de ressusciter toutes les civilisations ayant un jour existé. Jamais une aussi grande partie du passé n'a été aussi vivante. La télévision l'a même introduit, avec ses turpitudes et ses illusions, dans de nombreux foyers. Nous pouvons avoir accès aujourd'hui à une masse d'informations non seulement sur nos propres ancêtres tribaux, mais aussi sur la généalogie de chacun. Par ailleurs, bien que la volonté d'être moderne ait incité à vivre dans le présent et à s'affranchir des tyrannies anciennes en bannissant et en oubliant le passé, d'anciennes traditions ont survécu avec une ténacité imprévue. Ajouter les souvenirs d'autrui aux siens transforme les idées que l'on nourrit sur ce qu'il est possible de faire au cours d'une existence. Une nouvelle vision du passé autorise une nouvelle vision de l'avenir. L'histoire n'est pas un cercueil hermétiquement clos. C'est au contraire une libération, un trousseau de clés ouvrant des portes sur des lieux dont on ignorait jusqu'à l'existence.

Il me semble que chaque individu a une philosophie de l'histoire – bien qu'on la pare rarement d'un nom aussi pompeux – qui lui explique pourquoi il est emporté par des événements échappant à son contrôle : il peut s'agir de forces économiques ou de cycles révolution-réaction, de l'influence de personnalités exceptionnelles ou du fléau de traumatismes personnels. La plupart des gens sont emmitouflés dans un patchwork de philosophies héritées de différents siècles, que chacun a assemblées pour en former un dessin à peine différent. La mentalité de chacun peut varier légèrement en réaction aux coups durs de l'existence, mais des fragments d'attitudes anciennes subsistent presque toujours, sous-jacents. Rien n'entrave davantage que ces idées toutes faites sur ce qui est possible et impossible. Pourtant, nous ne sommes pas obligés de considérer l'histoire comme un jugement définitif sur ce qu'hommes, femmes et enfants peuvent faire. Elle constitue au contraire une série d'expériences inachevées, de tournants ratés, d'inventions ignorées, des incidents insignifiants ayant souvent fait prendre aux événements des directions qui n'avaient rien d'inéluctable. En outre, les souvenirs que chacun conserve de son enfance ou des réussites de ses ancêtres ne sont pas suffisants pour qu'il se fasse une opinion générale sur son destin. Il lui est parfaitement possible d'en acquérir d'autres.

J'observe – et c'est là mon troisième point de départ – l'humanité sous un angle différent en éloignant mon objectif de ses ambitions traditionnelles : la victoire dans la guerre ou l'harmonie dans la paix. Les conflits armés qui répandent la mort et la destruction ont beaucoup perdu de leur éclat d'antan. Le succès tant professionnel que financier auquel chacun est censé aspirer est de plus en plus inaccessible, et les compensations qu'apportent les victoires sportives ne sont que de faibles consolations. La paix, hélas, a tout l'air d'être une chimère. Les hommes n'ont jamais été capables d'accéder durablement à l'harmonie, que ce soit avec leurs prochains, avec la nature ou avec le surnaturel, même quand ils ont prétendu obéir aux sages qui prêchaient l'amour fraternel. Le consensus devient de plus en plus insaisissable pour des raisons qui apparaîtront clairement dans les chapitres qui suivent. Je suis ici en quête d'une nouvelle attitude face au désaccord, d'une nouvelle compétence, de nouvelles méthodes permettant d'en faire meilleur usage. Au lieu de nous focaliser sur ce qui rapproche les hommes, les nations ou les groupes, je propose d'aborder de front ces innombrables et minuscules différences, en apparence souvent insignifiantes, qui les éloignent les uns des autres, et de réfléchir à la manière de les rendre fertiles plutôt que stériles. Bien sûr, nul n'est à même de connaître sept milliards d'êtres humains ; pourtant, cette multitude ne devrait pas être plus intimidante que les milliards, bien plus nombreux encore, de neutrons et de molécules invisibles à l'œil nu qu'étudient les scientifiques, tout aussi difficiles à appréhender et dont les secrets, qui se révèlent goutte à goutte, transforment notre compréhension du monde. S'engager sur une route qui n'a pas de terme, sans s'attendre à trouver toutes les réponses, a toujours été plus instructif que se rendre vers une destination connue ; cela permet de vagabonder sur des sentiers écartés qui peuvent être plus gratifiants que les buts prédéfinis. Les grandes aventures de l'humanité ont été entreprises par quelques individus déterminés en désaccord avec presque tous les autres. Nous verrons s'il est plus difficile de tirer profit de leur expérience que d'aller sur la Lune.

Les êtres humains ne naissent pas libres. Personne ne naît affranchi de la peur des étrangers et de l'inconnu. Cependant, l'histoire n'est pas seulement un récit de terreur et de soumission, c'est aussi un récit de défi du danger, inspiré principalement par la curiosité. La curiosité est ma boussole, la surprise ma nourriture, l'ennui mon poison. La curiosité est la meilleure voie que je connaisse pour échapper aux peurs qui transforment la lumière en ténèbres, pour décomposer les problèmes en particules microscopiques, chacune devenant alors un objet d'émerveillement plus que de menace. J'aime la surprise parce qu'elle mêle le possible à l'impossible et révèle à l'occasion que les contraires ne sont pas obligatoirement ennemis. L'ennui est la plainte de l'épuisé et le cri de l'impatient ; c'est aussi le gémissement que pousse l'espoir en mourant. J'ai écrit ce livre pour essayer de préserver l'espoir – non pas un faux espoir, et pas non plus un espoir du genre de celui dont se moquent les sceptiques, les cyniques et les comiques. Est-ce possible si la vie n'est que le bref vacillement de la flamme d'une bougie, un récit conté par un idiot, qui ne signifie rien ?

Près de cent milliards d'existences ont été de brefs vacillements de flammes promptement mouchées et, à quelques exceptions près, définitivement oubliées. Il s'agit là de l'estimation la plus sûre du nombre d'êtres humains qui ont vécu depuis l'apparition de l'homme sur terre. Bien sûr, un grand nombre d'entre eux ont rendu l'âme persuadés d'aborder une vie nouvelle dans un autre monde. Beaucoup parviennent aujourd'hui à vivre nettement plus longtemps ici-bas, mais ils se distinguent considérablement les uns des autres par la part de vie dont ils font l'expérience et la part de vie qu'ils illuminent. Que peut-on faire aujourd'hui pour n'être pas qu'un bref vacillement de flamme ?

Un idiot a désormais l'occasion de conter un récit que nul n'a encore entendu. Quand le mot a été inventé, on traitait des gens d'idiots simplement parce qu'on estimait qu'ils n'occupaient pas une place indispensable dans la société et ne prenaient pas habituellement la parole aux assemblées publiques, ce qui voulait dire qu'ils étaient de simples particuliers. En ce sens, la plupart d'entre nous sont aujourd'hui des idiots. On qualifiait aussi certains individus d'idiots non pas parce qu'ils étaient stupides, mais parce qu'ils étaient ignorants ou manquaient d'éducation. Aujourd'hui, la masse de connaissances trop complexes pour être maîtrisées est telle que nous sommes bien obligés d'admettre également notre idiotie dans cette acception du terme. Tous les individus socialement isolés de ceux qui possèdent des revenus ou une éducation différents des leurs, culturellement isolés de goûts et de langages qui n'ont pas de sens pour eux, ou professionnellement isolés parce que leurs compétences sont hautement spécialisées, sont devenus de plus en plus étrangers les uns aux autres : ils disposent sans doute de la technologie nécessaire pour communiquer, mais sont loin de s'apprécier et de s'aimer les uns les autres. Je me suis donc efforcé de découvrir quel genre de conversations pourraient nous affranchir de l'idiotie de notre isolement.

Une vie prend du sens quand elle répond à un dilemme auquel on n'a pas encore trouvé d'issue. À la charnière du XVIIIe et du XIXe siècle, au moment où l'ancien ordre monarchique se fracassait sous les coups de boutoir des révolutions industrielle et politique, nos aïeux ont inventé une nouvelle vision du monde : les Lumières et le romantisme ont apaisé la perplexité et ravivé l'enthousiasme, du moins provisoirement. Aujourd'hui, en revanche, nous ne disposons d'aucun amortisseur émotionnel ou rationnel de ce genre pour nous protéger du choc provoqué par le bouleversement des habitudes anciennes dû à la technologie et par le discrédit jeté sur des icônes qui paraissaient jadis inexpugnables. Cela nous laisse libres de réfléchir aux aventures qui nous étaient interdites par le passé mais dans lesquelles nous pouvons, vous ou moi, nous engager aujourd'hui. Quelles nouvelles priorités pouvons-nous assigner à notre vie privée ? Si nous ne sommes pas à même de devenir riches, par quoi remplacer la prospérité ? Si les religions ne sont pas d'accord, n'existe-t-il pas d'autres issues que les dissensions ou le doute ? Là où la liberté est insuffisante, n'y a-t-il pas d'autre issue que la rébellion ? Lorsqu'il n'existe pas suffisamment d'emplois passionnants, quels nouveaux modes de travail pourrait-on inventer ? Quand les relations amoureuses sont décevantes, n'est-il pas possible de cultiver des affections différemment ? Quelle sagesse peut-on sauver d'institutions qui s'effritent ? Quand l'imprévisibilité domine, par quoi remplacer l'ambition ? Je vais essayer de répondre à toutes ces questions.

Loin de moi l'idée de pontifier sur ce que vous devriez ou ne devriez pas croire. Je préfère savoir ce que vous croyez, ce que d'autres croient ou ont cru, quelle image du monde ils se font et ce qui adviendrait si les gens réussissaient à en savoir davantage sur ce qui se passe dans la tête d'autrui. Il ne rime à rien de décider ce qu'on veut faire de sa vie si l'on ne sait pas ce que d'autres ont fait de la leur, et avec quels résultats. Vous persuader de penser comme moi limiterait le bénéfice que je peux tirer de votre écoute, et, en tout état de cause, ne servirait à rien, parce que les idées se transforment presque toujours lorsqu'elles migrent vers un autre esprit.

Je n'ignore pas qu'une aventure dans l'inconnu est la dernière chose que souhaitent un grand nombre de gens, que la vie est pleine de stress intolérables et que se retirer de son tourbillon, dompter son esprit pour le conduire à la quiétude ou cultiver le contentement, peut apparaître comme la plus efficace des défenses. Il est vrai que le monde est souvent terrifiant, écœurant, tragique, mais cela ne l'empêche pas d'être beau. J'aimerais savoir précisément comment chacun pourrait le rendre un tout petit peu moins écœurant, un tout petit peu plus beau, ou alors déclarer que c'est là mission impossible. Je n'oublie pas qu'une immense proportion des efforts consacrés à trouver des solutions satisfaisantes pour tous ont produit des effets indésirables, voire catastrophiques, et que transformer la déception en invitation à chercher une nouvelle voie est plus facile à dire qu'à faire. Je sais qu'un grand nombre de tentatives pour atténuer la cruauté apparemment invétérée de l'humanité ont été vaines, mais je n'ai cessé d'être ragaillardi par son ingéniosité, sa capacité à se sortir des dégâts dont elle est l'auteur, et par sa découverte incessante de miracles et de possibilités insoupçonnés, tant chez les hommes que dans leur environnement naturel.

C'est pourquoi, au lieu de me demander si la situation s'améliore ou empire – ce qui est indéniablement le cas –, je préfère consacrer mon temps à trouver un cadeau qui exprimera la reconnaissance que m'inspire le monde en tolérant ma présence en son sein ; il ne peut évidemment s'agir que de quelque chose qu'il ne possède pas encore. Voilà ma chasse au trésor, dont chacun des chapitres suivants sera en quête d'un indice.

2.

Qu'est-ce qu'une vie gâchée ?

Quel objectif peut-on se donner aujourd'hui, hormis ceux de réussir ses examens et de faire carrière, de trouver le partenaire idéal, d'avoir une famille aimante et de s'adonner à des loisirs captivants ? Existe-t-il d'autres ambitions susceptibles de conduire sur de nouvelles voies et de racheter les déconvenues qui gâchent jusqu'aux projets les plus soigneusement élaborés ?

Mao Ch'i Ling, un Chinois jadis célèbre, avait gravi avec succès tous les échelons conduisant au rang de fonctionnaire respecté ; il était également estimé pour ses talents d'auteur dramatique, de poète, de peintre et de musicien. Et pourtant, malgré ses nombreuses réussites, il avait le sentiment d'avoir gâché sa vie. Au cours de son existence passionnante, il consacra dix années à une cause qu'il estimait juste, prenant les armes pour résister à une invasion étrangère. Un grand nombre de ses amis et parents périrent au cours de cette guerre, tandis que lui-même adoptait toutes sortes de déguisements pour éviter de se faire arrêter et exécuter, passant sans cesse d'une cache insolite à une autre. Épuisé par ses errances, il finit par ne plus aspirer qu'au repos. Il entreprit alors de flatter un gouvernement qui ne lui inspirait que mépris, et en fut bourrelé de remords. Il atteignit un âge avancé, ce qui ne représentait pas à ses yeux un exploit suffisamment digne d'éloges. Il ne pouvait s'empêcher de penser que, comme il le disait lui-même, « je n'ai pas prouvé que j'étais un homme vertueux… Je n'ai apporté aucune contribution réelle… Mes vaines paroles n'ont servi aucun objectif… Mon cœur est au supplice. » Il demanda à ses descendants de détruire tous ses poèmes et de ne sauver que le dixième des nombreux ouvrages qu'il avait écrits. Sa nécrologie, qu'il avait lui-même rédigée, s'achevait par ces mots : « Il a vécu en vain. »

Mao Ch'i Ling (1623-1716) parviendrait-il à une conclusion aussi pessimiste s'il vivait aujourd'hui et bénéficiait de tous les progrès de la médecine et de la technologie, de la société de services, de l'industrie du spectacle et de l'État-providence ? Les psychologues et thérapeutes de tout poil l'auraient-ils guéri de sa mélancolie ? Des courtiers en assurances l'auraient-ils convaincu que ses problèmes n'étaient rien, par rapport aux désastres qu'il avait évités jusque-là et dont ils pouvaient le préserver ? Son ordinateur lui aurait-il ouvert l'esprit à ce que le reste du monde pouvait lui offrir, et des spams l'auraient-ils encouragé à essayer de stimuler sa libido ? Se serait-il donné bonne conscience en libellant un chèque pour alléger les souffrances de pays lointains dont la visite lui eût été trop pénible ? Se serait-il félicité de pouvoir voter tous les quatre ans afin que des politiciens professionnels rendent le monde meilleur, ce que des philosophes comme lui avaient si manifestement échoué à faire ? Ou se serait-il satisfait d'accéder à un autre type d'immortalité en apparaissant sous forme de statistique dans les bases de données d'une société de marketing enregistrant tous les achats qu'il avait effectués ?

Il n'est pas exclu que, malgré toutes les conquêtes de l'époque moderne, les gens soient plus nombreux que jamais à avoir l'impression d'avoir gâché leur vie. Ils ont cependant appris à parler de leurs préoccupations intimes au lieu de ne dire que ce que les hommes au pouvoir exigeaient d'eux. La nécrologie en forme d'autoportrait de Mao Ch'i Ling constituait un acte aussi courageux que la charge de la brigade légère ou toute autre offensive militaire vouée à l'échec. Elle représentait, pour lui, le suicide de sa réputation. Avant lui et à quelques remarquables exceptions près, la plupart des biographies relevaient de l'hagiographie, hissant les humains au rang de héros et de saints, les présentant comme des parangons de vertu, des modèles à imiter, et veillant soigneusement à passer leurs failles sous silence. D'autres se livraient à une énumération indigeste de réussites professionnelles, présentant la vie comme une succession d'événements illustrés d'anecdotes. S'opposant à cette tendance, Mao Ch'i Ling a fait partie du petit nombre d'écrivains qui ont vu le jour presque simultanément en Chine et en Europe, aux alentours des XVIe et XVIIe siècles, et ont produit des autobiographies d'un genre tout à fait différent, sondant leurs idiosyncrasies en essayant d'y trouver un sens, méditant sur leurs faiblesses avec une honnêteté impitoyable, au lieu de se considérer comme des modèles sacrés. Ces hommes-là s'attachaient à sonder la signification et les difficultés de l'individualité, et ils nous ont livré un aperçu de leurs pensées intimes, de ce qui se passait dans leur tête quand ils ne jouaient pas le rôle que la société attendait d'eux. Ce n'était certes qu'un bref coup d'œil sur un fragment de la vérité, et nul ne peut savoir ce que celle-ci serait dans son intégralité. Mais, si l'on veut découvrir des ambitions utiles, le témoignage de ceux qui en ont nourri et se sont efforcés de les décrire ne peut évidemment qu'être précieux.

Il n'est pas facile de trouver des traces écrites des sentiments profonds d'individus ordinaires, ni de pensées trop dangereuses ou douloureuses pour être révélées. Les autobiographies sont de rares cactus qui fleurissent irrégulièrement dans le désert des faux-semblants, s'épanouissant brièvement avant de disparaître, de la même manière que vont et viennent les époques de licence sexuelle et de puritanisme. L'autobiographie est restée un genre littéraire tout à fait mineur tant que des tribus, des clans et des armées ont édicté toutes les loyautés et que la plupart des individus ont été considérés comme des éléments insignifiants d'entités plus vastes. Il a fallu longtemps pour que la vie individuelle soit envisagée comme une force indépendante, de même qu'il a fallu des siècles pour que l'atome apparaisse comme une source essentielle d'énergie.

Peu après la mort de Mao Ch'i Ling, le climat politique de la Chine a changé et la rédaction d'autobiographies s'est quasiment interrompue pendant deux siècles, ne réapparaissant qu'au moment du soulèvement étudiant du 4 mai 1919, une des révolutions majeures de l'histoire chinoise dans laquelle on peut voir une préfiguration des journées qui agitèrent le monde occidental en mai 1968. La passion de l'autobiographie est soudain devenue un phénomène général, et l'on a vu alors apparaître une nouvelle forme d'écriture inspirée du langage parlé, renonçant aux conventions classiques, qui permettait d'exprimer des choses inédites et de se faire comprendre plus aisément. La tyrannie des anciennes formes d'expression a été renversée d'un coup par le manifeste de Hu Shi (1891-1962), chef de file intellectuel de la renaissance chinoise. Dites ce que vous voulez dire, donnez voix à vos propres pensées, n'imitez pas les anciens, évitez les clichés, rejetez la mélancolie, exprimez vos émotions immédiates : Hu Shi exhortait ses contemporains à rédiger des autobiographies et a lui-même donné l'exemple. Dans les années 1920 et 1930, presque tous les écrivains chinois, célèbres ou non, ont ainsi écrit une forme ou une autre d'autobiographie.

Chose significative, c'est une femme qui a pris la tête de ce mouvement. Chen Hengzhe (1890-1976), ancienne étudiante à Vassar et à Chicago, et qui fut la première femme professeur à l'université de Pékin, a publié une nouvelle autobiographique rédigée à la première personne et recourant à la nouvelle langue vernaculaire. Elle y présente des étudiantes qui bavardent en toute liberté, sans révéler de quelle classe sociale, de quelle origine géographique ou de quelle famille elles sont issues, les affranchissant ainsi de la tradition qui les oblige à se ranger dans les catégories de filles, de mères ou d'épouses. Ses personnages ne pouvaient être identifiés qu'à travers leurs propos. Chen Hengzhe avait pour objectif de « rendre les sentiments humains qui naissent au cours des interactions humaines », et a largement dépassé tout ce qui avait jamais été tenté à ce sujet par le passé. Elle a longtemps résisté aux pressions de ceux qui voulaient qu'elle se marie, et quand elle a fini par céder, à trente ans, elle s'est publiquement interrogée sur l'opportunité de cette décision. Écrire sur soi devint ainsi un instrument de rébellion. Celle-ci n'aura cependant duré que deux décennies au terme desquelles le pouvoir, inquiet à l'idée que le peuple puisse se mettre à penser par lui-même, imposa à nouveau le silence.

Des conditions exceptionnelles étaient indispensables pour que les gens puissent parler librement et imaginer un nouveau mode de vie. On avait assisté à un bref épisode de cette nature dans le Japon du xe siècle, lorsque les femmes de l'aristocratie avaient un temps joui de l'indépendance économique, vivant séparées de leurs maris dans leurs propres logements, et pouvant consacrer leur temps libre – et elles n'en manquaient pas – à méditer sur les défauts des hommes. En 905 après J.C., les Japonaises ont commencé à écrire dans la langue qu'elles parlaient, abandonnant ainsi le chinois – langue officielle –, pour décrire leurs sentiments dans des journaux intimes et des autobiographies. L'une des plus remarquables, que nous connaissons uniquement sous le nom de Mère de Michisuna, estimait, comme le ferait Mao Ch'i Ling après elle, avoir mené « une existence vaine », sans rien accomplir d'important, se contentant de « vivre, [s]e coucher, [s]e lever de l'aube au crépuscule ». Songeant qu'il pourrait être utile de raconter la vie de quelqu'un qui n'est « personne », d'« une femme mariée à un homme haut placé », elle s'y est employée avec un remarquable talent littéraire et poétique, produisant un texte éblouissant, à cent lieues des romans sentimentaux qu'elle qualifiait avec mépris de « fantaisies ». Son livre parlait de chagrin et de souffrance, sorte d'équivalent du blues. Elle écrivait ainsi à propos de son époux : « Nos cœurs n'ont pas fusionné, et nous avons dérivé de plus en plus loin l'un de l'autre. » Lors d'une de ses visites, de plus en plus rares – car il avait, selon la coutume établie, d'autres épouses et concubines –, ce mari s'écria : « Ai-je fait quelque chose de mal ? » Elle écrivit : « J'en fus si bouleversée que je ne pus rien répondre. » Elle put en revanche en rendre compte. Elle avait tort, pourtant, de croire qu'elle n'était personne ; son livre a prouvé le contraire. Mais il a fallu attendre encore dix siècles pour que les relations entre hommes et femmes commencent à se refaçonner, processus toujours en cours aujourd'hui.

Il a pu arriver à ceux qui sondaient leurs sentiments intimes de ne pas être aveuglés par la modestie, mais par la vanité. Au Moyen Âge, les voix personnelles se sont essentiellement fait entendre au Proche et au Moyen-Orient, où l'on a rédigé plus d'un millier d'autobiographies en arabe (ce que l'on n'a découvert que tout récemment). Une phrase du Coran a même été réinterprétée pour encourager les gens à en écrire. On a considéré que le verset « Et quant au bienfait de ton Seigneur, proclame-le », signifiait qu'il est désirable de rendre grâces à Dieu, même des mésaventures douloureuses qui recèlent toujours une leçon. On a ainsi assisté à une véritable avalanche d'apologies, de théories, d'idéaux, de conflits sentimentaux et intellectuels et de mémoires en tout genre contrastant vivement avec les vies de saints qui nourrissaient les goûts européens. Parmi ces auteurs, un homme se distingue pour avoir été totalement obsédé par lui-même et avoir payé la rançon de son arrogance.

L'Égyptien Jalal al-Din al-Suyuti (1445-1505) revendiqua audacieusement le droit de porter un jugement sur sa propre vie, contestant publiquement les opinions de toutes les autorités extérieures, jusqu'à celle de son père. « Je n'ai pas d'égal, nul être vivant n'a maîtrisé autant de disciplines que moi. » Il publia environ six cents livres et articles sur tous les sujets imaginables (à l'exception des mathématiques qu'il écartait comme « déplaisant à sa nature »). Son érudition, pensait-il, lui conférait les compétences requises pour exercer l'*ijtihad*, c'est-à-dire le droit d'exprimer une opinion indépendante, d'élucider lui-même les enseignements de la religion, et il exigeait d'être reconnu comme un *mujaddid,* un réformateur de la foi. Les gens affluaient chez lui pour lui demander des *fatwa* sur des points contestés de la Loi religieuse, mais il se mit ses collègues à dos en stigmatisant leur ignorance et leur stupidité quand ils n'étaient pas de son avis. Le chapitre 17 de son autobiographie portait pour titre : « Comment Dieu m'a béni en dressant des ennemis contre moi et en me soumettant à l'épreuve des fausses accusations d'un ignorant » (autrement dit, d'un érudit rival). Pour finir, il mit ses ennemis dans une telle fureur qu'ils le précipitèrent tout habillé dans une mare où il faillit se noyer. Il se retira alors pour rédiger ses mémoires, incapable de se voir tel que les autres le voyaient, mais léguant à la postérité un spectaculaire portrait en noir et blanc, à la Dürer, fait d'aigreur intellectuelle et de mégalomanie, déplorant dès cette époque le déclin de l'éducation. L'Égypte a dû attendre le XXe siècle pour assister au renouveau de l'autobiographie et à la création d'un nouveau modèle du genre dû au romancier, historien et ministre de l'Enseignement aveugle Taha Hussein (1889-1973). Son chef-d'œuvre, *Le Livre des jours*, n'est pas seulement devenu un classique de la littérature, au programme de toutes les écoles, mais a stimulé une masse de réflexions personnelles de la part de femmes aussi bien que d'hommes.

On peut évidemment écrire son autobiographie pour effacer des souvenirs douloureux. Banarasidas (1586-1643), un play-boy indien du XVIIe siècle, fils d'un marchand d'Agra, donnait extérieurement l'impression de s'exprimer en toute franchise. Il se disait conscient de gâcher sa vie et ne s'en préoccupait guère : « J'ai voltigé entre terre et ciel, souillant l'air comme un pet de chameau. » Il décrit ses défauts sans remords, affirmant de lui-même : « Il est incapable de renoncer au mensonge… et étudie avec avidité la littérature indécente. » De ses « maigres qualités… aucune n'est excellente ni exempte d'imperfection ». Une profonde émotion l'envahit pourtant quand il évoque le souvenir de ses neuf enfants, tous morts, ajoutant que « les parents, comme les arbres à la chute des feuilles, ne sont plus que des souches ». Cette petite phrase révèle le désespoir que masquaient ses rodomontades :

sans ses enfants, il avait sincèrement l'impression de n'être plus personne.

À l'époque moderne, le roman est devenu le moyen privilégié utilisé pour révéler sous une forme personnelle, bien qu'indirecte, ses désirs et ses déceptions. Mais pourquoi dit-on que tout le monde porte en soi un roman, et non une autobiographie ? Margaret Cavendish (1623-1673) a peut-être été la première à montrer tout ce que l'on peut gagner à raconter à la fois sa propre vie et une autre existence, celle qu'elle aurait aimé mener. « Pourquoi cette dame a-t-elle écrit le récit de sa vie ? » demande-t-elle. Parce que « je suis aussi ambitieuse que l'ont été ou peuvent l'être les autres représentantes de mon sexe, ce qui fait que, bien que je ne puisse être ni Henri V ni Charles II, je m'efforce d'être Margaret Ire, et que, bien que je n'aie ni le pouvoir ni le temps ni l'occasion de conquérir le monde ainsi que le firent Alexandre le Grand et César, au lieu de ne pas être la Maîtresse d'Un Monde, puisque la Fortune et les Parques ne m'en ont point donné, je m'en suis créé un à moi, ce dont, je l'espère, nul ne me blâmera, car c'est dans le pouvoir de chacun. » Elle compléta donc son autobiographie par un récit imaginaire, *The Description of the New World, called the Blazing World*[1], sorte d'utopie où elle est libre de faire tout ce qu'elle veut. Elle y ajouta encore *Observations upon Experimental Philosophy*, qui lui valut une réputation de savante et une invitation à la Royal Society. En même temps, elle affirmait être en réalité affreusement « timide ». Elle craignait d'être oubliée. Elle prétendait écrire pour le plaisir tout en aspirant à la célébrité. Elle refusait de mener une existence vaine. Que penserait Mao Ch'i Ling s'il pouvait entendre tous ces braves gens s'inquiéter à l'idée de vivre pour rien ?

En Afrique du Sud, du temps de l'apartheid, Dugmore Boetie (1926-1966) a montré comment l'autobiographie peut apporter une forme de réponse au désespoir. Il a accédé à une certaine notoriété en décrivant comment il avait assassiné

1. Publié en français sous le titre *Le Monde glorieux*, trad. L. Cottegnies, Paris, José Corti, 1999.

sa mère, perdu une jambe au cours de son service militaire, et été condamné dix-sept fois à la prison pour des délits en tout genre qu'il relatait joyeusement. Il se disait fier d'être un escroc « stimulé par les vitamines d'un ventre vide. Pourquoi porter un jugement sur soi-même ? » Or ses aventures, a-t-on fini par apprendre, n'étaient que pure invention. Il prétendait n'avoir pas de famille alors que de nombreux parents vinrent le voir à l'hôpital quand il se mourait d'un cancer du poumon. Ils ont révélé qu'il avait perdu sa jambe à huit ans à la suite d'une infection, qu'il n'avait jamais mis les pieds à l'armée et n'avait fait qu'un bref séjour en prison. Son autobiographie, a-t-il fini par avouer, était l'expression de sa « colère contre [un pays] infesté de flics ». La délectation que lui inspirait sa propre ingéniosité lui permettait d'oublier sa souffrance : ses fredaines imaginaires étaient une méthode aussi efficace qu'une autre pour permettre à des traîne-misère comme lui de survivre. Sa pauvreté seule était véridique. À la fin, il déclara : « Se mentir à soi-même est le plus grave péché qui soit. » C'est peut-être aussi le plus répandu.

Il n'est rien de plus difficile que de porter un jugement sur sa propre vie. Mao Ch'i Ling n'aurait-il pas posé sur la sienne un regard tout différent s'il avait connu l'existence, en d'autres pays, d'hommes qui partageaient ses idées ? Il vivait en un temps où le pédantisme était une marque de distinction très admirée en Chine. Or il en avait horreur et ne savait comment s'y opposer. Il méprisait les bureaucrates qui apprenaient les classiques par cœur et faisaient étalage de leurs connaissances en écrivant des « dissertations à huit jambes ». Il avait besoin d'encouragements, et, malgré l'existence potentielle d'un tel soutien, il lui était impossible de l'obtenir comme il l'aurait pu aujourd'hui. À maintes reprises, l'inspiration prodiguée de l'étranger a soutenu des dissidents que leur isolement risquait de conduire au désespoir. Mao Ch'i Ling aurait certainement repris courage s'il avait pu lire ce qu'écrivait, cinq ans avant sa mort, une populaire revue londonienne, le *Spectator*, qui s'en prenait à la même cible que lui. Le pédant, écrivait son rédacteur en chef Joseph Addison

(1672-1719), est incapable de parler d'autre chose que des livres qu'il a lus, « et ne sait penser au-delà de sa profession et de son mode de vie particulier ». Mao Ch'i Ling aurait peut-être même été tenté de réviser l'opinion qu'il se faisait de lui-même s'il avait pu converser avec l'optimiste mathématicien, philosophe et diplomate allemand Gottfried Leibniz (1646-1716), passionné par la Chine et convaincu que l'Europe avait beaucoup à apprendre de la civilisation confucéenne. Une vie peut paraître inutile dans son propre pays et prendre un visage bien différent vue de l'étranger.

Mao Ch'i Ling était du nombre de ceux qui, désabusés par le chaos et la corruption régnant au sein du gouvernement, cherchaient à introduire plus d'imagination et de passion dans l'existence quotidienne, à dépasser les ambitions égoïstes, les rituels vides de sens, les controverses stériles. Il ignorait pourtant que l'Angleterre était en pleine guerre civile et remettait presque tout en question dans la sphère politico-religieuse, à peu près au moment même où, en Chine, la Société du renouveau (*Fu-she*) rassemblait des esprits audacieux pour définir de nouvelles priorités. Et comment aurait-il pu prévoir que les Lumières européennes ne tarderaient pas à contester les dogmes séculaires et à ouvrir de nouvelles perspectives scientifiques à l'époque où le mouvement chinois de l'École des vérifications et des preuves réclamerait qu'en tous domaines de la connaissance les convictions s'appuient sur des preuves historiques plus rigoureuses, et que la spéculation métaphysique soit remplacée par la recherche de solutions nouvelles aux questions éthiques, sociales et pratiques ? Surtout, il ne pouvait imaginer que les réflexions courageuses que lui avaient inspirées ses expériences, plus variées que celles de la plupart, pourraient être appréciées des générations ultérieures, lesquelles seraient loin d'estimer qu'il avait vécu en vain.

Une vie gâchée ne parle qu'à elle-même et ne fait que ruminer ses propres doutes. Rien, pourtant, ne nous oblige plus à rester prisonniers de notre temps et de notre espace. Juxtaposer différentes vies transforme la compréhension qu'on en a. Je ne me contente pas d'entendre des gens raconter leur propre histoire, empruntant ainsi la voie traditionnelle de la confession qui reste celle de l'autobiographie, de l'histoire orale et de différentes formes de thérapie. Je m'intéresse bien davantage aux effets que les hommes exercent les uns sur les autres à travers ce qu'ils disent, ainsi qu'à la résistance qu'ils opposent au changement que les paroles qu'ils entendent pourraient susciter en eux. Plus les conversations qu'ils entretiennent sont profondes, plus ils ont de chances d'atteindre des destinations qu'ils croyaient hors de leur portée. Pour la première fois de l'histoire, ils peuvent s'écouter réciproquement à travers de grandes distances ; cela leur permet de trouver des alliés là où ils imaginaient jadis ne rencontrer qu'étrangers, et, le cas échéant, la tentation de se poser en victimes n'est plus aussi écrasante. Si les relations entre différentes vies engendrent les surprises dont l'avenir est fait, il se peut que la sombre prophétie présentant la « dépression clinique » comme la grande épidémie du siècle à venir ne se réalisera pas.

« Préférez les biographies aux livres d'histoire, car elles peignent la vie sans théorie. » Ainsi parlait Benjamin Disraeli (1804-1881), romancier et Premier Ministre ; pourtant, il n'ignorait certainement pas la part de fiction que contiennent, délibérément ou involontairement, la biographie aussi bien que l'histoire. La première n'a pas de sens sans la seconde qui est une peinture du paysage entourant chaque vie ; de même, la biographie n'a pas de valeur sans l'autobiographie, qui est le miroir révélant ce qu'une personne imagine être. Les critiques relèvent ce qui est mensonger, les flatteurs ce qui est à la mode, mais, dans une certaine mesure, chaque individu reste une énigme. D'innombrables autobiographies ne sont jamais révélées ni écrites, elles n'ont qu'une existence imaginaire ; d'autres sont simplifiées au point d'être trompeuses. Une revue populaire spécialisée dans le culte des personnalités de second rang, par exemple, explique à ses lecteurs que celles-ci possèdent « une grande spiritualité » parce qu'elles « sondent leur moi intérieur », qu'elles sont « authentiques » parce qu'« elles ne se soucient pas de ce que les autres pensent ou disent d'elles », « sensuelles » parce qu'elles savent ce qui « les fait craquer et se battent pour l'avoir », et « sensationnelles » parce qu'elles sont imbues de leur personne et se « font des déclarations d'amour à elles-mêmes ». Voilà la doctrine que l'on a élaborée à l'intention du moi solitaire, lequel a ainsi de bonnes raisons de n'avoir besoin d'aucun apport extérieur et risque de demeurer éternellement inchangé.

On peut cependant tout aussi bien considérer chaque vie comme une expérience qui a des questions à poser et quelque chose d'intéressant à dire à ceux qui n'ont pas encore complètement perdu leur faculté d'émerveillement devant la variété et l'imprévisibilité du caprice humain. De ce point de vue, une vie est gâchée si ce qu'elle a permis de découvrir n'inspire jamais aucune réflexion, n'est jamais partagé, et si elle reste ignorante du visage qu'elle offre par comparaison avec d'autres vies, en divers lieux et différents siècles.

Cet ouvrage constitue ma propre réflexion sur les lacunes de ma vie et sur ce que je pourrais faire d'autre. S'il pouvait inciter quelqu'un à réfléchir sur sa propre expérience et lui inspirer des idées qu'il n'aurait pas eues sans lui, ma propre vie n'aurait peut-être pas été entièrement gâchée. L'art d'établir des liens consiste pour une large part à découvrir ce qu'on peut donner à autrui et à cultiver la sensibilité qui nous permet de recevoir ce que lui-même est susceptible de nous donner.

3.

Comment perdre ses illusions sur soi-même ?

Quand il réalisait un portrait, il arrivait souvent au peintre Lucian Freud (1922-2011) de mettre une main en visière au-dessus de ses yeux et d'observer le visage et le corps de son modèle à quelques mètres de distance, tel un marin scrutant l'horizon en quête d'une terre lointaine, ou comme un explorateur perdu au milieu d'une forêt impénétrable. Le moindre détail retenait son attention, la moindre texture, le moindre fragment de vêtement était original à ses yeux ; il ne rattachait rien à quelque chose de plus général ou d'idéal. Même lorsqu'il peignait un œuf, chaque œuf était pour lui différent. Un modèle était un mystère, une énigme à résoudre. Il ne prévoyait jamais la forme que prendrait sa peinture : « L'intérêt de peindre un tableau est qu'on ne sait pas ce qui va se passer. » La ressemblance n'était assurément pas son objectif. Il voulait au contraire créer une figure « dérangeante, je veux dire vivante ». Pour être « vivant », un portrait devait « faire participer » ceux qui le regardaient, les inciter à imaginer que le tableau contenait un peu d'eux-mêmes. Au demeurant, il cherchait moins à observer ses modèles qu'à « être eux ». De même, il appréciait un roman quand il lui donnait « presque l'impression de l'avoir [lui]-même écrit ». Voulait-il dire que faire le portrait d'autrui est une manière de se découvrir soi-même, ou de devenir quelqu'un d'autre ?

Tout en admettant que choquer le public puisse être parfois indispensable pour attirer son attention, il a « toujours estimé que dire la vérité était plus exaltant ». Ce qu'il voulait pardessus tout, c'était connaître la vérité, « voir les choses telles qu'elles sont réellement ». Mais de quelle vérité s'agissait-il ? Il disait de sa femme Caroline, dont il a réalisé plusieurs célèbres portraits : « Je n'ai jamais très bien connu Caroline. » Comment arrive-t-on alors à bien connaître quelqu'un d'autre ou, en fait, à bien se connaître soi-même ? « Être amoureux, affirmait-il aussi, est une affaire complète, absolue, où tout ce qui se rapporte à l'autre vous intéresse, vous préoccupe ou vous plaît. » Mais dans quelle mesure peut-on se tromper sur la personne dont on est épris ?

Il fallait souvent un an, voire davantage, à Lucian Freud pour réaliser un tableau ; il observait ses modèles d'un « regard perçant », les charmait et les divertissait en leur tenant toutes sortes de propos, en faisait parfois ses maîtresses, ce qui explique qu'il ait engendré quatorze enfants. Il observait leur moindre geste, même quand elles avaient faim, qu'elles étaient fatiguées ou bien ivres, perpétuellement à la recherche de l'« éclat ». La femme de cinquante ans sa cadette qui a été le sujet de son *Naked Portrait* a raconté que les séances de pose s'étaient poursuivies sept jours sur sept, jour et nuit, pendant toute une année ; ils étaient devenus amants, mais leur liaison avait pris fin en même temps que les séances de pose. Bien qu'il soit fréquemment arrivé à Lucian Freud d'engager la conversation en disant « Parlez-moi de votre enfance », et bien que les parties génitales figurent souvent sur ses tableaux, son objectif et sa méthode se distinguaient de ceux de son grand-père Sigmund, inventeur de la psychanalyse : non content de parler beaucoup de lui à ses modèles et de chercher à introduire une plaisanterie dans chacune de ses toiles, il évitait de porter des jugements et plus encore de chercher des remèdes, et n'avait plus du tout envie de penser à un tableau dès qu'il l'avait terminé. « Mon travail est purement autobiographique. Il parle de moi et de mon environnement. C'est une tentative pour tenir un registre. » Son œuvre ne parle cependant de lui que dans la mesure où elle montre ce qu'il choisissait d'observer et de consigner. « Je ne veux pas que le tableau vienne de moi. Je veux qu'il vienne d'eux. » Il ne désirait transmettre aucun message, aucun symbole, aucune rhétorique. « J'aime que les gens disent des choses très contradictoires sur mon travail. »

Il s'agit là d'une de ces intersections, ne comportant aucun panneau indicateur très explicite, par où l'art du portrait est parvenu au XXIe siècle. Chaque fois que les hommes éprouvent de nouvelles aspirations, il leur faut un nouveau type de portrait. Au Moyen Âge, quand on faisait plus grand cas des ancêtres et des biens d'une personne que de son talent individuel, la présence d'armoiries était plus importante que la semblance d'un visage. Le portrait flatteur, qui présente le modèle sous un aspect aussi opulent et séduisant que possible, a été inventé pour satisfaire l'envie de prestige et la soif d'admiration. Le désir d'immortalité a produit les portraits impassibles des salles de conseils d'administration, pareils à des pierres tombales destinées à être accrochées aux murs. Quand chaque individu est perçu comme une énigme psychologique, l'artiste devient un interprète du mystère, et c'est à lui, bien plus qu'à son sujet, que revient la gloire. L'instantané photographique reflète l'idée que chacun peut être intéressant, mais aussi que tout est relatif et remplaçable.

Aujourd'hui, le rejet de l'esbroufe et de la supercherie dans les relations humaines, le discrédit pesant sur les protagonistes de la politique et de l'économie convaincus de mensonge, la condamnation du racisme et de la discrimination font que les apparences comptent nettement moins que par le passé. Un portrait peut dire beaucoup plus de choses quand la transparence et l'honnêteté deviennent des valeurs suprêmes, et quand on a pris une conscience accrue du fait que les êtres humains sont d'une infinie complexité, qu'ils ne sont pas tout à fait – et même pas du tout – ce qu'ils paraissent être.

Il n'empêche que nous sommes tous obligés d'avoir sur notre passeport ou notre carte d'identité notre portrait photographique assorti de la description des caractéristiques individuelles que notre gouvernement juge importantes. Pourquoi ne pouvons-nous pas créer nos propres passeports, sur lesquels nous indiquerions ce que nous aimerions que les autres comprennent et apprécient en nous ? Pourquoi ne pouvons-nous pas y ajouter des pages, des photos, au fur et à mesure des rencontres qui viennent enrichir ou modifier l'image que nous avons de notre place dans le monde ? Pourquoi ne pouvons-nous pas en arracher des pages, quand meurent nos espérances ? Bien sûr, nous risquerions d'induire les autres en erreur, de mentir ou d'être mal compris. Mais pourquoi notre passeport-autoportrait ne pourrait-il pas être accepté comme notre œuvre d'art originale, un document contenant des informations sur nos illusions et sur nos rêves, sur ce qui n'apparaît pas ordinairement à première vue ? Pourquoi ne pouvons-nous pas choisir nous-mêmes la forme de notre passeport, le recouvrir, l'encadrer ou le relier en fonction de notre propre idée de la beauté ? Pourquoi ne pas nous inspirer du peintre Wan Shou-ch'i (1603-1652), qui était également dessinateur de meubles, céramiste, charpentier, jardinier, restaurateur de temples, poète et musicien, et qui a laissé trente-quatre autoportraits où il se représente dans différents costumes pour immortaliser ses multiples et diverses personnalités ?

Rien n'interdirait de concevoir un passeport plus utile qu'un curriculum vitae se limitant à de fallacieuses fanfaronnades et passant sous silence tous les espoirs, toutes les opinions personnelles qui risqueraient d'entamer votre séduction aux yeux d'un employeur potentiel. Il pourrait contenir davantage d'informations qu'une carte de visite professionnelle, qui n'est qu'une publicité affichant votre statut et prouvant que vous êtes la propriété d'une organisation qui mérite plus de respect que vous. Le passeport national obligatoire, vestige du despotisme monarchique, a été aboli par la Révolution française qui y voyait une atteinte à la liberté, et de nombreux pays ont suivi son exemple, au point qu'au XIXe siècle les gens s'enorgueillissaient de ne pas posséder de certificat délivré par un fonctionnaire, censé apporter une preuve plus sûre de leur identité que leur propre parole. Napoléon III lui-même déclarait qu'un passeport n'arrête jamais un criminel, et ne fait qu'entraver la libre circulation des innocents. Toutefois, au cours de la Première Guerre mondiale, l'espionnite paranoïaque a ressuscité les passeports qui ont peu à peu repris leur rôle d'instruments de contrôle plus que d'information.

Cet ouvrage constitue mon propre type de passeport : il vous ouvre les portes de mon imagination. J'ai besoin de votre visite, parce que mes pensées se nourrissent de tous ceux qui croisent ma route ; sans eux, je ne serais en effet qu'un marais de préjugés. Mon passeport est le produit de conversations qui stimulent mes intérêts et mes sympathies, et me font prendre conscience d'autres formes d'existence. Je vous l'offre parce que j'aimerais bien consulter le vôtre. Le monde est ce qui est révélé lorsque chacun de nous dit ce qu'il voit, quand nous l'éclairons tous de nos faibles torches.

Mais pourquoi dévoiler qui vous êtes vraiment ? Le monde regorge de gens polis, timides, impénétrables, inintelligibles, secrets, superficiels, malhonnêtes ou honnêtes, qu'il est de plus en plus difficile de percer à jour et qui, pour une raison ou une autre, n'affichent pas publiquement ce qui se passe au tréfonds d'eux-mêmes. Nombreux sont ceux qui ne révèlent pas leurs pensées ni leurs sentiments parce qu'ils ne savent pas très bien ce qu'ils pensent ou éprouvent. Beaucoup parleraient avec davantage de courage s'ils étaient assurés d'obtenir une écoute plus bienveillante, et bien d'autres ont appris à croire qu'ils sont obligés d'être hypocrites. Les pensées cachées dans la tête d'autrui sont les plus profondes parmi les ténèbres qui nous entourent.

D'après les enseignements des Lumières européennes, la superstition et les préjugés sont les principaux obstacles à la découverte de la réalité du monde, mais ils peuvent être renversés par l'éducation et la législation. Il n'en reste pas moins très difficile d'appréhender les motivations et implications de ce que disent et éprouvent les autres. Nombreuses sont les ténèbres qui subsistent, attendant un nouveau mouvement des Lumières encore plus ambitieux.

Certaines pensées sont mort-nées parce que l'esprit n'a pas été suffisamment stimulé pour leur donner pleinement vie. Les pressions de la vie quotidienne sont si absorbantes que la conversation ordinaire n'aborde pas les problèmes les plus fondamentaux de l'art de vivre. Le plus important est souvent le moins discuté. La lutte contre la censure n'est jamais gagnée, mais l'autocensure est plus insidieuse encore. Depuis la nuit des temps, sciemment ou non, les hommes utilisent des contraceptifs contre la pensée.

Livrées à elles-mêmes, les pensées restent solitaires, sans énergie. Elles ne prennent de sens pour autrui que lorsqu'elles ont été fécondées par l'interaction. Tout au long de l'histoire, on a surtout cherché à instiller des idées conventionnelles dans des têtes prétendument vides, au lieu de comprendre que « faire des idées », c'est comme faire l'amour. On ne peut se contenter de les donner à ingurgiter aux gens. Chaque individu possède une sensibilité et des souvenirs qui façonnent ce qu'il absorbe. Et tant que les idées n'en ont pas rencontré un grand nombre d'autres, elles ne peuvent connaître leur propre valeur. Les pensées que le monde dissimule dans son esprit ne transparaissent que superficiellement à travers les élections ou les sondages. Une infime minorité de gens seulement fait publier ne serait-ce qu'une fraction de leurs idées dans des livres ou les médias. La confession religieuse et psychiatrique est d'ordre strictement privé. L'étude des us et des mentalités de nations, de classes sociales ou de groupes ne révèle pas nécessairement ce qui se passe dans l'esprit d'individus toujours imprévisibles. Peut-il exister un autre moyen de débusquer les pensées ?

Les pensées intimes comptent parmi les principaux atouts de l'humanité, car elles contiennent l'essence même de ses expériences. Un grand nombre d'entre elles ne sont pas partagées avec autrui par crainte de blesser ou de nuire au nom de la vie privée, ou par incapacité à rendre une expérience personnelle pertinente pour autrui. Ce que consigne l'histoire n'est que la partie émergée d'un iceberg. Trop de gens ne réussissent jamais à comprendre réellement leurs parents, ou ne livrent jamais leurs pensées intimes à leurs enfants, et finissent par le regretter. Trop de gouvernements donnent l'exemple de la cachotterie sous prétexte que révéler leurs motifs ou leur incompétence provoquerait le chaos. Toutes les études savantes sur le mensonge sont catégoriques : les relations sociales s'effondreraient si l'on cessait de mentir. Le monde économique et politique s'appuie de plus en plus sur des semi-vérités et emploie un nombre croissant d'experts pour taire autant de choses qu'ils en divulguent. La contagion a touché jusqu'au sport. Et la recherche scientifique elle-même pâtit d'affirmations qui ne sont pas étayées par des preuves. Dans la vie privée, les relations intimes sont condamnées quand la comédie remplace la confiance. La dissimulation est l'enfant illégitime de la peur. Qui aura l'audace de déclarer haut et fort que rien ne nous oblige à vivre dans un monde dont la cohésion est assurée par le mensonge ?

Récemment, les individus ont commencé à se glisser non sans hésitation hors des terriers qu'ils appellent leur intimité, à tracer leur autoportrait en mots ou en musiques de toutes sortes, à proclamer sur internet qu'ils existent et aimeraient bien savoir quelles autres existences peuplent le vaste espace inconnu qui les entoure. Sur les réseaux sociaux, ils se sont principalement livrés à des échanges brefs et superficiels avec des centaines d'« amis » qu'ils n'ont jamais rencontrés. Sur les plus de cent millions de blogueurs qui rédigent en réalité des espèces d'autobiographies en continu, la moitié affirment se sentir incompris hors de leur petite communauté. Leurs monologues, comme ceux des auteurs d'autobiographies, ne sauraient constituer le dernier mot de l'expression de soi, laquelle ne peut être le dernier enfant qu'engendrera la liberté. L'introspection ne peut être la seule voie de la connaissance de soi.

Je pense en réaction aux pensées d'autrui. Sur les millions de pensées qui pénètrent dans mon esprit, quelques-unes le fécondent et donnent naissance à de nouvelles pensées. Les idées ne savent jamais précisément qui sont leurs parents, car elles ne cessent de rechercher les contacts, de flirter et de faire l'amour, toujours en quête de partenaires à leur goût. J'aime ces moments où les pensées d'autrui ne se contentent pas de réclamer un petit endroit tranquille où s'installer au fond de ma mémoire, mais semblent actionner un interrupteur dans mon cerveau, faisant jaillir la lumière, éclairant mes convictions sur un sujet précis, les clarifiant par la juxtaposition d'une vision contraire et les incitant à se transformer d'une manière que je n'aurais jamais imaginée. J'aime plus que tout qu'elles forgent un lien avec des gens ou des idées qui m'avaient paru jusque-là sans pertinence pour moi.

Je n'ai pas de temps à perdre à essayer de résoudre en solitaire cette énigme vieille comme le monde : « Qui suis-je ? » Je trouve les autres beaucoup plus intéressants que les réflexions répétitives ou illusoires que je peux faire en raclant le fond de ma propre mémoire, ou que les étiquettes que je m'attribue dans mes efforts pour affirmer ma prétendue identité. « Si je me connaissais, je m'enfuirais en courant », disait Goethe. Je sens avec encore plus de force qu'il m'est impossible de me connaître. Bien qu'on prétende depuis toujours qu'une vie réussie passe inéluctablement par la connaissance de soi, celle-ci reste plus insaisissable que jamais. Les six autoportraits que j'ai évoqués au chapitre précédent montrent bien à quel point l'image que les gens se font d'eux-mêmes est brouillée quand ils s'appuient sur l'introspection. Il existe certainement bien d'autres façons de parler ou d'écrire sur soi dont on pourrait encore faire l'expérience, bien des manières de se peindre, de se sculpter ou de se filmer qui ne soient pas narcissiques, complaisantes, nostalgiques ou geignardes. L'art du portrait et de l'autoportrait est à réinventer.

À la question « Qui suis-je ? », je préfère « Qui es-tu ? ». C'est ainsi que s'engage une conversation, ainsi que naît un autoportrait. Rares sont ceux qui ont l'envie ou la possibilité de s'asseoir pour rédiger une autobiographie dont ils estiment qu'elle leur rendra justice et qui ne sera pas simple réminiscence, tissu d'anecdotes ou exercice d'égocentrisme. Ils sont en revanche bien plus nombreux à apprécier une conversation, et il arrive que, ce faisant, ils se découvrent eux-mêmes en cherchant à expliquer qui ils sont, réalisant ainsi dans les faits l'amorce d'une esquisse rudimentaire d'autoportrait.

Je m'intéresse à ceux qui aspirent à une conversation qui ne soit pas simple bavardage superficiel, échange de ragots, querelle ou discussion professionnelle. Je n'ai aucune envie de ressusciter l'art de la conversation que l'on prétend perdu ; en effet, une grande part de ce qu'on appelait « conversation » au fil des siècles écoulés était gouverné par l'étiquette, les gens disant ce qu'ils étaient censés dire, flattant les puissants et essayant d'affirmer leur supériorité sur ceux qu'ils méprisaient. Ce que je veux, c'est découvrir comment d'autres voient le monde, ce à quoi ils attachent le plus d'importance, et, en même temps, ce qui est important pour moi. Quand deux personnes conversent dans le respect mutuel et s'écoutent l'une l'autre en cherchant sincèrement à comprendre un point de vue différent du leur, quand elles s'efforcent de se mettre à la place de l'autre, de se mettre dans sa peau, le monde devient un lieu différent, si minime que soit cette différence. Elles soulèvent, ne fût-ce qu'en partie, le masque derrière lequel presque tout un chacun se cache, et c'est un moyen plus efficace que n'importe quelle loi pour instaurer l'égalité entre deux personnes qui ont le courage de s'ouvrir franchement l'une à l'autre. Vous pouvez confesser vos péchés à des prêtres, ils ne vous confesseront pas les leurs en échange. Vous pouvez donner libre cours à vos angoisses devant votre psychiatre, il ne vous demandera pas ce que vous pensez des siennes.

Par le passé, de nouveaux types de conversation ont inauguré de nouvelles phases des relations humaines, comme ce fut le cas au moment de l'invention des parlements. Dans son sens originel, le mot *parlement* désignait une conversation entre deux (parfois quatre) individus qui se retrouvaient pour discuter, deviser. Il a fallu longtemps pour que des effectifs plus nombreux apprennent ensemble à converser. Tant que la hiérarchie a dominé toutes les activités humaines, on s'exprimait par ordre de préséance. Aussi longtemps que la violence est restée la méthode courante pour régler les différends, les discussions se sont souvent achevées par des bagarres ; nous en avons encore eu un exemple en 1992 lorsque plusieurs membres de la Douma, le parlement russe, se sont mis à échanger des coups de poing. Ce n'est que très progressivement qu'on a mis en place des règles destinées à dissuader les gens de parler tous en même temps, de s'insulter, de siffler, de se mettre à brailler ou de provoquer leurs adversaires en duel. La réforme protestante a entraîné un profond changement en rassemblant régulièrement des membres de classes sociales différentes. La révolution américaine a elle aussi transformé la nature de la conversation. Tocqueville écrivait en 1840 que discuter « est la plus grande affaire et pour ainsi dire le seul plaisir qu'un Américain connaisse » ; et les Américaines elles-mêmes, observait-il, aimaient assister aux assemblées publiques où elles « se délassent, en écoutant des discours politiques, des ennuis du ménage. Pour elles, les clubs remplacent jusqu'à un certain point les spectacles. Un Américain ne sait pas converser, mais il discute ; il ne discourt pas, mais il disserte. Il vous parle toujours comme à une assemblée. » Lorsque des associations littéraires, scientifiques, politiques et autres se sont créées en de nombreux pays, elles ont élaboré des styles bien à elles ; bataillant selon les cas contre des orateurs agressifs, intarissables, arrogants, verbeux ou dotés d'une idée fixe. Puis est apparu le « modérateur », capable de contrôler et de canaliser les désaccords pour parvenir à un compromis inoffensif. Pourtant, les réunions peuvent désormais occuper la moitié du temps d'un cadre d'entreprise, sans grand profit le plus souvent, laissant les participants dans l'ignorance de ce que pense véritablement chacun des autres, et ne leur permettant pas de découvrir les personnages réels qui se dissimulent derrière leurs rôles publics.

Un autre genre de conversation pourrait-il inaugurer une nouvelle phase des relations humaines ? Cette ambition paraîtra peut-être démesurée. Mais une série d'expériences que j'ai menées avec la participation de plus de deux mille personnes originaires d'une bonne douzaine de pays a prouvé que des conversations soigneusement préparées et structurées produisent des résultats surprenants. Les invités s'asseyent par deux, au hasard, chacun se trouvant ainsi en face d'un étranger ou de quelqu'un qu'il connaît à peine, souvent issu d'horizons complètement différents des siens. On remet à chacun un menu de conversation qui ressemble à un menu de restaurant divisé en entrées, poissons, grillades, salades, etc. Mais, en guise de plats, ce menu-là propose environ vingt-cinq sujets de discussion sous forme de questions. Par exemple : « Quelles sont les limites de votre compassion ? » ou « Comment vos priorités ont-elles évolué au fil des ans ? » ou « Quels effets moraux, intellectuels, esthétiques et sociaux votre travail a-t-il sur les autres et sur vous-même ? » Les participants sont invités à échanger leurs expériences, à s'interroger sur la valeur qu'elles pourraient avoir pour autrui, à les comparer aux attitudes d'autres civilisations confrontées aux mêmes problèmes, et à réfléchir aux éventuelles applications pratiques de leurs conclusions. D'autres menus, souvent composés à la demande d'organisations ou de professions précises, peuvent venir élargir l'éventail des sujets abordés. Des règles du jeu veillent à ce que la conversation ne dérive pas vers le monologue de l'un ou l'autre des membres, ni vers la rumination d'idées fixes.

Malgré des types de participants extrêmement variés, les résultats ont été d'une remarquable constance. Les invités sont satisfaits que les questions posées abordent des problèmes qu'ils laissent généralement plus ou moins en jachère dans un coin de leur esprit, ils apprécient particulièrement que les questions soient difficiles et exigent une longue réflexion, ce qui prête à leur conversation une substance peu habituelle, et ils sont contents qu'on leur impose une structure qui les empêche de se laisser aller à des bavardages futiles. Ils regrettent de ne pas avoir plus souvent l'occasion de parler honnêtement à quelqu'un pendant deux heures ou plus, sans être interrompus. « Je suis surpris par la franchise avec laquelle les gens ont commencé à se dire certains trucs en l'espace de quelques minutes », a remarqué le secrétaire général d'une confédération patronale. Un réfugié qui vivait dans un foyer pour sans-abri a déclaré : « C'est la première vraie conversation que j'ai eue depuis cinq ans que je vis en exil. » « En apprenant plus de choses sur ma collègue, j'en ai appris encore davantage sur moi-même. Elle m'a aidé à découvrir sur moi plus de choses qui peuvent m'être utiles », a dit un employé d'une société de téléphones portables. « J'ai eu des idées que je n'avais encore jamais eues et j'ai peut-être compris des choses que je ne savais pas », a observé un scientifique. « Je ne me rappelle pas quand j'ai eu pour la dernière fois une conversation de ce genre avec qui que ce soit », a reconnu un travailleur social. Un dirigeant syndical qui s'était retrouvé en tête à tête avec une jeune femme deux fois plus jeune que lui a conclu : « J'ai été heureux de faire la connaissance de mon interlocutrice, de discuter avec elle et de l'écouter. Elle m'a redonné confiance dans la jeunesse. » « J'ai trouvé ça passionnant et intellectuellement stimulant, a dit un commissaire de police. J'étais assis avec un type qui est un collègue de travail. Ça fait vingt ans que je le connais, on se rencontre de temps en temps, mais j'ai appris plus de choses ce soir, en discutant avec lui, qu'en vingt ans passés à travailler à ses côtés et à le croiser régulièrement. » « Nous avons parlé de choses dont nous n'aurions jamais l'idée de discuter avec des collègues de travail, et la hiérarchie n'entrait absolument pas en ligne de compte », a commenté un employé de l'administration locale. « Fascinant et vraiment satisfaisant », a estimé un médecin directeur de la santé nationale. « J'ai vécu dans six pays, je travaille en anglais, en français et en chinois, a observé un juriste, et je suis absolument convaincu de l'opportunité de ce projet. » « Cela a ouvert des sphères de dialogue qu'on serait peu enclin à ménager dans un environnement professionnel », a estimé un comptable. Un nombre vraiment très faible de participants a éludé les questions difficiles pour se réfugier dans des échanges de banalités, ou a perdu sa concentration et son intérêt pour son partenaire.

Cette méthode a également été utilisée par des chefs d'entreprise pour améliorer la collaboration au sein de leurs sociétés, et par des responsables de ministère pour apprendre à mieux connaître leurs collègues. Chaque année, le 22 août, on organise dans certains parcs publics une fête des étrangers durant laquelle les touristes et la population locale peuvent engager la conversation en s'aidant du menu pour se découvrir réciproquement ; c'est l'inverse d'un carnaval : personne n'a besoin de faire semblant.

L'envie d'avoir une conversation approfondie a beau tenailler en tous domaines de la vie, en amour, en famille, au travail ou dans le quartier où l'on vit, il semble que jusqu'à présent la lutte pour le droit aussi bien que pour la possibilité de parler librement n'ait pas remporté grand succès. Aucune des déclarations des droits de l'homme n'a jamais inclus le droit d'être écouté. Le premier amendement de la Constitution américaine lui-même se contente de protéger les citoyens des atteintes à la liberté de parole imposées par l'État ; il n'existe aucune protection contre les restrictions édictées par les employeurs, et rien n'oblige les médias libres à publier ce qu'ils n'ont pas envie d'entendre. Le premier devoir de l'amour est d'écouter, disait le théologien Paul Tillich, mais combien de personnes chaque individu aime-t-il, et combien y a-t-il d'amants qui écoutent ? Combien de personnes maîtrisent l'art de parler d'elles-mêmes sans enfreindre les limites de la modestie ou de l'honnêteté, sans être ennuyeuses ou incomprises ? Si chacun pesait ses mots avant de parler et n'écrivait que ce qu'il est certain de vouloir dire, les silences se prolongeraient et la plupart des gens n'écriraient plus rien du tout. Mais si une conversation est enregistrée et sert de base à l'esquisse d'un autoportrait écrit, celui-ci peut être corrigé, complété, et constituer peu à peu une image cohérente de ce qu'on souhaite faire comprendre aux autres à propos de soi-même.

Il faut un immense courage aux gens ordinaires pour rejeter la tyrannie des despotes, mais il n'en faut pas moins pour échapper à la crainte de révéler, à travers ce qu'on dit, qu'on est incompétent ou méprisable. Si, depuis ma jeunesse, j'avais pris l'habitude d'avoir chaque semaine une conversation avec un étranger différent, une sorte de rituel pour nettoyer mon esprit des préjugés, comme de porter mon linge à la blanchisserie, ce sont des milliers de visions personnelles du monde que j'aurais découvertes. Cela ne représenterait évidemment qu'une infime fraction des sept milliards d'individus qu'il faudrait que je connaisse dans l'idéal pour avoir le sentiment que mon séjour sur la planète Terre n'a pas été superficiel. Cependant, si les gens faisaient leur autoportrait, je pourrais en lire, en voir et essayer d'en comprendre bien plus encore. Une galerie d'autoportraits se constitue lentement ; il ne s'agirait pas de rassembler une collection de chefs-d'œuvre artistiques, mais d'offrir à tous les humains un site où entretenir une conversation avant de réaliser et d'exposer un autoportrait associant tous les moyens d'expression – film, photographie, sculpture, peinture, musique et texte – et ne disant pas seulement « Voici qui je suis » ou « Je ne suis pas ce que je parais être », mais également « Voilà la contribution que je peux apporter, voilà ce que je n'ai pas encore fait ». Les parents sont souvent un mystère pour leurs enfants, et réciproquement. Un étudiant qui avait montré son autoportrait à son père a découvert que cela leur avait permis d'engager leur première *vraie* conversation. Si seulement mes parents m'avaient laissé leurs autoportraits ! J'aimerais savoir tellement plus de choses sur eux !

Alors qu'un peintre avait réalisé son portrait, Diderot se plaignait : « Je vous préviens que ce n'est pas moi. J'avais en une journée cent physionomies diverses selon la chose dont j'étais affecté. J'étais serein, triste, rêveur, tendre, violent, passionné, enthousiaste. Mais je ne fus jamais tel que vous me voyez là. » Dans chacun des chapitres de ce livre, vous me verrez sous un angle différent face à une autre énigme et aux préoccupations d'individus différents. Le regard de Lucian Freud a éveillé des sensibilités et affûté des idées dont je n'aurais peut-être pas pris conscience sans lui.

La distinction entre portrait et autoportrait est trompeuse ; nous avons besoin d'un autre mot pour désigner ce qu'il y a entre les deux. Une conversation et un portrait n'apportent pas de solutions magiques aux inimitiés qui ravagent régulièrement les projets les mieux conçus. Ce ne sont pas des solutions que je recherche, seulement des voies à explorer.

4.

Comment éviter d'être un rebelle déçu ?

Les bébés humains sont les seuls à pleurer quand ils viennent au monde. Est-ce parce que, dès cet instant, et bien qu'appartenant à une espèce qui a dominé toutes les autres et assujetti la nature à ses caprices, ils n'aiment pas ce qu'ils voient ? Les hommes sont effectivement des rebelles ; ils n'auraient pas changé le monde comme ils l'ont fait s'ils avaient été des pleutres dociles et soumis. Il est vrai que la majorité des bébés finissent par apprendre à se taire et à répondre aux enquêteurs qu'ils sont très ou assez satisfaits de leur sort, mais il en est peu qui cessent définitivement de se plaindre. La question qui se pose est la suivante : a-t-on trouvé le mode de rébellion le plus efficace ? Quelles autres possibilités s'offrent aux bébés braillards, aux adolescents désorientés, aux adultes déçus et aux innombrables autres catégories d'êtres humains qui ont d'excellentes raisons de se rebeller ?

Il y a un siècle, on a annoncé que le cinéma était la grande innovation technologique qui transformerait la mentalité des masses en leur ouvrant les yeux sur des mondes dont elles ignoraient tout. Un des réalisateurs russes les plus doués, Sergueï Eisenstein (1898-1948), pensait pouvoir utiliser le cinéma – qu'il saluait comme une « nouvelle Muse » – pour « choquer le public » et convertir les « paysans ignorants » à l'utopie socialiste, les faisant ainsi renoncer à des siècles de traditions. Interprétant l'art comme un acte révolutionnaire et plaçant sa foi dans l'« armée de l'Art », il mit au point des techniques géniales pour créer des « collisions » entre images et produire d'extraordinaires métaphores visuelles, à la fois poétiques et troublantes, propres à stimuler des idées nouvelles. Cependant, malgré toute son inventivité, il n'a pas su éviter d'être un rebelle comme les autres, emboîtant le pas à la longue cohorte des génies originaux et insatisfaits de l'Histoire.

Il avait tout pour devenir un révolté. Il détestait son père « tyrannique » et « bourgeois », et admirait sa mère, femme réfractaire, frustrée, qui avait divorcé d'avec son mari pour mener une vie indépendante, voyageant seule à l'étranger : « Elle était excentrique. J'étais excentrique. Elle était ridicule. J'étais ridicule. » (Personne n'a encore tenu le compte des mères, apparemment corsetées dans des rôles conventionnels, qui ont guidé leurs enfants sur des voies non conformistes.) Après avoir suivi une formation d'ingénieur, comme son père, il a renoncé à cette profession pour devenir d'abord caricaturiste – exprimant ainsi son mépris pour toute forme d'autorité –, puis il a aspiré à réformer l'art dramatique. Mais, un peu trop rebelle, il s'est fait renvoyer de son cours de théâtre pour « inaptitude ». Fasciné par la révolution, la violence, le conflit, il rejetait la religion, sans cesser pour autant d'être hanté par ses rituels. Malgré une culture immense – il vivait « dans les livres jusqu'aux genoux », assimila la pensée de toutes les nations, devint l'ami des plus grands artistes de son temps, originaires de tous pays, était lui-même issu d'un mélange de sang russe, letton, allemand et juif, parlait cinq langues et étudia le japonais pendant son service militaire –, il n'en fut pas moins incapable de se faire comprendre au-delà d'un cercle restreint d'admirateurs : les masses n'appréciaient ses films que lorsqu'ils paraissaient renforcer leur patriotisme traditionnel. La France et l'Angleterre interdirent la projection de son premier chef-d'œuvre, *Le Cuirassé Potemkine*. Hollywood rejeta Eisenstein parce qu'il n'était pas suffisamment commercial. Les autorités soviétiques le persécutèrent et lui ordonnèrent de refaire ses films pour les rendre plus conformes à l'idéologie stalinienne. Autrement dit, il se heurta à presque tous les obstacles imaginables. Son oppresseur, Staline, devait lui aussi se heurter à des traditions obstinément enracinées, et massacra plusieurs millions d'individus, terrifié à l'idée de n'exercer jamais un pouvoir suffisant pour écraser tous ses ennemis.

Eisenstein dut ravaler son humiliation, obéir à Staline, l'écouter poliment pontifier sur la manière dont le cinéma devait transformer les masses en travailleurs heureux : c'était la condition *sine qua non* pour être autorisé à continuer à tourner. Il se trouva ainsi face au même dilemme que Galilée, menacé de mort par l'Inquisition et contraint de se rétracter. « Dans mon histoire personnelle, trop personnelle, écrivit Eisenstein, il m'a fallu à plusieurs reprises m'abaisser à de terribles niveaux d'avilissement. » Il mourut à son bureau, en train de rédiger une lettre dans laquelle il disait : « Toute ma vie j'ai souhaité qu'on m'accepte avec affection, et pourtant je me suis senti contraint de me retirer… et de rester à jamais spectateur. » Il n'a jamais approfondi ses réflexions sur les causes de ce constat. Dans *La Maison de verre*, film dont il avait le projet mais qu'il n'eut jamais l'occasion de réaliser, il voulait montrer que les gens ne se voient pas les uns les autres, parce qu'« il ne leur vient jamais à l'idée de regarder », qu'ils n'éprouvent aucune curiosité et ne savent pas comment regarder. Il était aux antipodes de l'architecte Frank Lloyd Wright (1867-1959) qui, vers la même époque, était convaincu que des maisons modernes aux parois de verre suffiraient à engendrer la « liberté de l'individu » et un nouveau mode de vie. Comment regarder les autres, comment éprouver de la curiosité à leur endroit, de sorte que tous prennent plaisir à se regarder réciproquement ? Voilà ce qu'Eisenstein n'a su découvrir, avant tout en raison des limites de sa propre curiosité. Il ne considérait pas les paysans comme des individus, mais comme une classe sociale. Il a peuplé ses films d'archétypes, non d'êtres humains, choisissant des acteurs qui avaient l'air de caricatures du rôle qu'ils incarnaient. S'il n'était pas pour autant inconscient de la complexité des individus – il lui est arrivé, dans une scène, d'utiliser simultanément trois acteurs pour interpréter les différentes facettes d'un seul et même personnage –, il avait pour ambition d'échapper à la distraction que suscite le détail, de se livrer à des généralisations sur l'humanité en tant qu'ensemble et d'atteindre le but ultime des insatisfaits : « changer le monde ».

Comment Eisenstein pouvait-il croire qu'il parviendrait à convaincre les masses de penser comme lui, voire à les inciter à avoir de nouvelles idées et même à prendre plaisir à réfléchir ? L'histoire de ses prédécesseurs qui, comme lui, voulurent provoquer de grands changements est accablante. Les remarquables triomphes d'ingéniosité du genre humain sont contrebalancés par des révolutions qui ont rarement obtenu les résultats escomptés ou ont entraîné des problèmes imprévus. Le renversement des despotismes a souvent engendré une autre forme de dictature dissimulée derrière des slogans populistes. Révoltes paysannes, révoltes d'esclaves, révoltes fiscales, émeutes de la faim, grèves, révolutions, mouvements de contestation de la jeunesse, mouvements féministes et manifestations contre la guerre ou la conscription militaire – même lorsqu'ils semblent couronnés de succès, tous ces mouvements peuvent voir leurs réussites réduites à néant dans les dédales de la bureaucratie, ou anéanties par des mouvements de réaction qui rétablissent subrepticement la situation antérieure.

Malgré les innombrables protestations des opprimés et des insatisfaits émises au fil des siècles, presque tout le monde rumine un sujet de plainte ou un motif de regret quelconque. Rares sont ceux qui peuvent éviter d'éprouver quelque pincement d'inquiétude dont ni la prospérité ni les progrès de l'hygiène n'ont su les débarrasser. Il n'est guère d'individus qui ne soient désavantagés en raison de leur sexe, de leur physique, de leurs origines, de leurs singularités ou des stéréotypes qui s'attachent à eux.

« La distance qui sépare le riche du reste des citoyens s'accroît chaque jour, la pauvreté devient plus insupportable [...], la haine s'envenime » : ces quelques mots, écrits vingt ans avant la Révolution française par Louis-Sébastien Mercier (1740-1814), ont conservé une grande part de vérité – à l'exception peut-être de sa proposition sur la haine, les privilégiés ayant appris à maîtriser avec un talent croissant l'alchimie qui transforme la haine en résignation face à ce qui paraît inexorable. Mercier était l'auteur d'une utopie intitulée *L'An 2440*, dans laquelle il prévoyait la disparition des prostituées, des mendiants, des maîtres à danser, des prêtres, des pâtissiers, des armées permanentes, de l'esclavage, des arrestations arbitraires, des impôts, des corporations, du commerce extérieur, du café, du thé, du tabac et de la littérature immorale. Aucune de ces prédictions ne s'est réalisée. Si les rebelles n'ont pas été plus efficaces dans la poursuite de leurs objectifs, c'est qu'ils sont enclins, par leur nature même, à s'opposer entre eux et qu'il est inimaginable que tous les rebelles du monde puissent se fédérer. Quand, à l'occasion, les révolutions triomphent, c'est parfois en se trahissant elles-mêmes, en adoptant les armes de leurs adversaires, en recourant à la violence et en réprimant la dissidence. De plus, si tout un chacun doit aller à l'école pour apprendre à obéir, la rébellion est un instinct inné, rarement récompensé. Faut-il s'étonner, dans ces conditions, qu'arrivés à l'âge adulte tant de jeunes gens et de jeunes femmes aient remisé leur idéalisme au fin fond d'un tiroir comme un vêtement passé de mode ?

La rareté des grandes révolutions, qui ne se produisent au plus qu'une à deux fois par siècle, ne doit pas faire oublier les innombrables petits soulèvements locaux dont les manuels scolaires ne parlent pas. Il ne s'agit pas seulement de manifestations et d'insultes publiques, mais bien davantage de ces entorses furtives et quotidiennes à la loi que commet une foule d'individus insatisfaits. Ces infractions continues révèlent que le mécontentement est un volcan en sommeil qui peut soudain entrer en éruption aussi aisément par temps de prospérité qu'en période de crise. Comment faire pour qu'il ne recrache pas une fois de plus de simples fumerolles ? Voilà la question qu'inspire le cas Eisenstein.

C'était un artiste, et les artistes jouent un rôle majeur dans la rébellion. De même que la plupart des gens possèdent une tendance à la révolte, ils recèlent une veine artistique, et l'art peut être une subtile manière de révéler comment on appréhende la réalité. Les Occidentaux considèrent en général les artistes dans le contexte étroit des œuvres de musée, ou voient en eux des génies définissant des critères de beauté auxquels peu sont en mesure d'atteindre. Il existe pourtant une tradition fort ancienne qui veut que la pratique d'un art soit indispensable à toute vie pleinement vécue. En Chine, l'acte même d'écrire, qui exige l'utilisation d'un pinceau, faisait prendre conscience à chacun qu'un simple trait pouvait être empreint de beauté. Aussi les notions de lecture et d'écriture et le talent artistique n'étaient-ils qu'une seule et même chose. Tous les gens instruits étaient encouragés à être peintres, poètes, calligraphes et musiciens. Les bureaucrates des villes, enfermés dans leur routine, étaient exhortés à nourrir leur esprit en entreprenant des « voyages imaginaires dans des peintures de paysage ». Plusieurs millions de fonctionnaires confucéens formèrent « le plus vaste groupe de mécènes que le monde ait jamais vu ». La première histoire de l'art, les *Chroniques des peintures célèbres des dynasties successives* (847 après J.-C.), affirmait que l'art « a perfectionné la civilisation » et « encouragé les relations humaines ». Pour les Chinois, être artiste ne se limitait pas à voir la beauté de la nature, c'était aussi découvrir la place qu'on y occupait. Peindre imposait d'observer la nature sous différents angles (à la différence de la perspective unique adoptée par les Occidentaux) et à éclairer les relations entre des éléments apparemment disparates. Les relations étaient en effet au cœur de l'art. La passion du paysage se doublait d'un vif intérêt pour les portraits, lesquels ne recherchaient pas la ressemblance, mais s'efforçaient de révéler le rapport du modèle avec le monde extérieur. La peinture pouvait aussi être une activité collective entre amis qui se réunissaient pour improviser ensemble des tableaux. L'art laissait place aussi bien à la spontanéité (avec des projections d'encre sur papier, bien avant l'époque de Jackson Pollock) qu'à l'observation scientifique précise de chaque plante. Être un artiste, c'était s'intéresser à la vie et élaborer des critères esthétiques en complément des critères moraux.

Les habitants de l'Inde antique étaient également incités à ne pas se contenter d'être des admirateurs passifs de l'art, mais à être eux-mêmes des artistes. Le *Kamasutra* ne donnait pas seulement des conseils sur l'art et la manière d'être un bon amant ; il rappelait la nécessité de compléter cet art en peignant, en sculptant la pierre ou le bois, en modelant l'argile et en participant aux cercles de poésie, l'un des principaux plaisirs des lettrés. La femme idéale n'était pas exclusivement une ménagère consciencieuse et obéissante ; il existait également des courtisanes professionnelles qui, en plus de leur métier servile consistant à satisfaire les hommes, avaient des talents et des connaissances hors du commun : elles étaient versées dans les « soixante-quatre arts », lesquels incluaient, outre la musique, la danse, le chant et le théâtre, la logique et l'architecture, l'escrime, le tir à l'arc et la gymnastique, la menuiserie, la chimie et le jardinage ; elles savaient apprendre à parler aux perroquets, maîtrisaient les codes chiffrés, savaient confectionner des fleurs artificielles, faire des tours de prestidigitation, et j'en passe. La *ganika* indienne, la *geisha* japonaise, l'*hetaïra* grecque, la *cortigiana onesta* italienne, la *kisaeng* coréenne et la *naditu* babylonienne, quoique différentes, ont révélé comment les femmes pouvaient mettre de l'art dans la vie prosaïque des hommes.

Bien qu'une large part de l'activité artistique puisse donner l'impression d'avoir été tout sauf rebelle, se pliant docilement aux goûts des mécènes, aux règles académiques ou à la tradition (« Je suis obligé de faire ce qu'ont fait mes prédécesseurs », disait Véronèse), l'art a également montré que le monde est bien plus riche que ce que voit l'œil ordinaire. Cependant trop d'artistes, à l'image d'Eisenstein, luttent encore, à l'instar des rebelles, contre l'incompréhension dont ils font l'objet. Voilà ce qui advient lorsque l'art devient soliloque, expression de soi, au lieu d'être une conversation entre deux imaginations. La glorification et la commercialisation d'un petit nombre d'artistes remarquables, érigés au rang de génies, détournent l'attention de cette autre fonction de l'art : encourager un échange mutuel entre individus qui occupent différents fragments de la réalité et possèdent des sensibilités différentes. Il est vrai que la circulation entre les imaginations est rarement fluide. Comment franchir les barrières et les postes de contrôle de plus en plus nombreux que dressent les divergences de goût et les préjugés ? Eisenstein a été déconcerté par les paysans de Russie parce qu'il était si absorbé dans la conception de ses merveilleuses constructions imaginaires qu'il n'a jamais pris la peine de découvrir ce que chacun d'eux aurait pu lui dire qu'il ne savait pas encore, quels rêves éminemment personnels les distinguaient de leurs voisins, si semblables en apparence, et pourquoi ils étaient incapables de trouver de la place pour ces idéaux.

Les dichotomies de la politique, les calculs de l'économie, les promesses des idéologies et les ingéniosités de la technologie ne suffisent pas pour apprendre aux gens à se comprendre. Si Eisenstein ne pouvait influencer les mentalités des masses, c'est parce que l'homme a toujours redouté le changement et que, quand il en a éprouvé le besoin, il s'est généralement tourné vers le passé en réclamant la restauration du bon vieux temps. Pour qu'il se sente à l'aise avec une vision de l'avenir, il faut que celle-ci lui paraisse familière et non étrange. C'est exactement ce que le cinéma peut faire en créant des mondes imaginaires différents de celui qui existe, des mondes que l'on peut découvrir à l'avance en toute sécurité et qui perdent ainsi de leur nature effrayante. La science-fiction a permis d'accepter plus facilement la technologie, mais le cinéma doit encore nous présenter des visions de futurs plus intimes, ou bien ses propres prophéties de ce que pourraient être demain les humains.

Les Grecs de l'Antiquité nous livrent un indice de la manière dont des idées inhabituelles peuvent s'insinuer dans des esprits sclérosés par la coutume. Ils ne se sont pas contentés de construire des temples et des sanctuaires pour réclamer des faveurs aux mystérieuses divinités cachées dans les cieux, symbolisant pour eux les forces qui gouvernent l'univers. Ils aimaient aussi aborder leurs problèmes sous l'angle de différents arts et de différentes branches du savoir personnifiés par les neuf Muses, une pour chacun des arts, plus une pour l'histoire parce qu'ils avaient une conscience aiguë de l'influence de l'expérience passée, et une pour l'astronomie qui permet de réinsérer tous les détails dans un tableau d'ensemble. Ils demandaient conseil aux Muses, ce qui les conduisait à réfléchir à des questions plus vastes et plus générales que leurs propres problèmes immédiats et prosaïques.

Depuis ce temps, les poètes en quête d'inspiration se sont adressés à une muse censée les aider à concevoir de nouvelles idées ; mais les poètes ne sont pas les seuls à avoir eu besoin, pour leurs réalisations, d'une muse, messagère d'un autre point de vue, ou de son équivalent. Les scientifiques et les innovateurs en tout genre, humbles ou célèbres, en ont eu besoin eux aussi. Albert Einstein n'aurait pu accomplir seul ce qu'il a fait : « Je ne suis pas très fort en calculs mathématiques, écrivit-il. Ma compétence particulière est de visualiser les effets, les conséquences et les possibilités des découvertes d'autrui et leur influence sur la pensée présente. Je saisis facilement les choses de manière générale. » Il a fallu que son ami Marcel Grossmann lui présente les modèles mathématiques qui lui ont permis d'élaborer la synthèse qui donna naissance à la relativité générale. Parler de créativité est trompeur si l'on prête à ce mot le sens d'un talent inné reflétant celui de la divinité, la capacité de créer quelque chose à partir de rien. Einstein rappelle à juste titre tout ce qu'il doit à d'autres. Ceux-là ont été ses « muses ». Sa réalisation personnelle a consisté à donner naissance à une nouvelle idée, un peu comme font des parents en engendrant un enfant, créature indépendante et différente d'eux. Quand deux êtres distinguent l'un en l'autre quelque chose dont personne n'avait encore pris conscience, quand cette reconnaissance provoque une étincelle qui leur permet d'accomplir ensemble ce qu'ils n'auraient pu faire isolément et de franchir les frontières de leur imagination respective, ils trouvent une nouvelle porte ouvrant sur la liberté. Tout être est potentiellement une « muse », et chacun a besoin d'une « muse », ou plus précisément de plusieurs « muses », pour féconder ses talents.

Où trouver une « muse » ? Ce n'est pas la créativité, mais la sensibilité qui vous fait reconnaître en autrui une idée susceptible de s'associer à l'une des vôtres pour engendrer une nouvelle possibilité. C'est par l'intérêt pour les autres, par la prise de conscience que chacun est différent et potentiellement surprenant, que commence la recherche d'une « muse ». Si un conjoint ou un partenaire sexuel peut en être une, c'est également le cas de tous les autres individus. Alors que les Muses grecques évoluaient dans les cieux, on peut en trouver n'importe où sur terre ; des gens de toutes sortes peuvent chercher l'inspiration auprès d'autres gens de toutes sortes, notamment auprès de ceux qu'ils ont peu de chances de rencontrer dans leur vie de tous les jours et qui risquent moins de leur répéter ce qu'ils ont déjà maintes fois entendu. Jusqu'à présent, la plupart des institutions ont cherché à rassembler des individus qui se ressemblent ou qui partagent des points communs, ce qui convenait parfaitement aux ambitions conventionnelles ; mais l'ennui finit par engendrer une soif d'échanges moins superficiels, de réflexion plus imaginative, de meilleure compréhension du passé, de vision plus claire de l'avenir. Loin d'être des enseignantes ou des législatrices, les Muses de la mythologie étaient des catalyseuses censées inspirer de l'enthousiasme, faire jaillir des étincelles de sens et de beauté dans les existences quotidiennes ; elles devaient affiner les émotions par la pratique des arts, permettre aux gens de voir et de dire ce qu'ils n'ont généralement pas le courage de voir et de dire. Elles ne demandaient pas qu'on leur rendît un culte, mais qu'on les célébrât par des fêtes, des banquets, par le chant et la danse. Leur concept peut avantageusement remplacer l'image du rebelle romantique : au lieu d'encourager la passion de l'affrontement, elles stimulent une curiosité bien plus féconde pour l'infinie diversité de l'espèce humaine.

La tradition familiale a exercé une grande influence sur le type de rebelle que chacun tend à devenir. Un ingénieux statisticien a établi que les individus les plus aventureux de l'histoire occidentale étaient les benjamins, et, par suite, les benjamines. Les premiers-nés d'une famille seraient, semble-t-il, dix-sept fois moins enclins à admettre de nouvelles idées scientifiques que leurs cadets. Au cours des révolutions politiques d'Europe occidentale, les tenants du radicalisme avaient dix-huit fois plus de chances d'être des cadets, et les défenseurs de la Réforme protestante qui ont subi le martyre au nom de la nouvelle doctrine étaient quarante-huit fois plus souvent des puînés. La famille, censée être garante de la normalité, était en réalité un chaudron de révolte : elle enflammait et éteignait celle-ci tour à tour. La famille a néanmoins changé. Les privilèges des aînés de sexe masculin ne sont plus aussi stéréotypés que par le passé. De même les différents corps de métiers, qui constituaient à maints égards des familles de substitution ou de complément, et bridaient également la curiosité en raison de leur spécialisation : cet héritage-là est lui aussi contesté de nos jours. On relève aujourd'hui une plus grande diversité de mini-rébellions. Le concept d'innovation en continu favorise la révolution permanente à petites doses.

Face à l'histoire en dents de scie des révolutions, à leurs succès limités et à leurs douloureux effets secondaires, les rebelles qui refusent de se contenter de transformer leurs critiques privées en action publique et de se battre pour le triomphe de leurs propres convictions ont aujourd'hui d'excellentes raisons de chercher d'autres méthodes pouvant se targuer d'antécédents historiques plus fructueux. Autrefois, le règlement des querelles personnelles ne se faisait pas uniquement par des échanges de horions, par la proclamation de nobles principes ou en laissant un juge accorder la victoire à l'un des adversaires ; on s'efforçait aussi de répondre aux motifs de griefs individuels un à un, en ménageant l'orgueil de chacun et en donnant l'impression aux deux camps qu'on les avait écoutés. Traditionnellement, dans les villages chinois éloignés de toute possibilité d'intervention gouvernementale, les médiateurs locaux officieux cherchaient moins à faire appliquer les droits juridiques des parties adverses qu'à se montrer équitables envers chacune en tenant compte de leur situation particulière, et à aboutir ainsi à une solution qui puisse exercer à l'avenir des effets positifs plus vastes pour la communauté. Au lieu d'essayer d'écraser les ennemis – qui ressuscitent d'ordinaire et reviennent se venger –, on cherche à sonder ambitions et craintes suffisamment en profondeur pour découvrir si elles ne pourraient pas emprunter d'autres directions moins préjudiciables. La rébellion peut être recentrée contre de vains affrontements marqués par l'incompréhension, et un accord obtenu par la médiation peut apporter une expérience plus grisante que celle d'avoir réduit l'adversaire à la reddition. On peut éprouver de vraies satisfactions artistiques à dénouer des animosités et à réussir à considérer des ennemis sous différents angles, à chercher à voir au-delà des poses qu'ils adoptent, à brusquer en eux désirs ou vulnérabilités cachés, à établir si l'on n'a pas à tort vu en trop de gens des ennemis alors qu'ils ne l'étaient peut-être que par certains aspects ou certaines attitudes.

Il n'en reste pas moins que la colère, l'obstination et l'orgueil limitent les possibilités de médiation. Bien souvent, la réaction la plus efficace à la cruauté ou à l'insensibilité d'oppresseurs privés ou publics n'a pas été la rébellion, mais la fuite : échapper à leurs griffes, émigrer, les laisser combattre leurs proches et se détruire réciproquement. Lorsque cette solution n'est pas possible, on peut chercher à faire sur une petite échelle l'essai de possibilités encore inexplorées. Je chercherai à découvrir où cela peut mener dans mes chapitres consacrés au travail qui opprime. Eisenstein était trop éloigné des paysans pour exercer la moindre influence sur eux, individuellement et plus encore collectivement, et il s'est heurté à cette méfiance des masses qu'ont suscitée en tout lieu les artistes novateurs. Les rebelles ont souvent eu de bonnes raisons d'être en colère, mais leurs plans n'ont pu qu'être contrariés lorsque la détestation sévissant entre leurs ennemis et eux les a obsédés aussi aveuglément qu'au sein d'un couple d'amoureux.

5.

Que peuvent dire les pauvres aux riches ?

Lorsque, de toute la journée, elle n'a pour se nourrir que trois poignées de riz bouilli avec un peu de sel, que désire plus que tout une femme pauvre ? « Je suis incapable de mendier », répondait celle qui refusait la charité, qu'elle jugeait humiliante. Elle préférait faire croire que c'était par choix qu'elle ne préparait à manger qu'une fois par jour. « Les gens en concluaient que mon régime alimentaire se pliait rigoureusement aux exigences d'une vie spirituelle. Je disais : Je n'ai pas faim. En vérité, je n'arrivais pas à fermer l'œil de la nuit tellement j'avais faim. » Quand elle n'a même plus eu de quoi se payer un repas par jour, elle a ramassé les restes que d'autres jetaient, et il lui est arrivé de manger de l'argile. Il lui est même arrivé de se passer de nourriture pendant une semaine entière. Elle était, a-t-elle reconnu, prête à mourir. « Toute ma vie je n'ai connu que la misère. »

Ces paroles sont celles de Haimabati Sen, née au Bengale en 1866. Elle avait neuf ans quand on lui fit épouser un homme de quarante-cinq ans qui rendit l'âme dans l'année. Puis ses parents sont morts. Seule, exclue de la communauté par la coutume hindoue selon laquelle les veuves portent malheur, elle a erré de lieu en lieu, logeant là où des parents ou des étrangers lui offraient un toit, gagnant sa pitance en effectuant des tâches ménagères. Quand elle est devenue une jolie jeune femme, des prédateurs ont cherché à la séduire, mais elle a refusé l'existence de maîtresse ou de prostituée, et s'est enfuie de divers emplois moins innocents qu'ils ne semblaient l'être.

Dans la plupart des civilisations, et jusqu'à une date toute récente, être pauvre c'était n'avoir pas de famille. Haimabati Sen a cherché de l'aide auprès d'un grand nombre de parents proches ou lointains dont la compassion s'est bien souvent révélée exigeante, insultante ou rapace. Elle n'a trouvé la respectabilité qu'en se remariant, à vingt-trois ans, avec un homme dont elle respectait les idées généreuses. Mais son mari renonça bientôt à son emploi pour se consacrer à une « quête de Dieu », et elle dut assurer leur subsistance à tous deux. Il s'attendait à être servi et n'hésita pas, un jour, à la rouer de coups, la blessant grièvement. À sa mort, elle n'avait pas l'argent nécessaire pour payer les rites funéraires. Ses cinq enfants, se plaignait-elle, la harcelaient et l'opprimaient ; tous, sauf un, n'étaient que des ingrats, indifférents à sa santé chancelante et ne s'intéressant qu'à leurs propres affaires ; quant à leurs conjoints, ils étaient encore pires.

« Je ne comprends pas ce que j'ai gagné par mes souffrances », a-t-elle reconnu à la fin de sa vie. Elle avait pourtant mené une existence qui était loin d'être totalement tragique. Au contraire, elle avait démontré avec force ce qu'il est possible d'accomplir sans argent en trois domaines différents. On avait beau dire aux filles que personne n'accepterait de les épouser si elles étaient instruites, elle avait appris à lire avec l'aide de ses frères et avait poursuivi ses études avec obstination, finissant même par obtenir une bourse pour entrer à la faculté de médecine, ce qui lui permit de devenir médecin hospitalier. Elle avait accompli tout cela tout en élevant ses enfants, en se levant à quatre heures du matin pour venir à bout des tâches ménagères et servir son mari qui ne lui était d'aucune aide. Elle ne s'était pas enrichie en étant médecin, parce qu'elle ne touchait qu'une faible partie de ce que gagnaient ses supérieurs coloniaux britanniques, et pourtant l'aide qu'elle prodiguait à ses patients lui inspirait une immense satisfaction. Le manque d'argent n'avait jamais été un souci pour elle. « J'ai compris que le cœur humain n'atteint pas la paix par l'accomplissement du devoir en échange d'un salaire... Il est du devoir de tout être humain d'aider les autres. » Elle qui avait refusé la charité alors qu'elle était près de mourir de faim déclarait : « La charité est le seul élan de tendresse de notre cœur, rien ne peut autant qu'elle adoucir notre âme et nous enseigner l'abnégation. » Se sacrifier pour autrui était le but de sa vie. À la cruauté de la société à son encontre elle avait répondu par une infinie bonté. « Je ne vois pas la nécessité d'avoir de beaux habits ni des chaussures de qualité... pas plus que des lits et des matelas excellents. Tu t'endors quand tu as sommeil, peu importe où tu te couches. » Elle estimait que l'envie de confort matériel sapait la paix de l'esprit. « Vivre comme un ver qui se gave de biens matériels » n'avait pour elle aucun sens.

Les familles ne jouant pas toujours le rôle qu'elles auraient dû assumer dans l'idéal, elle créa un substitut de famille qui ne reposait pas sur la parenté, mais sur le libre choix, l'affection mutuelle et la gratitude. Elle reconnaissait franchement qu'elle n'avait pas seulement besoin de s'occuper des autres, mais aussi qu'on s'occupe d'elle, qu'on lui donne l'impression d'être protégée. « Tu es ma mère – ou ma fille, ou mon fils – à dater d'aujourd'hui », disait-elle quand elle rencontrait une personne assoiffée d'amour ou d'attention. « Je veillerai sur toi. » Sa compassion ignorait les limites de la prudence ; incapable de refuser d'aider quelqu'un, elle finit par héberger en permanence trente ou quarante orphelins, élevant quatre cent quatre-vingt-cinq enfants au total ! Elle dépensait pour eux l'intégralité de son faible revenu. Les petites familles engendrent l'égoïsme, affirmait-elle. « Plus vous avez de relations en ce monde, mieux c'est. » Sa fille préférée, la plus dévouée à son égard, était une enfant adoptée. « Quand tous mes enfants viennent à moi et m'appellent Mère, mon cœur se gonfle de joie. »

Alors qu'elle avait obtenu les meilleures notes à ses examens de médecine, ses condisciples masculins firent grève pour empêcher qu'on ne lui accorde la médaille d'or, laquelle, disaient-ils, n'avait jamais été remise à une femme. Elle s'abstint de protester et se contenta de la médaille d'argent. Elle ne refusa pas non plus d'être l'épouse docile traditionnelle, s'inclinant sans discussion devant les diktats de son mari : elle lui remettait l'intégralité de son salaire « pour qu'il en fasse le meilleur usage ». La crainte qu'il l'abandonne était comme un nœud coulant qui menaçait en permanence de l'étrangler : « Qui veillera alors sur moi ? » Cela ne l'empêchait pas d'être écœurée par le monde cruel dans lequel les hommes semblaient se complaire, monde fondé sur la « force et l'argent », impitoyable avec les enfants obligés d'« accomplir tout le travail », ravagé par des usuriers « qui s'emparent de force de tout ce que possède le paysan et le revendent aux marchands au double du prix ». Elle a réagi en édifiant son propre univers à côté de ce monde cruel et en s'efforçant d'ignorer la « vanité et la mesquinerie » des hommes.

Haimabati Sen est morte l'année de ma naissance, en 1933, laissant derrière elle une remarquable autobiographie sous forme d'un manuscrit demeuré dans l'oubli pendant deux générations avant d'être sauvé et traduit par le grand historien des « sensibilités » Tapan Raychaudhuri (né en 1926). C'est un des récits de vie intime les plus fouillés qu'on puisse trouver en quelque pays que ce soit, les mots et la voix de chaque personnage étant restitués avec une justesse qu'un roman ne pourrait qu'imiter. Si elle avait vécu un siècle plus tard, les tentations de s'enrichir auraient été bien plus fortes, et peut-être aurait-elle choisi d'émigrer et de devenir un médecin à la mode soignant les névroses ou l'obésité de ceux qui mangent trop. Mais les pauvres sont bien plus nombreux aujourd'hui que de son temps en raison de l'immense accroissement de la population mondiale, et les plaintes que suscitait la pauvreté il y a plusieurs siècles montrent que la situation n'a guère évolué.

Zhang Tao (1560-1620), un petit fonctionnaire qui écrivait durant une des périodes de prospérité économique de la Chine et exprimait les idées de beaucoup de ceux que déroutait l'étalage éhonté de luxe, remarquait : « Un homme sur cent est riche alors que neuf sur dix sont appauvris. Le dieu de l'argent gouverne tout. L'avarice est sans limites, le plaisir personnel règne en maître… Dans les relations avec autrui, tout est rétribué jusqu'au dernier cheveu. L'équilibre entre puissant et humble avait disparu, les deux rivalisant pour des sommes dérisoires… Chacun exploitait l'autre et tout le monde se mettait en avant. La tromperie grandissait et les procès se multipliaient… » La foi dans le conte de fées du progrès a continué à masquer les déceptions réitérées en tous domaines de l'expansion économique. Le progrès a toujours engendré la pauvreté en même temps que la prospérité. À quelle époque la pauvreté n'a-t-elle pas été le lot de la majorité ? Toutes les tentatives pour l'abolir ont échoué, même si certains sont moins pauvres qu'autrefois. Depuis que l'argent a été inventé, il n'y en a jamais eu assez pour que tous en aient autant qu'ils en voudraient ou en ont besoin. Il ne peut jamais y avoir d'argent en suffisance.

Tous les grands discours sur les droits de l'homme et sur la démocratie n'ont pu éviter que 85 % de la richesse mondiale se concentrent toujours entre les mains d'un dixième seulement de la population. La fin supposée du colonialisme n'a pas supprimé le transfert annuel de plusieurs centaines de milliards de dollars depuis les pays pauvres vers les pays riches. Même aux États-Unis, les quatre cinquièmes de la population se partagent encore 15 % de la richesse alors que seulement 1 % de la population le plus riche en possède près d'un tiers. Au cours de ses premières phases, l'industrialisation a régulièrement appauvri plus de gens qu'elle n'en a enrichi. La moitié de la population du Botswana, modèle de la réussite africaine selon les critères de la finance – avec, pendant vingt ans, une croissance économique dépassant 7 % et un PNB multiplié par plus de six –, vit toujours avec moins de un dollar par jour. Après une croissance économique encore plus impressionnante, 55 % de la population urbaine de l'Inde vivent dans un espace inférieur ou égal à 5,5 mètres carrés, soit la surface minimale d'une cellule dans les prisons américaines.

Chacun sait que la *Théorie des sentiments moraux* d'Adam Smith, complément à sa *Richesse des nations*, affirme clairement que la création de richesse doit s'accompagner de la création simultanée de bienveillance, de compassion et de reconnaissance mutuelles. Il était convaincu que l'égoïsme est contraire aux intérêts de chacun, car les humains ont besoin de l'approbation, de la sympathie et de l'affection d'autrui, et ne peuvent que constater qu'il est profitable de se préoccuper du « sort des autres, quel que soit son intérêt personnel ». Pour lui, il ne pouvait y avoir de vraie prospérité sans accroissement de la compréhension mutuelle. Malheureusement, il ne disposait d'aucune recette pour rendre les gens plus bienveillants. Il ne pouvait qu'espérer que la piété les conduirait à reconnaître la bienveillance divine et à prendre modèle sur elle ; ou encore qu'ils donneraient une preuve de leur bon goût en pratiquant la bienveillance, celle-ci étant « agréable » et conférant « une beauté supérieure à toutes les autres ».

Adam Smith serait horrifié de voir ce qu'on a fait de ses théories lui qui écrivait qu'un être qui ne possède que des compétences industrielles ou spécialisées devient « bête et ignorant. La torpeur de son esprit le rend non seulement incapable d'apprécier aucune conversation rationnelle ou d'y prendre part, mais encore de concevoir aucun sentiment généreux, noble ou délicat, et donc de former aucun jugement juste, même sur de nombreux devoirs ordinaires de la vie privée. »

Le genre humain aurait pu emprunter une autre direction s'il avait prêté davantage attention à un disciple de Socrate, Xénophon, surnommé la « Muse attique » (né vers 444 avant J.-C.), auteur du premier ouvrage jamais écrit sur l'économie, terme qui désignait initialement une réflexion sur la meilleure manière d'administrer une maisonnée et une famille. L'argent est sans valeur, disait-il, s'il ne conduit pas à une bonne vie. Socrate était à ses yeux plus riche que le plus riche des Athéniens parce que, tout en allant pieds nus, vêtu de haillons, refusant de se faire payer ses enseignements, il avait tout ce dont il avait besoin grâce à son métier de tailleur de pierre, et se contentait d'une modeste demeure, alors que le riche dont les biens valaient cent fois plus était accablé de tant d'obligations, pour préserver sa réputation, qu'il avait besoin de trois fois plus qu'il ne possédait pour s'assurer que les « dieux et ses concitoyens puissent le tolérer ». N'étaient vraiment riches que ceux qui savaient comment employer leur richesse. Devenir riche, ce n'était pas seulement gagner de l'argent, c'était apprendre que faire de sa vie aussi bien que de son argent. C'est pourquoi son livre *L'Économique* s'intéressait aux relations et à l'amitié, ainsi qu'au caractère, plus particulièrement aux relations entre mari et femme, notant qu'il était absurde qu'une épouse porte des cothurnes, se farde le visage à la céruse et les joues avec du rouge tiré de l'orcanette, car cela ne lui valait pas plus l'admiration de son époux que lui-même n'attirerait la sienne en se barbouillant de cosmétiques pour hommes. L'objectif d'un couple devait être de devenir de « vrais compagnons » s'équilibrant et se complétant mutuellement. Ils seraient véritablement riches s'ils étaient honnêtes, bons et travailleurs, s'ils savaient profiter de la nature et des plaisirs simples, car c'est une « belle chose… que de voir des marmites rangées avec soin et symétrie ». Xénophon ramène son lecteur à la forme primordiale de l'interaction humaine : la communication. Mais les conversations entre êtres désireux de bien se comprendre ont encore de redoutables barrières à surmonter…

Lorsque, plus de deux mille ans après Xénophon, la Banque mondiale, qui a pour mission de mettre fin à la pauvreté, a invité vingt mille pauvres originaires de tous les continents à exposer leurs besoins prioritaires, ceux-ci ont clairement fait savoir que « l'argent n'était pas la réponse ». Le problème de l'isolement était bien plus douloureux. « Ce n'est ni la lèpre, ni la pauvreté qui tue le lépreux, a dit un Ghanéen, c'est la solitude. » « Quand tu es pauvre, personne ne veut te parler, tout le monde a pitié de toi, personne n'accepte de prendre un verre avec toi », regrettait un Bulgare. Les stigmates de la pauvreté s'accompagnent de honte, ce qui empêche de participer pleinement à la vie sociale et fait qu'on n'ose assister aux mariages ou aux banquets. « Tout le monde reste dans son coin ; nous n'allons plus voir d'amis comme avant ; les gens nous sont hostiles », a expliqué un Russe. « Vivre dans la pauvreté, c'est comme vivre en prison dans l'attente de la libération », a renchéri un Jamaïcain. Sortir de l'obscurité de la misère, selon un Égyptien, risquait de « mettre en danger votre honneur, votre sécurité ou votre avenir ». La police, a affirmé un Brésilien, ne faisait qu'aggraver la solitude en spoliant et humiliant ceux qui appellent au secours. Dans certaines régions, les veuves étaient encore plus mal traitées que des parias. Les gouvernements étaient corrompus. Les « plus pauvres d'entre les pauvres », souvent exclus des programmes d'assistance, se plaignaient d'être considérés avec « un mélange de pitié, de peur, de dégoût et de haine ».

La Banque mondiale en concluait que la solution consistait à mettre fin à la corruption, à la violence, à l'inefficacité et à l'impuissance gouvernementale. Ce sont pourtant des fléaux aussi anciens et aussi irréductibles que la pauvreté elle-même, et l'on voit mal comment leur éradication serait possible dans un avenir prévisible. La Banque s'est donc rangée à une autre idée, proposant d'essayer de changer les hommes au lieu d'essayer de changer le monde : il fallait donner aux pauvres la « capacité » de mener une vie décente grâce à l'éducation, à la formation professionnelle et à la création d'emplois, ce qui leur permettrait de procéder à leurs propres choix, de « contrôler et orienter en toute conscience leurs conditions de vie », et de « participer à la vie sociale et économique de leurs communautés ». Mais il s'est agi là, une fois de plus, d'une solution imposée d'en haut.

Ceux qui sont attentifs aux aléas de l'histoire et à l'imprévisibilité des individus peuvent être tentés d'explorer une autre voie, à un niveau plus intime. Dans la mesure où les gouvernements sont impuissants à répandre la bienveillance et où l'éducation ne produit pas nécessairement des gens capables de faire des choix raisonnables ni même de se mettre d'accord sur la définition de ce qui est raisonnable, peut-être devraient-ils prêter davantage attention à ce que les pauvres ont déclaré à la Banque mondiale à propos de l'isolement, fléau qui n'affecte pas seulement les pauvres, mais, à des degrés divers, la grande majorité de l'humanité. Échapper à l'isolement, que l'on soit pauvre ou non, implique la création d'une relation entre deux personnes qui s'apprécient et s'estiment, un lien que ni la législation ni l'argent ne peuvent forger. Sans l'instauration de tels liens intimes, trouver un toit pour les sans-abri et un emploi pour les chômeurs ne suffit pas à leur permettre de résister efficacement aux chocs de la vie. Les relations que cultivait Haimabati Sen étaient réciproques (entre une adulte et un enfant, une mère et un orphelin), chacun pouvant donner à l'autre quelque chose que celui-ci ne possédait pas. Mais quand deux personnes commencent à s'apprécier et s'appuient sur cette amitié pour créer ensemble quelque chose qui n'existait pas auparavant, le résultat n'est pas plus prévisible que le caractère d'un nouveau-né. Les individus ont l'habitude de prendre le risque d'aimer un étranger, ce qui n'est pas le cas des puissantes organisations internationales. Ils sont les seuls à voir que ceux qui reçoivent le moins de récompenses monétaires ne sont pas les seuls à devoir être sauvés de l'isolement ; comblés de richesses et de gloire, d'autres peuvent se trouver encore plus isolés.

Un mendiant qui tendait la main dans une rue de Paris, ignoré de la foule qui passait devant lui, a déclaré que le plus difficile à supporter, dans sa vie d'épreuves, était qu'il en venait parfois à se demander s'il était vraiment vivant, puisque personne ne semblait même le voir. La plupart des gens, et pas seulement les déshérités, pourraient dire eux aussi que le monde est aveugle à leur existence. La réponse humanitaire aux SDF est qu'on ne devrait pas les voir, qu'aucune personne ne devrait être à la rue, sans abri. Or, ce que les déshérités ont à dire est infiniment précieux, parce qu'il s'agit de la vie dépouillée de l'hypocrisie, de la vérité sur la fragilité des fondements de la civilisation. Rien n'est plus arbitraire que la valeur qu'on accorde aux différentes formes d'expérience et de savoir.

La réaction humaine spontanée aux souffrances d'autrui était plus personnelle à l'époque où les pauvres ne faisaient pas l'objet d'une ségrégation aussi forte qu'aujourd'hui. Depuis un certain temps, de nombreuses organisations caritatives sont administrées comme des entreprises par des professionnels qui leur appliquent les principes de gestion des grandes sociétés, qui agissent en parallèle et en complément de ce que font les gouvernements, cherchent à accroître la prospérité et la justice et se justifient en présentant des résultats tangibles, preuve de leur efficacité. Pourtant, les pauvres donnent aux bonnes causes une plus grande proportion de leur richesse que les gens aisés, et les sans-abri se montrent parfois les plus généreux de tous. Il y a donc place pour de nouvelles expériences de philanthropie afin de réagir à l'isolement, d'introduire plus de réciprocité dans le fait de donner et de recevoir, et d'inventer des modes de vie originaux au lieu de se contenter de ravauder les trous sur ceux qui sont déjà connus.

Haimabati Sen est pour moi une « muse », en ce qu'elle montre comment on peut dépasser le long débat sur la prétendue culture de la pauvreté et la supposée résignation des pauvres, sur leur acceptation de leur sort et leur sentiment d'impuissance. Certes, il lui est souvent arrivé d'être accablée par un tel sentiment et par la résignation – « Je dois accepter mon destin », répétait-elle –, sans que cela l'empêche pour autant de se battre avec obstination contre toutes les traditions qui l'opprimaient en tant que pauvre et en tant que femme. L'adoption de la religion brahmane (version réformée de l'hindouisme refusant la subordination des femmes) n'a pas suffi à la satisfaire ; elle reconnaissait que ses responsables éclairés étaient eux-mêmes incapables d'éliminer tout à fait les anciennes habitudes. Aucune institution ne pouvait être à la hauteur de ses exigences. Son message n'était pas « Femmes, unissez-vous ! », parce qu'elle admettait que nombre d'entre elles, pour différentes raisons, pussent faire d'autres choix. Sa vraie réussite a été de montrer comment l'instauration de relations de compassion, de compréhension, de confiance et de reconnaissance entre deux êtres pouvait progressivement créer une vie pleine de richesse exprimée en termes non matériels, et comment ces relations pouvaient s'étendre au-delà de la famille et du voisinage pour embrasser un cercle d'affections bien plus vaste. Loin de détourner de la lutte pour l'amélioration des conditions matérielles et de la justice sociale, c'est là que réside la source du courage indispensable pour persévérer, car la chaleur humaine, dans bien des cas, peut faire fondre l'impuissance.

6.

Que pourraient dire les riches aux pauvres ?

Parmi tous les riches qui ont gagné tant d'argent qu'ils sont devenus les héros des étudiants en MBA, qui se repaissent de leurs exploits comme jadis les théologiens se repaissaient d'hagiographies, un grand chef d'entreprise se distingue pour avoir apparemment fait le maximum afin d'appliquer les préceptes d'Adam Smith. Tandis que Haimabati Sen était à deux doigts de mourir de faim, Andrew Carnegie (1835-1919) s'apprêtait à devenir l'un des hommes les plus riches que le monde ait jamais connus. Aussi pauvre qu'elle au début de sa vie, il avait quitté l'école à douze ans. Mais, au lieu de compter sur l'aide de ses parents sans un sou, il fit usage de son esprit, de son charme, de sa cordialité, de sa mémoire et de son énergie pour gravir rapidement les échelons ; l'ancien garçon de course se lança dans toutes les nouvelles industries qui transformaient alors le monde – télégraphe, chemins de fer, construction de ponts, fer et acier –, prouvant rapidement à ses employeurs qu'il était aussi intelligent qu'eux, et un petit peu plus vif. Dans chaque cas, il sut repérer au bon moment les possibilités les plus prometteuses et s'associer aux personnes les plus susceptibles de l'aider à réaliser des objectifs extrêmement ambitieux. À trente-trois ans, il valait soixante-quinze millions de dollars actuels.

Il prit alors une résolution : « N'en gagne jamais davantage – ne t'efforce pas d'accroître ta fortune, mais utilise chaque excédent annuel au profit d'œuvres de bienfaisance. » Jusqu'alors, reconnaissait-il, il n'avait eu qu'une « idole » : l'enrichissement. Or c'était « l'une des pires formes d'idolâtrie. Aucune idole n'est plus avilissante que le culte de l'argent. [...] Poursuivre encore longtemps, accablé de soucis professionnels et vouant entièrement l'essentiel de mes pensées à la manière de gagner plus d'argent le plus rapidement possible, ne peut que m'avilir au-delà de tout espoir de guérison définitive. » Il décida donc de n'employer que ses matinées à gagner de l'argent et de passer le reste de la journée à s'instruire et lire avec méthode. Il prévoyait de se retirer à trente-cinq ans pour s'« installer à Oxford, acquérir une solide éducation et faire la connaissance d'hommes de lettres », avant de se consacrer à l'écriture, aux affaires publiques et à l'« amélioration des classes les plus pauvres ». À une relation professionnelle qui s'enorgueillissait d'être tous les jours au bureau à sept heures du matin, il répondit : « Vous devez être bien paresseux s'il vous faut dix heures pour abattre une journée de travail. Ce que je fais, pour ma part, c'est trouver des hommes compétents et ne jamais leur donner d'ordres. Mes directives vont rarement au-delà de la simple suggestion. Ils viennent me faire leur rapport ici, le matin. En moins d'une heure, j'ai tout réglé, transmis toutes mes suggestions, ma journée de travail est terminée et je suis prêt à sortir m'amuser. » Il n'alla jamais à Oxford, qui l'aurait probablement déçu, mais voyagea à travers le monde. Il médita sur le sort des Indiens « au bord de l'inanition » et trouva « pitoyable » qu'un riche Chinois « roule seul dans sa voiture » sans être accompagné d'une femme, parce que les femmes, à ses yeux, étaient « la source de tout ce qu'il y a de mieux dans la vie. Dans la vie, sans elle[s], il n'y a rien. » Pour lui, l'éthique du travail détruisait la vie : « J'espère qu'un jour les Américains trouveront plus de temps pour se distraire. »

Jouer et fréquenter ses semblables n'était cependant pas suffisant. « En société, M. Carnegie s'adonne à la musique et apprécie les histoires drôles ; quand ses amis l'en prient, il pousse la chansonnette ou dit des vers en faisant forte impression. » Il proposait à ses invités « toutes sortes de divertissements salutaires » parmi lesquels la danse, des parties de cartes, des jeux de société. Il ne fut pourtant jamais un noceur. « À cette période de ma vie, j'étais complètement désemparé. Aucun credo, aucun système ne me touchait. Tout n'était que confusion. Je m'étais détaché du passé et ne lui avais pas trouvé de substitut. » C'est alors qu'il lut Herbert Spencer et se convertit à la religion du progrès. Cette lecture lui inspira la conviction que le progrès était une loi de la nature, une nécessité qui ne devait rien au hasard, et que progrès moral et progrès matériel allaient de pair : l'industrialisation représentait un stade supérieur de civilisation qui rendrait l'humanité plus riche, mais aussi plus morale. S'il était évidemment regrettable que de nombreux ouvriers gagnent un salaire de misère, c'était un mal inévitable pendant une période de « transition » vers le bien-être universel. « Tout va bien dans la mesure où tout s'améliore : telle devint ma devise, ma vraie source de réconfort. » On ne pouvait imaginer de terme à la « marche de l'homme vers la perfection. » Spencer devint son maître, « le grand penseur de notre temps » : il offrait une justification à sa richesse et lui permettait de se convaincre que son succès personnel conduirait inexorablement à l'amélioration du genre humain dans son ensemble. Il rédigea un ouvrage expliquant comment la *Démocratie triomphante* (1886) avait fait de l'Amérique le meilleur pays du monde. Il se présentait comme l'« ami des travailleurs », un socialiste millionnaire prêchant la coopération et le partage des profits entre employés et employeurs ; il prétendait comprendre les uns comme les autres, ayant lui-même été ouvrier dans sa jeunesse.

L'Évangile de la richesse (1891) résumait sa pensée et devait établir sa réputation de philosophe d'une ère nouvelle guidée par la réussite économique. L'écart entre riches et pauvres était « inévitable ». Néanmoins, les individus dotés d'un « talent pour l'organisation et la gestion » et qui amassaient de grandes fortunes devaient comprendre que cette richesse n'était pas le fruit de leurs efforts, mais le produit de la collectivité. Aussi devaient-ils administrer leurs richesses pour le bien de celle-ci. Il décida de faire don de tout son argent de son vivant même. « L'homme qui meurt riche meurt dans le déshonneur », affirma-t-il. Il n'avait pas à s'excuser de s'être considérablement enrichi, parce que cela lui permettait d'employer ses immenses ressources ainsi que sa « sagesse, [son] expérience et [ses] compétences d'administrateur » au service de ses « frères plus pauvres [...], faisant pour eux davantage qu'ils ne feraient ou ne pourraient faire pour eux-mêmes ». Il avait décidé de ne rien laisser à ses héritiers, car la pauvreté avait stimulé sa propre énergie. « La pauvreté, disait-il, est la seule école capable de produire la grandeur suprême, le génie. » Plus il y aurait de millionnaires, plus la société progresserait ; le problème de pays comme la Chine et l'Inde, plus pauvres que l'Amérique, était qu'ils comptaient trop peu de millionnaires. Il était du devoir d'un millionnaire d'« accroître ses revenus » pour pouvoir continuer à les utiliser au profit des pauvres.

Carnegie consacra l'essentiel de la seconde moitié de sa vie à de remarquables œuvres philanthropiques. Il construisit ou finança 1 689 bibliothèques publiques aux États-Unis, et 660 au Royaume-Uni, considérant l'autodidactisme comme la clé du progrès, puisque c'était la voie qui lui avait permis de devenir celui qu'il était et de pouvoir réciter par cœur des pages et des pages de Shakespeare et de Burns. Il méprisait les universités élitistes et préféra faire bénéficier de sa générosité les instituts techniques où les ouvriers pauvres pouvaient acquérir des compétences pratiques, ainsi que les universités écossaises traditionnellement accessibles aux étudiants d'origine modeste. La Carnegie Institution de Washington, vouée à la recherche scientifique, reflétait sa foi dans le progrès technique. Il créa un « *Hero Fund* » destiné à récompenser des actes de bravoure accomplis non pas par des soldats, mais par des civils dans leur vie quotidienne, et un fonds de pension pour les enseignants modestes dont il reconnaissait le dévouement. Il dota Pittsburgh, sa ville d'adoption, et Dumfermline, sa ville natale, de bâtiments publics et de parcs. Enfin il créa la fondation Carnegie pour la paix destinée à mettre fin à ce qu'il détestait le plus : la guerre.

Malgré son optimisme apparemment indéfectible, Carnegie fut atterré par le déclenchement de la guerre de 14-18. Toute son apparence en fut transformée, d'un coup il vieillit de dix ans et cessa de parler. Les trois cent cinquante millions de dollars qu'il avait dépensés, équivalant à plusieurs centaines de milliards actuels, n'avaient-ils donc servi à rien ? Il était torturé par l'idée que ses réussites professionnelles ne lui avaient pas permis d'obtenir ce qui lui tenait le plus à cœur. Son autobiographie révèle qu'il était imperméable à tout sentiment de culpabilité et insensible aux contradictions de sa carrière. Sa maîtrise des subtilités économiques et financières lui avait permis de créer les aciéries techniquement les plus avancées au monde, mais il n'en avait pas partagé les profits avec ses ouvriers aussi équitablement qu'il le prétendait. Entre 1892 et 1899, par exemple, la valeur de sa production augmenta de 226 % tandis que les salaires des ouvriers, eux, baissaient de 67 %. Refusant obstinément de leur accorder la journée de huit heures qu'ils réclamaient, il les avait obligés à travailler douze heures par jour, sept jours sur sept, pour beaucoup à moins d'un dollar et demi la journée. Il se défendait cependant en prétextant que pour les ouvriers, l'essentiel n'était pas les augmentations de salaire, mais la sécurité de l'emploi. « On peut faire un meilleur usage du surplus de richesse qu'en ajoutant des sommes insignifiantes aux salaires des masses. Les sommes dérisoires que l'on pourrait verser à chacun toutes les semaines ou tous les mois – et elles seraient effectivement dérisoires – seraient gaspillées, neuf fois sur dix, en dépenses relatives au corps et non à l'esprit, en nourriture plus riche et en boisson, en vêtements plus élégants, en mode de vie plus dispendieux, ce qui n'est profitable ni aux riches ni aux pauvres. Ce sont là des choses superficielles, des choses de la chair, elles ne pourvoient pas aux besoins de la partie plus élevée et divine de l'homme. »

Il prétendait savoir mieux que les ouvriers le meilleur emploi qu'ils pouvaient faire de leur argent et avait une interprétation toute personnelle de ce que signifiaient coopération et partage avec les travailleurs. Il affirmait en public ne pas être personnellement responsable de la guerre acharnée que menait son entreprise contre les syndicats, guerre dans laquelle sa société fit appel à une milice privée armée chargée de les combattre physiquement. Les instructions qu'il donnait à ses subordonnés étaient toujours implacables. Aux syndicats et aux grévistes il fallait opposer une tactique très simple : refuser de négocier, fermer l'usine, laisser les grévistes mourir de faim et ne réembaucher par la suite que ceux qui acceptaient ses conditions. Malgré son habileté et l'intelligence avec laquelle il savait présenter ses actes sous un jour favorable, il n'évita pas les reproches. Le tollé national provoqué par la mort de plusieurs ouvriers dans sa lutte contre les syndicats le perdit de réputation auprès de la classe ouvrière. Pour remplacer les travailleurs récalcitrants, il fit venir d'Europe de l'Est des immigrés pauvres, prêts à travailler pour n'importe quel salaire. Il modernisa ses entreprises en remplaçant les ouvriers qualifiés par une main-d'œuvre bon marché. Homestead, la ville où étaient implantées ses principales aciéries, se revêtit ainsi des mêmes connotations sinistres que Peterloo. En aucun autre lieu d'Amérique, déclara le romancier Theodore Dreiser après une visite, l'immense écart entre riches et pauvres n'apparaît avec une telle évidence, la superbe bibliothèque blanche de Carnegie étant située dans les faubourgs aisés, loin des mornes taudis, grisâtres et sordides.

Fils d'un rebelle chartiste qui s'était battu contre les riches en Écosse, Carnegie aimait à se faire passer pour un simple ouvrier qui avait fait son chemin ; pourtant, devenu le principal propriétaire d'une énorme entreprise, il avait rapidement perdu tout contact avec l'ouvrier de base devenu à ses yeux une entité abstraite au lieu d'un individu singulier qu'on connaît personnellement. Sa bonhomie, son attitude cordiale, conciliante, pleine de tact ou manipulatrice, dissimulaient le fait que les cadres qui l'aidèrent à bâtir son empire n'étaient eux aussi de ses amis qu'en apparence ; il les traitait comme tels quand il avait besoin d'eux, mais à la moindre crise le sens des affaires l'emportait sur l'amitié. Eux-mêmes ne lui confiaient que rarement le fond de leur pensée. Un jour, pourtant, son collaborateur le plus haut placé perdit son sang-froid et lui écrivit : « Je me suis lassé de vos méthodes de travail, de vos interviews absurdes aux journaux, de vos remarques personnelles et de votre ingérence injustifiée dans des affaires dont vous ignorez tout. Depuis des années, vous avez l'habitude, quand un de vos associés n'est pas de votre avis, de déclarer qu'il est souffrant et a besoin d'un changement d'air… Je vous préviens… »

Carnegie aspirait à l'amitié ou plus exactement aurait voulu avoir des amis capables de l'apprécier autant qu'il estimait le mériter, non pour sa réussite économique mais parce qu'il était sage et expérimenté et que ses conseils auraient dû être écoutés par tous les hommes de pouvoir, en tous domaines. Il avait plus de cinquante ans lorsqu'il se maria, après la mort de sa mère avec laquelle il avait vécu jusque-là et qui l'adorait ; dans le même temps, il était terriblement avide des éloges des gens puissants et célèbres. Il maîtrisait à la perfection l'art de se faire des amis haut placés, sachant les flatter jusqu'aux limites de la flagornerie. Il recevait ses invités avec un luxe extravagant tout en leur prodiguant tous les agréments de la conversation, car il était exceptionnellement cultivé, amusant sur le plan personnel et de très bonne compagnie. Presque tous ceux qui comptaient dans la littérature, la politique et l'art, tant en Amérique qu'en Europe, furent invités à d'interminables réceptions dans ses nombreuses et splendides résidences. Il passait son temps à écrire aux journaux, à accorder des interviews, à prononcer des discours en toutes sortes d'occasions. Il bombarda de conseils six présidents américains successifs qu'il se flattait de « connaître intimement ». Ils le traitaient en égal, avec une cordialité qui n'était pas seulement due au généreux financement qu'il accordait au fonds de campagne du Parti républicain. Tous ces puissants aspiraient à la même chose que lui : être appréciés et courtisés par ceux qui comptent. Ce qui ne les incitait pas forcément à s'écouter réciproquement sur tels ou tels sujets qui les opposaient. Le président Theodore Roosevelt recevait les conseils de Carnegie sur sa politique extérieure avec un respect apparent, et les deux hommes échangèrent une copieuse correspondance assortie de force protestations d'amitié et d'estime, ce qui n'empêchait pas le Président de déclarer en privé qu'il jugeait les idées de Carnegie « absurdes » et « molles ». Il avait « essayé d'aimer Carnegie », aurait-il déclaré, « mais c'est drôlement difficile. Il n'est pas de type d'homme pour qui j'éprouve plus d'aversion et de mépris que celui qui divinise le fait de gagner de l'argent tout en passant son temps à clamer des condamnations parfaitement stupides de la guerre [en raison d']idéaux complètement tordus... La guerre injuste est un mal effroyable, mais je ne suis pas sûr qu'elle soit pire que l'injustice économique. » Le président Taft n'était pas moins hypocrite, attentif en public mais se moquant en privé de la philanthropie de Carnegie qu'il présentait comme « ses plans pour devenir pauvre ».

Mark Twain, « cher ami » de Carnegie lui aussi, écrivit à son propos : « Il constitue lui-même son sujet de prédilection, le seul sujet... pour lequel il semble éprouver un intérêt prodigieux. » Carnegie ne se vantait pas de ses succès capitalistes, mais des gens célèbres qui l'avaient félicité : « Il parle encore et encore et encore, sans se lasser, des attentions qu'on lui a prodiguées. » Il avait besoin de dire aux uns toute l'importance que d'autres lui accordaient. Il escortait ses visiteurs de pièce en pièce, exhibant des souvenirs, des livres et des photographies dédicacés, « bourdonnant à propos de chacun comme un oiseau-mouche comblé, car chacun constituait un hommage à M. Carnegie. » Les lettres qu'il adressait à une multitude de célébrités (dont il recevait des réponses obséquieuses) étaient émaillées d'informations sur tel ou tel grand homme : « À entendre Carnegie, ce n'est jamais lui qui recherche la compagnie des grands – ce sont toujours les grands qui recherchent la sienne. » La conclusion de Mark Twain était que Carnegie était incapable de se connaître lui-même : « Il se prend pour un esprit brut, direct, indépendant, qui écrit ce qu'il pense et pense avec une indépendance presque extravagante digne du Quatre Juillet, alors qu'en réalité il est exactement comme le reste de l'espèce humaine, ne disant jamais hardiment le fond de sa pensée, sauf si cela ne lui fait courir aucun danger. Il croit mépriser les rois, les empereurs et les ducs, alors qu'il ne se distingue pas du reste de l'espèce humaine ; la moindre attention de l'un d'eux peut le griser une semaine durant et agiter sa langue pendant sept ans. » Il reçut un jour dans son grandiose domaine d'Écosse une courte visite du roi Édouard VII : « M. Carnegie ne se lasse pas de la visite du roi ; il m'en a parlé au moins quatre fois en détail ; il savait certainement que c'était la deuxième, troisième ou quatrième fois, car il a une excellente mémoire… Il possède des qualités plaisantes et je l'apprécie, mais je crois que je ne supporterai pas une fois de plus la visite du roi Édouard. »

Cette attitude n'a rien d'inhabituel. Les puissants sont souvent aussi inassouvis que les pauvres, privés d'estime, de reconnaissance, d'approbation ou d'admiration sincères, carences aussi douloureuses que le manque d'argent. La faim d'amour, sous ses différentes formes, n'a pas été rassasiée par son substitut artificiel moderne – « Aime-toi toi-même » –, sur lequel certains comptent pour créer la confiance en soi, alors qu'il peut aussi bien engendrer des hallucinations de grandeur et un regrettable aveuglement, et se transformer en une sorte de masturbation mentale. Les histoires de Haimabati Sen et d'Andrew Carnegie s'achèvent par le même constat : bien qu'ils aient joui l'un et l'autre d'un degré de confort matériel très différent, ce qui les a le plus blessés, ce qu'ils ont regretté par-dessus tout, c'était l'absence de nourriture affective. Toutes les estimations de richesse et de pauvreté sont incomplètes ; elles ne vont pas assez loin, en ce qu'elles ne prennent pas en compte la qualité des relations personnelles, laquelle modèle les effets de la richesse et de la pauvreté. La révolution industrielle a compliqué cette perception en modifiant le sens du mot « confort » ; désignant à l'origine le « réconfort », le soutien moral personnel, ce terme a été simplifié pour ne plus désigner qu'une sensation physique accessible par l'acquisition de biens matériels. Cette évolution peut être datée avec une relative précision : les Français ont importé le mot anglais dans son nouveau sens en 1815.

Les effets débilitants de la privation physique, de l'absence des éléments foncièrement nécessaires à la survie – la nourriture et un abri –, ne sont que trop réels et ne sont nullement allégés par de telles consolations. Mais si l'on a considéré la pauvreté comme un problème que l'on peut atténuer par des aumônes ou par la croissance économique, c'est en partie parce qu'on a isolé la faim de nourriture de tous les autres types de faim. Si tel n'était pas le cas, on reconnaîtrait dans cette notion plus générale de pauvreté une souffrance qui accable la grande majorité des humains. L'ingéniosité que les gens à faibles revenus déploient pour faire face à la pénurie en trouvant de la valeur dans la moindre bribe de ressource naturelle, voire dans des échanges de générosité, n'a jamais fait l'objet d'une estimation de prix, ni figuré dans la moindre des comptabilités nationales. Ne peut-on pas imaginer un nouveau mode de calcul qui établirait une distinction entre richesse superficielle et richesse profonde, dépassant l'autosatisfaction ?

Carnegie n'avait pas trouvé de réponse satisfaisante à apporter au ressentiment de ceux qui n'ont jamais été riches. Dans un ouvrage intitulé *Activités professionnelles de certaines personnes riches*, Han Shu se plaignait, en l'an 25 après J.-C., que la richesse fût rarement acquise par des moyens tout à fait dignes d'admiration. Il disait ainsi d'un magnat de son temps : « Ce que d'autres donnaient, il s'en emparait. Ce qu'ils entreprenaient, il l'abandonnait. Gagnant de l'argent, il économisait..., méprisant la loi..., monopolisant les ressources minérales. » Une importante femme d'affaires, Ching, veuve de Pa (246-210 avant J.-C.), qui avait hérité le monopole du minerai de mercure en Chine, lui inspira le commentaire suivant : « Elle employa une grande partie de sa richesse à se protéger afin que les gens n'osent pas se tourner contre elle », raison pour laquelle l'empereur la traitait « avec des égards égaux à ceux du souverain ». Han Shu concluait : « N'était-ce pas à cause de sa richesse ? » Les privilèges et méthodes de Carnegie suscitaient eux aussi autant de mépris que d'admiration.

La prospérité financière n'a jamais été qu'un point de départ, un défi de trouver tels ou tels moyens de dépenser de l'argent. Carnegie a eu beaucoup de mal à décider à qui donner le sien ; la seule de ses donations qu'il ait lui-même conçue, a-t-il reconnu, était son prix du Héros. Ses cadres étaient chargés de distribuer ses dons de façon professionnelle et impersonnelle ; il ne répondait presque jamais à l'avalanche de requêtes qu'on lui adressait, de sorte que sa richesse ne le rapprocha en rien du reste de l'humanité. La pauvre Haimabati Sen, avec ses ressources infiniment plus modestes, était en définitive plus généreuse que lui.

Voilà pourquoi, au lieu de me cogner la tête contre le même mur que celui auquel se sont heurtés et continuent de se heurter tant d'experts qui s'efforcent, avec un succès malheureusement bien limité, d'enrichir les pauvres, au lieu d'attendre je ne sais combien de siècles que la richesse soit répartie plus largement ou plus équitablement, ou dispensée à petites doses, je préfère explorer une autre voie sans vouloir pour autant décourager ceux qui s'obstinent dans leur quête généreuse. Comment soulager la faim de ceux qui ne sont pas appréciés à leur juste valeur, et comment apprécier les autres, aussi peu sympathiques qu'ils puissent paraître ? Comment échapper aux opinions erronées qu'engendrent aussi bien la possession que le manque d'argent ? Chaque fois que Haimabati Sen était au bord du désespoir, elle se rassurait – comme l'ont fait d'innombrables humains aussi bien riches que pauvres – en se disant que, malgré ses terribles souffrances, Dieu veillait sur elle, ce qui ne l'empêchait pas d'aspirer à plus de compréhension et à plus de bonté humaines. Le rêve de devenir ultrariche séduit ceux qui n'ont jamais observé les troubles des gens fortunés. Le rêve d'appartenir à la classe moyenne a un sens pour ceux qui cherchent désespérément à échapper aux souffrances qui accompagnent la misère, mais appartenir à la classe moyenne ne rapproche pas pour autant du paradis. Si tel est bien le cas, quel objectif se fixer ?

L'industriel indien G. D. Birla (1894-1983) a adopté une attitude différente à l'égard de la richesse. Il a créé la plus grande fondation privée, financée par les immenses intérêts qu'il possédait dans le jute, le sucre, le papier, les automobiles, la banque, le ciment, les produits chimiques et les textiles. Ses adversaires l'accusaient d'avoir pour seul mobile l'enrichissement personnel et de n'accorder de dons aux établissements religieux et éducatifs que pour se soustraire à l'impôt. Il explique pourtant dans son autobiographie, *In the Shadow of the Mahatma* [« À l'ombre du Mahatma »], pourquoi, tout en croyant aux vertus de la grande industrie alors que Gandhi se faisait le chantre du petit artisanat villageois, il était devenu le principal contributeur financier de la campagne pour l'indépendance nationale menée par Gandhi. Il ne réagissait pas seulement ainsi aux humiliations que lui avaient infligées les Britanniques, et à leur « arrogance raciale » qui lui interdisait « de prendre l'ascenseur pour monter dans leurs bureaux, ou d'occuper leurs bancs en les attendant », autant d'affronts qui, avoue-t-il, le « piquaient au vif » ; il était fasciné par la vie toute de simplicité de Gandhi : « Une sainte personne qui avait renoncé à tous les conforts. Sans partager son avis sur un certain nombre de problèmes, je n'ai jamais refusé de me plier à ses désirs. Non content de tolérer mon indépendance, il ne m'en aimait que davantage, comme un père aime son enfant. Notre attachement est devenu de nature familiale, celui d'un père pour son fils. » Sans mépriser lui-même le luxe, Birla faisait à ses enfants l'éloge de la doctrine de Gandhi. « Il faut fuir tous les plaisirs. Ne dépensez que le strict minimum pour vous-mêmes. Ceux qui ne mangent de la nourriture que pour son goût meurent prématurément. Prenez de la nourriture comme vous prendriez un médicament. »

La différence fondamentale entre le magnat indien et son homologue américain était que Birla reconnaissait ouvertement le rôle que jouent l'amitié et la famille dans la vie professionnelle. Il n'ignorait pas « l'importance de connaître les gens, la valeur du contact personnel ». Alors que Carnegie souhaitait désespérément obtenir l'approbation ou l'obéissance d'autrui, Birla s'intéressait au lien affectif avec les autres humains. « En Inde, nous sommes affectifs, écrit-il. Nous réagissons à l'amitié ; nous sommes émus par l'amour et la sympathie, nous éprouvons de la pitié. Nous sommes également capables de solides haines, mais le plus souvent dirigées contre des ensembles et des systèmes, et, si elles visent des individus, il s'agit bien souvent de gens que nous n'avons ni rencontrés ni vus... Le contact révèle les vérités. Le bien que nous découvrons chez les autres surpasse largement le mal. » Aussi ce qui le séduisait chez Gandhi était-il la « sincérité de sa quête de vérité ». C'est cette recherche qui comptait le plus à ses yeux. Gandhi a au demeurant résumé sa propre vie dans une série de textes intitulés *Mes expériences de vérité*. Birla a écrit : « Il m'arrivait souvent d'être incapable de suivre son raisonnement... mais j'étais toujours convaincu qu'il devait, d'une manière ou d'une autre, avoir raison d'une façon qui m'échappait. Je n'ai jamais rien pu lui refuser. Pourtant, il ne s'est jamais conduit en dictateur et était d'une humilité foncière. Il acceptait les critiques sans la moindre colère. »

Pas plus que Carnegie, Birla ne constitue un modèle parfait pour les étudiants de MBA. Il ne fut pas moins impitoyable en affaires, et sa vie privée, ternie par des dissensions familiales, ne fut pas plus heureuse. Gandhi et lui formaient un couple tel qu'on en rencontre d'un bout à l'autre de l'histoire, où la brutalité apparemment inéluctable de la lutte pour le pouvoir et la richesse se trouve compensée par la dévotion à un héros admirable dont on se garde bien de mettre les idéaux en pratique ; cette vénération affranchit de tout sentiment de culpabilité... L'absence de remords n'a néanmoins jamais suffi à éviter une autre insatisfaction, celle qui tourmentait Carnegie dans la mesure où, malgré sa vie sociale hyperactive, il était seul ; ses relations avec les autres n'en étaient pas, car elles étaient centrées sur lui-même et sur son désir de renforcer son estime de soi. Le richissime Britannique qui a déclaré récemment qu'il donnerait tout pour être guéri de la solitude, alors qu'il avait une famille nombreuse et aimante, n'est qu'une nouvelle victime de l'isolement dont peut s'accompagner la richesse.

Les critères du succès professionnel sont trop étroits tant qu'ils négligent les sacrifices qu'il impose souvent en termes de qualité de vie. Les bilans en termes de pertes et profits qui assurent la cohésion du monde des affaires ne sont pourtant pas incontournables. Les comptables ont été inventés (il n'y a pas si longtemps : au milieu du XIXe siècle) pour protéger le public de la malhonnêteté et de la corruption des milieux économiques. Ils se sont malheureusement liés de si près au monde des affaires, allant même souvent jusqu'à occuper des postes de direction où ils prennent des décisions pour des motifs essentiellement financiers, que l'espoir de les voir évoluer vers un statut comparable à celui d'un pouvoir judiciaire indépendant ne s'est pas réalisé. Ignorer ce qu'il est impossible de mesurer à l'aide de chiffres précis revient à compter les tiges d'un bouquet en ignorant le parfum et la beauté indescriptibles de chaque fleur.

Une monnaie qui permettrait de juger de la qualité de vie ressemblerait à du miel plus qu'à de l'argent. Le miel a longtemps symbolisé ce qui adoucit l'existence, c'est-à-dire ce que les humains apprécient le plus, davantage que l'argent. Dans presque toutes les mythologies, le miel est nourriture des dieux, symbole de l'amour, source d'énergie, substance magique bactéricide dans laquelle on embaumait les pharaons pour qu'ils triomphent de la mort. L'immémorial secret de son pouvoir curatif n'a été divulgué que tout récemment ; il s'agit de la protéine que chaque abeille y intègre à partir de son propre système immunitaire. Le miel est impossible à résumer en une formule, on ne peut ni le fabriquer ni le falsifier ; ni animal ni végétal, il contient plus de deux cents ingrédients différents et il en existe d'innombrables variétés.

Ce que les gens font de leur argent et ce qu'ils font sans argent : voilà ce que la comptabilité devrait ajouter à ses calculs et à ses réflexions. Ce que riches et pauvres absorbent non seulement en savoir, mais aussi en sagesse, en compassion et en goût, par leurs contacts avec autrui, et ce qu'autrui absorbe d'eux, quelles idées sont engendrées par chaque rencontre, et pas seulement combien de centimes ont été échangés, quel prix il faut payer en mensonges et en crimes, en sacrifices et en trahisons pour accumuler plus de biens que les autres – tous ces éléments devraient figurer dans un bilan en termes de pertes et profits. Gagner beaucoup d'argent demeure un mirobolant mirage parce que bien peu de gens ont en fait goûté aux plaisirs et aux tourments qui en découlent. Les soixante-quinze millions d'individus qui possèdent la moitié de la richesse mondiale sont les plus impénétrables et les moins compris de tous les êtres humains, aussi lointains et insaisissables que les dieux mi-hommes, mi-bêtes des civilisations antiques. Il faudrait que la réalité de leur existence soit révélée au grand jour pour que l'on puisse juger avec plus d'impartialité des mérites d'une économie vouée à la prospérité ainsi qu'à l'accumulation et à la dilapidation de la richesse. Jusqu'à présent, les riches n'ont que très rarement évoqué les répercussions de leur fortune sur leur propre vie ; il faut pourtant que leurs enfants sachent la vérité sur leurs parents, car il n'est rien de plus dangereux que d'être l'enfant d'un millionnaire. Bien que les plus fortunés n'aient peut-être pas même envie d'envisager la menace d'une redistribution des richesses, toutes les classes sociales tireraient profit d'une redistribution de l'envie et de la compassion.

7.

Combien existe-t-il de façons de se suicider ?

Le suicide est aujourd'hui une réponse beaucoup plus fréquente aux tourments de la vie qu'il ne l'était jadis. Toutes les quarante secondes, quelqu'un, dans le monde, choisit de s'en évader. Et il y a encore beaucoup plus de gens qui l'envisagent ou se livrent à d'infructueuses tentatives en ce sens. En outre, sans aller jusqu'à se tuer, un nombre encore plus important d'individus s'amputent de certaines parties de leur esprit, opération qui ne les laisse que partiellement vivants. Il y a suicide chaque fois que l'univers d'un individu se rétrécit par ablation de l'intérêt qu'il éprouve pour d'autres gens, d'autres lieux ou d'autres idées. Il y a suicide, un suicide lent, prolongé, chez tous ceux qui gagnent leur pain en accomplissant un travail qui les empêche de se sentir vraiment vivants. Certains donnent l'impression de se livrer à une automutilation volontaire alors que c'est bien souvent les institutions auxquelles ils appartiennent qui les y poussent.

L'artiste Benjamin Haydon (1786-1846) était si déterminé à mourir que, après s'être tiré dans le crâne une balle qui ne s'était enfoncée que de quelques centimètres, il s'obstina et se trancha la gorge au rasoir, encore et encore, jusqu'à s'effondrer. Quel genre de suicide était-ce là ? Il avait rempli vingt-six volumes in-folio retraçant les multiples difficultés qu'il éprouvait à participer pleinement à la vie. Il était constamment à court d'argent. Ses amis Keats, Shelley et Wordsworth se moquaient de la confiance qu'il plaçait dans la promesse du livre d'Isaïe : « Je suis Ton Dieu qui tiens ta main droite, qui te dis : Ne crains pas, c'est moi qui t'aide. » Haydon était fermement convaincu que sans la foi il serait « devenu fou ». Dans ce cas, pourquoi s'est-il tué, suppliant Dieu de lui pardonner par cette citation du *Roi Lear* : « Ne m'étends pas davantage sur le chevalet de ce dur monde » ?

N'avoir jamais un sou en poche et être constamment obligé d'emprunter pour réaliser des ambitions inaccessibles était un dilemme avec lequel Haydon s'était colleté toute sa vie. Les trois quarts de la population des États-Unis définissent aujourd'hui le succès comme la capacité de rembourser le découvert de leurs cartes de crédit. Entre l'art d'être pauvre et le savoir s'enrichir réside le talent d'emprunter et de prêter, la faculté d'établir une distinction entre une dette qui oblige à abdiquer une partie de sa vie au profit d'autrui, et une dette qui rapproche les gens.

La vie de Benjamin Haydon illustre la coexistence entre deux civilisations antagoniques. Les prêts pouvaient être des témoignages d'amitié, de compassion et d'encouragement. Mais ils pouvaient aussi bien être de nature purement commerciale. Lorsque les arriérés de loyer de Haydon atteignirent cent livres sterling, l'équivalent actuel de quelque douze mille euros, son propriétaire ne le mit pas à la porte : « Je n'ai pas envie que vous partiez, lui dit-il. Vous m'avez toujours payé quand vous le pouviez ; pourquoi ne referiez-vous pas de même dès que cela vous sera possible ? » Haydon expliqua alors qu'il lui fallait encore deux ans pour terminer l'immense toile à laquelle il travaillait, et son propriétaire accepta donc d'attendre deux années. À la gargote voisine, chez John O'Groats, quand il avoua, après un repas, qu'il n'avait pas d'argent et demanda à pouvoir régler le lendemain, le propriétaire le fit passer dans l'arrière-salle et lui proposa un crédit à long terme : « Pendant deux ans, M. Seabrook de Rupert Street m'a reçu avec le sourire et la main tendue, sans une plainte, sans le moindre air revêche et sans une ombre d'irrespect, comme si je l'avais payé à l'instar d'un noble. » Un autre propriétaire de logement, menuisier de son état, devint un admirateur de Haydon dont il acquit toute une collection de tableaux en guise de loyers. Un journaliste qui croisa le peintre dans la rue, apprenant qu'il était « terriblement inquiet » parce qu'il avait « cinquante-huit livres à payer ce jour-là et n'en avait que cinquante », lui répondit : « Mon cher Haydon, attendez-moi ici un instant » ; il disparut au coin de la rue, mit sa montre en gage et revint lui donner les huit livres qu'il lui fallait. Le banquier Coutts lui-même lui prêta de l'argent, sachant parfaitement qu'il pouvait faire une croix dessus. Quant à l'agent qui venait le chercher pour le conduire en prison pour dette, il fut tellement impressionné par l'immense peinture du Christ à laquelle Haydon était attelé qu'il lui proposa de revenir plus tard, à un moment plus opportun. Ces gens traitaient Haydon comme ils auraient traité un membre de leur propre famille, reconnaissant en lui un homme doté d'une vision échappant partiellement aux autres, mais dont les ardentes convictions les impressionnaient au point qu'ils étaient heureux de l'aider à réaliser ce qui pourrait devenir une œuvre d'exception.

De son temps, l'essentiel des achats se faisait à crédit, sur la foi de la connaissance personnelle que le vendeur avait de chaque client, de son caractère, de ses particularités, de ses opinions politiques et religieuses. Cette façon de faire obligeait à s'engager dans une relation de confiance mêlant affaires et hospitalité mutuelle, à un rythme que structuraient les exigences du bon voisinage. Les clients pouvaient être invités à dîner après un achat et il leur arrivait souvent d'entrer dans une boutique pour bavarder plus que pour acheter. Les boutiquiers londoniens logeant au-dessus ou à côté de leur échoppe étaient plus nombreux que ceux qui travaillaient loin de chez eux. On avait l'habitude de voir passer des colporteurs. Les liens entre acheteur et vendeur n'étaient pas seulement commerciaux mais affectifs, et il arriva un jour à Haydon de refuser de payer à son tailleur tout ce qu'il lui devait, car cela aurait mis un terme à leur relation et il aurait été désormais « traité en étranger ». En 1895 encore, une revue commerciale relevait : « Jamais une entreprise bien considérée n'a exigé ou attendu autre chose que le paiement annuel de ses dettes » ; le remboursement de certaines pouvait même se faire attendre seize ans. Les commerçants permettaient aux riches de retarder le règlement de leurs factures parce que la relation qu'ils entretenaient avec eux pouvait leur être précieuse hors de leur activité commerciale. On connaît des cas d'individus qui, à leur mort, devaient de l'argent à plus de cent créanciers différents, situation qui était presque une preuve de popularité au sein de leur communauté, alors que, dans le même temps, d'autres en étaient réduits à mettre en gage un soulier d'enfant pour pouvoir acheter une miche de pain ou une petite motte de beurre. L'effacement des dettes était pratique courante et représentait des sommes supérieures à celles des dons consentis à des œuvres de charité. La cohésion de la société était assurée par de multiples réseaux d'endettement : « Chacun est le débiteur de son voisin », disait-on, la plupart des dettes étant orales et informelles. Parfois même, des crédits commerciaux pouvaient être une marque d'estime réciproque entre deux individus, davantage qu'une transaction économique à but lucratif. Le meilleur exemple en est le financement des débuts de la colonisation anglaise en Amérique, dont une grande partie fut assurée par des marchands qui n'avaient qu'une très vague idée du moment où ils pouvaient s'attendre à être remboursés.

Si Haydon était un artiste, c'était moins parce qu'il peignait des tableaux que parce qu'il considérait que l'art changeait la face du monde ; emprunter de l'argent revenait à modifier la vitesse du temps, obligeant les gens à se hâter et à réaliser promptement ce dont ils ne faisaient que rêver. Pour lui, peindre n'était ni un plaisir ni un métier, c'était une mission. Que son talent fût apprécié n'était qu'une première étape : son objectif ultime était de transformer le goût du peuple britannique, d'enseigner à tous l'art du dessin, afin que « le plus simple peintre de portes pût lui-même peindre figure humaine ». Le résultat, il en était convaincu, serait d'« élever l'âme au-dessus de ce bas monde », d'insuffler « de la force d'esprit » et de stimuler « l'héroïsme, le repentir ou la vertu ». Ses tableaux ne cherchaient pas à reproduire des objets, à leur donner une apparence ravissante, ni à faire appel aux seuls sens, mais bien davantage à exercer un effet moral et à transmettre des idées inspirantes. Malgré son exceptionnel talent en matière de ressemblance, il n'avait que mépris pour le portrait conventionnel, les natures mortes et les intérieurs flamands, préférant se consacrer à de grandioses et bouleversants sujets historiques qu'il peignait sur d'immenses toiles de trois mètres de haut, communiquant un puissant message tiré de la Bible ou de la littérature classique et rendant les grands événements du passé plus réels que ceux de la vie ordinaire. Appliquant les techniques de la peinture d'église aux idéologies de son temps – patriotisme et réforme politique –, il aurait voulu que tous les bâtiments publics fussent décorés d'images édifiantes illustrant victoires et espoirs des masses. Deux siècles plus tard, il aurait peut-être réalisé des films historiques à succès : il adorait rehausser ses tableaux de ce qu'il appelait « invention poétique » et « touche féminine », affirmant qu'« il n'est rien de beau qui ne soit féminin ».

L'argent qu'il empruntait lui permit de poursuivre son ambition d'apprendre à de « respectables travailleurs » à apprécier l'art, faisant tomber la barrière entre le « grand art » et la production industrielle : « L'art doit cesser d'être un mystère pour les humbles mécaniciens, artisans et journaliers. » Le même principe, déclarait-il, devait s'appliquer au « pichet de lait et aux éléments héroïques », signifiant par là que savoir apprécier en artiste les courbes du corps humain devait aider à fabriquer des objets usuels plus beaux. Au moment même où les artisans perdaient leur indépendance et étaient obligés de se plier à la cadence de l'usine, il fit le tour du pays en prononçant des discours exaltants réclamant que les ouvriers reçoivent la même formation que les artistes, apprennent à dessiner la figure humaine et insufflent inspiration, originalité et esthétique dans la fabrication industrielle. Mais les fabricants se préoccupaient bien plus de discipline, de persévérance et de profit. C'est pourquoi, tout en contribuant à la fondation d'une School of Design (qui devint, cinquante ans plus tard, le Royal College of Art) en vue de transformer la production industrielle en art créatif, Haydon choqua les conservateurs en recrutant des modèles masculins et féminins pour les faire dessiner par ses élèves ; son rêve de révolution de l'éducation susceptible d'« élever l'artisan » fut un échec. Dès les années 1840, les esprits pragmatiques raillaient la « manie » qui poussait les gens à vouloir « devenir artistes », et reléguaient l'art au troisième rang derrière la science et la technologie.

Choisir de devenir artiste, pousser l'idéalisme au-delà des aspirations de la plupart des esprits réalistes, fut la première incursion de Haydon dans le périlleux territoire situé entre aventure et suicide, entre maintien d'un pont avec la société normale et émigration dans une contrée où la seule nourriture est l'imagination et l'espoir. Il se plaignait d'être un « paria », une « victime », un marginal dans un monde gouverné par des gens influents, fortunés, incapables de l'apprécier. Il se montra si cinglant envers toute autre forme d'art que le sien que la Royal Academy rejeta à plusieurs reprises sa demande d'admission. Alors que des artistes à la mode, moins talentueux que lui, mais plus disposés à produire le genre d'œuvres apprécié de la majorité, pouvaient gagner leur vie confortablement, il continua à tirer le diable par la queue, refusant obstinément de réaliser des portraits alimentaires de jolies femmes et d'hommes riches imbus d'eux-mêmes. Il se tortura pour trouver le moyen de supporter ceux dont il détestait le goût mais qui auraient pu lui assurer de lucratives commandes publiques. Il fut constamment à court d'argent, non seulement parce qu'il était incapable de s'insinuer dans les bonnes grâces de ces gens-là, mais à cause des limites de sa propre imagination : il ne savait comment se comporter avec ceux qui n'étaient pas de son avis, comment se nourrir de leur incompréhension, comment en tirer non seulement de quoi renforcer sa propre détermination, mais aussi une inspiration susceptible d'élargir et d'enrichir ses ambitions, comment forger avec eux une dualité en complet désaccord, certes, mais néanmoins féconde. Au lieu de quoi il était constamment en colère et se croyait entouré d'« adversaires ». Il passait son temps à dramatiser les différends, à les exacerber en décochant à son entourage les pires insultes, à accuser ses opposants d'encourager délibérément la « médiocrité » et à les traiter de « despotes » ; comment, dans ces conditions, aurait-il pu comprendre que la Royal Academy préfère, à sa peinture géante et moralisatrice d'un héros de la Rome antique, un portrait banal mais séduisant représentant une petite fille avec un nœud rose ? Quand on a la colère pour tout moteur, il est rarement efficace de s'en prendre à des institutions qui résistent à la dissidence et la sanctionnent.

Haydon était si convaincu d'être « destiné à de grandes choses » qu'il peignait sans discontinuer, souvent douze à seize heures par jour, ne lésinant jamais sur la dépense en toiles, modèles et peinture, qu'il fût ou non en mesure de les payer. Il laissa à sa mort un monceau de dettes. Dickens était de ceux qu'irritait cet apparent mépris des règles de l'argent, et dans *La Maison d'Âpre-Vent* il a utilisé le personnage de Skimpole pour dénoncer l'égoïsme des gens qui, si charmants qu'ils pussent être, s'endettaient insouciamment. Ce qui ne l'empêcha pas, en apprenant la mort de Haydon, d'envoyer cinq livres à sa veuve.

Une humiliation publique finit par faire comprendre à Haydon qu'il n'était décidément pas sur la même longueur d'onde que les masses qu'il prétendait éduquer : lors de sa dernière exposition, organisée dans la même salle que l'exhibition du nain du cirque Barnum, celui-ci, surnommé le général Tom Pouce, qui mesurait un mètre de haut, attira douze mille visiteurs payants alors qu'ils ne furent que cent trente-trois à se déranger pour admirer son immense toile intitulée *Les Bienfaits de la Justice*, représentant le roi Alfred donnant ses instructions au premier jury anglais. Un homme qu'il prenait pour un ami refusa ensuite de lui prêter de l'argent une fois de plus. C'est alors qu'il se persuada qu'il n'y avait pas de place pour lui sur terre. Si on ne pouvait pas compter sur l'amitié, à quoi se fier ?

On a dit de lui qu'il avait « le génie de l'échec ». Cependant, la publication de son journal intime, après sa mort, a fait découvrir un fin analyste de son temps et un auteur de talent. Dickens estimait qu'il aurait dû être romancier. Peut-être ceux qui désirent changer le monde devraient-ils commencer par être romanciers et s'exercer à façonner la réalité non pas sous forme de projets utopiques, mais à partir d'émotions ténues et d'incidents imprévisibles. Ajoutons que le suicide de Haydon reflétait autant de courage que de désespoir : la plupart commettent une forme de suicide plus lâche en renonçant à leurs idéaux, ce qui ne fut pas son cas.

Haydon vivait dans un pays en transition entre deux civilisations, l'une cultivant les relations de bon voisinage tandis que l'autre se grisait du pouvoir de l'argent. Le problème n'était pas seulement que les relations de bon voisinage pouvaient se transformer en indifférence sous la pression de l'urbanisation, de l'industrialisation et de la surpopulation, ni que la commercialisation croissante de la société réduisait la part de compassion personnelle dans les prêts et autres gestes de solidarité. Arrêté sept fois, incarcéré quatre, toujours parce qu'il n'avait pas remboursé l'argent qu'il devait à des créanciers insensibles, les huissiers vendant tous ses biens et jusqu'à ses pinceaux pour les payer, Haydon découvrit que les prêteurs avaient d'autres priorités. La place de l'argent dans la vie avait commencé à évoluer dès les XIIIe et XIVe siècles. Le monde universitaire, qui ne cesse aujourd'hui de se plaindre d'être détourné de la recherche désintéressée par la vile nécessité de trouver des financements, a en réalité joué un rôle déterminant dans la monétisation qui allait transformer de vastes domaines de l'existence. C'est lui, en effet, qui a jeté les fondements intellectuels d'une nouvelle vision de ce qui était vraiment important, en élaborant une conception inédite de la nature, laquelle n'apparaissait plus comme statique et parfaite, mais comme dynamique, exigeant des mesures constantes. Les professeurs du Merton College d'Oxford (fondé par le grand chancelier d'Angleterre), à la fois des administrateurs et des intellectuels, furent surnommés les « Calculateurs d'Oxford » en raison de leur acharnement à mesurer et chiffrer la quasi-intégralité des activités humaines, aussi bien la quantité de grâce contenue dans chaque âme que la force de la charité chrétienne, ou que le prix de chaque examen, ne cessant de répéter que l'argent était la mesure de toute chose. Ces préoccupations coïncidèrent avec un accroissement considérable des réserves monétaires : en Angleterre, l'hôtel de la Monnaie frappa en 1170 un million trois cent mille pennies ; en 1250, il en frappa quinze millions. Le roi devait la moitié de son revenu à la dépréciation monétaire : il retirait toutes les pièces de la circulation et les réémettait avec une teneur en argent diminuée. Les seigneurs qui considéraient jadis leurs bois comme source de prestige et de plaisir les apprécièrent de plus en plus pour le profit que pouvait dégager l'exploitation forestière. Mais ce ne fut que très progressivement que l'application rigoureuse des contrats priva la comptabilité de toute dimension affective. Des prix fixes et des remboursements précis mirent fin aux plaisirs théâtraux du marchandage. Cette transformation fut parachevée par le nouvel idéal d'égalité : les consommateurs, qui tenaient de plus en plus à affirmer leur indépendance, « car qui a des dettes est la propriété d'autrui », préféraient les crédits accordés par d'invisibles sociétés qui ne s'immisceraient pas dans leur vie privée. Au lieu de chercher des protecteurs, ils s'offusquaient d'être traités en protégés. La liberté en vint à prendre le sens d'absence d'obligations. Payer comptant signifiait : « Mon argent est aussi bon que le tien. » Ces changements furent bien accueillis parce que, loin d'être universellement chaleureux et douillet, l'ancien univers des rencontres de proximité, dans lequel tout le monde se connaissait, était souvent étouffant, humiliant et cruel, en butte aux jalousies et aux chamailleries, et suscitait le désir ardent d'échapper aux regards inquisiteurs et aux jugements de ses voisins.

Un contemporain de Haydon, le poète et philosophe chinois Gong Zizhen (1792-1841), regrettait que les humains deviennent plus égoïstes que des bêtes, sans goût aucun pour la générosité personnelle résultant du contact intime.

C'est pourtant en Angleterre que s'ouvrit une nouvelle voie conduisant à une autre forme de suicide. Quand lord Vestey (1859-1940) révolutionna les habitudes alimentaires d'innombrables pays en important de la viande réfrigérée d'Argentine, de Russie, de Chine, d'Australie ou d'ailleurs, il créa une société multinationale extraterritoriale quasiment exonérée d'impôts. Il réduisit la taxe sur les profits de ses boucheries à 0,0004 %. Ce faisant, il coupa le cordon ombilical entre riches et pauvres, ainsi que tous les liens affectifs éventuels qui avaient jadis existé entre eux. Il n'avait d'autre intérêt dans la vie qu'une passion dévorante pour son entreprise, travaillant six jours sur sept, vivant dans des maisons modestes, prenant chacune de ses décisions en fonction de l'économie d'impôt qu'elle assurerait, ne dépensant que le quarantième de son revenu pour élever ses quatre enfants et investissant le reste, s'enorgueillissant du fait que, tout en étant à la tête de la plus riche firme privée au monde, il n'avait « jamais rien dépensé de [ses] profits, vivant de ce qu'[il] gagn[ait] vingt ans plus tôt ».

Au XXe siècle, l'empire colonial britannique a cédé la place à un empire financier moins visible mais encore plus puissant, composé d'un archipel d'une soixantaine de paradis fiscaux *offshore* présidés par la Cité de Londres. Virtuelle, une nouvelle nation sans frontières était née, armée non pas de canons mais d'argent, défiant les démocraties aussi bien que les tyrannies. Elle acquit une puissance telle qu'elle réussit à obliger les modestes contribuables à rembourser ses propres dettes de jeu, et s'est montrée capable d'ignorer impunément les désirs d'électorats entiers. Quand elle s'est mise à brader des crédits à des sociétés anonymes parfaitement indifférentes au sort de leurs emprunteurs, on a pu constater que les riches se tranchaient les veines, s'engageant dans un lent suicide en rompant leurs liens affectifs avec le reste de l'humanité. Les pauvres pouvaient encore rêver de s'enrichir, le divorce entre riches et pauvres n'en était pas moins consommé. Toute solidarité mutuelle avait disparu. L'argent avait cessé d'être un ciment social.

Le goût du suicide ne s'en perpétue pas moins. Les puissants se suicident quand ils cessent de croire en eux, quand ils ont l'impression que personne ne croit en eux, et quand ils se révèlent incapables de tenir leurs engagements. Les experts se suicident en émettant des prédictions qui ne se réalisent pas. Les spécialistes se suicident quand ils sont incapables de comprendre ce que disent d'autres spécialistes. Les gens pleins de bonté se suicident quand ils optent pour des métiers où il n'y a pas place pour la bonté. La forme la plus fréquente de suicide consiste à perdre espoir.

Mais le suicide le plus affligeant de tous est celui de la gratitude. Si l'envie, la cupidité et l'arrogance sont des maladies chroniques qui n'ont guère de chances de disparaître un jour, elles étaient jadis tenues en échec par la gratitude. C'était le lien qui assurait la cohésion de la société ou qui, du moins, en atténuait les ressentiments : gratitude à l'égard des dieux, des ancêtres, des parents, des professeurs, des voisins, de la nature. Or, plus une société aspire à l'égalité, plus elle repose sur des droits, et plus elle se commercialise, moins elle accorde de place à la reconnaissance, perçue comme un affront à l'indépendance et comme un déni d'estime de soi. « La gratitude coûte cher », disait Gibbon, tandis que Diderot estimait que « la reconnaissance est un fardeau ». Quant à Staline, il affirmait que c'était « une maladie dont souffrent les chiens ».

Pourtant, l'histoire n'est pas condamnée à s'arrêter là. Je reviendrai sur la question du suicide dans mon dernier chapitre : en elle réside en effet la clé de la compréhension de ce que peut signifier être en vie.

8.

Comment un incroyant peut-il comprendre un croyant ?

Quelle est la religion de quelqu'un capable de vous dire qui dirige une symphonie de Beethoven à la simple écoute d'un enregistrement ? Et de quelqu'un qui aime le jazz autant que la musique classique, et le cinéma français, et une multitude d'œuvres de la littérature européenne et américaine, tout en se passionnant pour le football au point d'illustrer des stratégies concurrentes de développement économique en comparant les différents styles de jeu d'équipes de foot allemandes ?

Abdurrahman Wahid (1940-2009), président de l'Indonésie pendant trois ans, avait hérité de son grand-père et de son père la présidence de la plus grande organisation musulmane du monde, la *Nahdatul Ulama*, la Renaissance indonésienne des oulémas – c'est-à-dire des spécialistes de la religion –, qui a assuré à ses quarante millions de membres l'accès à l'éducation et aux soins médicaux ; son grand-père maternel avait également été un pionnier de la création d'écoles musulmanes pour filles. Né à Java, ayant fait sa scolarité à l'étranger au lycée de Karachi, puis suivi des études islamiques à l'université religieuse Al-Azhar du Caire et étudié la littérature arabe à Bagdad, Abdurrahman Wahid était capable de citer des extraits des grands classiques religieux et philosophiques arabes ainsi que des œuvres des fondateurs égyptiens de l'islamisme « moderne », Sayyid Qutb et Hassan al-Banna. Ce qui ne l'empêcha pas d'avoir les larmes aux yeux le jour où il découvrit une traduction arabe de l'*Éthique* d'Aristote lors d'une exposition organisée au Maroc, parce que cela lui rappela combien il avait été près de devenir un ennemi de l'Occident : « Si je n'avais pas lu Aristote et son grand livre quand j'étais jeune homme, a-t-il reconnu, j'aurais pu devenir moi-même un intégriste musulman. » Aristote lui avait montré qu'il était possible d'« accéder à la vérité sans l'aide de la religion, en faisant uniquement appel à la raison et en comprenant l'âme humaine ». Wahid étudia également la philosophie hindoue, et lorsqu'il fut élu président du plus grand pays musulman du monde, un de ses premiers gestes fut d'aller prier dans un temple hindou. Il mit fin à la persécution dont était victime la minorité chinoise d'Indonésie, prit la défense des *Versets sataniques* de Salman Rushdie et se rendit par six fois en Israël, déclarant que « ceux qui prétendent que je ne suis pas assez islamique feraient bien de lire leur Coran. L'islam, c'est l'inclusion, la tolérance et la communauté... L'essence de l'islam est incarnée par ces mots du Coran : Pour toi, ta religion, pour moi, ma religion. » Et plus encore, « loin d'être *haram* (interdite) par l'islam, la démocratie en est une composante obligatoire ». Cet homme débordant d'humour traduisit un recueil de blagues soviétiques en indonésien pour apprendre à ses compatriotes à rire d'eux-mêmes, et quand il perdit le pouvoir, il déclara le regretter beaucoup moins que la perte de sa collection de vingt-sept enregistrements de la *Neuvième* de Beethoven.

Le Coran, affirmait Wahid, parle de Dieu comme de la Vérité ; or, chacun peut appréhender la vérité différemment. « L'islam honore et apprécie cette différence, reconnaissant que chaque être humain comprend Dieu en fonction de ses facultés et de ses inclinations naturelles, comme l'expliquent les hadiths Qudsi (les Paroles de Dieu répétées par Mahomet) : *Je suis ce que mon serviteur pense de moi.* [...] Ceux qui croient comprendre pleinement la volonté de Dieu et osent en imposer leur propre interprétation aux autres se posent pour l'essentiel en équivalents de Dieu et se livrent involontairement au blasphème. » La fameuse devise du Coran « Qu'il n'y ait pas d'obligation en matière de religion », disait-il fièrement, « préfigure la Déclaration universelle des droits de l'homme ». Pour lui, si les lois de la charia offraient « une voie vers Dieu », elles n'en étaient pas moins d'inspiration humaine et non divine ; formulées au cours des siècles qui avaient suivi la mort du Prophète, elles exigeaient d'être constamment révisées en fonction de l'évolution de la société : « Les lois sévères sur le blasphème et l'apostasie… empêchent les musulmans de concevoir des idées nouvelles non seulement sur la religion, mais sur de vastes pans de la vie, des lettres, de la science et de la culture en général. » La recherche de la vérité, concluait-il, « devrait se voir accorder toute latitude et toute liberté, qu'elle ait recours à l'intelligence, aux émotions ou à diverses formes de pratique spirituelle ». L'islam avait atteint sa « maturité intellectuelle et spirituelle » au Moyen Âge en assimilant un « universalisme humaniste et cosmopolite » fondé sur un amalgame d'influences arabes, grecques, juives, chrétiennes et persanes. Son « long déclin » était la conséquence des contraintes scolastiques et gouvernementales qui le paralysaient. Wahid, qui avait épousé une éminente avocate des droits de l'homme, demanda que ces quelques mots soient gravés sur sa tombe : « Ci-gît un humaniste. »

Pourquoi existait-il un tel contraste entre la religion de Wahid et celle d'Hassan Al-Banna (1906-1949), fondateur des Frères musulmans dont les idées attirèrent un temps Wahid avant qu'il ne les rejette ? Wahid accordait à la liberté une valeur suprême et témoignait de cette aspiration par une curiosité illimitée. Al-Banna recherchait la certitude « afin de se débarrasser des hésitations et de l'agitation de l'esprit, et pour s'affranchir de la perplexité et des revirements d'opinion ». L'un et l'autre incarnaient deux idées différentes de la liberté. Rejetant toutes distractions frivoles, Al-Banna ne se nourrissait que du Coran, guidé par d'humbles instituteurs de son village et par son père qui était à la fois imam, petit cultivateur, réparateur de montres et vendeur d'enregistrements religieux pour gramophone. Encore écolier, Al-Banna créa une association contre les violations de la loi destinée à censurer ceux qui manquaient leurs prières ou mangeaient en période de jeûne, leur envoyant des lettres pour les exhorter à s'amender sous peine d'être exclus du paradis. Quelques années plus tard, il fonda une nouvelle société de bienfaisance dont l'objet était d'éradiquer l'alcool, le jeu, les coutumes païennes et les missionnaires chrétiens. Il n'hésitait jamais à reprendre ceux qui, si éminents fussent-ils, s'écartaient de la morale islamique, allant jusqu'à exhorter des ministres du gouvernement à retirer l'anneau d'or qu'ils portaient au doigt, l'islam interdisant aux hommes de porter des bijoux en or. Il renvoyait les serveuses qui se présentaient nu-tête, leur demandant de se couvrir d'un foulard. Quand il se rendit au Caire pour suivre une formation d'instituteur, il fut scandalisé par ses condisciples, qu'il décrivit comme des « nihilistes et des libertaires ». Il fut tout aussi horrifié par la débauche des Européens, leur goût immodéré pour l'alcool et les divertissements frivoles, leurs discours sur la libération des femmes, leur mépris de la tradition, le culte qu'ils vouaient à tout ce qui était occidental, américain ou britannique. Il n'éprouvait aucun intérêt pour le théâtre, les concerts et le cinéma, pas plus que pour l'apprentissage de langues étrangères. Détestant les « débats conflictuels » au sein de l'islam, « les enchevêtrements terminologiques et les labyrinthes scolastiques » de ses théologiens ainsi que leurs « chamailleries mesquines », il décida d'aller prêcher dans les cafés, où il se montra extrêmement convaincant, charismatique, tout en donnant la preuve de ses talents d'organisateur. Un groupe se constitua autour de lui, jurant de le suivre, de « vivre et mourir pour l'islam ». Il entendait qu'ils « professent les mêmes opinions que [lui] » et « aiment leurs défenseurs », rejetant « le fatras confus des idées non islamiques ».

Il ajouta ensuite le nationalisme à son credo. Alors qu'il était instituteur à Ismaïlia, la plus grande base militaire britannique d'Égypte, un sentiment d'« humiliation et [de] captivité » face à l'occupation étrangère lui inspira un patriotisme fervent. « Je souhaite instruire la nation pour qu'elle occupe une place honorable et digne dans le monde, déclarait-il. Il appartient à chaque musulman de devenir leader du monde » et d'exceller en tous domaines, tout en évitant le matérialisme et en renonçant à se mettre en avant. Il ne tarda pas à attirer des foules immenses dans les mosquées et créa des antennes des Frères musulmans à travers toute l'Égypte. Ses adeptes remettaient à l'association jusqu'à la moitié de leurs revenus ; ils créèrent des entreprises pour seconder son œuvre et des services sociaux pour secourir les nécessiteux, les malades, les chômeurs et les enfants en bas âge – médicaments bon marché, formation professionnelle, aide financière. Lui-même vivait très modestement dans une chambre de location, toujours affable, saluant chacun, prenant des nouvelles des gamins qu'il connaissait par leur nom, s'informant des progrès de leur éducation et même de la santé des animaux de la famille ; il était doué d'une mémoire prodigieuse.

Ces deux versions diamétralement opposées de l'idéal musulman reflètent un conflit de représentations. L'Indonésie regroupe 17 508 îles, 300 ethnies différentes, et l'on y parle 742 langues et dialectes ; animiste d'origine, sa religion a dû s'adapter tour à tour à la conversion musulmane, à des dirigeants hindous, à la colonisation hollandaise, à l'occupation japonaise, au troisième plus grand parti communiste du monde, au nationalisme et au capitalisme. Des variantes de chacune de ces idéologies ont survécu en différents lieux et à différents degrés. Le changement a souvent entraîné des résistances, à tel point que certaines communautés se sont obstinées à refuser de payer le tribut pendant deux siècles ; pourtant, d'innombrables Indonésiens ont appris à vivre avec d'autres gens professant des philosophies apparemment incompatibles, ignorant leurs convictions respectives, préférant le bon sens et l'expérience pratique à l'adhésion théorique à un dogme. Ils faisaient grand cas des banquets villageois qui les rassemblaient tous sans tenir compte des multiples nuances d'opinion. Les enfants passaient d'une maison à l'autre, se choisissant une tante ou un oncle préférés hors de leur parentèle ; aussi les familles sans liens de sang étaient-elles courantes, car il était tenu pour incorrect de refuser la demande d'une autre famille désireuse de prendre un enfant en placement ou de l'« emprunter ». « Pour les mariages et les funérailles, les gens avaient besoin de l'islam ; pour les biens terrestres, ils faisaient appel aux ancêtres ; et pour la protection magique, ils prenaient contact avec l'esprit tutélaire du village. » Le gardien de la mosquée, qui dirigeait les prières aux mariages et aux enterrements, ne prenait pas toujours la peine de jeûner pendant le ramadan, ni de prier cinq fois par jour ; ceux qui le faisaient, disait un autre, étaient des « frimeurs », le seul enfer que lui-même redoutait étant le poste de police. Un chef de village résumait ainsi sa doctrine de tolérance : « L'islam, c'est le bien-être et la prospérité, ce que tous les gens recherchent ; donc tout le monde est musulman. » Un puritain particulièrement pieux reprochait aux trois quarts des habitants de n'être musulmans que de nom, ne priant et n'accomplissant que rarement leurs devoirs religieux. Longtemps on laissa largement tranquilles ceux qui ignoraient la religion.

Mais la situation a brutalement changé à la fin du XXe siècle avec l'apparition de ce que la population locale a appelé l'« islam arabe », très différent de la variante indienne, plus individualiste, plus intériorisée, plus tolérante, façonnée par un type de soufisme qui insistait moins sur le culte public, et avait entrepris la conversion de l'Indonésie plusieurs siècles auparavant. Les nouveaux prédicateurs se sont faits plus menaçants : « Les gens sont ignorants et il est de notre devoir de les instruire ; un musulman doit se conduire comme tel ; les ignorants ne peuvent décider de ces choses par eux-mêmes, ils doivent faire ce qu'on leur dit ; s'ils n'obéissent pas, il faut les punir. » Les écoliers ont dû apprendre le Coran par cœur en arabe, alors qu'ils ne parlaient pas cette langue ; comme l'a fait remarquer l'un d'eux : « Dieu ne dit jamais rien que je puisse comprendre. » Les femmes ont commencé à porter le foulard. L'islam arabe est devenu le nouveau visage de la modernité, remplaçant à la fois le nationalisme et le communisme comme réponse à l'humiliation, à la pauvreté et à la frustration. Un musulman ayant recouvré la foi déclara : « Pour la première fois de ma vie, je me sens éveillé... Je sens ma foi grandir de jour en jour, presque comme une force... Avez-vous remarqué tout ce monde qu'il y avait à la mosquée, vendredi ? Au bout de cinq cents ans, l'islam progresse enfin. » Certes, beaucoup n'apprécient pas qu'on leur dise ce qu'ils doivent croire et faire, mais ce n'est pas l'avis de tous : « Aujourd'hui, les gens ont trop de désirs et mille manières de les satisfaire ; ils sont gouvernés par leurs passions. L'islam vous sauve de vous-même. »

Il ne s'agit pas d'un « choc des civilisations » opposant christianisme et islam, mais d'un choc des représentations au sein de chacune de ces confessions. Celles-ci ont constamment connu dans leurs propres rangs des conflits sur l'interprétation de leurs idéaux, dans la mesure où elles abritent une énorme variété de tempéraments. La plupart des civilisations et des religions ont été marquées par des conflits internes entre deux visions : celle de la civilisation conçue comme une ville fortifiée ceinte de murailles, se protégeant contre les barbares et rejetant la corruption du monde extérieur, d'une part ; et, d'autre part, celle de la ville portuaire, toujours affamée de ce qu'elle ne possède pas, recherchant une vie meilleure en faisant du commerce avec l'étranger et en important des nouveautés sans trop s'inquiéter de ce qui pourrait en résulter. C'est là un clivage entre ceux qui entendent simplifier la vie et ceux qui admettent qu'elle est un enchevêtrement de contradictions et de complexités, entre ceux qui aiment savoir ce qu'on attend d'eux et ceux qui préfèrent inventer leurs propres solutions, entre ceux qui apprécient d'avoir des lois et des textes fondamentaux à respecter et ceux qui contestent, discutent et résistent. Pour autant, les individus manifestant des attitudes changeantes en fonction des situations, et bien peu étant intégralement puritains ou matérialistes dans tout ce qu'ils font, ils disent et pensent que ces heurts sont moins des collisions que des cloches carillonnant ensemble, mais en désordre.

Al-Banna s'inscrivait dans une longue tradition que l'on rencontre par intermittence dans la plupart des religions, vilipendant la cupidité et la luxure, exigeant une moralité plus stricte et le renoncement aux plaisirs frivoles, recherchant des expériences extatiques du divin par l'abstinence, l'ascétisme, voire le martyre. Le puritanisme a cherché alternativement à imposer ses idées à tous, pour éliminer le péché du monde, et à fuir la perversité de celui-ci pour mener une existence repliée sur elle-même, isolée de toute influence pernicieuse. Ainsi les fondateurs des baptistes du Sud, aux États-Unis, rejetèrent-ils la moralité moderne d'une manière très comparable à celle d'Al-Banna.

L'universalisme de Wahid, au contraire, incarnait une tradition tout aussi répandue qui s'est épanouie avec un éclat tout particulier à l'âge d'or de l'islam et lors de périodes de renaissance en d'autres régions. Après avoir conquis de vastes étendues de la planète, les musulmans ont acquis suffisamment d'assurance pour s'intéresser avec curiosité à toutes les sagesses qui les avaient précédés pour les absorber, les synthétiser, les dépasser, n'innovant pas seulement dans les nombreuses branches du savoir, mais aussi dans les arts, avec un incroyable bourgeonnement d'idées hétérodoxes et la floraison d'une poésie amoureuse passionnée, affranchie du carcan de toutes les conventions. L'inventeur du *World Wide Web*, Tim Berners-Lee, s'inscrit dans cette tradition et se qualifie lui-même d'universaliste unitarien, membre d'une religion sans credo établi qui accorde à chacun de ses membres la liberté de chercher la vérité et d'assimiler des éléments d'autres confessions. Il établit un parallèle entre cette religion et internet qui stimule l'intérêt pour toutes les cultures. Bien qu'au départ les unitariens aient constitué une minorité chrétienne non conformiste, ils sont presque aussi ouverts aux autres confessions que les religions orientales, qui n'admettent pas que suivre une religion oblige nécessairement à exclure toutes les autres. Un nombre extraordinaire d'esprits novateurs ont entretenu des liens avec les unitariens : Susan B. Anthony, pionnière du féminisme, John Locke, pionnier de la tolérance, Florence Nightingale, pionnière des soins infirmiers, Albert Schweitzer, qui fut peut-être le premier médecin sans frontières, Josiah Wedgwood, qui ne s'est pas contenté d'industrialiser la fabrication de la céramique, mais passe pour être l'inventeur du marketing moderne (utilisant la technique du courrier direct, du « satisfait ou remboursé », et de « deux articles pour le prix d'un »), Frank Lloyd Wright, Charles Dickens, Thomas Jefferson, quatre autres présidents américains et toutes sortes d'autres esprits audacieux.

Cela signifie-t-il que les puritains de différentes religions sont capables de s'apprécier réciproquement et de comprendre ce qu'ils ont en commun ? Non, car les religions qui font du prosélytisme un élément majeur de leur credo sont des rivales dans la course aux âmes et aux esprits. Bien que le dialogue interreligieux soit de plus en plus à la mode, la concurrence entre religions reste très active en bien des lieux. Nul ne sait combien de convertis chaque religion gagne quotidiennement, ni l'effet précis qui en résulte, mais la passion du prosélytisme par-delà les frontières nationales n'a jamais été aussi répandue. L'Église universelle du Royaume de Dieu brésilienne, par exemple, créée en 1977 dans une banlieue de Rio de Janeiro, compte plus de mille églises réparties en quatre-vingts pays et possède une organisation internationale qui « ferait envie à bien des P-DG » ; elle est capable, par exemple, de convertir un Pakistanais qui se trouve en Russie et fondera ensuite une église brésilienne dans son pays natal. La branche internationale des bouddhistes de Nichiren, le Soka Gakkai, se flatte de compter douze millions d'adeptes dispersés dans quatre-vingt-deux pays. Des Turcs ouvrent des écoles musulmanes dans les régions méridionales de l'ancien empire soviétique, y formant de nouvelles élites, tandis que les Coréens progressent dans ses provinces asiatiques ainsi qu'en Afrique. D'anciens pays colonisés envoient désormais des missionnaires pour convertir leurs ex-colonisateurs. On dénombre peut-être un demi-million de missionnaires professionnels qui parcourent le monde, et d'innombrables amateurs qui partent à l'étranger pour de courtes périodes de prosélytisme en sus de leur mission permanente de conversion de leurs compatriotes. Tel est le pendant spirituel de la mondialisation. En moins d'un demi-siècle, le pentecôtisme a fait près de cinq cents millions de nouveaux adeptes, mais il existe pour eux une multitude d'options possibles. Le recours à tous les types de médias et à toutes les méthodes de marketing imaginables rend la concurrence entre religions presque aussi féroce qu'entre marques commerciales.

Néanmoins, l'impuissance de l'humanité à tomber d'accord sur ce qu'elle veut croire ne la condamne pas irrémédiablement au conflit ou à la méfiance. L'expérience passée donne à penser que lorsque les êtres humains ne se sentent pas menacés mais appréciés, ils peuvent éprouver une plus vive curiosité pour le monde qui s'étend au-delà du leur. Un des plus grands compliments que l'on puisse adresser à autrui est de lui manifester de l'intérêt. Une des meilleures manières de s'enrichir est d'apprendre ce que pensent les autres. Les humains ne sont pas condamnés à imiter l'escargot qui se retire dans sa coquille au moindre signe de danger.

J'ai eu un jour une entrevue avec un éminent ayatollah iranien qui a passé une heure à vitupérer les crimes de l'Occident. Quand il a eu fini et que sa colère est retombée, il a souri, m'a pris par les épaules et m'a dit : « J'aimerais bien revenir vous voir.

– Pourquoi ? ai-je demandé.

– Parce que vous m'avez écouté. »

Ce geste, cette unique remarque ont dévoilé un côté humain généralement masqué dans les affrontements doctrinaux. D'un coup, le désaccord s'est mué en curiosité. Je n'ignore pas que la curiosité elle-même n'est qu'un point de départ, une porte qui s'ouvre mais ne conduit nulle part si elle ne s'accompagne pas de savoir. Il ne suffit pas d'écouter ; pour comprendre, il faut s'être préparé en accumulant les informations, les lectures, les recherches, afin de ne pas être un simple étranger qui n'y entend goutte. Et pour être compris, il faut être capable d'exposer des idées qui éclairent les préoccupations d'autrui et entrent en résonance avec les pensées de ceux dont on ne partage pas les positions. La compréhension n'élimine pas le désaccord, mais elle le transforme en expérience enrichissante, elle donne le sentiment d'être autorisé à pénétrer les mystères de la diversité humaine et d'éviter ainsi de n'être que partiellement vivant. Malgré toutes les âpres querelles entre les religions et au sein même de celles-ci, je chéris la mémoire de cet ayatollah qui rappelait que le respect du jugement individuel est un élément essentiel de la tradition chiite. Les idéaux se transforment rarement en réalité, mais c'est une piste à ne pas négliger.

9.

Comment une religion peut-elle évoluer ?

Plus les gens sont instruits, plus ils sont dévorés par le doute. Au xxe siècle, un moine catholique qui avait fait ses études à l'université de Cambridge et à celle de Columbia récitait cette prière :

> Seigneur Dieu, je ne sais où je vais,
> Je ne vois pas la route qui s'étend devant moi,
> Je ne peux savoir où elle mène.
> Je ne me connais pas vraiment moi-même et si je pense respecter Ta volonté, cela ne veut pas dire que c'est ce que je fais.
> Je crois pourtant que mon désir de Te plaire Te plaît
> Et j'espère éprouver ce désir dans tous mes actes.
> J'espère ne jamais rien accomplir sans ce désir
> Et je sais que si j'agis ainsi, Tu me conduiras sur la bonne voie, même si je ne la connais pas.
> Je Te ferai donc toujours confiance, même si je peux paraître perdu et donner l'impression d'être dans l'ombre de la mort.
> Je n'aurai pas peur, parce que Tu es toujours à mes côtés, et que jamais Tu ne me laisseras affronter seul les périls.

Thomas Merton (1915-1968), qui a écrit cette prière très populaire aujourd'hui, a passé de longues années à s'interroger sur ce qu'il devait faire de sa vie. Ouvrant la Bible au hasard, en quête d'un conseil, il a posé le doigt sur cette phrase : « Tu vas être réduit au silence » ; il s'est donc retiré du monde pour se faire trappiste. Toutefois, ni sa foi ni son militantisme en faveur de la paix et de la justice sociale ne lui ont apporté une entière satisfaction, et il a consacré une grande énergie à s'entretenir avec des maîtres de religions orientales. Son autobiographie a été un best-seller parce qu'il y exprimait ouvertement des doutes que beaucoup partagent et qui ne semblent pas en passe de disparaître. Plus vaste est le choix de religions, d'idéologies et de divertissements, moins il est loisible d'échapper au doute.

« Nous adorons tous le même dieu. » Est-ce vrai ? Et ceux qui déclarent n'avoir pas de dieu ? Pourrait-on envisager une religion unique qui satisferait et unirait tout le monde ? À vingt-quatre ans, un jeune homme séduisant et charismatique qui s'appelait Mani (213-276 après J.-C.), originaire de Babylone, répondit par l'affirmative. Il inventa ce qui allait être pendant plus de trois siècles une des religions les plus répandues de la planète. Elle se répandit rapidement depuis la France, l'Espagne et l'Afrique du Nord (où saint Augustin fut l'un de ses adeptes pendant neuf ans, avant de devenir chrétien) jusqu'en Inde et en Chine. L'empire ouïgour, qui s'étendait jadis sur de vastes régions d'Asie centrale et se distinguait par sa passion pour le débat théologique, en fit sa religion d'État. Cette foi prospéra, avec des hauts et des bas, pendant près de mille ans en Chine, où Mani en vint à être considéré comme une réincarnation de Lao-tseu et où sa religion fusionna plus ou moins avec le taoïsme. On dit qu'au cours d'une vague de persécutions, 4 600 de ses monastères et 40 000 de ses temples et sanctuaires furent détruits sans que cela ait suffi à l'éradiquer : elle reprit de la vigueur et se transforma en société secrète chinoise.

Les autres religions, soulignait Mani, étaient liées à un seul pays et n'utilisaient qu'une langue ; il proposait quant à lui une foi capable de se combiner avec toutes les autres, en tous pays et dans toutes les langues, de s'adapter aux traditions et même aux croyances locales, si inconciliables fussent-elles. Il entrelaçait les pensées chrétienne, bouddhiste, gnostique et zoroastrienne en une mythologie spectaculaire expliquant les raisons pour lesquelles le monde se trouvait en aussi piteux état. Au Proche-Orient, il se présentait comme un apôtre du Christ. Après s'être rendu en Inde, il adopta la doctrine de la transmigration des âmes. En Iran, il absorba des divinités iraniennes. Pendant plusieurs années il sillonna le monde, ralliant à sa cause de multiples rois et les communautés les plus diverses. Aucune religion n'a jamais été d'une telle souplesse. C'est comme si les cadres de la Hong Kong and Shanghai Bank, qui prétend aujourd'hui être à la fois globale et locale, changeaient de tenue lorsqu'ils parcourent la planète, troquant leurs costumes rayés contre les tuniques flottantes du bazar ou contre des kimonos et des saris en fonction du pays où ils vont.

Mani savait faire appel au pessimisme aussi bien qu'à l'optimisme. Dieu, disait-il, n'étant pas tout-puissant, il était incapable de résoudre le conflit entre le bien et le mal, même si ses anges peuvent tenter de l'endiguer. Le mal venait de l'avidité. Il ne servait à rien de le combattre. Mani prophétisait que les guerres, les conflits et la pauvreté existeraient jusqu'à la fin des temps. Il offrait néanmoins un refuge contre ces maux : la création de la beauté, la douceur, la non-violence, le végétarisme et une vie dépouillée. Malgré sa foi dans la simplicité, sa religion s'enrichit au fur et à mesure qu'elle se répandait. La manière dont Mani gagnait des adeptes révèle que ses convertis n'étaient pas forcément séduits par ses seuls enseignements, moins encore par des rituels tels qu'un mois complet de jeûne par an. Mani était un esthète. Il ne se consacrait pas uniquement à la proclamation de son évangile, mais aussi à la littérature et aux beaux-arts. Le problème des réformateurs religieux qui l'avaient précédé, disait-il, était qu'ils se contentaient de parler et n'écrivaient jamais d'ouvrages. Aussi en rédigea-t-il sept. Il les illustra lui-même, et, en fait, son septième volume ne contenait que des images. Il rédigea aussi une autobiographie, inventa une somptueuse calligraphie et fit de ses livres de véritables œuvres d'art avec d'étonnantes reliures couvertes à la feuille d'or – cette passion pour la beauté devint une tradition dans toute la littérature ultérieure de sa religion. Son pays natal conserve aujourd'hui de lui l'image d'un grand artiste qui éclipse son ancienne réputation d'hérétique. Il se consacrait aussi à la musique et l'on a retrouvé des illustrations représentant le grand orchestre qui accompagnait ses offices religieux. Il se souciait davantage d'apporter la lumière au monde que de se battre contre de noirs démons. Les méthodes de ses disciples sont exposées dans un manuscrit concernant l'une d'elles, Julie d'Antioche, qui émigra vers 400 après J.-C. à Gaza, en Palestine, accompagnée de deux femmes plus jeunes qu'elle et de deux jeunes gens décrits comme particulièrement beaux, humbles de tempérament et doux de caractère. Elle faisait du porte-à-porte, rendant visite aux habitants et les invitant chez elle, multipliant les conversions en offrant des services sociaux aux pauvres. D'où la contrariété des Églises rivales qui l'accusèrent d'organiser des orgies où l'on servait de plantureux repas.

Une religion mondiale est un défi pour toutes les confessions existantes. La facilité avec laquelle Mani nouait des alliances plus ou moins lâches avec presque toutes lui valut l'hostilité de ceux pour qui la religion impliquait une communauté aux frontières bien définies et une approche de la vérité que ne pouvaient apprécier pleinement ceux qui y étaient étrangers. Ses ennemis le firent arrêter et il mourut en prison, écorché vif, selon la légende. Plusieurs siècles après sa mort, les responsables de toutes les religions établies – zoroastriens, musulmans, chrétiens et confucéens – continuaient de voir dans le manichéisme un sérieux rival, et peu à peu, avec une rare obstination, réussirent à en effacer presque toute trace. Ce n'est que très récemment que d'étonnantes découvertes archéologiques ont exhumé ses monuments et ses écritures, disparus en Égypte et au Turkestan, commençant ainsi à révéler ce que les insultes de ses détracteurs avaient dissimulé.

L'idée de Mani voulant que toutes les religions soient sinon absolument identiques, du moins capables de coexister comme des voisins de banlieue ne s'immisçant pas dans leur vie respective, n'est pas très éloignée de ce que de nombreux Américains croient aujourd'hui. En 1920, 94 % des chrétiens des États-Unis affirmaient que leur religion était la seule véritable ; aujourd'hui, ils ne sont plus que 25 % à le prétendre, les autres estimant que toutes les religions contiennent une part de vérité. « Notre gouvernement, déclarait le président Eisenhower, n'a pas de sens s'il ne repose pas sur une foi religieuse profonde – peu m'importe laquelle. » Il est vrai que cette attitude en exaspère beaucoup d'autres. « Ma religion montre la seule vraie voie conduisant à Dieu » – voilà ce que pensent (d'après un sondage) 79 % des Saoudiens, 65 % des chrétiens de Corée, 49 % des musulmans de l'Inde, 42 % des Américains « *born again* », 37 % des hindous de l'Inde, 33 % des juifs israéliens, 31 % des bouddhistes coréens, 25 % des catholiques péruviens, 24 % des Russes orthodoxes, 16 % des protestants américains traditionnels et 15 % des catholiques américains. À un stade plus pragmatique, près des deux tiers des musulmans, des hindous et des juifs disent désapprouver les mariages interconfessionnels. Le consensus n'est donc pas pour demain.

Quand le bahaïsme (fondé en 1844) a cherché à créer une religion mondiale, les autres l'ont rejeté, y voyant une rivale, bien qu'il ait admis la validité de la plupart des confessions existantes et ait adopté un programme moderne contre la discrimination et l'inégalité. Il se présentait cependant comme une religion distincte fondée sur la révélation divine d'un prophète ; il constituait ainsi une apostasie aux yeux des musulmans.

Mieux vaut sans doute cesser de parler de religion comme s'il s'agissait d'une force unique et uniforme. Chaque religion a une voix distincte, et souvent même plusieurs. L'Unesco a elle-même reconnu ne pas savoir ce que signifie le mot « religion » et en a dressé une liste de quarante-huit définitions distinctes. Le Parlement mondial des religions, inauguré en

1893, a confirmé, tout comme les Nations unies, l'indépendance de chacune.

Voilà qui pourrait donner à penser qu'il faut s'attendre à une multiplication des guerres et des conflits religieux, alors même que l'objectif de la religion est d'apporter des certitudes au milieu des angoisses et de la confusion de la vie. Pourtant, quand je me plonge dans l'histoire conjointe de la certitude et du doute, j'entraperçois d'autres possibilités. Au cours de leurs premières années d'existence, les religions ne s'attendaient pas à obtenir – et n'obtenaient pas – une adhésion intégrale à un corpus de croyances strictement défini. Après la mort de Jésus, certains chrétiens croyaient en un seul dieu, d'autres en deux, d'autres encore en trente ou trois cent soixante-cinq. La notion même de foi tendait à être plus floue, ne sous-entendant pas la conviction et la certitude, mais désignant un attachement émotionnel davantage qu'une approbation intellectuelle. *Credo* – « je crois » – signifie étymologiquement *cor do*, je donne mon cœur, j'aime. À l'origine, la Bible était un recueil populaire de récits de héros, d'allégories ouvertes à maintes interprétations, et ne cherchait pas à transmettre un message nécessairement cohérent. Les premiers rabbins juifs ont fondé une tradition qui voit dans les Écritures une invitation à poursuivre la discussion et le développement, tradition illustrée par le dicton affirmant que quand deux Juifs se rencontrent, il y a au moins trois opinions. Les prédicateurs chrétiens du Moyen Âge utilisaient l'histoire sainte comme tremplin pour des voyages spirituels individuels. L'*Abrégé de toutes les spéculations,* écrit par Madhvacharya au XIIIe siècle et décrivant l'intégralité des théologies connues ainsi que l'athéisme avec une parfaite objectivité, témoigna de l'aptitude des Indiens de certaines époques à trouver de l'harmonie entre des idées apparemment inconciliables, tout en jugeant qu'aucune ne contenait l'entière vérité. Le concept d'hérésie ne s'est développé que lentement. À l'origine, « hérésie » signifiait choix, sans connotation péjorative. Ce n'est que progressivement que les théologiens ont transformé les controverses en condamnations.

Peu à peu, le désaccord n'a plus été considéré comme source possible de vitalité intellectuelle et spirituelle, mais comme une menace contre l'harmonie ; c'est à ce moment-là que les Églises sont devenues de plus en plus enclines à la censure et ont bien souvent proclamé de nouvelles doctrines non parce qu'elles avaient mis au jour une vérité nouvelle, mais pour réprimer les voix dissonantes qui se faisaient entendre en leur sein. Parfois, imitant les monarques absolus décidés à éliminer tous les chefs militaires rivaux, elles ont prétendu imposer une obéissance totale à leur orthodoxie sous peine d'excommunication. En d'autres circonstances, réagissant aux interrogations de la science, elles ont cherché à égaler sa précision en envisageant Dieu différemment, renonçant à Le présenter comme une entité indescriptible et insondable à propos de laquelle on ne pourrait rien avancer de certain, pour en faire un dirigeant plus vrai que nature, donnant des ordres parfaitement clairs. La religion avait été poésie ; agressée, elle s'est transformée en prose. Elle a cru monter sur le même ring que la science et est devenue méconnaissable.

Bien sûr, les textes sacrés ont toujours été le fondement de la foi. Mais ils ne pouvaient se passer d'interprétation et les lettrés qui s'en chargeaient n'étaient pas toujours d'accord entre eux. D'où l'immense part d'incertitude que les religions ont contenue pendant la majeure partie de leur histoire. L'islam médiéval, par exemple, estimait que les différences entre les « cinq écoles » – chacune interprétant la Loi à l'aide de sa propre méthodologie et dominant différents territoires du monde islamique – étaient plus instructives qu'antagonistes, nourries par une « éthique du désaccord » (*adab al-ikhtilaf*). L'érudition recouvrait la discussion, la sagacité et la faculté de raisonnement indépendant (*ijtihad*). L'un des plus célèbres théologiens islamiques, Imam al-Haramayn al-Juwayn (1028-1085), déclarait : « L'objectif de la recherche de la charia n'est pas d'atteindre le bon résultat, c'est la recherche elle-même. » Beaucoup de scientifiques actuels ne disent pas autre chose.

L'évêque chrétien Grégoire de Nysse, en Cappadoce turque (335-394 après J.-C.), ne s'offusquait pas des écarts par rapport à l'orthodoxie en un temps où celle-ci était beaucoup moins puissante qu'elle ne le serait quelques siècles plus tard. Il refusait de donner à ses disciples des exemples de vies vertueuses du passé, leur conseillant de choisir plutôt des modèles qu'ils connaissaient personnellement. Il a écrit des livres délibérément ambigus, car il estimait que la Bible aussi contenait des ambiguïtés fécondes qui ne pouvaient qu'inciter ses lecteurs à réfléchir par eux-mêmes. Les doctrines religieuses n'étaient alors pas encore sclérosées. La biographie qu'il consacra à sa sœur Macrina lui attribue des vertus masculines aussi bien que féminines, et il était d'avis que lorsque les humains ressusciteraient « il n'y aurait ni mâles ni femelles ». Quant à l'évêque Démophile de Constantinople (mort en 386), il répondait à ceux qui critiquaient ses opinions par une citation de l'Évangile de saint Matthieu : « Quand on vous pourchassera dans telle ville, fuyez dans telle autre. » De récentes recherches ont montré que dans les premières années du christianisme, l'essentiel du culte était organisé localement, indépendamment de toute direction ou réglementation centrale ; il était largement dominé par des familles ou des clans qui mettaient l'accent sur des points très différents et résistaient aux efforts des évêques pour leur imposer l'uniformité.

Les frontières entre les différentes confessions étaient donc moins nettement définies malgré la persistance de querelles religieuses acharnées. Le confucianisme, le taoïsme et le bouddhisme obtinrent pendant un temps une reconnaissance officielle en Chine, où ils n'étaient pas considérés comme des doctrines rivales mais comme les Trois Enseignements qu'il convenait d'apprécier simultanément, chacun dans une sphère distincte : le premier était destiné à guider l'administration publique, le deuxième à soulager les angoisses personnelles, tandis que le troisième offrait l'espoir d'un ultime salut individuel tout en rassemblant l'ensemble des classes sociales à l'occasion de grandes fêtes. Cette collaboration séduisit le premier empereur Ming, Taizu (1328-1398), qui au début de sa vie était un petit paysan orphelin, illettré, étranger aux philosophies de l'élite instruite, donc ouvert à l'idée que la totalité des Trois Enseignements pût contribuer au maintien de la paix et à sa propre gloire. Dans l'Espagne médiévale, chrétiens, musulmans et juifs ont également vécu côte à côte pendant un certain temps dans une *convivencia* plus ou moins pacifique, avec de brillants résultats dans l'agriculture, la poésie, le chant et l'érudition, celle-ci comportant des écrits bilingues en latin et en arabe, bien que la tolérance se mêlât, il est vrai, d'une certaine dose de persécutions.

Au XVIIIe siècle, l'Église d'Angleterre a cessé d'enquêter sur les croyances personnelles de ses membres pour devenir une *broad church*, une « Église large » affirmant que les détails en matière de liturgie, de doctrine et d'organisation ecclésiastique étaient « choses indifférentes » aux yeux de Dieu, lequel ne se préoccupait que de conduite morale. Aux États-Unis, Henry Ward Beecher (1813-1887), le plus célèbre prédicateur de son temps, déclarait que la charité était plus importante que la foi et qu'il n'était pas chrétien d'ostraciser l'hétérodoxie. Si l'humanité peut imaginer être devenue plus « tolérante », c'est qu'elle a renoncé en réalité à une vieille tradition consistant à trouver du sacré partout où elle pouvait. De nombreux dogmes sont même plus impénétrables et plus intransigeants qu'autrefois.

La religion la plus répandue de toutes, la « religion populaire », ne s'est jamais beaucoup souciée de distinguos métaphysiques et s'est principalement consacrée, au cours des âges, au soulagement concret qu'elle pouvait apporter dans les angoisses de la vie, la maladie, le malheur, la pauvreté et la faim. La permanence de ses préoccupations sur trois mille ans apparaît clairement en Chine, où l'antique dieu de la Richesse, Tsai Shen, a continué d'être adoré en dépit des modes idéologiques. Son effigie, censée attirer la prospérité, orne toujours l'entrée d'un grand nombre de demeures et de bâtiments. On reconstruit actuellement de nombreux temples chinois non pas dans l'intention de prêcher des idéologies nouvelles ou anciennes, mais pour aider les gens dans leur lutte pour la survie, réveiller les coutumes populaires en hibernation, réaffirmer les idéaux paysans de solidarité, organiser des fêtes, construire des écoles, faciliter le versement de pots-de-vin aux fonctionnaires locaux, se battre pour obtenir des postes de responsabilité et assurer certains services comme la divination et l'exorcisme, qui sont payants, car la religion n'exclut pas le sens des affaires. Voilà pourquoi, dans une même province du Nord qui héberge cinq millions d'habitants (le Shaanbei), plus de dix mille temples ont récemment repris du service. Dans le même esprit, la moitié des Américains ont changé de confession religieuse et la moitié de cette moitié en a changé au moins deux fois, non parce que leurs opinions théologiques ont évolué (18 % seulement invoquent cette raison), mais plus couramment parce qu'ils épousent un membre d'une autre religion (37 %) ou déménagent dans une autre ville où ils se font de nouveaux amis (25 %). Pour beaucoup, une Église est avant tout une communauté d'assistance mutuelle. Quand on demande aux jeunes Américains ce que représente à leurs yeux la religion, la plupart répondent qu'elle leur offre la possibilité de demander de l'aide à quelqu'un quand tout va mal ; et ils ajoutent qu'une religion est vraie quand elle vous rend heureux. Cependant, la religion populaire elle-même devient sectaire quand les attentes s'accroissent, que les inégalités perdent toute justification, que l'insatisfaction atteint un point d'ébullition et qu'une prospérité modeste et un minimum de respect paraissent inaccessibles ; c'est alors que la religion se transforme en mouvement politique porté par la colère.

Les luttes entre croyants et non-croyants ont été en grande partie provoquées par la transformation de la religion en instrument de pouvoir et de contrôle. Une large part de l'hostilité qu'ont suscitée les religions ne tenait pas à des différends à propos de mystères surnaturels, mais à une insurrection contre l'arrogance, la corruption ou l'hypocrisie de guides qui prétendaient dicter leur conduite à tous les autres. Les gouvernements se sont servis de la religion pour accroître la docilité de la population, et les chefs d'entreprise pour faire travailler davantage leurs employés. La religion s'est même alliée au patriotisme pour dresser les nations les unes contre les autres. Mais ces manipulations ont aussi incité les gens à chercher refuge dans la religion, à essayer d'y trouver ce que les puissances terrestres n'offrent pas ; en Inde, par exemple, on compte deux millions et demi de lieux de culte contre seulement soixante-quinze mille hôpitaux.

Toutes les grandes religions ont commencé par une révolution. Leurs prophètes ont été des rebelles qui s'indignaient de la moralité relâchée des masses, de la corruption des riches et des puissants. Tous ont voulu changer le monde. Mais quand un message s'incarne dans une institution, il subit des métamorphoses qui laisseraient ses fondateurs dans une profonde stupeur. Gagnant en richesse et en puissance, les religions peuvent passer de l'enthousiasme à la suffisance, du courage au compromis, de l'idéalisme à la corruption. La plupart d'entre elles ont conclu un jour ou l'autre des accords avec les aristocrates et les ploutocrates sans cesser pour autant de prêcher l'égalité et l'humilité. Le succès n'est pas le partenaire idéal de la spiritualité. Voilà pourquoi de nouvelles sectes, de nouveaux schismes, des hérésies, des interprétations nouvelles naissent presque quotidiennement dans la sphère privée ou publique ; chacune de ces naissances est une mini-révolution, un rappel de ce qui n'a pas été accompli.

Il est impossible de prédire le comportement des individus en se fondant sur les croyances qu'ils prétendent professer. Chacun sait qu'en Irlande du Nord catholiques et protestants se sont livré une des guerres de religion les plus impitoyables de l'histoire. Or la première enquête jamais menée sur leurs connaissances religieuses réelles a révélé qu'ils ignoraient largement le contenu du premier commandement (seuls 17 % des jeunes de 16 à 24 ans le connaissent, et 46 % seulement des membres de la génération précédente) ; 21 % des jeunes et 54 % des plus de 65 ans savent qu'il y a quatre Évangiles. Seule la moitié des Américains est capable de citer un évangéliste ; et près du quart d'entre eux se disent chrétiens alors qu'ils croient à la réincarnation et à l'astrologie. Au terme d'un demi-siècle d'éducation athée, très peu de Chinois (8 % seulement) se disent adeptes d'une religion, ce qui ne les empêche pas de rester fidèles à des pratiques et à des croyances religieuses : 44 % d'entre eux pensent ainsi que la vie et la mort sont entre les mains de la volonté du Ciel ou du dieu de la Fortune ; 56 % ont vécu une « expérience religieuse, spirituelle ou visionnaire », soit un nombre supérieur à celui des Américains (49 %). Seuls 4 % se déclarent bouddhistes, mais 27 % prient Bouddha et les trois quarts affichent des croyances qui ont été bouddhistes un jour mais ne portent plus cette étiquette.

Moi qui n'ai jamais reçu le moindre conseil religieux de la part de mes parents ni des mes enseignants, et n'ai commencé à m'intéresser à la signification de la religion qu'à l'âge adulte, je ne suis pas certain d'être plus désavantagé que ceux qui ont suivi l'enseignement religieux élémentaire normalement dispensé aux enfants et censé les dissuader de prêter attention à d'autres prophètes que les leurs.

Bien que les religions aient toujours cherché à être des havres de stabilité, une protection contre les turbulences de la vie quotidienne, elles n'en sont pas moins sensibles aux tendances et aux modes. Les confessions établies sont complétées par de nouvelles thérapies et par des techniques spirituelles issues des sources les plus étranges. Les Églises conventionnelles assimilent discrètement les contre-cultures. Les confessions soucieuses de préserver les traditions anciennes inventent elles-mêmes de nouvelles façons de le faire. Ceux qui ont perdu confiance en eux-mêmes cherchent une fois de plus le réconfort dans des croyances exotiques, exactement comme Grecs et Romains devinrent adeptes de nombreuses sectes orientales et mystiques au moment où s'effondrèrent leurs empires. Les Japonais se sont tournés au Moyen Âge vers un grand nombre de nouveaux mouvements religieux quand ils ont eu l'impression que leur monde commençait à se trouver, ainsi qu'ils disaient, « cul par-dessus tête », et ils font de même aujourd'hui. « Tous les efforts humains sont stupides et vains », affirmait un de leurs poètes musiciens du

XIIe siècle, se retirant de la ville pour adorer la nature, tandis que les guerriers découragés transformaient la consommation de thé en cérémonie spirituelle et que les marchands qui faisaient fortune en exportant des armes dans le monde entier (le Japon était jadis numéro un en ce domaine) réaménageaient le bouddhisme pour en faire une solution miracle simplifiée, une garantie de salut affranchie de tout tourment de conscience et de toute nécessité de privations ascétiques. Le Japon d'aujourd'hui est un grand producteur de nouvelles religions au même titre que d'appareils électroniques ou d'automobiles.

On invente presque chaque année de nouvelles religions qui séduisent des millions d'adeptes et se répandent jusqu'en des continents très éloignés de leurs racines locales. Le monde compte aujourd'hui quatre mille deux cents confessions religieuses différentes, chacune se déclinant en une multitude de nuances. Le fait de dire qu'on est catholique romain au Brésil, au Mexique ou aux Philippines ne tient pas compte des pratiques que chaque pays se réapproprie à partir de son passé africain, aztèque-maya ou malaiso-polynésien. Les Nigérians, qui ne sont pas loin aujourd'hui d'éclipser numériquement les Anglais au sein de l'Église anglicane, trouvent une source d'inspiration dans l'Ancien Testament parce qu'ils sont convaincus que leur société ressemble à celle des anciens Hébreux. À l'image de nombreux musulmans d'Afrique, eux aussi attachés à un Livre saint appris par cœur, ils redonnent vie à des aspirations radicales de justice sociale. Les méthodistes des îles Fidji ne se bornent pas à préserver les rituels de Wesley et n'apprennent pas seulement à leurs enfants la « manière de l'Église », mais aussi la « manière du pays ». Les indigènes convertis du Pérou oublient bien souvent ce que les missionnaires leur ont enseigné, et prétendent « avoir toujours été chrétiens ». Les victimes de la colonisation révèlent que leur conversion a laissé une empreinte moins définitive que ne le pensaient les colonisateurs. Les femmes découvrent que la lutte pour leur reconnaissance est de plus en plus battue en brèche par un regain de misogynie. La baisse de la pratique religieuse en Europe est compensée par une vive préoccupation pour l'environnement qui représente à l'évidence la plus ancienne de toutes les religions. En même temps, la motivation des adeptes fluctue dans la mesure même où les confessions passent par des phases de dynamisme ou de stagnation, d'agressivité ou de défense.

Les religions s'entourent de murailles pour préserver leur cohésion et maintenir les étrangers à l'écart, mais elles ont prouvé au fil des siècles qu'elles sont capables d'évoluer – même à propos de sujets sur lesquels certaines refusent aujourd'hui inflexiblement tout compromis, comme le mariage, l'avortement et l'homosexualité, leurs attitudes ont jadis été fort différentes. Elles n'ont pas mis en pratique la célèbre injonction du Coran – « Nous vous avons créé mâle et femelle et nous avons fait de vous des nations et des tribus pour que vous puissiez vous connaître les uns et les autres ». En effet, elles ne se connaissent pas en tant qu'ensembles d'individus dotés d'une grande diversité d'opinions et de tempéraments, mais uniquement sous forme d'organisations monolithiques. Plus elles s'intéresseront aux autres au lieu de ne s'intéresser qu'à elles-mêmes, moins elles emploieront d'énergie à s'entre-déchirer peut-on imaginer.

Plus elles reconnaîtront leur dette réciproque, plus elles pourront prendre conscience de ce que les individus recherchent dans la religion. Les croyances en apparence étranges des Égyptiens de l'Antiquité cessent d'être sans pertinence à mes yeux quand elles concluent que l'immortalité n'est pas seulement destinée aux pharaons, mais à tous : elles invitent ainsi à réfléchir au sens de l'immortalité au-delà de la simple survie, au don que chaque individu devrait laisser après sa mort, et qui serait profitable à l'humanité. Prendre conscience que sept des Dix Commandements sont empruntés à des textes de l'Égypte ancienne m'incite à réfléchir sur la transformation que peuvent subir des croyances à travers des modifications apparemment minimes. Quand j'entends le sage juif Hillel (un quasi-contemporain du Christ) résumer sa foi en cette phrase : « Ce que tu ne voudrais pas qu'on te fît, ne l'inflige pas à autrui. C'est là toute la Torah ; le reste est commentaire » – des propos qui font écho à la règle d'or de Confucius –, je ne peux que méditer et me demander pourquoi toutes les tentatives de création d'une éthique mondiale commune à tous et universellement acceptée ont échoué. L'histoire de l'adoption du monothéisme par les Israélites – un des moments les plus importants de l'histoire – fait apparaître une conséquence inattendue : ils ont renoncé à attribuer à leur dieu une compagne, contrairement à l'usage d'autrefois qu'ils partageaient avec les Grecs polythéistes de l'Antiquité, abandonnant du même coup les prêtresses qui occupaient des positions publiques respectées et exerçaient une influence majeure. Il est fructueux de s'interroger sur le tournant qu'aurait pris toute l'histoire si les efforts du prophète Mahomet pour rassembler juifs et chrétiens autour d'une religion réformée unie n'avaient pas été repoussés.

Une des réponses au prétendu « choc des civilisations » n'est pas la tolérance mutuelle, mais la connaissance mutuelle ; celle-ci ne représente cependant que la moitié ou le tiers d'une réponse. La connaissance est toujours limitée par le doute et l'incertitude, et le doute a encore du mal à s'affirmer comme un art gratifiant. Par ailleurs, la connaissance, tout comme la nourriture, présente un goût et un aspect différents en fonction du cuisinier, de sa présentation et de ce que le convive a mangé auparavant. La connaissance n'est jamais crue. Cuisiner et consommer la connaissance est peut-être le plus difficile de tous les arts.

Je ne vous demanderai pas quelle est votre religion. Je préfère vous demander : comment mettez-vous vos croyances en pratique ?

10.

Comment aller au-delà des préjugés ?

Depuis la nuit des temps, les êtres humains tirent vanité de ce qui les distingue des autres, sans savoir pour autant affronter de façon constructive les désaccords qui ravagent leurs vies.

« Quelle est votre religion ?
– Celle de toute personne raisonnable.
– Et quelle est-elle ?
– Une personne raisonnable ne le dit jamais. »

Le comte de Shaftesbury (1621-1683), qui conseillait cette stratégie du silence, n'a pas craint de se rebeller contre son roi et de le décapiter, ni de coloniser la Caroline encore inexplorée, ni de s'affirmer comme un homme politique capable de prendre des risques, ce qui lui valut en définitive d'être jugé pour haute trahison ; pourtant, ce n'est que sur son lit de mort qu'il trouve le courage d'avouer qu'il pensait que le Christ n'était pas Dieu. Il était en effet risqué de révéler ses opinions en un temps où des guerres de religion dévastaient l'Europe, provoquant le massacre dans certaines régions d'une bonne moitié de la population, et ce au nom de Dieu, en un temps où l'Inquisition catholique persécutait quelque cent cinquante mille « hérétiques » – les terroristes de l'époque – et où toutes sortes de chrétiens voyaient dans n'importe quelle autre confession des messagers du Démon sans pour autant cesser de prêcher l'amour de leur prochain.

Laisser les individus choisir et professer leur propre religion semblait être la seule solution pour éviter de continuer à persécuter les dissidents. La Constitution américaine a alors garanti cette liberté, puis d'autres pays ont pris le même chemin. De toute évidence, cela n'a malheureusement pas suffi. Les massacres inspirés non seulement par la religion mais par toutes sortes de passions ont continué à déchirer le monde. La tolérance n'a pas su éradiquer l'ignorance et le mépris mutuels. Même lorsque des gens aux opinions divergentes ne subissent pas d'agression physique, ils sont contrariés de n'être pas compris. Chaque époque, chaque groupe possède ses propres tabous qu'il ne fait pas bon contester ni évoquer. Échapper à la persécution ne représente toutefois qu'une première étape. Être entouré de silence ou d'indifférence ne ressemble que trop à une détention en cellule d'isolement.

Remplacer le désaccord physique par le désaccord verbal, substituer la parole à la bagarre a été un premier progrès notable. Mais la guerre des mots entre partis adverses que la démocratie a institutionnalisée perpétue la tradition militaire de victoire sur un ennemi ; elle n'a pas atteint les idéaux les plus chers à ses inventeurs athéniens : nul ne devrait se sentir vaincu, les blessures passées devraient être oubliées et pardonnées, la victoire de certains sur d'autres n'est que le signe d'une incapacité à apporter au conflit une solution génératrice d'harmonie. Malgré une prolifération de lois approuvées par un processus démocratique, la cupidité et l'arrogance règnent toujours et les guerres servent encore à détourner l'attention des conflits intérieurs. La démocratie n'a pas beaucoup progressé depuis le triste constat de Solon (638-558 avant J.-C.) selon lequel le conflit était un mal inévitable qui s'introduit dans toutes les maisons, franchit les plus hautes murailles et ne se laisse arrêter par aucune porte.

À un niveau plus individuel, la politesse a été inventée pour amortir les collisions entre esprits discordants. Elle a ajouté de l'élégance aux relations sociales et apporté à la bonté de nouveaux modes d'expression. On n'a pourtant jamais très bien su comment l'associer à la sincérité, comment éviter qu'elle ne soit qu'un jeu, un échange de mensonges, pas forcément destinés à tromper l'autre – seuls les naïfs se laissent duper –, mais plutôt à dissimuler la dure réalité. Le conseil de Bismarck enjoignant d'être poli même quand on déclare la guerre révèle les limites de la politesse ; celle-ci n'a pas réduit l'admiration que suscite l'agressivité, laquelle continue à être récompensée dans la vie publique et professionnelle.

Néanmoins, en dépit de tous ces efforts pour juguler le désaccord, celui-ci continue de s'étendre avec les progrès de l'éducation et le développement de l'esprit critique. Le désaccord n'est pourtant pas une maladie. Loin de se limiter au conflit, il est également à la source de ce qui distingue les humains, de ce qui les place au-dessus des autres espèces : les humains pensent et raisonnent. Les désaccords nous obligent à clarifier nos pensées, à mettre des mots dessus et à découvrir de nouvelles réponses. Sans désaccord, pas de réflexion, pas de recherche de la vérité, pas de conversation vivifiante ; rien ne pourrait dissuader les hommes de rabâcher les mêmes lieux communs, rien ne leur permettrait d'élargir leurs goûts et leur faculté d'émerveillement. Ne peut-on transformer plus fréquemment certains types de désaccord au moins en sources d'énergie ?

Il n'est pas exclu que les différends personnels provoquent plus de dégâts que les désaccords publics. Si la vie publique engendre des ennemis, des guerres et des luttes de pouvoir et de privilèges, la vie privée regorge quant à elle de premières impressions erronées qui font avorter l'amitié avant même qu'elle n'ait pu naître, de disputes mesquines qui empoisonnent le cœur durablement, de blessures d'orgueil qui deviennent des plaies inguérissables, de jalousies et d'angoisses qui peuvent représenter la forme la plus cruelle d'emprisonnement. Doit-on considérer cela comme inévitable ?

L'un des plus anciens désaccords à avoir divisé les êtres humains est celui qui a opposé l'Est et l'Ouest, archétype d'un duo apparemment incapable d'éviter les malentendus et la méfiance réciproques. Nous devons une des tentatives les plus courageuses pour enjamber ce fossé à Rabindranath Tagore (1861-1941), premier lauréat non européen du prix Nobel de littérature. Pourquoi, demandait-il, ne pourrait-il y avoir « fusion entre races, religions et sciences différentes » ? Tous les êtres humains, disait-il, sont dépositaires du divin et seuls l'égoïsme et le narcissisme leur interdisent de prendre conscience de ce qu'ils ont en commun. Leur amour de la nature et de la littérature, de la poésie et du chant pourrait les affranchir de leurs obsessions mesquines. Tagore aurait voulu que l'Orient élargisse l'imagination de l'Occident et que l'Occident partage ses compétences technologiques avec l'Orient. L'Inde était idéalement placée pour servir d'intermédiaire. « Établir une relation personnelle d'homme à homme a été l'effort constant de l'Inde. » Ses habitants donnaient le nom de « père », « frère », « tante » à tous leurs proches, même s'ils n'avaient aucun lien de parenté ; ils adoraient garder le contact avec des parents éloignés et des amis d'enfance, quels que fussent leur niveau de richesse ou leur caste. « Ces liens n'étaient pas prescrits par les Écritures, mais par le cœur... Dès l'instant où nous entrons en contact avec une personne, nous établissons une relation avec elle. De la sorte, nous ne prenons pas l'habitude de considérer l'homme comme une machine ou comme un instrument au service de certains intérêts. Cela peut présenter des inconvénients aussi bien que des avantages ; quoi qu'il en soit, c'est ainsi que notre pays, et même tout l'Orient, a pris l'habitude d'agir. » Si seulement l'Orient assimilait le meilleur de ce que l'Occident peut apporter, « la synthèse entre les deux engendrerait certainement un caractère complet ». Pourquoi le monde n'a-t-il pas écouté Tagore ?

Quand l'auteur indien s'est rendu en Occident, il a découvert que ses positions inspiraient de profondes réserves aux représentants de la pensée dominante. Pour eux, poésie, chant et imagination n'avaient rien à voir avec la vie réelle. Ils rejetaient ses idées, n'y voyant que mysticisme. Beatrice Webb (1858-1943), célèbre socialiste, écrivit : « Il a des manières parfaites, et c'est un être d'une grande intelligence qui possède beaucoup de distinction et un charme personnel remarquable. Il est beau à regarder. Il s'habille avec un goût exquis. » Cela ne l'empêchait pas de s'indigner quand Tagore affirmait que « l'intellect ne résout aucun problème » ou que « tous les gouvernements sont mauvais ». Elle n'acceptait pas plus les critiques de Tagore à l'encontre de l'Occident que son ressentiment à l'égard des critiques qu'elle émettait sur la tradition hindoue. Elle en concluait que « cette conscience sans faille de sa vertu suprême par rapport aux hommes d'action tient à l'atmosphère d'adulation dans laquelle le génie mystique vit et existe ». Après lui avoir parlé, Bertrand Russell (1872-1970), le célèbre mathématicien philosophe, écrivit : « Cela n'a été qu'inepties de bout en bout – des banalités éculées sur le fleuve qui se mêle à l'océan… Son numéro mystique ne m'a pas attiré et je me rappelle avoir regretté qu'il ne soit pas plus franc. Il avait des manières douces, assez insaisissables, qui m'ont donné l'impression qu'il répugnerait à tout échange ou à tout lien directs. Naturellement, ses vues mystiques s'exprimaient par le biais de maximes et il n'était pas possible de raisonner à leur sujet… Ses propos sur l'Infini ne sont que vagues absurdités. » Quant à Tagore, il notait à l'issue d'un des cours de Russell à Cambridge : « J'ai écouté, mais, par la suite, je ne me suis pas rappelé un mot de ce que le professeur a dit, bien que mes oreilles aient écouté attentivement et apprécié l'aisance de sa méthode. Mais tout cela était sans aucune pertinence pour les affaires importantes de la vie et dénué du discernement scientifique des faits accessibles par la démonstration. » Les Occidentaux qui admiraient la poésie de Tagore n'y voyaient que ce qui leur était déjà familier, l'humanisme chrétien, par exemple. La fille de Darwin a ainsi pu dire : « Je puis à présent imaginer un Christ puissant et doux, ce qui ne m'avait encore jamais été possible. » Malgré sa notoriété, bien des gens considéraient que Tagore n'était

« pas de leur monde », et ceux qui l'ont rencontré n'en ont souvent tiré que la confirmation de leurs convictions préalables.

En Allemagne, premier pays occidental à s'être lancé, au XIXe siècle, dans l'étude savante de la religion indienne, on a d'abord considéré que ses poèmes mettaient en lumière les différentes spiritualités orientales au lieu d'y voir une contribution à la littérature mondiale ; pendant longtemps, la traduction de ses textes n'a d'ailleurs pas été assurée par des éditeurs littéraires, mais par des maisons spécialisées en ouvrages religieux. Aux États-Unis, quand Tagore a cherché à recueillir des fonds auprès de Dorothy Whitney, héritière d'une des plus grandes fortunes d'Amérique, celle-ci s'est déclarée rebutée par « le caractère nébuleux des idées du poète et par la charlatanerie de son costume et de tout son cinéma ». Elle n'a surmonté cette première impression que lorsque son mari a commencé à travailler avec lui et a ainsi ouvert les yeux de son épouse sur l'extraordinaire diversité de ses talents.

Les Occidentaux l'ont cantonné dans la catégorie de la « culture indienne », alors qu'il a consacré sa vie à s'efforcer de la changer. Il disait ainsi : « J'adore l'Inde, mais mon Inde est une idée, ce n'est pas une expression géographique », et il en vilipendait la corruption, la rapacité et la « discorde interne barbare ». Quand il parlait de l'« âme du monde », on imaginait qu'il prêchait une religion archaïque, bien qu'il ait été un fervent défenseur de la connaissance scientifique et de l'innovation agricole, qu'il ait envoyé son fils étudier la technologie en Allemagne et ait même été un pionnier de l'écologie, organisant la fête de la Plantation d'arbres en 1928. Les étrangers trouvaient qu'il ressemblait à un prophète du passé, mais, pour les Bengalis, c'était un homme de l'avenir, l'apôtre de leur renaissance, et, en l'entendant parler leur propre langue, ils étaient vivifiés par son « élan verbal » et ses chansons pleines de ferveur qui enflammaient leurs émotions.

Peu d'hommes ont dévoilé aussi ouvertement, sincèrement et intelligemment leurs sentiments, leurs espérances et l'intégralité de leurs processus mentaux, et peu l'ont fait à travers des formes d'expression aussi multiples, la musique (plus de deux mille chansons), le théâtre (plus de trente pièces), l'opéra, le roman, la nouvelle, l'essai, la poésie, la philosophie, l'histoire, l'autobiographie, le récit de voyages, sans compter toutes les conférences qu'il a données à travers le monde. Cependant, l'expression de soi – à laquelle on a longtemps rendu un véritable culte, l'érigeant en bienfait suprême de l'émancipation individuelle – n'engendre pas automatiquement la réceptivité, la faculté d'absorber ce que d'autres disent, de comprendre ce que d'autres veulent dire, car elle se concentre sur l'affirmation de l'identité individuelle.

Tagore est probablement le seul à avoir cherché à transcender les divisions humaines par autant de voies. Il faisait appel à la raison, rédigeant des livres d'une grande intelligence destinés à des lecteurs tout aussi intelligents, qui bien sûr n'étaient pas tous d'accord avec lui. En même temps, il faisait appel séparément aux émotions, en priorité à travers la poésie et la musique. Si on voulait le comprendre, disait-il, il ne fallait pas se plonger dans sa biographie mais dans ses chansons. Il était convaincu que la musique était son plus grand talent et qu'elle était le meilleur moyen de « communiquer avec le monde extérieur. » Il était inspiré par les chansons populaires des Bâuls, ces musiciens itinérants qui ont associé durant de longs siècles des idées issues du soufisme, du vishnouïsme, du tantrisme et du bouddhisme pour exprimer les plus profondes aspirations des hindous comme des musulmans, ignorant les conflits religieux et politiques. L'Inde et le Bangladesh ont tous deux adopté une chanson de Tagore comme hymne national, et les chanteurs de variétés continuent à mettre ses poèmes en musique. « Aucun autre poète ou compositeur que Tagore n'a été capable de produire avec une telle constance et aussi peu d'efforts des mots en même temps que de la musique, si spontanément qu'il comptait sur des associés pour les noter rapidement avant qu'il ne les ait oubliés. » Dans ses chansons, le monde cessait d'être

« brisé en fragments par d'étroits murs domestiques ». Le vers « Mes bourgeons portent secrètement ton parfum » rend bien l'idée d'une bouffée d'inspiration qui suffit à créer une relation. Il chantait un avenir « où l'esprit est sans crainte » ; et, face au rejet, il offrait cet encouragement : « S'ils répondent non à ton appel, marche seul. » Toutefois, il arriva peu à peu à la conclusion qu'« il est absurde de dire que la musique est un langage universel » ; ses propres compatriotes eux-mêmes, regrettait-il, ne comprenaient pas parfaitement ses chansons ; et l'on ne pouvait pas en attendre davantage de l'Occident tant que celui-ci n'aurait pas considérablement approfondi sa connaissance de l'intégralité de la musique indienne. Il finit par en déduire que ni sa musique ni ses mots n'étaient capables de transmettre son message international et que l'art pictural était un meilleur véhicule de communication entre les cultures.

Ni ses admirateurs ni ses détracteurs n'ont su que un peu après le milieu de sa vie, il découvrit qu'il était daltonien, souffrant donc de cette confusion d'origine génétique entre le rouge et le vert et d'une perception défectueuse du rouge. Il prit alors conscience que lui-même voyait les gens imparfaitement ; que ce n'était pas seulement les autres qui le voyaient imparfaitement. À soixante ans, il se lança dans la peinture avec passion, malgré la difficulté qu'il éprouvait à « mêler [ses] couleurs aux couleurs de tous les autres ». Dans sa poésie, il n'avait jamais pu décrire la beauté de fleurs rouges, ni celle des feuilles d'automne. Il visita alors les musées du monde et étudia toutes les formes d'art – des monuments égyptiens et des estampes japonaises aux aquarelles anglaises, avec une prédilection pour le primitivisme sous toutes ses formes – « non pas pour retomber dans la tradition mais pour l'élargir, non pas pour être prisonnier de ses origines mais pour accroître son pouvoir de réceptivité et transformer des modèles extérieurs afin de les faire siens ». Mais sa peinture n'a pas changé les opinions. C'était une expérience qui lui a permis de comprendre ce qu'il ne pouvait voir, une façon d'imposer des significations nouvelles à des objets anciens. Au lieu de traiter son infirmité comme une malédiction dont il devait s'affranchir, il préférait y voir le symbole de la possibilité de « toucher le sacré ». Le contraste entre le vu et le non-vu le fascinait. Sa conclusion fut de « glorifier l'invisible ».

Cette volonté de glorifier l'invisible pourrait faire passer Tagore pour un idéaliste ou un spiritualiste, attitudes qui toutes deux impliquent un rejet du monde tel qu'il est. Ayant exécré l'éducation qu'il avait reçue et n'ayant jamais pris la peine d'entreprendre des études universitaires, il fonda sa propre école et créa un substitut d'université qu'il appela Visva-Bharati, nom qui évoque la déesse de l'Instruction et des arts, soit l'équivalent des Muses grecques. Il voulait faire connaître aux élèves l'intégralité des multiples cultures de l'Inde, puis toutes celles d'Asie avant celles de l'Occident ; leur offrir non seulement « toute la richesse du savoir » mais aussi « établir un lien d'amour et d'amitié… et un sentiment d'affinité avec l'humanité et la nature », tout en leur apportant la stimulation de la découverte esthétique de la diversité de leurs arts. Les cours, qui avaient lieu en plein air dans la tradition des écoles de forêt de l'Inde ancienne, contenaient aussi des éléments des théories pédagogiques occidentales les plus modernes. Il n'existait pas de programme commun, chaque élève étant appelé à définir son propre cursus d'études avec un professeur individuel. La mémorisation et l'instruction morale étaient remplacées par l'encouragement de la « fraîcheur d'esprit » ; au lieu de ne s'appuyer que sur les livres, il proposait des travaux agricoles et des activités sociales pratiques avec les villageois voisins : « Il y a de l'éducation dans le simple effort de connaître directement une personne vivante. » Plusieurs de ses élèves sont devenus des célébrités mondiales, tels Indira Gandhi, Premier ministre, Amartya Sen, lauréat du prix Nobel d'économie, ou encore le réalisateur Satyajit Ray, qui affirmait que les trois années qu'il avait passées à Visva-Bharati avaient été les plus fécondes de sa vie, car elles l'avaient affranchi de son obsession exclusive de la civilisation occidentale en lui « ouvrant pour la première fois les yeux sur les splendeurs de l'art de l'Inde et de l'Extrême-Orient », et avaient fait de lui « le produit combiné de l'Est et de l'Ouest que je suis ». Tagore en vint cependant à penser que pour atteindre son objectif, il lui faudrait d'abord rassembler toutes les traditions régionales et spirituelles de l'Inde, puis obtenir que l'Asie tout entière se « connaisse elle-même » : « L'Esprit de l'Asie n'est pas encore fixé... Avant que l'Asie puisse coopérer avec la culture de l'Ouest, il faut qu'elle synthétise l'ensemble de toutes les cultures qu'elle incarne. »

Malgré des relations respectueuses et même amicales, un profond désaccord opposait Tagore à la deuxième figure dominante de la lutte pour l'indépendance indienne, Gandhi. Nehru déclara qu'il ne pouvait y avoir deux êtres plus différents. Il ne s'agissait pas seulement de l'antagonisme entre le brahmane et le représentant de la caste marchande des Vaishya, l'aristocrate somptueusement vêtu et l'homme en pagne capable de mobiliser les masses, le Bengali et le Gudjurati, l'internationaliste et le nationaliste, le défenseur de l'ouverture à la modernité et l'avocat du repli sur le village. Hostile au retour au rouet que prônait Gandhi, Tagore faisait remarquer que « le rouet n'oblige personne à réfléchir ». Alors que Gandhi, pour qui la marche du temps était lente, déclarait que les gens avaient besoin d'une idole et devaient passer par le nationalisme pour atteindre l'internationalisme, de la même façon qu'ils devaient faire l'expérience de la guerre pour désirer la paix, Tagore répondait qu'il ne supportait pas « de voir les masses traitées comme des enfants », et refusait qu'on exploite leur irrationalité ou leur crédulité, une méthode « qui peut avoir des résultats rapides en créant une superstructure, mais qui sape ses fondements ». Il regrettait amèrement que sa vision idéalisée de ce que pourrait être l'Inde fût si éloignée de la réalité : « La division règne en maître absolu et d'innombrables petites barrières nous séparent les uns des autres. » Il se plaignait d'avoir été « constamment attaqué par des groupes politiques, des groupes religieux, des groupes littéraires, des groupes sociaux ». Il fallait attendre, concluait-il, que « nos multiples communautés religieuses et nos différentes castes aient été éduquées ensemble pour pouvoir espérer surmonter les sentiments violents qui existent aujourd'hui ». Mais l'éducation n'a pas réussi à instiller à tous sagesse et douceur ; les querelles d'individus très instruits sont aujourd'hui aussi implacables et souvent plus futiles que jamais. Et les élèves européens et américains n'ont pas afflué dans l'école de Tagore, comme il l'avait espéré, inspirés par le désir de fondre toute la richesse de la pensée indienne dans une vaste synthèse universelle.

« L'histoire de la croissance de la liberté est l'histoire du perfectionnement des relations humaines », se plaisait à répéter Tagore, bien qu'en privé il reconnût être incapable d'atteindre ce but. « Vous auriez du mal à appréhender pleinement l'immense fardeau de solitude que je porte », disait-il également. « Je suis asocial de nature – l'intimité humaine m'est presque intolérable. Si je ne dispose pas de beaucoup d'espace autour de moi dans toutes les directions, il m'est impossible de déballer le contenu de mon esprit, d'étirer mentalement mes bras et mes jambes... J'ai perdu l'essentiel de mes amis parce qu'ils me voulaient pour eux-mêmes ; quand je disais que je n'étais pas libre de m'offrir à autrui, ils m'ont jugé fier. J'en ai souffert à maintes et maintes reprises, c'est pourquoi je suis toujours plein d'inquiétude quand un nouveau don d'amitié croise ma route. » Le réconfort que lui apportait la « communion avec la nature » ne fut jamais suffisant. Il épousa une fillette de dix ans sans l'avoir vue auparavant et lui écrivit plusieurs années plus tard : « Si nous pouvions, toi et moi, être camarades dans tout notre travail et dans toutes nos pensées, ce serait merveilleux, mais nous ne pouvons pas obtenir tout ce que nous désirons. » « Mes liens avec ma famille, avouait-il aussi, se sont transformés en ombre. Si quelqu'un appartient à ma prétendue famille, cela ne veut pas dire qu'il m'est favorable. [...] Je suis un vagabond dans l'âme... Personne ne pourra jamais mettre des chaînes à mes pieds. » La gloire n'avait fait qu'aggraver sa solitude. « Ma valeur marchande a beaucoup augmenté, mais ma valeur personnelle a été masquée. Je cherche à réaliser cette valeur avec un désir douloureux qui me poursuit sans trêve. Cela ne pourrait venir que de l'amour d'une femme, et j'ai longtemps espéré le mériter. » Il resta pourtant à distance de la femme qui lui offrait son amour, parce qu'il redoutait de devenir sa possession.

Il noua cependant une relation durable avec son assistant britannique, Leonard Elmhirst (1893-1974), deux fois moins âgé que lui, qui fut immédiatement séduit par ce qu'il voyait tapi derrière la présence imposante de Tagore. « Ses yeux s'éclairaient constamment de lueurs d'humour, presque d'espièglerie. Cet homme-là n'était pas un sage mystique. Ce n'était pas un rassembleur de disciples, mais un être humain, très humain… Il n'y avait pas un seul aspect de l'existence humaine qui n'exerçât quelque fascination sur lui. » Tagore lui écrivait, pour sa part : « Je crois que vous êtes le seul à avoir été aussi près de me connaître quand j'étais jeune et vieux en même temps. » Elmhirst lui écrivait : « Il m'est arrivé de vous décrire comme le plus seul des hommes. Cela semblait être le prix inévitable de la vraie grandeur. » Ce qui ne l'empêchait pas de reconnaître : « Vous m'avez si souvent traité avec la sollicitude d'un père, nous avons si souvent ri ensemble comme des enfants. » À quoi Tagore répondait : « Je garderai à jamais votre souvenir, non seulement comme ami, mais parce que nous avons partagé l'intimité d'une création commune. » Elmhirst était venu travailler pour Tagore, payant lui-même son voyage, sans perspective de salaire, sous l'inspiration d'une brève rencontre, pour mettre sa formation agricole au service de la revitalisation d'un village indien appauvri ; il se lança ensuite dans l'expérience éducative et agricole de Dartington, en Angleterre, associant les idéaux de Tagore aux siens pour créer un monument à l'optimisme qui continue aujourd'hui encore à faire rayonner l'influence de Tagore et qui aura été une initiative aussi importante que les usines utopiques fondées à New Lanark par Robert Owen (1771-1858). Cette association transcendait le temps ; Tagore écrivait ainsi : « Le vieux est vieux et le jeune est jeune, et il est très rare que les deux se rencontrent réellement. Pourtant, je suis sûr que nous nous sommes rencontrés. » Ils formaient tous deux un « couple de l'esprit », qui prouvait qu'une collaboration concrète entre des personnalités très différentes pouvait porter des fruits qu'aucune d'elles n'aurait imaginés à elle seule. Cette association met aussi en lumière le rôle déterminant que jouent les sensibilités privées dans des événements publics.

La manière dont ces sensibilités s'expriment a connu un changement majeur. Traditionnellement, on accordait une importance suprême à l'« honneur ». Les aristocrates tenaient à ce que leur supériorité soit publiquement reconnue et consacraient l'essentiel de leur énergie à la prouver par des manifestations concrètes de prouesses militaires, un étalage ostentatoire de richesse, de générosité ou d'hospitalité. Les moins privilégiés s'efforçaient d'obtenir la consécration de la respectabilité, de l'indépendance et de l'honnêteté. La fragilité de la réputation publique hante toujours la plupart des existences, mais la révolte contre l'asservissement à l'opinion d'autrui a incité les gens à s'inquiéter davantage de leur propre moi. Plus ils perdent en assurance, plus il leur est facile de se méprendre sur le sens de leurs expériences.

Quand un homme et une femme engendrent un enfant, ils mettent au monde un être qui combine leurs caractéristiques de manière imprévisible et avec lequel aucun des deux parents ne peut être en accord parfait. Il en va de même des idées qui naissent de parents disparates et parfois inconnus. Jamais encore les humains n'ont créé quelque chose à partir de rien. Le mieux qu'ils puissent faire est de procréer, ce qui exige au minimum un partenaire, une inspiration, une rencontre avec autrui. Ils sont vivants tant qu'ils acquièrent du savoir, ce qui constitue un processus de désaccord avec soi-même. Cela les prépare à dépasser l'ambition d'aimer tout le monde, et le problème d'être en désaccord avec la plupart des autres. La compatibilité peut garder les couples au chaud, mais leurs incompatibilités peuvent aussi les rendre plus étincelants et plus fascinants.

Tagore disait : « Je suis fier de mon humanité quand je peux reconnaître comme miens les poètes et les artistes d'autres pays. » Je lui suis reconnaissant de me permettre d'absorber un peu de son expérience et d'avoir obtenu, grâce à lui, un aperçu privilégié des traditions uniques mais multiples de l'Inde et de la subtilité des réponses qu'elle offre. Si je l'avais rencontré personnellement, comme Bertrand Russell, peut-être aurais-je été rebuté, à son image, par le sentiment qu'une barrière se dressait entre nous – un phénomène très fréquent lors de brèves rencontres. Pourtant, les livres et les lettres de Tagore constituent des autoportraits si intimes de ses nombreuses personnalités en contact avec une immense diversité de personnages et de situations, m'assaillant de nouvelles questions et m'inspirant de nouvelles réflexions sur des sujets familiers, que j'ai l'impression d'avoir noué avec lui une relation mémorable. Il ne le saura jamais, mais, pour moi, il n'est pas mort.

Bertrand Russell éprouvait une réaction de rejet presque viscéral devant plusieurs des traits distinctifs de Tagore, ce qui l'a empêché de découvrir en lui bien d'autres qualités. C'est ainsi que des événements mineurs produisent des résultats majeurs. Tagore et Elmhirst ont passé outre à leurs différences d'origine pour découvrir ce que chacun pouvait donner à l'autre. Les répulsions instinctives sont la principale cause qui empêche tant de gens de s'apprécier mutuellement ; ils tirent des conclusions hâtives du premier élément de preuve sur lequel ils mettent la main. C'est là une réaction humaine universelle, et certains se flattent d'être capables de prononcer intuitivement et instantanément des jugements exacts. Il existe pourtant une autre réaction, plus lente, fondée sur la conviction qu'il est possible de découvrir quelque chose de nouveau chaque fois que deux êtres se rencontrent dans des situations, des humeurs, des états d'esprit ou des difficultés qui leur font révéler une voix ou un masque différents. Être réceptif, c'est être ouvert à la surprise, c'est être disposé à avoir tort. Comme cela peut être dangereux, la lecture de l'histoire est un bon moyen de s'y exercer : elle me rappelle en effet que je ne sais et ne saurai jamais tout ; elle m'avise que rien ne m'oblige à considérer le désaccord comme une insulte personnelle, et me récompense parfois par quelques miettes du détachement qu'exigent des rencontres peu familières.

Je n'aime pas le va-et-vient des échanges routiniers, qui évitent soigneusement tout risque de controverse. Les dictateurs se protègent de celle-ci en cherchant à écraser le désaccord, avec pour résultat qu'il couve secrètement et gagne en âpreté. Les libertaires respectent et apprécient le désaccord, ce qui peut aider de nouvelles idées à germer, mais permet également aux mêmes désaccords de subsister et aux mêmes thèmes d'être inlassablement débattus. Quand Tagore décrivait un monument ancien – le Taj Mahal construit par l'empereur Shah Jahan (1592-1666) à la mémoire d'une épouse profondément aimée et prématurément disparue – « comme une larme sur le visage de l'éternité », il montrait comment la poésie peut transformer la perspective et libérer l'imagination. Une réflexion qui incite à inventer des hypothèses, à rechercher et débrouiller des indices, éloigne en outre l'imagination des querelles éculées pour la diriger vers des cibles inattendues. « La réflexion est la tâche la plus difficile qui soit, disait Henry Ford. Sans doute est-ce pour cette raison qu'aussi peu de gens s'y livrent. » Elle peut pourtant être tout aussi captivante, tout aussi grisante et délassante que le jeu.

Tagore doit une partie de ses réalisations à ses origines : il était issu d'une des familles indiennes les plus cultivées, qui s'intéressait à tout ce qui semblait ordinairement hors d'atteinte – pionniers de l'éducation féminine et de la réforme religieuse, fondateurs du premier théâtre de Calcutta, premiers à introduire l'orchestre dans la musique indienne, combinant les civilisations hindoues, musulmanes et européennes, et parlant une demi-douzaine de langues orientales et occidentales. L'originalité de presque tous les membres de sa famille a été pour lui une source de courage. Son contact avec les littératures du monde entier lui a permis de séparer l'enveloppe indigeste de l'oppression coloniale britannique du contenu nutritif de sa culture, de son théâtre, de sa poésie et de son « libéralisme au grand cœur ». La plupart de ceux qui ne possèdent pas ces antécédents doivent cultiver leur propre famille de substitution et y trouver leur inspiration, et ils peuvent continuer à le faire toute leur vie. Mais les Britanniques qui gouvernaient l'Inde n'avaient généralement aucune idée de l'ampleur et de la profondeur de la culture des élites du sous-continent. L'esprit de ces élites ne se nourrissait pas d'une seule culture mais de souvenirs indiens aussi bien que britanniques, et même de plusieurs cultures historiques et régionales, ce qui représentait un grand avantage. Peu de Britanniques étaient en mesure de comprendre comment Tagore pouvait associer à la pensée moderne l'inspiration venue de ses ancêtres védiques, ce qui lui permettait de dire que « dans la religion comme dans l'art, ce qui met tout le monde d'accord dans un groupe est dénué de toute importance ». L'accouplement des civilisations n'a jamais eu de résultats prévisibles. Les emprunts que l'Orient a faits à l'Occident ont inclus autant d'idées véreuses que d'idées fructueuses, tandis qu'en pillant l'Orient l'Occident a déformé ou simplifié à l'excès les messages spirituels qu'il en a tirés. Une des particularités de Tagore est que, lorsqu'il parlait d'unité, il acceptait que celle-ci puisse et doive même contenir des opinions contradictoires ; son idéal était celui d'une « symphonie éternelle jouée sur d'innombrables instruments », sans place cependant pour « la pompe et le pédantisme des pontifes et des experts ». Sa spiritualité ne reposait pas sur des convictions rigides mais sur l'expérience individuelle, et pourtant, en même temps, la « séparation » lui était insupportable parce qu'elle produisait « une affreuse solitude ».

En 1913, alors qu'il était presque inconnu à l'extérieur de son pays, Tagore a soudain suscité un engouement passionné de la part de ceux qui dictaient les goûts en matière de littérature occidentale et qui ont vu en lui une âme sœur. C'est ainsi qu'il a obtenu le prix Nobel six mois à peine après la publication de la traduction anglaise de ses poèmes bengalis. Quelques années plus tard seulement, alors que les traumatismes de la Première Guerre mondiale avaient donné naissance à de nouvelles préoccupations, son plus fervent admirateur, le poète Yeats (1865-1939), l'a rejeté, considérant qu'il n'était qu'un colporteur de « fadaises sentimentales. » Le flux et le reflux de sa renommée, entre gloire et quasi-oubli, illustrent bien la manière dont les souvenirs sont réinventés pour convenir à des humeurs éphémères. Toutefois, les désaccords ne naissent pas seulement de l'évolution des souvenirs, mais aussi de souvenirs qui refusent de disparaître : Tagore fut déconcerté par les paysans indiens de son temps, qu'il cherchait à convaincre de s'engager dans des expériences collectives populaires promettant une plus grande efficacité. Quand il leur demanda pourquoi ils résistaient, pourquoi ils faisaient « si peu pour eux-mêmes », ils répondirent qu'ils ne voyaient aucune raison de changer. Si quelqu'un en tirait profit, ce ne serait pas eux, mais le propriétaire de leurs terres. Ils vivaient dans un autre fuseau horaire que le sien, tandis que lui, gloire de la Renaissance bengali des XIXe et XXe siècles, souffrait du même sentiment d'isolement que les artistes de la Renaissance italienne. Je ne minimise pas le poids de l'obstination enracinée et des tempéraments incompatibles, mais, dans le chapitre suivant, je me demanderai s'il ne serait pas possible, grâce à une nouvelle compréhension de l'écoulement du temps, de transformer les conflits en éveil spirituel.

11.

Comment aborder l'avenir autrement qu'en essayant de le prédire ou en se faisant du souci ?

Quand les deux lauréats du prix Nobel, Albert Einstein (1879-1955) et Rabindranath Tagore (1861-1941) se retrouvèrent pour un entretien très médiatisé, ce fut « une complète non-rencontre d'esprits ». Einstein était aussi passionné que Tagore par l'idée de la réconciliation des civilisations et des êtres humains. Il a rejoint trente-trois des plus éminents scientifiques du monde pour rédiger un manifeste proposant que les spécialistes de toutes les branches du savoir s'unissent pour « produire une vision complète du monde ». Il a soutenu le mouvement des Citoyens du Monde et s'est déclaré européen (pendant la Première Guerre mondiale) ; en 1935, il a exhorté Arabes et Juifs à nouer une « coopération pacifique et amicale ». Les *Collected Papers of Albert Einstein*, qui regroupent ses écrits, sa correspondance, ses discours et ses interviews, un recueil de textes encore en cours de publication et qui comptera vingt-cinq volumes, révèlent un individu animé d'une curiosité encyclopédique. Pourtant, dans les affaires de la vie courante, il n'était pas plus compétent qu'un autre pour prédire l'avenir. Il le reconnaissait d'ailleurs ; lorsqu'on lui a proposé de devenir président d'Israël, il a décliné l'invitation en ces termes : « Je n'ai ni la capacité naturelle ni l'expérience nécessaire pour gérer les êtres humains. »

Il n'était absolument pas convaincu qu'une meilleure compréhension mutuelle soit accessible un jour : « La spécialisation dans toutes les sphères du travail intellectuel creuse un abîme de plus en plus profond entre l'intellectuel et le non-spécialiste », disait-il, ajoutant, mi-figue, mi raisin : « Depuis que les mathématiciens ont envahi la théorie de la relativité, je ne la comprends plus moi-même. » Et bien peu de gens imaginaient que ses calculs pourraient modifier leur propre avenir en quoi que ce soit. Le *Times* de Londres dénonçait ses idées comme « un affront au bon sens », tandis que l'archevêque de Canterbury déclarait que pour lui, « ses idées n'avaient ni queue ni tête » et que « plus il enten[dait] et li[sait] sur ces sujets, moins il compren[ait] ».

Il a fallu longtemps pour qu'on commence à percevoir qu'Einstein élaborait une toute nouvelle compréhension de l'avenir, ne fût-ce que parce que lui-même laissait entendre qu'en réalité il éprouvait plus d'intérêt pour le passé. « Ce qui m'intéresse vraiment, disait-il, c'est de savoir si Dieu a eu le moindre choix dans la création du monde. » Autrement dit, y a-t-il eu un désaccord à l'origine de l'univers, deux options incompatibles, voire plus ? Quand le cardinal O'Connor de Boston a critiqué la théorie de la relativité pour son prétendu athéisme, le rabbin Goldstein de New York a adressé un télégramme à Einstein : « Croyez-vous en Dieu ? Stop. Réponse payée 50 mots. » Einstein a répondu : « Je crois au Dieu de Spinoza qui se révèle dans l'ordre harmonieux de ce qui existe, et non en un Dieu soucieux du destin et des actions des êtres humains. » Voilà qui n'avait pas vraiment de quoi rassurer le rabbin et le cardinal, car Spinoza avait été excommunié de sa synagogue en 1656 en raison de son scepticisme à l'égard de la religion organisée et à cause de l'indépendance obstinée qui le poussait à rejeter tout dogme et toute idée d'un Dieu distinct de la nature ; Spinoza préféra même vivre dans la pauvreté plutôt que d'accepter les contraintes d'une chaire que lui proposait l'université de Heidelberg. Einstein a beaucoup écrit sur Spinoza et a même composé un poème à son sujet : *L'Éthique* de Spinoza, déclarait-il, « aura un effet permanent sur moi ». Il se qualifiait de « non-croyant profondément religieux » – ni d'un côté, ni de l'autre.

Einstein ne vivait ni dans le passé ni dans l'avenir, mais en dehors du temps. Sa complète absorption dans l'étude scientifique lui accordait une « liberté intérieure et une sécurité » à l'égard des aspects de la vie quotidienne qu'il trouvait inintéressants ou inacceptables, entretenant en lui « un état affectif proche de celui d'un individu religieux ou d'un amant », doté d'« une image simplifiée et lucide du monde ». Si d'autres voyaient en lui « un curieux mélange de grande chaleur et de grande réserve », il n'oublia jamais qu'« au seuil de la vie, [il s'était] senti comme un paria tenu à l'écart, mal aimé et abandonné de tous ». À l'époque où Einstein faisait ses premières grandes découvertes, il avait tout du jeune homme rejetant les idées de ses aînés. Alors qu'il avait déjà une bonne quarantaine d'années et était mondialement célèbre, un journaliste écrivait encore : « On a l'impression d'une déconcertante jeunesse, fortement romantique, et qui me fait irrépressiblement penser par moments à un jeune Beethoven [...] et voilà que soudain, il éclate de rire et on voit un étudiant. » Einstein avait un humour irrésistible et « un pétillement bienveillant... ne cessait de briller dans son regard, même pendant le passage le plus sérieux d'un débat ». Il aimait qu'une pagaille absolue règne dans sa pièce de travail et refusait qu'une femme de ménage ou même son épouse y mette de l'ordre : « Si un bureau encombré est le signe d'un esprit encombré, de quoi un bureau vide est-il le signe ? » « Pour me punir de mon mépris de l'autorité, le Destin a fait de moi une autorité », disait-il encore. « Quelle étrange chose que d'être aussi connu et en même temps aussi solitaire. » « Comment se fait-il que personne ne me comprenne et que pourtant, tout le monde m'aime ? »

Il ne cherchait pas à répondre aux attentes d'autrui. « Avoir pour objectif le confort ou le bonheur ne m'a jamais attiré. Pour moi, cette base éthique représente l'idéal de la porcherie. » « Je n'ai jamais appartenu sans réserve à un pays ni à un État, ni à mon cercle d'amis, ni même à ma propre famille. » Il définissait le mariage comme « la tentative manquée pour transformer un incident en quelque chose de durable » et affirmait fuir « le mariage de crainte de devenir un bourgeois satisfait ». La compétition était « une forme affreuse d'esclavage, tout aussi néfaste que la passion de l'argent ou du pouvoir ». Il ne buvait pas d'alcool et était végétarien « en principe », ne mangeant de la viande qu'« avec une conscience coupable ». « Je n'aime ni les nouveaux vêtements ni les nouvelles sortes d'aliments. » Il n'aimait pas son visage non plus : « Sans cette moustache, je ressemblerais à une femme », jugeait-il. Quand il disait que « très peu de femmes sont créatives », il ne trahissait pas seulement le fait qu'il était né en 1879 mais aussi que son cerveau était un site archéologique abritant des préjugés fort anciens en même temps qu'une fontaine de nouvelles idées brillantes.

« Je suis heureux, disait-il, parce que je ne veux rien de personne. Je n'ai pas besoin d'éloges. La seule chose qui me fasse plaisir, à part mon travail, mon violon et mon voilier, c'est l'estime de mes collègues. » Mais tout en entretenant des relations cordiales avec ces derniers, il exprimait de sérieux doutes sur la place accordée au hasard et sur la subjectivité de la vérité dans la physique quantique : « Je suis fermement convaincu de l'harmonie de l'univers… Tout est déterminé. Êtres humains, légumes ou poussière cosmique, nous dansons tous sur une mystérieuse mélodie jouée au loin par un flûtiste invisible. » Les autres explications représentaient à ses yeux une « philosophie sédative » comparable à une religion : il qualifiait Niels Bohr (1885-1962) – qui croyait à la complémentarité plutôt qu'à l'unité et dont la maxime était « les contraires sont complémentaires » – de « philosophe talmudique [qui] se fiche pas mal de la "réalité" qu'il considère comme un croquemitaine des naïfs ». Einstein affirmait avec insistance que le caractère aléatoire finirait par s'expliquer par un niveau de déterminisme plus profond ; il jugeait « insupportable » que l'espace et le temps, les forces électriques et magnétiques, l'énergie et la masse ne puissent pas être unifiés dans une image unique ; et il a consacré les dernières années de sa vie, en vain, à réunir la physique quantique et la gravité.

Tagore et Einstein avaient en commun de se sentir isolés et incompris, d'avoir l'impression de n'avoir pas réalisé leurs ambitions ultimes, ce qui tenait en partie à leur attitude à l'égard du temps. Tagore, qui cherchait délibérément l'inspiration dans de nombreuses époques différentes, était « déphasé » par rapport à ses contemporains, lesquels préféraient conserver leurs habitudes à l'intérieur de leurs propres fuseaux horaires. L'idée la plus pertinente présentée par Einstein concernant la conduite de la vie quotidienne est que « la distinction entre passé, présent et futur n'est qu'une illusion d'une persistance obstinée », ce qui l'a placé hors des frontières de ce que la plupart des gens considèrent comme le bon sens. Vous et moi, nous devrions chacun réagir en exposant notre propre attitude à l'égard du temps, lequel est, en définitive, notre possession la plus précieuse, la vie même. Je le ferai en espérant vous inciter à élucider le cadre temporel dans lequel vous placez votre propre existence, autrement dit votre philosophie de l'histoire. Il existe un vaste choix de philosophies toutes faites de l'histoire, fondées par exemple sur le progrès, l'exploitation, le bonheur, l'immortalité, l'individualité ou la sexualité, et elles supposent fréquemment qu'à sa naissance l'individu est jeté dans un océan houleux et passe des années à essayer de grimper sur une succession de chaloupes de sauvetage qui fuient, les unes comme les autres ; emporté, impuissant, vers un rivage inconnu, ou parfois sans le moindre rivage en vue, il ne sait qu'une chose, c'est qu'il est condamné à finir noyé. Personnellement, je ne suis attiré par aucune de ces philosophies, parce qu'elles attendent impatiemment un avenir qui ressemble beaucoup au présent : plus de prospérité, plus de gadgets, plus de vacances, plus de catastrophes, plus de maux, plus de thérapies.

Il me semble que la majorité des désaccords portent sur le passé ou sur l'avenir, sur ce qui s'est produit ou non, sur ce qui pourrait ou devrait arriver. L'histoire bat les cartes de ce dont les humains se souviennent, de ce qu'ils oublient et anticipent, et ce faisant, elle peut changer leur manière d'espérer, de se disputer ou de désespérer. Le XXe siècle, parce qu'il a connu une révolution contre la puissance parentale, a concentré son attention sur les souvenirs d'enfance, dont il a fait l'indice le plus sûr de l'avenir. Mon objectif est de découvrir comment confronter l'avenir à d'autres types de souvenirs qui ne soient pas seulement les miens. On ne peut plus considérer les souvenirs comme des biens de famille à accumuler ou à conserver précieusement. Les récentes découvertes de la science les ont transformés en caverne d'Aladin contenant bien des faux, bien des illusions. Nous savons depuis les expériences révolutionnaires de Frederic Bartlett (1886-1969) qu'on ne se remémore pas un événement sous forme d'une entité complète, mais que la mémoire le reconstruit à partir d'innombrables fragments dispersés, auxquels se mêlent presque inévitablement des sentiments et des convictions plus récents. Nous réinventons constamment le passé. L'une des découvertes les plus instructives du XXIe siècle est que nos souvenirs se forment dans la même partie du cerveau que celle où nous pensons à l'avenir. Notre vision de l'avenir est donc déterminée par ce que nous savons du passé.

Dans cet ouvrage comme dans les précédents, je suis parti de l'idée que rien ne nous oblige à présenter invariablement l'écoulement du temps sous une forme classique, par ordre chronologique, et que l'histoire peut très bien jouir de la même liberté que les arts picturaux. Je juxtapose des hommes et des idées appartenant à des siècles différents et provenant d'autres origines pour trouver des réponses nouvelles à des questions qui déconcertent les habitants actuels de la Terre. Einstein a écarté la distinction entre passé, présent et futur pour de toutes autres raisons, se demandant alors qu'il n'avait que seize ans : « « Si je devais voyager avec un rayon de lumière, que verrais-je ? » Son voyage dans le temps, et celui, quelque peu différent, qu'a entrepris Tagore, offrent des visions contrastées d'êtres humains comme voyageurs du temps. Ils m'incitent à exposer ce que je propose pour remplacer la prédiction ou la crainte de l'avenir.

Personne ne vit exclusivement dans le présent. Nous n'emmagasinons pas seulement les souvenirs d'expériences personnelles, mais aussi des convictions et des comportements issus de différentes époques, largement antérieures à notre naissance, et appartenant à des gens que nous n'avons jamais rencontrés. Nous construisons notre vie en empruntant des fragments détachés de ce qu'on appelle antique, médiéval ou moderne. Aucune période historique ne cède définitivement la place à la suivante. Même ceux qui suivent la mode avec le plus d'acharnement abritent certaines croyances fossilisées, certains rêves de dinosaures. Nous ne pouvons pas prédire quels goûts acquis, quelles aversions persistantes nous gâcheront la vie ou donneront naissance à d'ingénieuses inventions. Nos querelles sont souvent des batailles entre des souvenirs conflictuels de temps passés. Le désaccord est plus courant que jamais, parce que les gens vivent dans deux mondes à la fois – le monde visible, dans lequel ils mangent, travaillent et élèvent leur famille, et le monde invisible, habité par des aspirations et des craintes, des convictions et des doutes, par la musique et le mythe, la spiritualité et l'idéalisme, le surnaturel et le divin, et toutes les idées que les mots sont impuissants à exprimer. Ce deuxième monde est de plus en plus surpeuplé, en raison de la survie d'anciennes superstitions qui refusent de mourir et se reproduisent sous des formes bâtardes, et de l'invasion d'obsessions nouvelles et contradictoires. Quand nous imaginons de nouvelles associations de souvenirs, elles ont de bonnes chances de pouvoir modifier le goût de l'avenir.

Les Romains ont presque eu la prémonition des conséquences qui peuvent en découler. Janus, leur dieu du Temps, des débuts et des fins, possédait deux visages, l'un qui regardait en arrière vers le passé, l'autre en avant vers l'avenir. Il était en même temps le dieu du conflit, du voyage, du commerce et de la navigation, le premier à avoir frappé monnaie, rappelant qu'en dernière analyse le négoce concerne l'achat et la vente de temps. On a découvert récemment que des patients souffrant de troubles de la mémoire ont du mal à réfléchir à l'avenir ; plus la démence les enfonce dans les ténèbres de l'oubli, plus le futur devient vide ; plus les gens fantasment sur le passé, plus leurs idées de l'avenir deviennent elles aussi des fantasmes ; plus leurs souvenirs visuels sont précis, plus l'avenir prend une forme visuelle pour eux. La mémoire ne concerne donc pas seulement le passé ; elle fournit les éléments de la construction de l'avenir. Plus l'éventail de souvenirs qu'on a est limité, moins on est susceptible d'avoir des idées larges et originales concernant l'avenir. La manière de nourrir sa mémoire est aussi importante que celle de nourrir son corps. Les expériences personnelles constituent un régime insuffisant, que l'on peut cependant compléter grâce aux souvenirs d'emprunt que l'on trouve chez les autres, dans toute l'humanité en fait, vivante ou morte. Si nous nous contentons de nos maigres souvenirs, nous sommes incapables d'imaginer où notre chemin pourrait nous conduire, sinon dans des lieux où nous nous sommes déjà rendus.

Quand je m'entretiens avec vous, je n'entends pas seulement ce que vous dites ; je perçois aussi des échos de propos de même nature tenus par des gens d'époques antérieures, ainsi que leurs protestations contre vos déclarations. Cela n'a rien d'exceptionnel. À l'origine, la plupart des civilisations ne séparaient pas le passé du présent : un débat constant et attentif avec les ancêtres disparus constituait la base sur laquelle les hommes préparaient leur avenir, la manière dont ils cherchaient à éviter le désaccord. Pour eux, les morts n'étaient pas moins en vie que les vivants. Quand les hommes sont devenus modernes et ont tenu à faire mieux que leurs ancêtres, ils ont rompu un grand nombre de leurs liens avec le passé et sont devenus des orphelins du temps. Il est devenu plus difficile de savoir comment continuer à aller de l'avant. Les machines ont atténué l'insécurité qui en résulte en créant de la régularité, en proposant un monde construit pour produire des résultats prévisibles, avec des horloges qui permettent de préparer chaque heure à l'avance et attribuent à chaque tâche un moment bien défini de la journée. Il n'en est pas moins vrai que le fait de regarder anxieusement les minutes s'écouler pour ne plus jamais revenir peut transformer la vie en une guerre perpétuelle contre le temps, et en une querelle interminable sur la meilleure manière de passer et de savourer les précieux moments dont on dispose. La ponctualité et l'efficacité, dans bien des cas, sont devenues des maîtres d'esclaves, maniant le fouet pour que les gens arrivent à placer plus d'activités, plus de réalisations à l'intérieur de chaque journée, les obligeant à renoncer à leurs rythmes personnels pour adopter des emplois du temps prédéfinis, anonymes. L'humanité est de plus en plus divisée, non seulement par les privilèges, mais par les tempéraments, entre ceux qui apprécient la régularité et une vie bien ordonnée, qui ne demandent qu'à se conformer à ce que la société a organisé pour eux afin de les libérer de la nécessité de prendre des décisions par eux-mêmes, et ceux qui souhaitent contrôler ce qu'ils font et quand ils le font, effectuer chaque activité au rythme qui leur convient, tirer une large part de leur plaisir des surprises, de la variété et de l'improvisation. Voilà la grande division qui marque le visage de l'avenir tel que les gens le souhaiteraient.

Aujourd'hui, on présente avec insistance le temps comme plus précieux que l'argent, pas pour tout le monde, tant s'en faut, ni à toutes les étapes de la vie, mais suffisamment pour que nous nous demandions si les méthodes actuelles pour acheter et vendre du temps, puisque c'est ce que représente désormais le fait de gagner sa vie, sont les seules que nous puissions inventer. La technologie doit encore s'atteler à ce problème. Jusqu'à présent, elle s'est attachée à conquérir le temps, à affranchir les humains de ses contraintes, à faire en sorte que tout se fasse plus vite. Elle a créé avec internet un gigantesque congélateur bourré de mémoire, dans lequel sont stockés le passé, le présent et le futur, archives potentielles de tout ce qui est arrivé un jour. C'est en même temps le messager instantané de toutes les pensées qu'éveille le présent, et le théâtre où se jouent les visions de l'avenir. Tout cela est organisé pour vous donner ce que vous voulez, ou ce que d'autres veulent que vous vouliez, mais pas pour vous rappeler ce que vous préférez oublier.

Le mathématicien français Henri Poincaré (1854-1912), qui faillit coiffer Einstein au poteau pour la découverte de la théorie de la relativité, suggérait que le chaos fait partie intégrante du monde et que l'ordre contient un désordre caché. Des îlots de turbulence au milieu de la régularité docile rendaient impossible de faire des prévisions à long terme parce que d'infimes variations dans les conditions initiales pouvaient entraîner d'immenses conséquences à une étape ultérieure. Il est à l'origine de l'idée, familière aujourd'hui et qui n'a pu être pleinement comprise que bien plus tard, après l'invention des ordinateurs, que le battement d'ailes d'un papillon pouvait être à l'origine de redoutables tempêtes à des milliers de kilomètres de distance.

Il attachait une grande valeur à l'intuition, qui pour lui ne relevait en rien de simples conjectures mais traduisait l'aptitude à unir « des faits connus depuis longtemps, mais qu'on croyait à tort étrangers les uns aux autres ». La pertinence d'une observation tient au fait qu'elle donne une valeur nouvelle « à tous les faits anciens qu'[elle] relie ». Einstein affirmait que l'objectif de la science était de découvrir « l'unité d'un ensemble de phénomènes qui apparaissent comme complètement différents à l'expérience sensorielle directe ». Pour Poincaré, il s'agissait de trouver du sens dans la confusion, en la refaçonnant avec élégance, en prenant pour guide la recherche de la beauté. « Si la nature n'était pas belle, elle ne vaudrait pas la peine d'être connue, la vie ne vaudrait pas la peine d'être vécue. Le savant n'étudie pas la nature parce que cela est utile ; il l'étudie parce qu'il y prend plaisir et il y prend plaisir parce qu'elle est belle. » Pour Poincaré, beauté était synonyme de simplicité. On pouvait reconnaître la beauté au fait qu'elle économisait la réflexion, comme les machines économisent l'effort. Il ne recherchait pas la certitude. « Toute certitude est un mensonge », disait-il. Maîtriser les faits ne représentait que la moitié du chemin. Il était plus important d'établir une relation entre eux. Aussi s'intéressait-il à presque toutes les branches du savoir, parce que rien n'était nécessairement hors sujet. Ses amis s'émerveillaient de la portée et de l'intensité presque poétique de son imagination, et de l'étonnement extatique de son sentiment religieux face à la nature. Il affirmait que les humanités étaient la meilleure formation possible pour un chercheur, et ses lectures favorites étaient des récits d'explorations et de voyages. Dans la conversation, ou quand il racontait une anecdote, « il commençait rarement au début, son esprit ne fonctionnait pas en ligne droite mais rayonnait du centre vers la périphérie ». Il était constamment en quête d'applications pratiques susceptibles de faire bon usage de ce qui, à première vue, paraissait pures incongruités.

J'apprécie les incompatibilités, les désaccords et les incertitudes qui décomposent la réalité en fragments de vérité et d'illusion et ouvrent la porte à l'invention. Quand l'œuf Humpty Dumpty tombe de son mur et que sa coquille se brise en petits morceaux, recoller les miettes n'est pas la seule solution possible. On peut aussi transformer ce gâchis apparent en omelette, en y ajoutant une masse d'autres ingrédients qui ne seront pas uniquement ceux auxquels on est habitué. L'élargissement et la fragmentation du savoir font naître des fractures entre ce qui est prédéterminé et ce qui ne l'est pas. Les faits se transforment en mystères et les questions engendrent plus de questions que de réponses. On voit apparaître une idée plus audacieuse de la liberté. Cette dernière n'est pas simplement un droit, c'est une compétence à acquérir, l'aptitude à voir le monde à travers d'autres objectifs, des objectifs différents des nôtres, la capacité d'imaginer ce que personne n'a encore imaginé, de trouver de la beauté, du sens ou de l'inspiration. Chaque vie est une fable sur la liberté.

12.

La moquerie est-elle la forme la plus efficace de contestation ?

« Arrête de sourire comme ça ! », « Cesse de faire le clown ! » : voilà les seules leçons concernant l'humour qui me restent de mes années d'école, période où il m'est même arrivé de recevoir six coups de canne parce que mon professeur était persuadé que je me moquais de lui. Ceux qui occupent des positions d'autorité se donnent beaucoup de mal pour dissimuler leur vulnérabilité, leur crainte de tout ce qui pourrait les rendre ridicules. Il y a bien longtemps, les Indiens croyaient que les dieux avaient créé le monde en guise d'aire de jeux pour s'amuser comme des enfants qui construisent des châteaux de sable avant de les démolir ; la plupart des gens ne voient cependant rien de très drôle dans les tyrannies mesquines qui ravagent leur vie quotidienne. Bien sûr, aucun professeur d'humour ne pourrait supporter qu'on lui dise : « Dès l'instant où j'ai pris votre livre en main jusqu'à celui où je l'ai reposé, j'ai été écroulé de rire. J'ai bien l'intention de le lire un jour. » Aucun prophète n'a encore exhorté tous les plaisantins du monde à s'unir pour que l'humour flanque un bon coup à l'arrogance et à l'hypocrisie et sauve les impuissants du mépris. Pourquoi traite-t-on l'humour comme un divertissement négligeable ? Ne pourrait-il pas se substituer à la résistance violente ou remplacer les manifestations d'indignés ? Quand tant de gens sont contraints d'obéir à des gouvernements dont la stupidité et la corruption les écœurent, quand leur vie est empoisonnée par des patrons mégalomanes, ne pourrait-on voir dans la moquerie un art à encourager afin qu'il fasse davantage que les préserver du désespoir ?

Pendant qu'Eisenstein se lançait dans l'exploration du nouvel art du cinéma pour atténuer la souffrance que lui inspirait un monde qui s'obstinait à le rejeter, son contemporain Lao She (1899-1966) observait de quoi l'humour était capable. C'est lui qui a introduit ce terme, *youmou*, dans la langue chinoise, et qui s'est imposé comme l'un des romanciers et des dramaturges modernes les plus appréciés dans son pays. Ses livres, phénomène rare, se sont très bien vendus jusqu'aux États-Unis.

Lao She avait grandi dans une profonde misère, au point qu'il lui était arrivé de souffrir de la faim. Tous les membres de sa famille étaient illettrés ; sa mère était blanchisseuse et femme de ménage. Au prix d'immenses difficultés, il réussit à se faire admettre gratuitement dans une école primaire et à suivre une formation d'instituteur. Son diplôme aurait dû lui assurer la réussite et un emploi à vie, d'autant qu'il obtint rapidement de l'avancement. Pourtant il démissionna. Il voulait être indépendant. Il refusa de devoir feindre l'amitié envers des fonctionnaires corrompus qu'il maudissait en les traitant de « croquemitaines et démons ». Il préférait encore être pauvre même si, en plein hiver, il se retrouva contraint de vendre son manteau de fourrure pour acheter à sa mère des vêtements chauds et de la nourriture. Comme il était démuni, disait-il, il était normal qu'il critique le monde, et étant une forte tête, qu'il juge les autres à l'aune de ses propres sentiments. L'humour lui apporta le détachement qui lui permit de s'élever au-dessus de la souffrance. À l'école il n'avait jamais versé une larme, même quand le maître le frappait à tour de bras, et jamais non plus n'avait demandé pardon, imitant sa mère qui disait préférer mourir plutôt que de quémander de l'aide. Au lieu de se rebeller, il choisit d'affirmer sa propre dignité et celle de tous les miséreux dont il préféra toujours la compagnie à celle des gens célèbres et prospères, même quand il devint l'un des hommes les plus illustres de son pays, « artiste du peuple », « grand maître du langage », député et j'en passe. Il ne rencontrait pas les pauvres dans une maison de thé à seule fin d'« enregistrer en douce leurs agissements et leurs échanges. Je n'ai jamais fait ça, expliquait-il. Tout ce que je veux, c'est être leur ami. Ils m'aident et je les aide. Ils viennent me présenter leurs félicitations le jour de mon anniversaire, et j'en fais autant quand il y a un mariage ou une naissance dans leur famille. »

À vingt-cinq ans, il partit pour l'Angleterre à la faveur de l'énorme flux de migrants chinois qui fut la contrepartie oubliée du grand départ des Européens pour le Nouveau Monde. Il obtint, je ne sais comment, un poste de professeur de chinois à la London School of Oriental and African Studies, et passa cinq ans en Angleterre, de 1924 à 1929. Mais comment aurait-il pu se défendre contre les Londoniens, apparemment persuadés que tous les Chinois fumaient de l'opium, se livraient à la contrebande d'armes ou étaient de cruels barbares, comment aurait-il pu tenir tête aux hommes d'affaires condescendants qui gagnaient de l'argent en faisant du négoce avec la Chine tout en ignorant son admirable et immémoriale civilisation ? Comment rester courtois en présence de missionnaires paternalistes convaincus de leur propre supériorité ? « Les Anglais sont ennuyeux, remplis de préjugés, écrivait-il, mais ils sont moins méchants qu'on ne pourrait le croire à première vue ; ils n'ont aucun humour ; et je ne puis écrire sur eux que dans la veine humoristique, car autrement ils feraient figure d'une bande de pauvres imbéciles à moitié fous. »

Sa posture consiste à tourner en dérision les humiliations qui lui étaient infligées, à lui et à ses compagnons immigrés. Au lieu de réagir à la cruauté et à l'injustice par des manifestations de révolte, il préféra adoucir la souffrance des gens ordinaires en extrayant un peu de joie de leurs menus triomphes quotidiens contre l'adversité et en révélant les absurdités qui les entouraient. Dans ses romans, il imagina des personnages comiques de politiciens manipulateurs, de policiers pontifiants, de juges bourrés de préjugés, de pédagogues s'obstinant à introduire de nouvelles méthodes d'éducation, « d'étudiants superficiellement modernes... scindés en trois cent vingt-sept partis » et incapables de décider par quoi remplacer les maux qu'ils dénonçaient, de bourgeois perplexes en quête de valeurs susceptibles de justifier leurs ambitions, d'employés passant de leur bureau – « le monstre qui guette, sa large mâchoire grande ouverte » – à leur maison où les attend leur épouse, « démon femelle » bien décidé à engloutir son mari. Il tournait en ridicule l'« administration officielle » qui produit des « rapports sans conclusions », la bureaucratie qui « dévore de l'argent et vomit des documents », et les importateurs naïfs d'us et coutumes étrangers. Mais, surtout, il dénonçait « le bruit et l'odeur de l'argent » qui empoisonnaient les relations personnelles et familiales.

En même temps, il créait de délicieux personnages que l'on ne peut qu'aimer malgré leurs travers. Le plus charmant de tous est Hsiang-Tzu, pauvre tireur de pousse-pousse qui essaie de gagner sa vie et d'économiser suffisamment pour s'acheter son propre véhicule, clé de la liberté et de l'indépendance, mais dont les efforts sont constamment contrariés par toutes sortes de coups du sort et de filouteries, jusqu'à ce qu'il finisse par se faire lui-même voleur, trahissant ses collègues, apprenant à fumer, à boire et à jouer parce qu'un petit plaisir immédiat est tout ce dont il peut rêver pour soulager l'indigence de son existence. « La vie était tellement triste, tellement douloureuse et désespérante. La souffrance infligée par la roue vénéneuse de la vie trouverait un éphémère soulagement dans le vénéneux remède du vin et des filles, poison pour tuer le poison. Quelqu'un connaît-il meilleur plan ? »

Lao She n'en connaissait pas. L'humour était pour lui « une attitude de l'esprit » qu'il importait de cultiver pour rendre la vie supportable. Pour cela, il convenait d'observer les gens, à l'instar d'un touriste qui s'intéresse à tout. Son objectif était de préserver la joie et la générosité en dépit de toutes les horreurs perpétrées par l'humanité. La satire ne lui suffisait pas, son sarcasme était trop froid, et la volonté d'inspirer l'antipathie envers ses victimes lui paraissait injuste : « Je déteste le méchant, mais il a aussi ses bons côtés ; j'aime le bon, mais il a aussi ses mauvais côtés. » L'esprit ne le satisfaisait pas entièrement non plus, parce qu'il ne faisait pas assez appel aux sentiments viscéraux. Il ne trouvait rien à redire à la farce, au rire pour le rire, mais estimait tout de même qu'il lui manquait quelque chose – cette compassion dont il faisait le plus grand cas. Sa riposte à la souffrance consistait à révéler que tout le monde était passionnant et que tout le monde était ridicule, à commencer par l'auteur qui le faisait savoir. « Tous les humains sont frères, et ils ont tous des défauts. » Selon lui, on pouvait trouver une certaine joie à repérer les « petites excentricités » de chacun. Il adorait observer un personnage, dépeindre ses contradictions, le conflit entre ses rêves et ses désillusions, et sa résilience face à un échec quasi inéluctable. « L'art de l'humoriste consiste à montrer le ridicule des choses… mais il ne se contente pas de le relever ; il reconnaît que c'est le lot commun de l'humanité. » Il citait Thackeray affirmant que l'« humoriste fait profession d'éveiller et diriger votre amour, votre pitié, votre bonté – votre mépris du mensonge, du faux-semblant, de l'imposture –, votre tendresse à l'égard du faible, du pauvre, de l'opprimé, du malheureux. » On a dit de Lao She qu'il était « le cousin chinois de Dickens et de Mark Twain » dont les écrits l'enchantaient : eux-mêmes l'auraient adoré s'ils avaient vécu plus longtemps, mais auraient également été affligés par les difficultés de sa posture, par les limites de ce que l'humour peut accomplir.

Le problème des humoristes est qu'ils sont généralement aussi vulnérables que ceux dont ils se moquent. Dickens a profité de son immense popularité pour promouvoir ses idéaux de réforme sociale, mais son apologie des délices de la vie familiale dissimulait l'échec de son propre mariage et une vie amoureuse illicite qu'il était obligé de garder secrète ; il resta prisonnier de son inextinguible soif de reconnaissance publique et « du vague malheur qui poursuit une vie dotée d'un objectif permanent et pousse sans cesse vers quelque objectif nouveau dans lequel elle risque de se perdre ». Mark Twain, qui avait conservé sa réputation d'Américain idéal, exigea cependant que l'on retardât d'un siècle la publication de son autobiographie, parce qu'il savait que les Américains n'accepteraient pas de connaître le fond de sa pensée – lequel a été révélé récemment –, à savoir que les soldats américains étaient « des assassins en uniforme » et que le patriotisme n'était que « sornettes » ; de son vivant, il ne pouvait pas le dire franchement, et bien qu'il fût capable de tourner presque tout en dérision, force lui était d'avouer : « Je n'ai pas beaucoup fait commerce de vérité. »

À l'instar de Dickens, Twain et tant d'autres, Lao She avait du mal à établir un rapport idéal entre humour et réalité concrète. Emporté par des sentiments qui supplantaient ses facultés de détachement, il ne put s'empêcher d'être galvanisé par la promesse de Mao de revitaliser la Chine, et proposa son concours avant de comprendre que cela lui ferait perdre toute liberté et qu'il ne pourrait plus dire que ce qu'exigeait le dirigeant. Son profond désir d'être utile à son pays était en conflit avec son scepticisme d'humoriste. Il voulait tout à la fois critiquer et défendre sa patrie. « Si je révèle les défauts des [Chinois], c'est parce que je les aime… Leurs malheurs sont aussi les miens… leur intelligence n'a d'égale que leur stupidité. »

Tout son art rejetait les généralisations superficielles à propos de caractéristiques nationales, et il détestait la manière dont « on identifie le sauvage à la couleur de sa peau, et l'être civilisé aux ondulations de sa chevelure ». L'humour ne suffisait cependant pas à effacer entièrement le ressentiment que lui inspiraient les Anglais et leur « patriotisme étriqué, source de tous leurs crimes ». Ce ressentiment éveillait en lui un patriotisme d'opposition. Il en concluait que « les habitants d'un pays fort sont des êtres humains, et ceux d'un pays faible des chiens ». Tant que la Chine ne serait pas devenue un État puissant, ses citoyens seraient éternellement traités comme des chiens. Toute sa vie durant il s'est trouvé déchiré à maintes et maintes reprises entre un détachement souriant et un engagement passionné à propos de questions dont il était incapable de rire.

Son autodérision émanait de quelque chose de plus profond que la modestie. Loin d'être fier de ses livres, il était très critique à leur égard et en relevait les faiblesses avec un détachement apparemment total : « Si j'ai quelques dons, ils ne concernent certainement pas la réflexion intellectuelle. Je peux écrire une lettre chaleureuse à un ami, mais suis parfaitement incapable d'émettre une proposition intelligente. » Écrire sur les femmes l'effrayait également ; quant à l'amour, disait-il, « je suis condamné à être superficiel, incapable de faire battre un cœur plus vite ». Tout en admettant à l'occasion qu'il possédait peut-être un peu de talent, il ne relevait en lui aucune trace de génie : « L'art de la littérature n'est vraiment pas facile, se lamentait-il, et je le dis en partie par dégoût de ma propre médiocrité, en partie par désir de me donner un peu de courage. » Il estimait n'être pas plus qu'un tireur de pousse-pousse : « Cela ne revient-il pas à sacrifier sa vie pour autrui ? » Il se détestait pour son incapacité à être un héros, mais n'était pas disposé à être un faux héros et à jouer le même jeu que les autres. Il finit par être pris de nostalgie pour les vieilles traditions confucéennes, oubliant combien il s'était moqué des résultats absurdes qu'elles pouvaient produire. Il ne voyait pas quel message transmettre à la génération suivante, sinon lui conseiller d'essayer de se montrer meilleure que lui.

Dans une de ses pièces, *La Maison de thé*, un personnage se suicide parce qu'il a perdu tout ce qui comptait à ses yeux et parce qu'il n'a plus foi en aucune des solutions du gouvernement et de la société. Dans une autre, *Sauver la face*, un personnage subit une humiliation si profonde qu'il choisit de se suicider et de « passer dans un autre monde où sa honte pourra être lavée » et « où il pourra jouir d'une liberté neuve, propre et heureuse ». Peu après, tragiquement, Lao She, qui avait alors soixante-neuf ans, fut arrêté par les gardes rouges de la Révolution culturelle qui lui reprochaient de professer des opinions erronées ; il fut battu et publiquement humilié.

Quand on l'autorisa à rentrer chez lui, il découvrit que sa maison avait été pillée, et tous ses documents, ses peintures et ses biens éparpillés dans la cour. Il fit alors demi-tour, se dirigea vers le canal voisin et se jeta à l'eau. La liste des humoristes qui se sont suicidés est d'une longueur atterrante. Mais, avant d'en conclure que l'humour est en dernière analyse une forme de désespoir, je dois ajouter qu'il n'est pas certain que Lao She se soit vraiment suicidé. Peut-être a-t-il été assassiné par les gardes rouges. Nous n'en savons rien.

L'humour peut souvent donner l'impression de n'être qu'une variante d'opium du peuple, un antalgique contre la souffrance et le cynisme, une inoffensive riposte à la désillusion ou un retour à l'enfance. S'il se limitait à cela, il ne faudrait pas s'étonner de son inefficacité à lutter contre les stupidités qu'il dénonce ou les souffrances qu'il apaise. Les Égyptiens, par exemple, sont célèbres pour leur jovialité au moins depuis 2200 avant J.-C., date à laquelle *Le Conte du naufragé* déclarait qu'« aux yeux de Dieu, forts et faibles ne sont que plaisanterie » ; les Romains promulguèrent des lois contre les juristes égyptiens connus pour multiplier les blagues à leurs dépens ; au XIVe siècle, Ibn Khaldoun trouvait les Égyptiens « exceptionnellement joyeux et irrévérencieux » ; plus récemment, la vedette du cinéma égyptien classique Kamal el-Shennawi (1921-2011) déclarait que la blague était l'« arme dévastatrice dont les Égyptiens ont usé contre les envahisseurs et les occupants ». Pourtant, ceux-ci ont eu beau se moquer de leurs dirigeants, et les plaisanteries rester pour eux l'incontournable point de départ de toute conversation, l'humour n'a pas suffi à déloger chez eux tous les tyrans. Ils ont pu se moquer du président Moubarak en le surnommant « La Vache qui rit » pour exprimer le mépris que leur inspiraient ses sourires de bouffon paysan, ils ont pu rire de l'histoire du président Nasser qui, cherchant un vice-président, posait pour seule condition qu'il fût plus stupide que lui-même, raison qui le poussa à choisir Sadate, lequel cherchait lui aussi un vice-président plus stupide que lui, raison pour laquelle il choisit Moubarak qui ne prit pas de vice-président quand il accéda à la présidence parce qu'il était incapable de trouver dans toute l'Égypte homme plus stupide que lui… Cela ne l'a pas empêché de conserver le pouvoir pendant trente ans sans être affecté par ces plaisanteries, comme tant de tyrans ridicules qui semblent protégés par le blindage des médailles qu'ils se sont décernées. Entourés d'admirateurs, de carriéristes, de bureaucrates et de militaires, les hommes de pouvoir peuvent ignorer ce qu'ils n'ont pas envie d'entendre ; ce n'est pourtant pas la seule raison pour laquelle les moqueries ne les atteignent pas.

On peut reprocher à l'humour de renforcer le conformisme en jouant un rôle de soupape. Bien qu'à travers l'Histoire les carnavals aient raillé l'autorité et mis la hiérarchie sens dessus dessous, ils ne duraient jamais que quelques jours. Les membres privilégiés du clergé avaient beau se dissimuler derrière des masques ou sous des habits de femme, enfiler leurs vêtements sacerdotaux à l'envers et chanter des chansons paillardes, célébrer des parodies de mariage avec des animaux et maudire leurs congrégations au lieu de les bénir, leur objectif était de renforcer leur autorité, comme plusieurs d'entre eux l'expliquèrent en 1444 : « Nous ne faisons pas ces choses sérieusement, mais pour rire – comme le veut l'ancienne coutume –, afin qu'une fois l'an la sottise qui nous est innée puisse sortir et s'évaporer. » Un jugement contemporain sur Machiavel, qui se disait lui-même « historien comique et tragique », affirmait : « Il rit des erreurs humaines parce qu'il ne peut les corriger. » De même que les révolutionnaires apprécient la convivialité et le frisson qui accompagnent la conspiration, ceux qui rient aiment trop rire pour se demander si l'humour ne pourrait pas favoriser autre chose que la détente et l'amusement.

L'humour, qui plus est, a subi les assauts réitérés de redoutables ennemis. Les puissants ont inlassablement châtié ceux qui se moquaient d'eux. L'Église chrétienne a longtemps déclaré que le rire était l'œuvre du diable, sans réussir pourtant à l'éliminer davantage que tous les autres péchés qu'elle condamnait. Saint Jean-Baptiste de La Salle (1651-1719), l'un des pédagogues les plus novateurs et les plus influents, le premier à avoir fondé des écoles catholiques dotées de professeurs laïques et non de prêtres, mettait en garde ses élèves contre le sourire dans ses *Règles de la bienséance et de la civilité chrétienne* (1702) : « Il y en a quelquefois qui élèvent tellement la lèvre d'en haut et abaissent si fort celle d'en bas que leurs dents paraissent quelquefois même tout entières : cela est tout à fait contre la bienséance qui ne veut pas qu'on voie jamais les dents à découvert, la nature ne les ayant couvertes des lèvres que pour les cacher. » La Révolution française elle-même désapprouvait le rire : son code de conduite des débats parlementaires interdisait les applaudissements ou la moindre marque d'approbation, les insultes et les manifestations de nature individuelle, ainsi que les éclats de rire. Dans l'espoir que la « raison » l'emporterait dans leurs décisions, les auteurs de la Déclaration des droits de l'homme s'en tinrent, en vingt-huit mois de débats, à 408 explosions de rire seulement, soit une tous les deux jours en moyenne, récusant ainsi la fière allégation d'une population prétendument irrationnelle, voulant que les Français fussent le peuple le plus joyeux du monde et qu'en France « tout finisse par des chansons ». Les États-Unis eux-mêmes, pays de la liberté, expulsèrent Charlie Chaplin.

Une conspiration silencieuse d'individus en quête de respectabilité a répandu le mythe que prendre un air grave serait le meilleur moyen de prouver sa sagesse et son sérieux, et qu'un rire bruyant serait signe de vulgarité paysanne, indigne de « gens bien élevés ». Peut-être y a-t-il dans le monde d'aujourd'hui moins de rires bruyants et irrépressibles, moins de sourires penauds qu'autrefois. On n'interrompt plus les représentations théâtrales pour laisser les gens écroulés de rire reprendre leur sérieux, ce qui arrivait couramment dans les farces de Feydeau. Au XIXe siècle, le rire est peut-être devenu plus réservé, les classes moyennes inventant de nouvelles manières de se conduire et transformant leur rire en « simple spasme ». Seuls les enfants restaient libres de rire sans contrainte, que ce fût de peur, de perplexité ou d'espièglerie, mais on leur apprenait aussi que s'ils voulaient s'en sortir dans la vie, ils devaient prendre le monde plus au sérieux qu'il ne semblait le mériter. Les hommes politiques réagirent en cherchant à plaire à tous, en démontrant que sans perdre leur sérieux ils étaient capables d'apprécier une bonne plaisanterie : Theodore Roosevelt, vingt-sixième président des États-Unis (1858-1919), fut probablement le premier dirigeant politique à arborer publiquement un large sourire au lieu d'une mine austère.

De multiples raisons expliquent ainsi que les nombreux individus pitoyables ayant accédé à de hautes fonctions se soient montrés imperméables au ridicule. Ils n'ont pu accéder à leurs postes qu'en étant aveugles à l'absurdité de leurs ambitions et indifférents à ce que les autres disaient d'eux. En outre, leurs mensonges ragaillardissent souvent ceux qui les entendent, leur redonnent courage et espoir ; eux aussi sont des humoristes à leur manière, dans la mesure où ils inventent des histoires à dormir debout à propos de leur réussite. Il ne peut y avoir de gagnant dans ce match où les balles explosent au visage de celui qui les reçoit. Lao She chercha à en atténuer la douleur et, à l'instar d'un médecin, il reste en cela l'un des vénérables bienfaiteurs de l'humanité. Mais la moquerie en soi ne recèle qu'une force limitée, elle ne fait que transposer la violence physique en cruauté verbale. Je chercherai donc, dans mon prochain chapitre, à explorer ce que l'humour pourrait accomplir d'autre, non pas dans la vie publique, mais dans la vie privée.

Je sais qu'il faut aborder l'humour avec beaucoup de prudence et de délicatesse : il a horreur d'être expliqué et repousse toutes les théories par des salves de traits meurtriers ; en outre il perdrait son charme s'il cessait d'être un art mystérieux et fuyant qui peint avec des idées et danse avec des mots de façon déconcertante. On peut cependant rechercher dans l'humour d'autres possibilités, refuser de n'y voir qu'une distraction, à n'en faire qu'une arme, afin que le sarcasme, la compassion et l'imagination puissent jouer de concert dans une symphonie irrésistible qui inciterait les gens ordinaires, dans leur vie quotidienne, à renoncer aux faux-semblants et à découvrir la vérité les uns sur les autres.

Le professeur qui me disait d'arrêter de sourire était un homme admirable, remarquablement cultivé et d'une grande tristesse, qui ne parlait jamais d'autre chose que de nos leçons. Il lisait des livres de philosophie en français et m'obligeait, en guise de punition, à couper leurs pages, les livres français de l'époque étant encore cousus à l'ancienne, avec des pages non massicotées. Il était sans doute trop absorbé dans sa propre philosophie, ou trop timide, pour apprendre à bien connaître ses jeunes élèves. Aussi n'a-t-il jamais découvert ce qui me faisait sourire ; peut-être aurait-il été un enseignant plus heureux s'il avait compris que mon sourire contenait de l'affection et non du venin. Enseigner et recevoir un enseignement, se préoccuper d'autrui, accepter un geste de bonté, tout cela enrichit la relation unissant deux âmes individuelles, en dépit de leurs éventuelles ambitions divergentes.

13.

Comment acquérir le sens de l'humour ?

Sir Thomas More (1478-1535) était l'un des hommes les plus spirituels de son temps, bien qu'il soit surtout resté dans les mémoires en tant qu'inventeur de l'Utopie et saint catholique. Son image austère de chancelier du royaume d'Angleterre, président de la Chambre des communes, juriste prospère et érudit de la Renaissance, contrastait chez lui avec un tempérament remarquablement jovial. « Depuis son enfance, il est si épris de plaisanterie qu'on le dirait né pour s'y adonner… Adolescent, il a composé et joué de petites pièces. Un trait piquant, même dirigé contre lui, est sûr de lui plaire tant il apprécie les saillies dès lors qu'elles sont fines et spirituelles », disait de lui son ami Érasme, « prince des humanistes de la Renaissance », que More poussa à écrire son *Éloge de la folie*, « ce qui revient à faire danser un chameau ». Toute sa maisonnée, domestiques compris, était encouragée à jouer d'un instrument de musique de son choix, à participer à des jeux et à des représentations théâtrales en inventant des scènes et des personnages imaginaires, et se voyait attribuer des vers à réciter à la première personne comme dans une pièce. « Je ne refuse jamais une joyeuse causerie », disait-il. Il employait même un bouffon, qu'il traitait avec un si grand respect qu'il figure sur le portrait que Holbein a peint de la famille More, toile aujourd'hui célèbre qui souligne l'importance que More accordait aux plaisirs intimes de la vie privée, à l'éducation de ses enfants, au badinage avec sa femme et surtout à sa « conversation mutuelle », très personnelle et quasi quotidienne, avec sa fille préférée, Margaret, dont il pensait que les talents égaleraient un jour les siens.

Son esprit imaginatif s'est manifesté dans *Utopia*, œuvre exprimant le désarroi qui s'empare de jeunes gens capables de réfléchir par eux-mêmes quand ils affrontent les curieuses attentes du monde à leur endroit. En accédant à l'âge adulte, Thomas More fut pris d'une telle horreur de la vanité et de la cupidité des hommes au pouvoir, convaincus que « leurs pets embaument » parce qu'ils sont éperdument épris de leurs propres opinions, qu'il se retira pendant deux ans dans un monastère pour leur échapper. Il apprit le grec, espérant trouver l'inspiration dans un monde disparu, mais utilisa cette connaissance pour traduire les écrits de l'un des critiques comiques et sarcastiques les plus caustiques de la civilisation hellénistique, le Syrien Lucien de Samosate (125 - env. 180 après J.-C). *Utopia* est l'ouvrage d'un jeune homme écœuré par la société de son temps, dénonçant l'absurdité de ses institutions et de ses pratiques les plus fondamentales, condamnant les gouvernements dans lesquels il voit « une conspiration des riches faisant au mieux leurs affaires sous le nom et le titre fastueux de république [...], qui cherchent par toutes les ruses [...] à abuser de la misère des pauvres [...] et acheter au plus bas prix possible leur industrie et leurs labeurs ». Il réclamait l'abolition de la propriété ainsi que celle de l'argent, source de grande anxiété et de nombreuses occasions de méchanceté, et affirmait qu'on devait se garder « de rien décider en matière de religion ». Cependant, tout cela n'était qu'élucubration : pour lui, de tels rêves ne deviendraient jamais réalité, et il écrivit son histoire comme une conversation dans laquelle il incarne un des personnages qui apporte la contradiction à ses propres propositions révolutionnaires.

Cette contradiction intime le tourmenta toute sa vie, l'incitant à renoncer au monde tout en voulant l'améliorer. Il accepta un poste au service du roi, « largement contre [sa] volonté », hésitant d'autant plus qu'il avait vu un réformateur qu'il admirait échouer et s'exiler. Il pensait toutefois avoir une solution : ne pas en attendre trop, se montrer aussi pragmatique que possible – « ce que tu ne peux rendre entièrement bon, tu peux au moins le rendre aussi peu mauvais que possible ». À cela il associait la solide conviction qu'il convenait de dire honnêtement la vérité aux dirigeants, même si cela risquait de vous valoir des ennuis, et il s'efforça de trouver le moyen d'éviter le sort habituel des fonctionnaires – « des hommes bons, honnêtes, innocents » – qui finissaient par être corrompus par « le serpent de l'ambition ». L'expérience du passé semblait montrer que l'honnêteté n'était pas payante ; il s'obstinait pourtant à penser qu'il fallait parler franchement aux souverains, et refusa de mentir sur ses convictions religieuses lorsque son roi en changea. Il préféra alors se soumettre à une exécution capitale qu'il aurait aisément pu éviter ; c'était en réalité une manière de suicide comparable à ceux de tous les humoristes qui lui ont succédé. Bien que son idée de l'au-delà fût légèrement différente de celle de Lao She, il déclara à sa famille : « Nous nous retrouverons joyeusement au paradis. » La désapprobation que lui inspirait le monde qui l'entourait était si forte qu'il était prêt à le quitter malgré tout le plaisir que lui dispensait sa famille. Sa vie privée et sa vie publique occupaient des compartiments étanches ; dans ses fonctions publiques, loin de leur sourire en permanence, il traitait ceux qu'il estimait fautifs avec une redoutable férocité. Davantage qu'un outil lui permettant de comprendre et réformer la réalité, son sens de l'humour était une échappatoire.

Depuis son époque, malgré tout ce qui a été accompli pour rendre la vie plus agréable, nombre d'angoisses en tout genre sont apparues et sont venues s'ajouter à celles qui existaient depuis longtemps, rendant encore plus ardu de porter un regard objectif sur le monde. Le changement incessant nourrit les craintes face à un avenir incertain ; les grandes villes sont des lieux de solitude ; la médecine, loin de se contenter de soigner, produit une liste de plus en plus longue de menaces qui alimentent l'hypocondrie ; des germes et des virus invisibles remplacent démons et croquemitaines d'antan ; une intelligence plus aiguë et une richesse croissante ne mettent pas à l'abri de l'inquiétude ; l'estime de soi devient plus difficile à atteindre en raison de l'effondrement des hiérarchies traditionnelles ; la compétitivité augmente le stress ; les pressions professionnelles nuisent aux relations entre collègues ; la crainte de l'échec alimente un sentiment d'insuffisance ; et ni des loisirs plus nombreux ni l'alcool n'apportent à tout cela des compensations suffisantes. D'où la nécessité de consacrer à ces défis une réflexion nouvelle.

On n'attribue généralement pas aux bouffons une influence décisive sur l'évolution de l'humanité. Ils ont pourtant existé depuis les temps les plus reculés, placés au service des rois, des pharaons, des empereurs, des sultans et même des papes pour leur dire ce que leurs sujets obséquieux préféraient passer sous silence. Il était bien rare qu'un dirigeant affirmât, comme Charles-Louis, comte et électeur palatin de Rhénanie, qu'il « n'éprouvait pas le besoin d'avoir un bouffon, car quand il avait envie de rire, il faisait venir deux professeurs de l'université, leur proposait un débat, puis s'asseyait confortablement pour jouir de la folie de la scène ». Si les bouffons étaient certainement appréciés comme amuseurs et comme antidotes à la mélancolie, ils devaient leur importance à leur liberté de dire tout ce qu'ils voulaient « sans offense », échappant à toute accusation de calomnie, immunité dont ils étaient les seuls à jouir. Le bouffon de la reine Élisabeth Ire, Richard Tarlton, était autorisé à la critiquer sans détour et à dénoncer ses favoris, qu'il traitait de « laquais ». L'isolement et la solitude des souverains, entourés de flatteurs et d'intrigants, rendaient les humbles bouffons, qui ne pouvaient aspirer à de hautes fonctions, indispensables pour permettre aux grands de ce monde de garder les pieds sur terre et pour démasquer l'hypocrisie et la duperie. Quand ils se tenaient tête en bas, dans leur tenue de clowns, ils donnaient l'impression de voir le monde à l'endroit. « Ce sont les seuls à parler franchement et à dire la vérité », écrivait Érasme tandis que Marais, bouffon de Louis XIII, déclarait à son maître : « Il y a deux choses à votre métier dont je ne pourroys m'accommoder : ... de manger tout seul et de ch... en compagnie. » Abu Nawas, bouffon du calife Haroun al-Rachid, avait coutume d'escorter son maître déguisé dans les rues de Bagdad, la nuit, pour lui faire voir à quoi ressemblait vraiment la vie dans la ville. La relation entre roi et bouffon pouvait devenir très intime, et l'empereur Akbar pleura à la mort du sien. Le bouffon était « un homme de véracité approuvé » (occasionnellement une femme : des documents attestent que la reine Élisabeth récompensa sa bouffonne en lui offrant « douze paires de souliers neufs »). Les bouffons étaient qualifiés de « fous sages », et l'on peut se faire une idée du rôle qu'ils jouaient grâce aux appellations de bouffons chinois : Assistant de la droiture, Miroir récemment poli, Ajout à la clarté... Après sa mort, le plus célèbre, Tung-Fang Shuo (160-93 avant J.-C.), est resté une légende pendant des siècles, parce qu'il n'était pas seulement spirituel mais critiquait finement l'empereur Wu, fustigeant son extravagance ainsi que son indifférence aux pauvres, apportant toujours des réponses surprenantes, capable d'observer les choses avec attention et de révéler que chaque question ou chaque événement recelait plus de facettes que les autres n'en voyaient. Un fou, dit un proverbe juif, est un demi-prophète. Et puisqu'il est difficile d'avaler la vérité toute ronde et toute crue, les bouffons étaient généralement aussi des poètes, des magiciens, des musiciens ou des chanteurs capables de transmettre des messages déplaisants sous forme d'épigramme, d'histoire drôle ou de chanson. Leur objectif le plus profond n'était pas d'être amusants ; c'étaient avant tout des artistes en quête de vérité. Ils attirent l'attention sur un des chapitres secondaires négligés de l'histoire : la révélation de l'imposture.

Les rois n'étaient pas les seuls à avoir besoin de bouffons ; les nobles du Moyen Âge qui en avaient les moyens en employaient eux aussi. Aujourd'hui, cependant, les magnats de l'économie attendent tout autre chose de leurs *coaches* et ne supportent guère que leurs employés les « mettent en boîte ». Les différents arts que maîtrisaient les bouffons ont été répartis entre les représentants de professions sérieuses. Musiciens, magiciens et poètes ont suivi des voies distinctes, et l'on considère à présent que la vérité gît dans la connaissance plus que dans la sagesse. L'esprit du bouffon de cour, bien décidé à dire la vérité, se maintient au théâtre, qui tend aux spectateurs un miroir dans lequel ils peuvent se voir autrement qu'ils ne s'imaginent être ; c'est également le lieu où les acteurs se mettent dans la peau d'un personnage qui leur est étranger et découvrent ce qu'on éprouve en devenant un autre. Les journalistes sont eux aussi les héritiers non reconnus des bouffons quand ils dénoncent les mensonges et subterfuges de personnalités publiques – la différence étant qu'ils ne jouissent pas de l'immunité de leurs prédécesseurs : dans certains pays, ils risquent d'être poursuivis en justice, voire assassinés, tandis qu'en d'autres ils ont souvent du mal à se faire entendre face au tumulte des experts en communication, désormais quatre fois plus nombreux qu'eux.

La vérité, jadis considérée comme un roc immuable, assurant un fondement solide qui permet de prendre des décisions claires, s'est transformée aujourd'hui en diamant qui renvoie la lumière dans toutes sortes de directions et exige d'être contemplé sous différents angles. Sur le modèle des tailleurs de diamants qui, au début du XVIIe siècle, n'étaient capables de créer que dix-sept facettes, puis trente-trois à la fin du même siècle, alors qu'aujourd'hui on peut atteindre le chiffre de cent quarante-quatre, la vérité devient de plus en plus éblouissante, voire presque aveuglante, plusieurs centaines de disciplines l'éclairant chacune d'un jour différent. Jamais il n'a été aussi difficile de comprendre les conséquences du plus infime fragment de connaissance, ou de dissiper les nuages de désinformation qui l'enveloppent. Un bouffon ne saurait suffire. On ne peut plus se contenter de l'inspiration d'une seule « muse ».

L'espiègle jovialité de Thomas More apparaît aujourd'hui d'une ambition trop limitée. L'humour est capable de jouer un rôle plus important que ceux du divertissement, de l'autodéfense ou de la protestation : il peut enseigner une nouvelle attitude à l'égard de la vérité, ainsi que le révèle l'histoire de son évolution en Angleterre, où il semble s'être délibérément élargi pour devenir un outil d'évaluation de l'étranger. Alors que, traditionnellement, la comédie était censée « corriger la conduite de l'humanité » en ridiculisant tout ce qui s'écartait de la norme, le dramaturge irlandais George Farquhar (1677-1707), émigrant à Londres, observa que « de tous les peuples de la terre, c'est nous qui présentons le mélange le plus inexplicable d'humeurs... par suite du mélange de nombreuses nations ». Bien sûr, d'autres grandes villes étaient elles aussi on ne peut plus bigarrées, mais c'était pour lui un dilemme et il s'interrogeait : « Comment plaire à tant de goûts ? » Autrement dit, comment réagir à la différence au lieu de tenter de l'éradiquer ? « Une grande diversité de caractères » était inévitable dans un pays qui se mettait à accorder de plus en plus de place au commerce, ce qui entraînait « une multiplicité de métiers et professions », expliqua John Millar (1735-1801), disciple d'Adam Smith qui influença les rédacteurs de la Constitution américaine : « Les rapides progrès des arts et manufactures... ont engendré un degré de richesse et d'abondance qui a répandu un sentiment d'indépendance et un fort esprit de liberté dans la grande masse du peuple. » Un autre dramaturge, William Congreve (1670-1729), avait été prompt à relever que « tout homme qui a de l'humour n'éprouve aucune retenue ni crainte à y donner libre cours ». « Chacun suit sa propre [humeur] et prend plaisir, sinon fierté à la montrer », écrivit le diplomate sir William Temple (1628-1699) qui ajoutait : « Le premier ingrédient d'une conversation est la vérité, le deuxième le bon sens, le troisième la bonne humeur, et le quatrième, l'esprit. » Une personne dotée du sens de l'humour n'était plus simplement quelqu'un d'amusant, mais quelqu'un qui était lui-même susceptible d'être amusé. Peu à peu, l'humour a évolué pour devenir davantage qu'une méthode permettant d'atténuer le conflit et le désaccord : il a stimulé l'intérêt pour les traits distinctifs qui font la différence entre les gens. La perception bienveillante de l'incongruité est ainsi devenue un talent positif. Une culture de la sensibilité a encouragé une attention plus marquée pour l'unicité de chacun. Au lieu que le rire soit dirigé contre ceux qui sont différents, au lieu qu'il soit malveillant, il a pris un tour bienveillant et est devenu une occasion de jeu bon enfant. L'expression « sens de l'humour » est apparue en anglais en 1840. Avoir le sens de l'humour a commencé à être considéré comme une qualité désirable vers 1870. Apprécié de façon croissante depuis cette date, non seulement comme un talent de société mais comme la satisfaction d'un besoin intellectuel et moral, il constitue désormais une force dont on n'a pas encore perçu tout le potentiel. Si Nobel avait été plus sensible à l'esprit de son temps, il aurait pu créer un prix de l'humour. Mais la Banque suédoise, qui a financé un prix Nobel d'économie – une science pas toujours amusante –, et, qui plus est, a jugé bon de le faire en 1968, au moment même où les jeunes tournaient en dérision toutes les formes d'autorité, a prouvé que riches et puissants, bien qu'ils sachent souvent plaisanter aussi bien que les autres, s'obstinent à ne voir dans la plaisanterie qu'une sauce relevée rendant comestible un repas insipide.

L'importance de l'humour a aussi pâti du mythe selon lequel chaque pays posséderait un sens de l'humour distinct, mythe forgé à dessein pour renforcer la loyauté exclusive que réclamaient des nations en expansion. L'humour des étrangers n'a pourtant jamais été un langage secret inaccessible aux non-initiés. L'humour a toujours adopté les mêmes cibles dans le monde entier. Le genre le plus ancien est celui qui vient naturellement aux gens ordinaires, irrespectueux, obscène, truculent, préservé dans des histoires populaires qui traversent les siècles, ne perdent rien de leur saveur à être répétées et n'exigent pas de connaissances livresques : les gens qui se targuent de raffinement les méprisent tout en les savourant à part soi. Les exemples d'humour universel sont légion. Les plaisanteries de Nasreddin Hodja, soufi turc du XIVe siècle, ont circulé à travers la moitié du monde, de Budapest à Pékin, ont été reprises par les Afghans, les Iraniens et les Ouzbeks qui les ont intégrées à leur patrimoine, inspirant même la musique de Chostakovitch, et elles continuent de faire rire. Il n'y a rien d'ésotérique dans l'histoire de l'empereur Tamerlan qui rencontre Nasreddin aux bains et lui demande : « Si j'étais un esclave, combien vaudrais-je ? – Cinquante centimes, répond Nasreddin. – Mais, réplique l'empereur, mon drap de bain à lui seul vaut déjà cette somme. – C'est mon offre pour le tout, bien sûr ! » Le *Don Quichotte* de Cervantès a exercé lui aussi une séduction universelle immédiate et a été apprécié dans plus de soixante-dix langues, dont quinze indiennes. Les mêmes blagues réapparaissent dans les lieux les plus inattendus : celles qu'on raconte sur l'avarice des gens d'Aberdeen sont les mêmes que celles qu'échangent les Bulgares sur les habitants de Gabrovo : les uns et les autres prétendent qu'ils arrêtent leurs montres et horloges, la nuit, pour ne pas en user les rouages. Bon, mais comment peuvent-ils savoir l'heure dans le noir ? Ils jouent de la trompette, et un voisin se met à hurler : Quel est l'imbécile qui fait un raffut pareil à deux heures vingt du matin ?... Arnout Van Overbeke (1632-1674), juge à la Cour suprême des Indes orientales néerlandaises, a rassemblé plusieurs centaines de blagues anglaises, françaises, allemandes, italiennes et espagnoles dans son recueil de 2 440 *Anecdota* divertissantes, parfaitement accessibles à tous. Fakir Mohan Senapati (1843-1918) a écrit ses romans humoristiques en langue oriya (parlée par quarante-cinq millions d'Indiens) pour affirmer la dignité du peuple de l'Orissa, mais il s'est inspiré des onze langues qu'il avait apprises et des prières qu'il faisait quotidiennement, « entouré de toutes parts par des citations adéquates des Écritures de toutes les confessions du monde inscrites sur les murs ». Bien que de nombreux Anglais d'aujourd'hui considèrent le sens de l'humour comme un ingrédient majeur de leur caractère national et l'imputent à Chaucer, les lecteurs du poète n'ont commencé à le juger amusant qu'un siècle après sa mort. Au début du

XVIIIe siècle encore, le troisième comte de Shaftesbury décernait aux Italiens le rang d'humoristes suprêmes dans son *Essai sur la liberté de l'esprit* (1709) : « C'est la seule manière dont ces pauvres malheureux, tellement contraints, peuvent émettre une pensée libre. Nous devons leur concéder la supériorité dans ce genre d'esprit. L'esprit de persécution a nourri l'esprit de badinage. » Avant l'ère des conflits d'inspiration nationaliste, il était plus facile de reconnaître l'universalité de l'humour. *Tristram Shandy* de Sterne, très influencé par Rabelais et Cervantès, a été dans un premier temps plus admiré en France qu'en Angleterre.

Bien que rire des étrangers soit un divertissement universel, les stéréotypes nationaux ne résistent pas à une étude plus approfondie de l'humour. Les Chinois n'ont pas seulement vénéré Confucius, ils se sont aussi moqués de lui, allant jusqu'à avancer l'allégation saugrenue qu'il s'agissait peut-être d'une femme ; ils adoraient également un dieu de la Joie, Hsi-shen, et ont pris part à la lutte taoïste contre le dogmatisme en utilisant les « histoires drôles » (*hsiao-hua)* et les « piques » (*ku-chi*) pour protéger leurs aspirations individuelles à la liberté. L'éditeur de la traduction allemande de mon livre sur *Les Français* a commencé par retrancher le chapitre sur l'humour (il a fini par le rétablir à la suite de nombreuses protestations), et un sondage d'opinion mené en 2011 à l'échelle internationale a effectivement classé l'Allemagne comme le pays où le sens de l'humour est le moins développé – ce qui n'a pas empêché les Allemands d'inventer l'irrévérencieux Till Eulenspiegel, Till l'Espiègle en français (Eulenspiegel signifiant à l'origine : « Torche-moi le cul »), héros médiéval connu dans le monde entier pour ses blagues, tandis qu'au XIXe siècle Berlin passait pour la « capitale de l'esprit ». La revue humoristique *Eckensteher* rivalisait jadis avec le *Punch* britannique. Les Berlinois rigolards coexistaient avec les bureaucrates collet monté qui toléraient l'hilarité dans l'espoir qu'elle détournerait le peuple de l'agitation politique. L'humour juif est universel, lui aussi, parce qu'il répond à des problèmes universels, triomphant de la vulnérabilité par l'autodérision, prenant plaisir à réconcilier l'inconciliable afin que le désaccord stimule l'ingéniosité, adorant le débat qui pousse la logique jusqu'à l'absurde et faisant des soixante-dix interprétations différentes de la Torah un sujet d'orgueil. Un rabbin pouvait ainsi régler une querelle entre deux collègues de la manière suivante : dès que l'un donnait son avis, le rabbin l'approuvait ; l'autre présentait ensuite une opinion diamétralement opposée, et le rabbin lui donnait également raison ; quand la femme du rabbin se mettait alors à protester en faisant remarquer : « Ils ne peuvent pas avoir tous les deux raison », le rabbin, après mûre réflexion, lui répondait : « Tu as raison, toi aussi. »

Les circonstances dans lesquelles on considère que le rire est approprié ont cependant donné lieu à des jugements divers. Les Japonais, qui ne voulaient pas montrer leurs dents en public, ont fait de leurs théâtres des lieux à part où l'on pouvait aller rire à s'en décrocher la mâchoire. En Chine, certains exigèrent que dans les banquets on consacrât toute son attention à l'activité fort sérieuse de manger, bannissant ainsi la moindre conversation susceptible de faire rire, car elle aurait risqué d'introduire une distraction ; de même, les Grecs de l'Antiquité ne faisaient entrer des artistes chargés de les divertir que lorsqu'ils avaient fini de dîner. Le cas des Anglais a été un peu particulier : en effet, lorsque leur petite île a dominé un vaste empire, ils ont été suffisamment sûrs d'eux pour laisser l'humour envahir tous les domaines de l'existence : c'était la preuve qu'ils n'éprouvaient aucune crainte. En revanche, la conviction que leur humour était radicalement différent de celui de leurs voisins était pure forfanterie. De l'autre côté de la Manche, les Français, lorsqu'ils ont été au faîte de leur puissance, se définissaient comme la nation la plus joviale au monde. On ne peut que regretter que l'industrie touristique ne fasse pas de la place de l'humour dans chaque pays un critère d'appréciation aussi important que la qualité de sa cuisine.

Loin d'être antagoniques, humour et angoisse sont étroitement apparentés. Les deux mots signifiaient autrefois presque la même chose. Aucune des impressionnantes découvertes réalisées à propos des influences génétiques et neurologiques sur le bien-être mental n'a encore mis au point de méthode fiable pour remplacer l'anxiété par la sérénité ; la seule chose que l'on sache, c'est que, quelles que soient les théories ou les techniques de thérapie employées, c'est la relation entre le patient et le thérapeute qui constitue « l'ingrédient le plus important de soins efficaces ». L'humour ne crée pas automatiquement des liens profonds entre les individus, parce qu'il est bien souvent pratiqué à un niveau superficiel ; et il se trouve encore dans une phase adolescente quand, comme dans le cas de Thomas More, il n'exerce aucune influence sur l'âpreté des affaires officielles. Il peut naître sous forme d'une conspiration privée entre deux individus qui se liguent pour réduire l'écart qui les sépare et sonder avec délicatesse leurs craintes et défenses respectives, et peut se développer pour permettre à chacun d'insuffler à l'autre le courage de remettre en question des hypothèses généralement inattaquables. Il peut conduire à un scepticisme superficiel aussi bien qu'à une approche quasi scientifique, à une méfiance à l'égard de tout ce qui paraît évident. L'élément de compassion qu'il contient apprend à considérer le monde du point de vue d'autrui ; sa dimension imaginative incite à inventer des solutions différentes, alors que le sarcasme ne fait que révéler les limites de la solidarité de celui qui le pratique. Ce n'est pourtant que lorsque tous ces éléments se fondent et nous font prendre conscience de nos propres inepties que l'humour nous conduit à croire que nous appartenons bien à la même espèce. Voilà qui lui confère un rôle central dans les relations humaines.

Bien sûr, d'infinies nuances de sensibilité viennent le complexifier. Je dois avouer que je ris comme un gosse des blagues les plus puériles, et que des scènes d'un sentimentalisme éculé me font venir les larmes aux yeux. Je ne suis donc pas le mieux placé pour censurer ni pour prodiguer des conseils en matière d'humour.

14.

Qu'est-ce qui empêche les gens de se sentir parfaitement chez eux dans leur propre pays ?

Jadis j'étais jeune
Je cheminais seul
Et je me suis égaré.
Je ne me suis senti riche
Qu'en rencontrant quelqu'un d'autre.
La joie d'un humain est un autre humain.

Quels progrès a-t-on accomplis dans l'art de rencontrer un autre être humain depuis les *Dits du Très-Haut*, à savoir le dieu nordique Odin ? Ces textes regorgent d'avertissements terrifiants sur la difficulté de traiter avec autrui et de distinguer entre amis et ennemis. Les complexités de la civilisation ont-elles rendu plus facile ou plus difficile de trouver de la joie en autrui ? Les *Dits* dispensent le conseil suivant :

Si tu trouves un ami en qui tu as pleinement confiance
Et dont tu souhaites la bienveillance,
Échange avec lui des pensées,
Échange avec lui des présents,
Va souvent dans sa maison.

Depuis que ces paroles ont été prononcées, les habitants de cette planète se sont divisés en États-nations, évolution qui a profondément changé l'identité de ceux à qui l'on parle et à qui l'on accorde sa confiance. Si les nations sont souvent sourdes à ce que disent leurs rivales, elles n'en ont pas moins rassemblé des peuples apparemment incompatibles et possèdent le pouvoir magique d'inspirer, même à ceux qui ont été constamment des vaincus, le sentiment d'appartenir aux vainqueurs. La plupart de leurs membres ne se sont jamais rencontrés et ignorent tout de leurs opinions respectives, ce qui explique qu'un grand nombre des messages qu'ils échangent se limitent à des banalités recelant des indices tantôt vrais, tantôt faux sur l'étendue réelle de la familiarité, de l'affection ou de la rancœur qui règnent entre eux. Les nations inventent des mythes pour suggérer que, depuis un lointain passé, leurs membres étaient destinés à s'unir et à vivre dans l'harmonie, quand bien même leur unification est relativement récente et leurs frontières incertaines ; elles finissent ainsi par faire figure d'éléments aussi immuables du paysage que les montagnes ou les cours d'eau. Mais avec qui ceux qui les composent aiment-ils véritablement parler ?

J'ai décidé de rendre visite aux descendants des Vikings adorateurs d'Odin parce qu'ils passent pour avoir constitué des nations parmi les plus égalitaires, les plus démocratiques, les plus prospères et les plus heureuses du monde. Ayant atteint le pinacle, ils devaient être en mesure de révéler quel pourrait être l'avenir des autres nations. J'ai choisi une demi-douzaine de héros et d'héroïnes du Danemark – pays classé numéro un dans le rapport des Nations unies sur le bonheur – non pas parce qu'ils peuvent s'exprimer au nom de plusieurs millions de Scandinaves, mais pour découvrir avec qui ils ont parlé, qui les a inspirés, pourquoi ils ont éprouvé le besoin d'aller respirer un air étranger.

Hans Christian Andersen (1805-1875) est le plus célèbre de tous les Danois puisqu'il a été traduit dans cent cinquante-deux langues. Il est aussi l'auteur de la plus populaire de toutes les chansons danoises, *Je suis né au Danemark*, dans laquelle il justifie son amour pour son pays natal : c'est là qu'il a sa maison, la voix de sa mère résonne dans la langue qu'on y parle, toutes choses qui lui inspirent ce refrain sentimental : « Je t'aime, Danemark, je t'aime ». Pourtant, les histoires d'Andersen parlent aussi de ses souffrances. Le Danemark a été, dit-il, « l'endroit où je me suis senti plus malheureux qu'heureux ». Il se plaignait d'être « différent de tout le monde », d'être condamné à « échapper à ses racines ». S'étant efforcé dans sa jeunesse de s'imposer en tant qu'acteur, dramaturge et poète, il jugeait le Danemark trop pauvre et exigu pour lui, contrairement à l'Italie, par exemple, « regorgeant de nourriture et de fleurs ». Il a donc pris la fuite, devenant le Danois de sa génération qui a peut-être le plus voyagé. Le jour où une femme lui demanda : « Dites-moi, monsieur Andersen, au cours de vos nombreux et longs séjours à l'étranger, avez-vous jamais vu quelque chose d'aussi beau que notre petit Danemark ? », il répondit : « Oui, certainement, j'ai vu bien des choses plus belles. – Honte à vous, répliqua-t-elle. Vous n'êtes pas un patriote ! » La culture européenne était cependant une nourriture dont Andersen ne pouvait se passer, et il avait besoin de la bienveillance et de l'admiration que lui prodiguèrent les grands artistes et auteurs de nombreux pays. Il lui a fallu se battre et vivre dans une profonde misère avant d'obtenir la reconnaissance de ses compatriotes. L'élite littéraire n'appréciait pas son rejet de la prose littéraire conventionnelle, ni son goût pour une langue familière, accessible à tous. D'autres lui reprochaient d'être par trop conventionnel, ou de rechercher avec trop d'empressement l'approbation des classes supérieures, de faire preuve d'une « servilité flagorneuse » à l'égard de l'aristocratie. Jamais il n'a tout à fait surmonté le handicap d'être fils de cordonnier, malgré l'adulation dont il fit l'objet dans les salons des riches et des puissants. « Le grand-duc de Weimar m'a serré sur son sein, relevait-il avec satisfaction, nous nous sommes embrassés. "Nous sommes amis pour la vie", a dit le duc. Nous avons tous les deux pleuré. »

Malgré toute sa compassion pour les opprimés, Andersen n'était pas un révolutionnaire. Sa philosophie était que le Vilain Petit Canard pouvait se transformer en cygne majestueux, mais, dans le cas contraire, il estimait que « Dieu décide de tout pour le mieux ». Il a réalisé sa propre métamorphose en s'évadant de l'âge adulte pour se réfugier dans le monde imaginaire de l'enfance. À ses yeux, les enfants étaient exclus du monde des adultes – comme il eut toujours l'impression de l'être lui-même, dans une certaine mesure. Il écrivit sur l'enfance sans céder au moralisme, savourant au contraire la gaieté et l'humour, et se servant du conte pour exprimer des pensées qu'il était généralement obligé de celer. N'admettant pas que l'objectif de la littérature fût de créer de l'harmonie, il écrivait : « Je recherche toutes les discordes du monde… Je crois que je suis moi-même la discorde en ce monde. » De fait, toujours il fut rongé par l'angoisse : quand il prenait une diligence, il imaginait que ses compagnons de voyage s'apprêtaient à l'assassiner ; il avait tellement peur de mourir qu'il avait toujours une corde sur lui dans l'éventualité où il aurait à sauter au bas d'une maison en flammes, et appréhendait tant d'être enterré vivant qu'il gardait constamment à son chevet un billet portant ce message : « J'ai seulement l'air mort. »

Tout le monde ou presque s'accorde à juger remarquables les solutions nationales que le Danemark a apportées aux inquiétudes d'Andersen : ce pays a dressé de redoutables barrières contre l'angoisse, créant le système d'assurance le plus universel et le plus efficace qui soit au monde, affranchissant toute sa population des soucis du chômage, de la maladie, de l'ignorance et de la pauvreté. Il existe cependant des peurs contre lesquelles les institutions nationales sont impuissantes : ce sont les peurs et les désirs nouveaux qui surgissent dès que les autres sont oubliés. Malgré les excellents résultats du Danemark en matière de richesse et de bonheur, ses écoliers (d'après les comparaisons de l'Unicef avec d'autres pays) n'arrivent qu'en 19e position aux tests de lecture, de mathématiques et de sciences. Seuls 22 % d'entre eux « aiment beaucoup l'école » (il est vrai qu'aucun pays ne dépasse sur ce point les 40 %). On ne compte que 70 % des Danois de quinze ans qui passent du temps « à simplement parler avec leurs parents plusieurs fois par semaine », soit moins que les Hongrois (90 %), et les Italiens (87 %), mais plus que les Suédois et les Australiens (50 %), ou que les Allemands (42 %) et les Israéliens (ces derniers occupent le bas de l'échelle avec 37 %). Le Danemark arrive en 18e position pour « la conversation et les interactions familiales » et à la 19e place pour le nombre d'enfants vivant dans des familles recomposées (sans que l'on dispose d'informations sur les répercussions éventuelles de cette situation). Il arrive en queue de peloton, juste avant la Finlande et le Royaume-Uni, pour la proportion d'enfants de moins de quinze ans qui n'ont jamais été ivres. Il fait tout de même beaucoup mieux que le Royaume-Uni et les États-Unis, situés presque tout en bas dans plusieurs catégories. Si Andersen revenait aujourd'hui, les institutions unanimement saluées de son pays sauraient-elles le guérir de ses angoisses ?

Karen Blixen (1885-1962) était elle aussi une Danoise qui avait du mal à n'être que danoise. Elle s'est opposée à la philosophie d'Andersen et à la quête nationale de sécurité. Elle exigeait de la vie plus que ce que le Danemark lui offrait. Ayant trouvé l'évasion en Afrique, elle écrivit : « Ici enfin, on était en mesure d'envoyer toutes les conventions au diable, ici régnait un nouveau genre de liberté que l'on n'avait encore trouvé que dans les rêves. » Son père s'était enrôlé dans l'armée française, il avait pris fait et cause pour les communards français, puis avait vécu avec les Chippewas, des Indiens du Wisconsin, avant de se suicider en apprenant qu'il était atteint de la syphilis. Elle admirait ceux qui, comme lui, défiaient l'autorité, aimaient le danger et luttaient contre le destin, y voyant le chemin de l'héroïsme et de l'immortalité. Ce courage n'était donné qu'à ceux qui n'avaient rien à perdre, c'est-à-dire, selon elle, aux aristocrates comme elle et au prolétariat. À ses yeux, les classes moyennes, craignant le risque et éprouvant un maladif besoin de sécurité, incarnaient « le diable » : « Je ne peux pas vivre avec la classe moyenne. » Elle méprisait les sacrifices que celle-ci était prête à consentir pour financer un État-providence qu'elle trouvait « étouffant ». Ne s'étant jamais remise d'avoir été « trop surveillée » par sa mère qui cherchait constamment à la protéger d'innombrables dangers, elle estimait que le seul être à l'avoir « aimée pour elle-même » avait été son rebelle de père ; aussi avait-elle du mal à supporter que dorloter les enfants fût érigé en politique nationale et que l'on se mît à dorloter pareillement les adultes. Au contraire, ses « frères noirs, ici, en Afrique », appréciaient l'aventure : « Mes Somalis sont heureux quoi qu'il arrive, pourvu qu'il arrive quelque chose » : ils sont « complètement désespérés par une vie où il ne se passe rien ». Le chasseur de gros gibier anglais avec qui elle vécut une grande passion avait beau la « rendre infiniment heureuse, il ne p[esait] rien en comparaison ». L'Afrique l'avait « libérée », lui permettant ainsi de « se découvrir ». Ce qu'elle voulait par-dessus tout, c'était réaliser quelque chose par elle-même et découvrir sans cesse d'autres « possibilités de beauté ». « Tous les chagrins sont supportables pourvu qu'on puisse en faire des histoires » ; y voyant « le seul bonheur parfait qu'un humain trouvera dans l'existence », elle transformait en histoires les événements de la sienne. Mais cette nécessité était en même temps « une malédiction » : dans la réalité, en effet, elle n'a pu échapper au chagrin ; divorcée d'avec son mari, lui aussi syphilitique, sa propre santé délabrée par un diagnostic erroné de syphilis, elle concluait : « Tu sais que tu es vraiment vivant quand tu vis au milieu des lions. »

Cependant, bien que son portrait sensible de l'Afrique ait ému de nombreux lecteurs à l'extérieur de ce continent, c'était là une vision romantique. Le jour où le domestique kikuyu qui travaillait pour elle depuis de longues années fut arrêté parce qu'il était membre des Mau-Mau (les « combattants de la liberté »), son étonnement fut sans bornes. Elle croyait en effet bien le connaître ; or, il lui avait caché beaucoup de choses. Malgré toute sa bonté à leur égard, les Africains ne pouvaient oublier que quand ils travaillaient sur son exploitation agricole de trois mille hectares, c'était une terre africaine dont ils avaient été spoliés. Ce qu'une nation peut attendre de ses relations avec des étrangers reste une question sans réponse idéale.

Il en va de même pour la question de ce que les femmes peuvent attendre des hommes. Alors qu'elle n'avait que vingt ans, Mathilde Fibiger (1830-1872), première Danoise à prendre fait et cause pour l'émancipation féminine, publia un roman semi-autobiographique, *Clara Raphael*, dans lequel elle protestait contre l'exclusion « de toute entreprise intellectuelle » imposée aux femmes. Elle tenait aux différences entre les sexes, et ne réclamait pas que les femmes ressemblent aux hommes, ni même qu'on leur accorde des « droits » ; elle voulait simplement qu'elles puissent jouir de la liberté spirituelle et intellectuelle, de la liberté d'imaginer. Son livre suscita de multiples discussions et une avalanche de comptes rendus, mais, après deux nouveaux romans, il lui fallut admettre que sa plume ne suffirait pas à lui assurer l'indépendance financière. Elle se fit alors télégraphiste, devenant ainsi la première femme de son pays à obtenir un poste dans la fonction publique. Ce n'était qu'une victoire partielle, parce qu'elle espérait que le travail serait une arme plus efficace que le débat, mais, bien qu'elle eût réussi à obtenir de l'avancement et à passer cadre, la résistance de ses collègues masculins ne cessa pas d'être pour elle une source de contrariétés. Quand l'ouvrage de John Stuart Mill, *De l'assujettissement des femmes*, fut publié vingt ans après le sien, elle l'accueillit favorablement sans pour autant être d'accord avec lui. Sa mère avait été en désaccord avec son père et l'avait quitté. Impossible de tenir le compte de toutes les autres femmes qui ont été en désaccord mais n'ont rien dit ni rien fait. L'histoire ne consigne pas les silences derrière lesquels s'abrite cette réalité.

À présent que les femmes du Danemark et des autres pays scandinaves ont obtenu presque toutes les formes d'égalité que peuvent garantir les lois, que leur manque-t-il ? Elles jouissent de la liberté par rapport à leurs conjoints, sont affranchies des contraintes imposées par l'éducation des enfants et les tâches ménagères, échappent à la discrimination dans toutes les formes d'emploi. Ce que personne n'avait prévu, cependant, c'est que les institutions publiques qui ont pris en charge une grande partie de l'éducation des enfants puissent susciter un sentiment de perte, l'impression de ne pas avoir vécu pleinement, de n'avoir pas suffisamment participé à la formation de sa propre progéniture, la conscience qu'« être soi-même » c'est également créer une relation unique entre parent et enfant, qui fait aussi profondément partie de la vie et est aussi insaisissable que la création d'une relation entre un homme et une femme. Un sondage effectué auprès de jeunes femmes scandinaves donne à penser que après leurs efforts pour améliorer les relations entre les sexes, leur objectif suivant pourrait être de chercher à en faire autant pour les relations intergénérationnelles. Mais les lois ne peuvent programmer une aventure si personnelle, spécifique à chaque « duo ».

Le plus influent des philosophes danois, Søren Kierkegaard (1813-1855), s'est livré à une critique cinglante et sarcastique du premier roman de Mathilde Fibiger, conseillant de ne pas le prendre plus au sérieux qu'une nouvelle mode vestimentaire : « Si les filles étaient élevées comme des garçons, on pourrait dire adieu à toute l'espèce humaine. » L'émancipation des femmes était, à ses yeux, l'« invention du diable » : « La femme est l'égotisme personnifié », poursuivait-il. Et il repoussa celle dont il était épris parce que, selon lui, « croire que quelque chose qui se trouve à l'extérieur d'un individu soit susceptible de le rendre heureux n'est que superstition ». Kierkegaard était un spécialiste de la fuite, bien qu'il n'ait que rarement voyagé physiquement hors de Copenhague. Il élabora toute une philosophie autour de l'idée de « singularité » des individus, lesquels avaient pour mission de s'affranchir des foules et des stéréotypes qui menaçaient leur individualité ; pour être vraiment eux-mêmes, ils avaient besoin de moins de connaissances, et non de plus ; ils devaient rejeter les opinions les plus courantes pour se faire leur propre jugement, en s'appuyant sur la foi et non sur la raison pour trouver Dieu, un Dieu sévère et austère parlant de faute et de péché. Contrairement à Andersen qui cherchait à échapper à l'angoisse, Kierkegaard prétendait qu'il était essentiel de « craindre et trembler » pour accéder à la foi, ce qui était le principal objectif de la vie : « L'apprentissage véritable de l'angoisse est le suprême savoir... L'angoisse est la possibilité de la liberté. »

Se moquer de ses compatriotes par l'ironie et la parodie était l'une des méthodes employées par Kierkegaard pour affirmer sa singularité. On a dit de lui qu'il était le philosophe le plus amusant du monde, bien qu'on puisse se demander quelle concurrence il a rencontré sur ce terrain-là. Il était « drôle et facétieux », « se délectant de la comédie des contradictions de l'existence humaine ». Mais il trouvait de l'ironie jusque dans la souffrance, et même dans la religion, n'hésitant pas à affirmer que « tout l'humour s'est développé à partir du christianisme lui-même ». Pour lui, la plaisanterie naît toujours de la souffrance. Ses compatriotes ont la réputation d'user du sarcasme et de l'ironie comme armes pour empêcher leur société bien ordonnée de devenir oppressive. Quand Victor Borge (1909-2000), le pianiste comédien surnommé « le Prince-Clown du Danemark » et que les Américains ont surnommée « The Unmelancholy Dane », disait : « le rire est la plus courte distance entre deux individus », sous-entendait-il qu'en temps normal la distance qui les sépare est immense ?

Le monde a toujours connu des hommes d'affaires et des professionnels d'un grand pragmatisme qui, tout en étant des piliers du conformisme, n'ont pu s'empêcher d'engendrer des enfants qui se sont rebellés contre leur placidité. Peter Bang (1900-1957), fondateur de Bang & Olufsen, devenu le plus important fabricant européen de matériel hi-fi, était le fils du directeur du plus grand magasin de Copenhague. Il a filé en Amérique dès qu'il a été majeur, et s'est passionné pour la radio, qu'il considérait comme une technologie destinée à transformer le monde. Ayant trouvé un emploi à General Electric, il écrivait au bout de quelques années : « J'ai travaillé pour tant de gens différents, je suis las de travailler pour les autres ; à présent, j'entends travailler pour moi. » Peter Bang est rentré chez lui, ayant décidé que son véritable objectif n'était pas de gagner de l'argent, mais d'être indépendant. Aristocrate propriétaire d'un manoir, Olufsen était quant à lui doté d'une passion fort peu aristocratique des affaires. Les deux hommes se sont associés pour créer une usine dans les étendues reculées du Jutland, à trois cent cinquante kilomètres de Copenhague. Bang s'est toujours senti très mal à l'aise dans la bonne société de la capitale, qu'il évitait, préférant Londres, Berlin et les États-Unis. L'objet même de son entreprise était d'échapper à la banalité, d'associer recherche technologique et beaux produits, de faire du design d'avant-garde un langage susceptible de communiquer de nouvelles idées et de ne jamais fabriquer un article qui ne fût pas l'expression d'une idée nouvelle.

L'originalité de l'État-providence danois tenait à ce que ses concepteurs y voyaient l'élément d'un vaste mouvement pour « l'édification populaire », censé apporter la « culture au peuple » avec une dimension esthétique essentielle. La création de beaux objets, de beaux meubles et de beaux bâtiments apprendrait aux gens à distinguer le Bien du Mal, l'utile de l'inutile. Bang et Olufsen se définissaient en termes culturels comme des rebelles luttant contre la superficialité de la consommation et du divertissement pour eux-mêmes. Ils tenaient absolument à discuter goût et qualité avant de parler prix. Ayant embauché comme designer Jacob Jensen, qui avait initialement suivi une formation de tapissier, ils se situaient dans le prolongement du mouvement artistique qui avait fait l'originalité de la céramique et du mobilier danois, « démocratisant la beauté », rejetant à la fois la « pompe bourgeoise » et la production de masse, faisant écho à l'esthétique japonaise de simplicité.

Cependant, après la mort de ses fondateurs, les nouveaux directeurs de l'entreprise exigèrent de réduire les coûts de fabrication de leurs produits, dans la mesure où ils ne contenaient pas beaucoup d'autres composants que les articles vendus deux fois moins cher. Jensen réussit à leur tenir tête un certain temps, protestant avec une telle énergie qu'ils renoncèrent à s'immiscer dans son travail. Mais des managers professionnels et des modes de gestion venus d'Amérique s'imposèrent peu à peu, et, en définitive, designers et ingénieurs durent s'effacer devant les commerciaux. Jesper Kunde, le gourou de la publicité, prétendait que le plus important était la « marque » et non le produit ; la firme devait donc se développer et gagner de l'argent en d'autres domaines : son livre *Corporate Religion* [La Religion de l'entreprise] s'inspirait des *success stories* de Microsoft, Coca-Cola et Disney. Loin de l'idéalisme dynamique des fondateurs, certains des nouveaux cadres se comparaient désormais à de « doux prêtres guidant leurs ouailles », tandis que les consultants qu'ils faisaient venir se gargarisaient d'envolées rhétoriques sur la manière dont ils allaient rééduquer l'entreprise pour faire de ses employés des « agents du changement », des « fleurs des champs » ou « des Masaïs capables de regarder un lion dans les yeux ». Dans un premier temps, ce salmigondis fit bien rire les ingénieurs, qui ne tardèrent cependant pas à constater qu'ils ne pouvaient échapper aux conséquences de la « rationalisation ». Un nombre croissant d'activités furent externalisées, si bien qu'ils cessèrent de fabriquer des objets de leurs propres mains et passèrent désormais le plus clair de leur temps à rédiger des spécificités techniques à l'intention des sous-traitants. Si l'entreprise était devenue « flexible », elle était également esclave des contraintes et mesquineries de la bureaucratie. Quand une société devient l'une des plus prospères au monde, tous ne s'en trouvent pas forcément bien.

Pour le romancier Axel Sandemose (1899-1965) qui a passé sa jeunesse à Terre-Neuve en travaillant comme bûcheron, instituteur et journaliste, le Danemark était « l'enfer sur terre ». Le scandale provoqué par son best-seller, *Un fugitif revient sur ses pas* (1933), révélait la profondeur des divisions provoquées par sa célèbre dénonciation des « Dix commandements de la loi de Jante », code de conduite en vigueur dans son village natal. Le premier commandement était : « Ne crois pas que tu es spécial en quoi que ce soit », et le dernier : « Ne crois pas que tu puisses nous apprendre quoi que ce soit. » Il protestait contre l'idée répandue selon laquelle toutes les réalisations devaient être considérées comme collectives, et ceux qui osaient se distinguer du lot devaient être sanctionnés. Dans une telle atmosphère, écrivait-il, « la connaissance était chose méprisable. L'art était jugé avec sarcasme. La science était bonne à occuper les paresseux. Ne te hâte jamais : tel était toute la journée le refrain. » Il ignorait que trois Danois sur quatre affirmaient – et continuent d'affirmer – que cette situation ne les dérangeait nullement et qu'ils appréciaient cette vie confortable ; l'objectif de l'individu devait être, selon eux, l'*hygge,* le confort de l'intimité. Sandemose en était réduit à cultiver de vagues rêves de « femmes fortes, érotiques, intelligentes » censées résoudre son problème, et la seule solution concrète qu'il avait à proposer était de quitter le pays. Il ne fut qu'un Danois parmi le million de ses compatriotes environ à avoir émigré au cours des deux derniers siècles, quittant un pays qui comptait moins d'un million d'habitants en 1800 et n'en abrite que cinq et demi aujourd'hui.

Pourquoi chacun de ces six héros et héroïnes du Danemark ont-ils été aussi mal à l'aise dans leur propre pays ? C'étaient tous des personnalités internationales et ils n'auraient pu être ce qu'ils furent sans une inspiration étrangère pour les nourrir. Le Danemark lui-même ne vit que parce qu'il est international : sa prospérité dépend de la vente de ses talents et de ses produits aux quatre coins du monde. Karen Blixen écrivait ses propres livres en anglais avant de les traduire en danois. Les nations du passé ont été fondées parmi des populations qui parlaient la même langue ou étaient obligées d'apprendre celle de leur partenaire dominant ; partager une langue ne signifie cependant pas forcément partager les mêmes pensées ni les mêmes goûts. Aujourd'hui, les nations ne survivent que si elles peuvent s'adresser à celles qui ne parlent pas leur propre langue.

L'affirmation d'Andersen selon laquelle « la vérité sort de la bouche des enfants » nous rappelle néanmoins que le monde adulte a toujours eu peur d'exprimer ouvertement le fond de sa pensée. La conclusion de Karen Blixen selon laquelle la vérité ne peut se dire qu'à travers des histoires, comme si elle était trop dangereuse pour être affrontée en face, le désir de Bang de laisser les objets parler pour eux-mêmes, l'incapacité de Mathilde Fibiger à se faire comprendre, l'obsession des contradictions chez Kierkegaard et les protestations de Sandemose devant les obstacles qui empêchent la vérité d'être dite, tout cela révèle à quel point les conversations entre les nations et en leur sein ont à peine commencé. La crainte de l'étranger a toujours été une des principales raisons qui ont poussé les gens aux attaches provinciales disparates à s'unir en nations. Il n'empêche que les habitants d'autres pays ont également exercé l'effet inverse, inspirant de nouvelles ambitions, ouvrant des points de vue différents ; rien ne les condamne à être éternellement considérés comme des étrangers ou de simples touristes. L'étranger et l'indigène forment un duo capable de nouer des interactions aussi surprenantes qu'un couple d'amants : ils sont une « muse » l'un pour l'autre. Les nations comme les individus ont tendance à s'immerger dans l'introspection, mais il ne s'agit là que d'une première étape. Les six héros nationaux que nous avons évoqués, façonnés autant par ce qu'ils ont vu loin du lieu de leur naissance que par leurs origines, montrent bien que le désir d'exploration rivalise avec le besoin d'un havre sûr. Pour aimer son pays en toute connaissance de cause, il faut savoir comment sont les autres. De plus en plus de gens commençant à s'y employer, le sentiment d'intégration prend un sens nouveau.

On a longtemps considéré que la maxime des Vikings affirmant que « la joie d'un humain est un autre humain » faisait allusion à un autre qui vous ressemble, et les nations mues par l'ambition de s'étendre et de grandir en puissance ont voulu que leurs ressortissants partagent de nombreux points communs. Les nations ont été censément créées pour rapprocher des gens partageant les mêmes valeurs, les mêmes souvenirs, les mêmes espoirs. En réalité, elles masquent des divergences. Sans relations avec le reste du monde, la plupart d'entre elles s'effondreraient.

Malgré tous leurs points communs, les Scandinaves se sont divisés en quatre États, dont la population pour chacun est inférieure à celle de capitales modernes de taille moyenne telles que Londres ou Paris. Ils ont décentralisé la plupart de leurs activités publiques en entités locales beaucoup plus modestes (élément que négligent les grandes nations qui leur empruntent des idées sur le chômage et l'aide sociale) : est-ce ainsi que les humains trouvent de la joie en d'autres humains qu'ils rencontrent quotidiennement ? Malheureusement, les querelles de voisinage peuvent être aussi exaspérantes et gâcher autant de vies que les hostilités internes et externes d'immenses empires.

Je ne vous pose pas la question que la plupart des gens se posent mutuellement : D'où viens-tu ? Je préfère vous demander : Où vas-tu ? Ce qui m'intéresse, c'est la façon dont on peut constituer sa propre collection d'humains indépendamment de la nation à laquelle on appartient, pour compléter son héritage personnel. « Où vas-tu ? » interroge sur les influences et les inspirations extérieures que l'on peut rechercher, choisir ou rencontrer par hasard. C'est comme quand on tombe amoureux. J'essaierai d'explorer de plus près le charme de ces rencontres au chapitre suivant.

15.

Peut-on aimer plusieurs pays à la fois ?

Pourquoi n'est-on pas autorisé à être le citoyen de plus de un ou deux pays, alors qu'il en existe plus de deux cents ? Comment en vient-on à éprouver des affinités avec de grandes nations complexes, ou avec de très petites qui ne le sont pas moins ? Quand les gens évoquent le Danemark, par exemple, ils disent rarement que c'est un pays qu'ils meurent d'envie de visiter ou dont ils voudraient apprendre la langue. Et pourtant, n'importe quel pays, n'importe quelle province, n'importe quelle ville vous ouvre les yeux différemment.

Le « père » du Danemark moderne, la « figure titanesque » de Frederik Grundtvig (1783-1872), pourrait à première vue présenter peu d'intérêt pour ceux qui vivent hors des frontières de son pays. Il était pasteur et descendant d'une longue lignée de ministres du culte luthérien qui proclamaient que Dieu avait choisi les Danois pour conduire le christianisme à son épanouissement, au moment même où Herman Melville (1819-1891) affirmait que les Américains étaient « un peuple particulier, un peuple élu, l'Israël de notre temps ». Grundtvig était un prédicateur charismatique, un poète populaire de la « vie simple, joyeuse, active », débordant d'orgueil et d'espoir, et surtout un prolifique auteur de cantiques – sur le thème de la joie plus que sur celui du péché – qui ne tardèrent pas à occuper une place dominante dans le recueil national de chants religieux, de sorte que sa musique et ses textes profondément lyriques lui ont valu une influence bien supérieure à celle de maints grands discours. Il idéalisait les gens ordinaires, leur apportant de la dignité grâce à des mythes romantiques sur leurs héroïques origines médiévales et leur héritage viking. Grundtvig doit sa popularité à l'assurance qu'il infusa aux Danois. Il avait conscience que, pour s'engager dans de nouvelles aventures, il est toujours utile d'avoir l'impression d'en poursuivre une ancienne, et greffa donc le nouveau nationalisme sur une religion préexistante. Son *Histoire du monde* énonçait que, pour se conformer au plan divin, le peuple danois ne devait plus s'appuyer sur des prêtres, mais inaugurer un christianisme authentique dans la langue parlée par le peuple ordinaire, afin que le plus humble pût participer à cette grandiose entreprise.

Ne voir en lui qu'un des nombreux chefs de file de patriotismes locaux reviendrait cependant à négliger ce qu'il avait à dire à l'ensemble des êtres humains. Son premier message était que le monde ne contient pas des individus mais des personnes, c'est-à-dire des créatures engagées dans des relations. Aucun être humain ne peut se développer sans s'unir à ce qu'il y a de personnel chez les autres. Une personne est libre lorsqu'elle noue une relation de réciprocité, enrichie par le sentiment d'appartenir à une communauté formée de contemporains et de prédécesseurs. Quoique pasteur, Grundtvig affirmait clairement que sa préoccupation première n'était pas de convertir les masses à sa foi. Il avait pour devise : « Homme d'abord, chrétien ensuite. » Autrement dit, un individu doit commencer par devenir une personne capable d'entretenir les relations fécondes que l'adhésion à une Église ne peut suffire à assurer. Pour lui, le christianisme ne trouvait pas son origine dans la Bible, « traduite d'une langue étrangère », ni dans les exégèses de théologiens, mais dans le comportement de ses fidèles. Ce qui faisait une Église, ce n'était ni les sermons ni les cérémonies, mais l'interaction entre ses membres. Une communauté naît partout où des gens se rencontrent et échangent ce salut : « Que la paix soit avec toi ! » Pour lui, édifier une nation ne voulait pas seulement dire unir des gens parlant la même langue : ceux-ci devaient aussi apprendre comment se comporter. Il imagina donc des « écoles de vie », dont l'opposé était à ses yeux les « écoles de mort » dont tout un chacun continuait à suivre l'enseignement. Il les baptisa *Folkehøjskole*, « collèges populaires », parce qu'elles proposaient un enseignement d'échanges mutuels. Il s'agissait d'internats à temps partiel pour adultes, indépendants de l'État, sans examens ni programme scolaire, destinés entre autres à aider les travailleurs à devenir plus éclairés, à accéder à l'autosuffisance et à la liberté. Loin d'inculquer le moindre dogme, ces établissements misaient sur la conversation pour inciter les participants à s'engager dans des projets en se fondant sur leur propre expérience, tout en cultivant une forme particulière de courtoisie qui bannissait toute arrogance individuelle et n'autorisait à s'enorgueillir que de réalisations collectives. Ces « écoles » ont renforcé le mouvement coopératif danois, qui a permis aux fermiers pauvres et isolés de bâtir en remarquablement peu de temps une industrie agricole exportatrice extrêmement lucrative. On pourrait sans doute y voir une réalisation spécifiquement danoise, mais cela va plus loin : il y a chez Grundtvig des idées qui font de chacun de nous, dans une certaine mesure, un Danois.

On relève partout dans le monde un peu du tempérament viking dont parlait Grundtvig. Les Vikings ne supportaient pas l'ennui, trait de caractère qui constitue une source d'innovation depuis la nuit des temps. L'impatience face à la routine a, de façon récurrente, transformé des hommes à l'âme apparemment placide en aventuriers intrépides, en explorateurs de terres inconnues, en importateurs et exportateurs d'idées et d'êtres humains. Quand les Vikings partaient en maraude jusqu'à Constantinople, s'aventuraient jusqu'en Russie, au Portugal et en Amérique, en quête de ce qu'ils ne pouvaient trouver chez eux, ils pillaient, violaient et tuaient, ce qui leur aurait certainement valu aujourd'hui d'être traités de terroristes ; ils n'en étaient pas moins des commerçants et des navigateurs hors pair. Se flattant par-dessus tout d'être de « bons compagnons » (*drengr*), appréciant l'indépendance individuelle et (dans une certaine mesure) l'autonomie des femmes, prenant des pères et des frères adoptifs pour cimenter leurs relations, ils ont épousé des femmes dont ils ne parlaient pas la langue et laissé des descendants bien au-delà de la Scandinavie. Ils ne sont donc pas seulement les ancêtres des Danois, ils nous rappellent en effet que les humains ont été plus longtemps des nomades se déplaçant et migrant aux quatre coins du monde que des sédentaires cultivant leur terre natale. Le grand mouvement migratoire de la campagne vers les villes et des pays pauvres vers les pays riches est le dernier épisode en date d'une réponse constante de l'humanité à la diversité de la nature. Les États luttent vainement pour ériger des barrières contre ces déplacements, quand la technologie, la communication et l'éducation se conjuguent pour exhorter les nouvelles générations à redevenir nomades.

Grundtvig me fait penser qu'être danois ou chinois n'est peut-être pas si différent. L'Asie possède sa propre version des Vikings avec les Mongols qui, à l'image de ceux-là, écumaient de vastes régions en bandes dont la cohésion était assurée par des loyautés individuelles entre des membres qui se connaissaient personnellement. Ils n'eurent aucune difficulté à obtenir le soutien de voisins habitant ce qui est aujourd'hui la Chine du Nord, qui n'entretenaient que des relations distantes avec les dirigeants du Sud. Les alliances pour la guerre ou le butin entre peuples d'origine et de culture différentes étaient rapidement conclues et aussi rapidement rompues, et il n'était pas plus honteux de changer d'alliés qu'il ne l'est aujourd'hui de changer d'employeur. Ce que Grundtvig cherchait à encourager était une loyauté supplémentaire, une loyauté impersonnelle à l'égard de la nation, de gens que l'on ne connaît pas personnellement. Les historiens chinois du XIe siècle nourrissaient la même ambition. Ils ont été à l'origine d'une nouvelle interprétation du passé destinée à convaincre les Chinois qu'ils formaient une espèce distincte, culturellement inconciliable avec les « barbares », que leurs « vêtements, [leur] nourriture et [leur] boisson n'étaient pas les mêmes » que ceux des Mongols, et que, si l'on devait partager des coutumes aussi étranges que les leurs, « mieux vaudrait mourir que vivre ». On publia des biographies idolâtrant un nouveau type de héros qui refusait toute alliance personnelle avec des chefs militaires étrangers et témoignait une loyauté farouche à l'empire chinois. La loyauté devait bénéficier par priorité à l'État, non à un individu. Changer d'alliance devint une trahison. L'empereur lui-même devait faire preuve de loyauté à l'égard des intérêts impersonnels de l'État incarnés dans le *tao* ou *dao*, principes d'une bonne vie. Depuis cette époque, les États ont rassemblé une multitude d'êtres humains manifestant une grande diversité de goûts et d'opinions et n'éprouvant aucun attachement personnel pour des régions de leur pays où ils ne se sont peut-être même jamais rendus ; ils ont nourri un sentiment d'appartenance qui a incité des individus qui ne s'étaient jamais rencontrés à être farouchement convaincus de partager les mêmes valeurs et intérêts, et galvanisés par un ardent désir de s'unir pour préserver leurs foyers bien-aimés de toute incursion étrangère, ce qui ne les a jamais empêchés, sitôt la menace disparue, d'être déchirés par des désaccords aussi innombrables que fréquemment insolubles. La différence entre le credo nationaliste de Grundtvig et celui des Chinois était que le premier avait pour objectif de faire du peuple – de la volonté des masses – l'arbitre du Bien, alors que les Chinois accordaient la priorité aux enseignements de leurs philosophes. Mais, dans un cas comme dans l'autre, l'essor démographique a encouragé cette loyauté nationale impersonnelle. La population de la Chine a presque quadruplé entre 1000 et 1200 après J.-C., époque à laquelle ses auteurs ont forgé cette nouvelle loyauté. Le nationalisme s'est développé pour devenir un phénomène universel au moment de l'explosion encore plus spectaculaire de la population mondiale, aux XVIIIe et XIXe siècles. Dans le même temps, ces énormes masses ont donné à beaucoup le sentiment d'être perdus au milieu d'une multitude. Le besoin de relations intimes et intenses s'est alors réaffirmé, ce qui a conduit à l'élaboration de nouveaux types d'amitiés. Le monde n'est plus ce qu'il était lorsque sont apparues les nations, lesquelles abritent désormais des affinités qui ne sont pas nécessairement orientées vers des voisins immédiats.

Grundtvig affirmait que l'on ne pouvait laisser les affinités grandir naturellement, qu'il fallait les nourrir tout au long de la vie. Ses collèges de la vie ou collèges populaires ont connu un remarquable succès, bien que son ambition de faire de son pays l'avant-garde d'un nouveau christianisme populaire ait échoué et que le Danemark soit aujourd'hui une des contrées les moins religieuses du monde. Peut-être aurait-il adopté une tactique différente s'il s'était rappelé que, bien des siècles auparavant, les Chinois avaient eux aussi cherché à améliorer le monde grâce à des « écoles de vie » assez semblables aux siennes. Mencius (372-289 avant J.-C.) avait été le premier à plaider en leur faveur, et l'académie de la grotte du Cerf-Blanc, créée par Zhu Xi (Chu Hsi, 1130-1200), en fit un modèle largement imité au cours des siècles suivants. Ces écoles chinoises dispensaient un enseignement saisonnier, à temps partiel, aux paysans ordinaires qui n'avaient aucune intention de gravir les échelons de l'élite ni de préparer les examens d'entrée dans la fonction publique. Ces établissements considéraient que la véritable élite n'était pas composée de ceux qui font étalage de richesse ou de pouvoir, mais de ceux qui pratiquent la morale et la culture. Ils ne s'intéressaient pas au succès économique ni au profit que l'on peut réaliser en achetant et en vendant, mais encourageaient le respect mutuel, les « actions louables », la fusion des intérêts publics et privés. Les greniers communaux, les cercles d'autodéfense, les cérémonies de consommation de vin, les « ententes rurales » poursuivaient des objectifs analogues. Déçus par le système officiel, bureaucratique et autoritaire, certains confucéens n'accordaient plus la priorité au respect de la loi, mais au développement de relations fondées sur le comportement moral, et, comme le réclamait Zhu Xi, sur l'« affection intime ». Néanmoins, ces écoles de village ont peu à peu perdu de vue leur objectif premier pour se transformer en établissements de bachotage pour les concours d'entrée dans la fonction publique. La première célèbre érudite chinoise, Ban Zhao (45-116 après J.-C), qui affirma, dans ses *Leçons à l'usage des femmes*, que « les maris et les femmes doivent être dignes l'un de l'autre » et qu'il fallait donc assurer aux filles la même éducation qu'aux garçons, découvrit encore plus rapidement l'énorme fossé qui a toujours existé entre les propos des moralistes et les agissements ordinaires des gens. L'aspiration à des liens qui ne soient pas dictés par le pur intérêt personnel n'en demeure pas moins inextinguible.

L'affirmation de Grundtvig selon laquelle il y a communauté dès que les gens se saluent mutuellement en se disant « Que la paix soit avec toi ! » transcende toutes les formes de murailles et de frontières. Le salut musulman, *Salaam Aleikum*, signifie la même chose, tout comme le *Shalom alekhem* hébreu. L'idéogramme chinois de la paix, composé de trois éléments, commence par *ping*, qui signifie égalité : il n'y a paix que lorsqu'il y a égalité et que personne ne cherche à dominer ni à agresser autrui. Le second élément, *pa*, représenté par une femme sous un toit, signifie que la paix implique un foyer paisible et que l'affection d'une mère en occupe le cœur. Le troisième, *ho*, figure une bouche et des céréales, ce qui veut dire que la paix n'est possible que quand tout le monde a suffisamment à manger. La salutation hindoue *namasta* ajoute à cela : « Je m'incline devant toi », autrement dit : je ne vaux pas mieux que toi, nous sommes tous des humains recelant l'esprit de vie ou une étincelle de divinité. Voilà qui remet en question l'idée selon laquelle la vocation ultime de l'humanité serait d'être séparée en nations fières de leur singularité. Des civilisations se sont évanouies en ne laissant que poussière ; et la plupart des puissants empires qui ont régné jadis sur des multitudes de tribus et de langues différentes n'existent plus. Peut-être les nations ne sont-elles pas non plus immortelles ?

Le monde présentait un autre visage, avec des contraintes et des libertés différentes, avant l'apparition des États-nations, il y a quelques siècles seulement, et ce n'est pas parce que les habitants de certaines régions ont soudainement découvert qu'ils étaient tous semblables qu'ils ont décidé de s'unir. Loin d'incarner des caractéristiques danoises prétendument communes, Grundtvig se rebellait contre presque tous les aspects de l'ordre établi, méprisant la classe dirigeante, critiquant si violemment les dignitaires de l'Église qu'il fut interdit de prêche pendant plusieurs années, condamnant le système éducatif « terne, creux et ennuyeux » dont les diplômés étaient « froids, têtus et terre à terre ». Ce polémiste rédigea une incroyable quantité de livres et d'articles sur un vaste éventail de sujets et ne cessa de s'en prendre à ceux qui ne partageaient pas son avis. Grand intellectuel, il citait les philosophes allemands, Shakespeare, Beowulf et la littérature anglo-saxonne. Il chérissait le souvenir des étés qu'il avait passés à Oxford et Cambridge, mais aussi des visites qu'il avait rendues à Robert Owen et aux pionniers du mouvement coopératif anglais. Ses enthousiasmes étaient un méli-mélo d'éclairs de lucidité et de vœux pieux ; malgré toute son admiration pour l'Angleterre, il écrivait : « Je soupçonne fortement l'existence d'un grand fonds de désespoir dans cette activité frénétique des Anglais. Tout le monde est si immodérément occupé... Les uns sont tout aussi affairés à vadrouiller à travers le monde que d'autres à travailler, tout aussi affairés à gaspiller de l'argent que d'autres à le gagner », à la différence des Allemands qui « font du zèle au travail une vertu en soi ». Les Danois, au contraire, « prennent du bon temps ». L'annexion par la Prusse d'une importante portion du Danemark en 1864 le plongea cependant dans une grave dépression et lui inspira la volonté passionnée de résister plus farouchement aux menaces étrangères. Différents types de patriotisme se sont d'ailleurs toujours affrontés au Danemark.

Les choses étant ce qu'elles sont, quelle est la relation entre patriotisme et cosmopolitisme ? Aujourd'hui, la plupart des gens se considèrent comme des citoyens de leur propre pays à l'exclusion de tout autre. Ce qui n'empêche pas 51 % des Français d'affirmer en même temps une allégeance plus ample en se déclarant citoyens du monde, à l'instar de 50 %

des Chinois et d'un nombre significatif d'Italiens (48 %), d'Indiens (46 %), de Mexicains (44 %), de Britanniques (38 %), de Thaïlandais (38 %), d'Allemands (37 %), d'Argentins (34 %), d'Indonésiens (29 %), d'Américains (27 %), de Palestiniens (27 %), d'Égyptiens (26 %), de Turcs (19 %) et de Russes (17 %). Plus les gens sont instruits, plus ils sont jeunes et plus ils voyagent, plus ils ont de chances de se considérer comme des citoyens du monde, ce qui est le cas de 47 % de ceux qui connaissent des gens originaires de cinq autres régions de la planète.

Ces multiallégeances nous rappellent qu'un gouvernement n'est pas toujours le cœur d'une nation, et que les gens ordinaires s'appliquent à nouer leurs propres affinités, extensibles et rétractables à l'infini. L'oumma islamique, avec sa vision d'une communauté mondiale, ni tribale ni nationale, tenait les gouvernements pour trop éphémères et trop superficiels pour engendrer des loyautés permanentes : *Allahu Akbar,* « Dieu est plus grand », signifiait qu'aucun être humain ne devait obéissance totale à un autre être humain ; un imam n'était pas un chef, mais seulement un « guide de caravane », ce qui n'a évidemment pas empêché les luttes pour le pouvoir de remplacer l'unité par d'âpres divisions. Le célèbre médecin Abu Bakr al-Razi (v. 860-v. 925) affirmait même qu'une religion organisée était inutile, car tous les humains possédaient la faculté de distinguer le Bien du Mal ; tous pouvaient faire usage de leur raison et de leur inspiration (*ilhan)*, mot dont la signification n'était pas très éloignée de ce que les Grecs appelaient leur « muse ». Les Danois, quant à eux, prétendent avoir contribué à l'art de préserver la paix dans le désaccord en tempérant l'expression extérieure de la querelle et des différends.

Rien, jusqu'à présent, pas même la technologie, n'a su mettre au point la tectonique capable de réaliser le rêve d'une « communion du genre humain ». Les difficultés étaient déjà manifestes dans la Grèce antique quand Diogène (412-323 avant J.-C.), fils rebelle d'un banquier de la mer Noire, le premier à se qualifier de citoyen du monde, railla la recherche de la sécurité et de la prospérité en se faisant passer pour un mendiant et en dormant dans un tonneau, afin de montrer qu'il pouvait parfaitement se passer de luxe ; il se promenait en brandissant une lanterne en plein jour, expliquant qu'il était à la recherche d'un homme honnête, se masturbait en public et affirmait qu'il aurait bien voulu se débarrasser de la faim en se frottant le ventre ; il avait baptisé sa philosophie *cynisme* (littéralement : chien-isme), déclarant que les chiens étaient les vrais philosophes parce qu'ils vivaient sans angoisse – capables de distinguer aisément leurs amis de leurs ennemis – et sans honte – n'éprouvant aucune gêne à copuler en public. Loin d'en être amusé, son auditoire fut plutôt scandalisé, horrifié à l'idée qu'étrangers et barbares, et même des animaux, pussent être aussi dignes de respect que les citoyens cultivés d'Athènes. Toujours les gens ont voulu posséder un lieu dont ils puissent être fiers pour l'opposer à d'autres qu'ils puissent détester.

Le cosmopolitisme ne pouvait être imposé par la force. Depuis que le roi sumérien Sargon avait détruit les cités-États des environs au XXIIIe siècle avant J.-C. et conquis ce qu'il prenait pour le monde entier, se proclamant « maître des quatre régions de la Terre » et objet de l'« obéissance de tous les hommes », une interminable succession de chefs militaires a cherché en vain à unir l'humanité par la force des armes. Alexandre le Grand, dont l'ambition ne s'arrêtait pas à l'obéissance de tous les hommes, fit de sa *cosmopolis* une union non seulement des civilisations helléniques et persanes, mais également d'individus qui, déclarait-il, devaient se considérer comme membres d'une seule et même famille, contractant des mariages entre eux et acceptant leurs dieux respectifs ; il donna lui-même l'exemple en épousant une princesse persane et en portant des vêtements persans. Mais un homme ne pouvait à lui seul modifier des traditions ancestrales.

Les philosophes des Lumières ont cru avoir trouvé la solution à ce problème. Ils exhortaient les masses à partager le rêve d'un monde où la liberté ne connaîtrait pas de frontières, redéfinissant le patriotisme comme un sentiment de communauté avec tous les êtres épris de liberté, quel que fût l'endroit où ils vivaient. Ils remplacèrent l'ancien modèle du citoyen du monde, sage serein trouvant l'harmonie au milieu de la diversité des langues et des tribus, par celui du combattant militant pour l'émancipation et la chute de la tyrannie, lutte à laquelle même les plus humbles pouvaient participer. Il faut bien avouer, cependant, qu'au cours des deux derniers siècles l'intérêt strictement national a exercé un attrait bien supérieur. Le communisme soviétique lui-même, tout en invitant les travailleurs du monde entier à s'unir, a exploité le sentiment national pour étendre son empire. Bien que l'Organisation des Nations unies soutienne des organismes d'assistance supranationaux préoccupés par des problèmes universels, elle joue également le rôle de garante de souverainetés jalouses de leur nation.

On ne pourrait plus aujourd'hui se conduire à l'image de l'aventurier libertin Fougeret de Montbron, auteur du *Cosmopolite* (1750), qui écrasait de son mépris ceux qui n'avaient jamais franchi les frontières de leur pays et n'éprouvaient d'admiration que pour un seul pays étranger, à l'instar des « anglomaniaques » français. Quand il demanda un passeport pour se rendre en Angleterre et qu'on lui répondit « Avez-vous oublié que la France est en guerre contre l'Angleterre ? », il rétorqua qu'il le savait fort bien, mais qu'il était un habitant du monde et « cultivai[t] une exacte neutralité entre les puissances belligérantes ». Il n'est plus possible d'agir comme le fit en 1813 Humphrey Davy (1778-1828), lequel se rendit en France, alors que les guerres napoléoniennes faisaient rage, afin d'y recevoir une médaille de l'Empereur pour ses découvertes scientifiques, en expliquant que si les deux gouvernements étaient en conflit, les savants, eux, ne l'étaient pas. Si le cosmopolitisme reste un mirage, c'est en partie parce qu'on a peine à croire qu'il ne menace pas les allégeances nationales ou autres, en partie parce que moins de 5 % de la population mondiale parle couramment une autre langue que la sienne. À supposer que pareille chose existe un jour, un gouvernement mondial ne serait pas forcément plus bienveillant que ceux dont les citoyens se plaignent aujourd'hui. Même au XXIe siècle, les habitants des États-Unis ont majoritairement montré qu'ils n'avaient pas peur d'élire à la présidence un homme qui n'avait que des idées très vagues sur d'autres pays que le sien. Les échanges d'insultes entre individus, ou, pis, entre nations restent la soupape de sûreté favorite de nombreuses frustrations. Le scepticisme de Rousseau est toujours largement partagé : « Défiez-vous de ces cosmopolites qui vont chercher loin dans leurs livres des devoirs qu'ils dédaignent de remplir autour d'eux [...]. Ils se vantent d'aimer tout le monde pour avoir le droit de n'aimer personne. »

La réponse est que l'idéal cosmopolite n'est pas la seule solution. Je ne peux pas aimer une personne que je n'ai jamais rencontrée, ou à tout le moins entendue ou lue. Il n'en va pas autrement des pays : il me faut être ému non seulement par la physionomie d'un autre pays, mais plus encore par ses rêves et ses souvenirs, par ses luttes anciennes et présentes, et je dois être parfaitement conscient que les individus ne sont pas comme les galets d'une plage, tous interchangeables. Quand le hasard m'a conduit à consacrer ma thèse de doctorat à la France, où j'ai ensuite passé de nombreuses années à essayer de comprendre des Français de toute espèce, vivants et morts, j'ai découvert trois France : la première était imaginaire, faite des mythes les concernant auxquels les Français aiment à croire ; la deuxième était formée de soixante-cinq millions d'individus dont chacun possédait ses propres particularités, uniques, et ses opinions, différentes de celles des autres, révélant l'existence en France d'autant de minorités que d'habitants ; alors qu'une troisième France rassemblait des gens de toutes les nationalités du monde qui avaient assimilé quelque chose de la culture française et qui étaient nettement plus nombreux que les citoyens français. Tous ceux dont les goûts ont été influencés par les idées, par la cuisine, par la littérature, par l'art français, ou par toute autre expérience de ce pays, recèlent un ingrédient français à côté d'ingrédients originaires, eux, d'autres pays. Au-delà du cosmopolitisme caricaturé par Rousseau, qui consiste à aimer tous les autres quels qu'ils soient, on peut donc envisager une alchimie d'idées différente que chaque individu concocterait à l'aide d'ingrédients empruntés à d'autres régions du monde, associant sa sympathie pour certaines gens et certains lieux particuliers pour produire des affections dont la composition serait unique. Contrairement au cosmopolitisme qui se sent d'emblée partout chez lui, cette approche plus personnelle se nourrit d'une connaissance acquise progressivement et est entretenue par la conscience réciproque, de la part tant de l'étranger que de l'autochtone, que leur esprit s'est ainsi ouvert à de nouvelles manières de voir et de penser. À l'image des artistes qui peignent un paysage dans lequel ils distinguent des caractéristiques que les habitants du cru peuvent ne pas remarquer ou ne pas apprécier, ils deviennent les catalyseurs de leurs imaginations respectives.

Aussi exaspérante qu'elle puisse être aux yeux de certains, l'« exception française » – la volonté obstinée des Français de faire les choses à leur façon – est aussi riche de sens que les critiques émises contre le reboisement de la planète avec des conifères absolument identiques, contre l'uniformisation de son architecture par des gratte-ciel de verre tous semblables, ou contre la standardisation vestimentaire qui affecte tous ses habitants. Elle est contrebalancée par la tradition que la France a héritée de ses penseurs du XVIIIe siècle et qui l'incite à tirer des conséquences universelles de faits particuliers ou locaux, antidote le plus puissant qui soit aux perspectives étriquées. La France, qui a été pour moi une muse, n'a donc pas été une muse jalouse, mais une muse qui m'a incité à chercher l'inspiration en d'autres pays et qui a facilité cette quête. Chaque pays inspire de nouvelles réflexions, de même qu'un dictionnaire révèle de multiples nuances de sens pour chaque vocable. De même que l'âge d'une personne ne se mesure pas simplement au nombre d'années qui se sont écoulées depuis sa naissance, mais à l'intensité avec laquelle elle a vécu ces années et à la variété des expériences qu'elle a accumulées, dont il faut défalquer tout le temps passé à ne vivre qu'à moitié, la patrie de chaque être humain peut être composée de nombreux fragments et degrés de reconnaissance, de loyauté et d'inspiration.

16.

Pourquoi tant de gens se sentent-ils peu reconnus, mal aimés, seulement à demi vivants ?

Pourquoi a-t-il été si difficile de transformer les idéaux de liberté, d'égalité et de fraternité en réalités ? Pourquoi n'ont-ils pas su tenir toutes leurs promesses ? Si les idéaux sont voués à perdre leur parfum subtil et grisant quand ils sont figés en lois, quel est leur avenir ?

On a relevé jusqu'à présent deux façons d'assurer la survie des idéaux après des déceptions réitérées. La première consiste à affirmer qu'il est bon d'avoir de nobles idéaux, même si on ne peut les mettre en pratique. Au Japon notamment, nombre de gens ont fini par conclure que, l'échec étant nettement plus courant que la réussite, la manière dont on échoue importe davantage que l'échec en lui-même. Bien que la quête du succès au sens conventionnel y relève d'une tradition aussi solide qu'en Amérique, on y entretient en parallèle une culture qui glorifie les échecs nobles et incite à admirer ceux qui défient bravement l'ordre établi au nom d'une cause morale vertueuse tout en ignorant la possibilité ou la plausibilité de la défaite. Fut un temps où les Japonais connaissaient presque tous les dix ans des émeutes, souvent vaines mais néanmoins récurrentes. Certains des héros les plus populaires du pays ne se recrutent pas parmi les riches et les puissants, mais appartiennent à ces fiers ratés. Oshio

Heihachiro (1793-1837) en fait partie ; ce modeste inspecteur de police d'Osaka s'était donné pour mission de combattre la corruption. Quand il découvrit que le plus haut magistrat de la ville était lui aussi véreux, Oshio démissionna et consacra désormais sa vie à enseigner une morale supérieure sur le thème qu'il est mal et lâche de se résigner à l'injustice. Quand bien même la puissance de l'autorité paraissait invincible, il fallait « bien agir pour le plaisir de bien agir » ; il ne fallait pas seulement savoir ce qui était bien, mais agir en conséquence. Il a donné un sens révolutionnaire à la maxime du philosophe chinois Wang Yang-ming selon laquelle « savoir et ne pas agir revient à ne pas savoir du tout ». Peu importait que l'action se révélât inefficace ; un sage ne devait pas craindre de se conduire « comme un fou » – une idée préfigurant ce que Mishima écrivit un siècle plus tard : « C'est le voyage qui compte, et non l'arrivée. » C'est ainsi que dans les années 1830, quand quatre années de famine eurent provoqué des effets dévastateurs, entraînant la mort de plus de cent mille personnes, Oshio Heihachiro dénonça la collusion entre les bureaucrates et les riches marchands qui maintenaient les prix des vivres hors de portée des pauvres. Il vendit son bien le plus précieux, sa bibliothèque, et donna tout l'argent aux miséreux ; puis il lança un mouvement de révolte non pour s'emparer du pouvoir politique, mais pour exprimer ce que la plupart des gens croyaient « sincèrement », à savoir que les méchants devaient être punis et que la justice devait régner ici-bas. L'essentiel était d'agir avec « sincérité » et de ne pas vivre dans le mensonge. Il mit le feu à sa propre maison pour incendier les demeures de marchands qui la jouxtaient ; en définitive, l'incendie ravagea trois mille trois cents maisons et nombre de boutiques furent pillées. Sa révolte était cependant si désorganisée que la répression fut aussi brutale qu'aisée. Oshio se suicida, mais il continue à vivre sous les traits d'un héros dans l'esprit de tous ceux qui estiment que la vie ne devrait pas être – et n'est pas condamnée à être – l'« enfer », mot qu'il employait pour décrire le sort de beaucoup. L'hommage à l'échec, l'échec héroïque aussi bien que celui du « petit homme », a été du reste un thème récurrent de la littérature américaine de nombreuses décennies plus tard : *Mort d'un commis voyageur* fait écho au regret japonais à l'idée que, bien que le corps puisse vivre plus longtemps, l'esprit succombe bien souvent à une mort anticipée.

La deuxième réponse, plus courante, à la dissipation des idéaux, consiste à répéter inlassablement qu'ils régissent notre vie alors que nous y sommes beaucoup moins attachés qu'on ne le prétend et les trahissons à la première occasion. Avoir des idéaux soulage la conscience. Dans les faits, les hommes n'ont pas eu la Liberté, l'Égalité et la Fraternité aussi chevillées au corps que le suggère cette devise. Ils ont abandonné ces idéaux à maintes reprises, et souvent sans combattre. Les Anglais eux-mêmes, fiers à juste titre d'être les pionniers de la liberté de parole et de l'abolition des arrestations arbitraires, ont montré avec quelle facilité la peur peut faire renoncer aux libertés. Il n'est nul besoin d'un tyran brutal pour saper la liberté ; la panique suffit. À la charnière des XXe et XXIe siècles, en l'espace d'une unique décennie, on a défini une multitude de nouveaux délits en prétendant protéger la liberté, moyennant parfois l'effet inverse. La population britannique est aujourd'hui quotidiennement sous le regard de près de cinq millions de caméras qui la soumettent à une surveillance plus étroite que celle de tout autre pays, à tel point qu'un individu lambda est, paraît-il, observé trois cents fois par jour, et que les déplacements de tous les véhicules sont enregistrés. La liberté de parole et le droit de manifester en public ont été réduits. Des personnes ont été détenues sans mise en examen préalable, ou assignées à résidence sans avoir jamais été condamnées, sur la foi d'indices irrecevables par un tribunal. Les gouvernements se sont octroyé le droit de dissimuler des actes susceptibles de leur faire perdre des voix. Les médias disposent de beaucoup moins de ressources que par le passé pour débusquer la vérité. Les jurys populaires sont menacés, et seuls les plus riches peuvent se permettre des procès en diffamation. À en croire un sondage, la majorité des Britanniques ne croient plus que les lois sur les droits de l'homme assurent une plus grande équité. Aux États-Unis, certains ont baptisé ces droits « la dernière utopie », objet d'une brève popularité au moment où d'autres idéologies perdaient de leur pouvoir d'attraction, mais commençant déjà à passer de mode. Amnesty International ne compte que trois millions de membres contre quatre-vingt-dix-sept millions de bénévoles pour la Croix-Rouge. On accorderait donc plus de valeur à la survie qu'à la liberté.

Le message transmis par les États-Unis, en dépit de leur goût pour la liberté, est que les citoyens de ce pays n'ont pas choisi librement d'être ce qu'ils sont devenus. Ils n'ont pas négligé volontairement les conseils que leur prodiguait Benjamin Franklin dans *Le Chemin de la fortune* (1756) : « Achète seulement ce dont tu as besoin. Qui va à l'emprunt cherche l'affront. » Ils se sont laissé emporter par la supériorité de leur intelligence technologique, laquelle leur a permis de produire beaucoup plus qu'ils ne pouvaient consommer, ce qui leur a imposé de rechercher de nouveaux débouchés et d'inciter tout un chacun à acheter sans trêve et le plus possible, bafouant ainsi la simplicité et le sens de l'économie qu'ils chérissaient jadis. Ils n'avaient pas l'intention de devenir le pays du monde qui connaît le taux d'endettement privé et public le plus élevé. Ils n'ont pas décidé de leur plein gré d'être dominés par des entreprises colossales ; au contraire, cette nation de pionniers indépendants et d'entreprises familiales s'est battue avec acharnement pour éviter cette situation grâce à des lois antitrust – et elle a échoué. Les Américains n'ont pas décidé, après mûre réflexion, d'accorder une telle importance aux biens matériels, et plus des trois quarts d'entre eux continuent à se plaindre que leur pays soit trop matérialiste, égoïste, peu généreux, indifférent aux autres. Ils ont pourtant du mal à appliquer la morale à laquelle ils croient : quand on les interroge sur leurs principales ambitions, ils sont tout aussi nombreux à répondre qu'ils voudraient une belle maison, une nouvelle voiture, des vêtements de qualité, un emploi bien rémunéré. L'envie, le désir de possession et le divertissement les gouvernent, bon gré mal gré, au moins autant que la liberté, l'égalité et la fraternité. John Adams, le deuxième président des États-Unis (1735-1826), déclarait à sa femme qu'il ne s'occupait de politique et de guerre que pour que leurs fils aient « la liberté d'étudier les mathématiques et la philosophie, la géographie, l'histoire naturelle, la construction navale, la navigation, le commerce et l'agriculture, afin de donner à leurs propres enfants le droit d'étudier la peinture, la poésie, la musique, l'architecture, la sculpture, la tapisserie et la porcelaine ». On est encore loin de l'avenir qu'il envisageait pour ses petits-enfants, et beaucoup restent convaincus que les affaires sont la principale affaire de l'Amérique, ce qui n'était nullement sa vocation première.

Ces déceptions n'ont pas empêché les Américains de continuer à prier pour le succès depuis le cimetière de leurs défaites morales. Leurs agissements ont influencé presque tous les habitants de la planète, mais qu'auraient-ils pu faire d'autre ? Ils expriment leur idée de la liberté et de l'égalité en érigeant en héros le self-made man qui chante *« I did it my way »* – « Je l'ai fait à ma manière ». L'évangile de l'Amérique est qu'il suffit de travailler dur pour s'en sortir haut la main, par ses seuls efforts, la conclusion réconfortante étant que tous les privilèges de ceux qui ont réussi sont mérités et que l'inégalité de richesse ne peut donc être un objet de querelle. Mais le rêve américain n'est bien sûr qu'un rêve. En réalité, un grand nombre d'individus sont condamnés à l'échec ; quant à ceux qui parviennent au sommet, ils ne travaillent pas forcément plus dur que ceux qui restent au bas de l'échelle – en tout cas pas cinq cents fois plus dur, comme leurs salaires pourraient le faire accroire.

Bob Dylan disait : « Si tu essaies d'être un autre que toi, tu échoueras », et « Un homme a réussi s'il se lève le matin et se couche le soir en ayant fait entre les deux ce qu'il avait envie de faire ». Il n'est pourtant pas si facile d'être soi-même, de savoir ce qu'on veut, et quelle caricature de soi on devient au fil des ans. Nous avons besoin que les autres nous disent honnêtement quelle image ils ont de nous, ou du moins avons-nous besoin des encouragements que dispense le fait que deux êtres se trouvent mutuellement attirants, quelle que soit à ce sujet l'opinion du reste du monde. On aura beau dire qu'il ne faut compter que sur soi, peu de gens réussissent s'ils n'ont pas les amis nécessaires. Or la plupart d'entre eux n'ont pour les aider que leur famille restreinte et une poignée d'amis qui n'ont souvent pas mieux réussi qu'eux. Alors, où peuvent-ils trouver davantage d'amis ? « Peu m'importe d'échouer en ce monde », chantait Malvina Reynolds (1900-1978), « parce que ce sont les salauds qui réussissent. » N'y a-t-il vraiment pas d'autre solution que de consacrer son énergie à rejoindre les rangs des salauds ?

Quand les idéaux tournent trop visiblement au simulacre, une troisième attitude consiste à se demander s'il ne leur fait pas défaut quelque chose de vital. On a pu en prendre conscience quand l'obtention du droit de vote et le contrôle du pouvoir politique ont été érigés en objectif prioritaire universel et en préalable au bonheur, détournant l'attention de la compréhension privée vers le débat public, et des relations interpersonnelles vers les garanties juridiques. La liberté, l'égalité et la fraternité sont incapables, à elles seules, d'assurer une nourriture affective suffisante, parce qu'elles laissent à trop de gens le sentiment de n'être pas appréciés, d'être mal aimés, de n'être qu'à demi vivants. Il est évidemment magnifique que la loi nous accorde la liberté de dire et de faire ce que nous voulons sans blesser ni léser les autres, mais que faire si personne n'écoute ce que nous disons ni n'apprécie ce que nous faisons ? Le désir d'être estimé et compris prend alors peu à peu le pas sur la jouissance formelle de prérogatives constitutionnelles. Il est extrêmement satisfaisant que tout un chacun dispose d'un droit de vote équivalent et que toute discrimination soit abolie, mais que se passe-t-il si la cupidité, la malveillance, l'envie et l'orgueil dépouillent l'égalité de toute joie ? En l'occurrence, l'égalité fait de plus en plus figure de mirage et l'on considère que c'est l'affection qui rend tolérables les différences entre individus. Savoir que la fraternité viendra à votre secours dans les moments difficiles ou dans le grand âge est un immense soulagement, mais qu'advient-il si cette aide est accordée de façon impersonnelle, parcimonieuse, réticente, sans la moindre reconnaissance de ce qu'on a soi-même donné aux autres en des temps meilleurs ? Dans ce cas, on a de plus en plus de mal à se contenter de la simple survie, et l'on aimerait se sentir enfin véritablement en vie, être une source d'énergie pour autrui, pouvoir donner aux autres quelque chose de précieux, être capable de rendre les autres plus vivants, et devenir soi-même plus vivant en retour.

La liberté, l'égalité et la fraternité sont une recette à laquelle manque un ingrédient essentiel. Les juristes qui rédigent les constitutions n'aiment guère évoquer les faits de l'existence trop personnels ou trop intimes. Malgré tous les actes héroïques et tous les sacrifices consentis pour faire de ces trois valeurs les vrais fondements de la société, aucune d'elles ne l'est devenue ni de près ni de loin. Il a fallu aux Français un siècle d'hésitations avant de choisir définitivement leur fameuse devise, après avoir envisagé amitié, charité, sincérité. Les trois mots magiques qui ornent le fronton de presque tous les bâtiments publics en France, accompagnés le plus souvent d'une interdiction d'affichage, n'ont survécu que parce qu'ils sont protégés par d'innombrables mythes et par des interprétations d'une incroyable diversité. On pourrait en conclure que sans mythes, rien ne saurait durer. En fait, c'est précisément parce que ces mots magiques ont été soigneusement enveloppés dans des mythes qu'ils n'ont pas changé la vie des gens autant qu'ils l'auraient pu. Aujourd'hui, on aurait besoin que cette triade *« Appreciation, Affection, Animation »* (être compris, aimé et pleinement en vie) vienne en complément des préoccupations politiques, économiques et sociales du passé.

Que penser par ailleurs de cette importante fraction de l'humanité qui ne se préoccupe pas d'idéaux et vit passivement sous la férule de dictateurs qu'elle paraît même admirer ? Oubliant que le pouvoir est un poison doux-amer qui provoque d'étranges formes de cécité et de surdité, des êtres généralement raisonnables peuvent se laisser convaincre de le confier à n'importe quel prétendu messie charismatique qui promet de résoudre tous leurs problèmes. Pourtant, à l'engouement pour des leaders suffisamment persuasifs ont à maintes reprises succédé la déception et la panique, presque aussi inéluctablement qu'orages et ouragans finissent par masquer le soleil.

> Quand le pays est sans roi, les riches sont sans protection,
> et bergers et paysans dorment le verrou poussé.
> Quand le pays est sans roi, le fils n'honore pas son père,
> ni l'épouse son mari,

écrivait Kamba au XIIe siècle dans son *Kamba Ramayanam*, l'épopée nationale du peuple tamoul consacrée au dieu Rama, venu sur terre pour « châtier, édifier et guider les hommes ». Cette foi en des dirigeants tout-puissants a survécu bien que les rois – et leurs imitateurs, petits tyrans domestiques ou maîtres de vastes conglomérats – aient la plupart du temps assuré moins de sécurité et d'ordre qu'ils ne le promettaient. La guerre, qui longtemps avait été le divertissement des monarques, est également devenue celui d'hommes politiques avides de popularité, alors que la compétition, purgée de la violence physique, est devenue le sport qui anime d'innombrables aspects de la vie, au travail comme dans les loisirs. « Dès qu'un roi s'est assis sur le trône, il devrait automatiquement attaquer ses voisins », déclarait un traité indien sur la « science de la politique » (l'*Arthashâstra*), rédigé probablement au IIIe siècle avant J.-C. Dans toutes les civilisations il y a eu des hommes, intelligents par ailleurs, pour exhorter les rois à faire passer l'expansion avant les considérations morales ; le brillant premier maître de la prose arabe lui-même, Ibn al-Muqaffa (v. 720-757), n'a pas agi autrement, bien que son père eût été torturé et estropié sur ordre du roi. « Le roi qui est plus faible que l'autre devrait préserver la paix ; celui qui est plus fort, faire la guerre » : le monde entier a fini par admettre que le machiavélisme constituait la méthode obligée pour se maintenir au pouvoir, aussi attaché à la vertu que l'on puisse être par ailleurs. Machiavel ne voulait pas que les princes soient impitoyables ; il se contenta de remarquer qu'ils devaient l'être s'ils voulaient rester princes.

Bien que les gouvernements aient fait obstacle à la liberté, à l'égalité et à la fraternité en usurpant la tradition d'obéissance absolue au divin, dans les faits ils n'ont en général pas exercé sur leur sujets un contrôle aussi complet qu'ils le prétendaient ; leurs efforts ont été sabotés par la passivité bureaucratique, et ceux qui étaient censés obéir aux lois sont passés maîtres, grâce à une longue pratique, dans l'art de s'y dérober. Chose plus importante, on a encouragé les ambitieux à chercher dans la prospérité une compensation à leur exclusion du gouvernement ; en effet, les gens riches finissent par conclure qu'extorquer de menues faveurs personnelles à ceux qui monopolisent le pouvoir est plus avantageux que de s'engager dans la lutte pour celui-ci, cette lutte ayant de manière réitérée fait plus de vaincus que de vainqueurs.

La liberté en tant qu'objectif unique a essuyé de nombreuses défaites parce qu'elle exhorte les individus à suivre leur propre pente avec pour effet secondaire involontaire d'aggraver les différences qui les séparent. Désaccords et rivalités se multiplient. Les minorités sont marginalisées, elles réclament bruyamment d'être appréciées à leur juste valeur, ce que la liberté en soi ne peut leur accorder. Peu d'êtres humains se sentent suffisamment appréciés et pleinement compris, et beaucoup acceptent docilement de porter les étiquettes que d'autres leur attachent. Il est tant d'obstacles qui empêchent de connaître la vérité sur autrui, tant de déguisements qui cherchent à créer une illusion de respectabilité, une telle inflation de mensonges et de semi-vérités racontés par les gouvernements et les entreprises, tant de pure fiction qui se camoufle en publicité, que l'individu isolé et ignoré souffre de façon plus criante d'incompréhension que d'impuissance. Seule une relation intime d'ordre privé peut rassurer en attestant que l'on n'est pas la caricature pour laquelle on nous prend. Mais la vie privée a été dénigrée sous prétexte qu'elle détourne de l'engagement civique, de sorte qu'on a consacré bien peu de réflexions à la synergie que pourraient nouer vie privée et vie publique au lieu de se concurrencer.

Plutôt que d'attendre de la politique qu'elle apporte aux hommes tous les types de dignité auxquels ils aspirent, on pourrait se demander ce qu'il serait possible de faire hors de l'isoloir, dans les lieux où se rencontrent collègues, clients, étrangers, riches et pauvres, autrement dit au travail. Jusqu'à présent, la plupart des gens n'ont pas inventé leur propre façon de gagner leur vie. Ils n'ont pas décidé librement que travailler pour un employeur constituait la meilleure méthode possible pour éviter de mourir de faim. Le plus souvent, ils ne se rappellent pas que les firmes commerciales suscitaient autrefois une telle méfiance que, à la suite d'un des krachs financiers dont elles étaient périodiquement victimes, créer une société anonyme commerciale fut considéré comme un délit, en Angleterre, pendant tout un siècle (entre 1720 et 1825), pourtant période de grande prospérité. Les humains ont tort d'imaginer que l'agriculture, l'industrie, la société de services relèvent de l'ordre naturel, au lieu d'y voir des inventions créées à des fins qu'ils ne partagent peut-être plus. On ne leur apprend pas à l'école que les grandes entreprises commerciales actuelles doivent leur existence à un aléa de l'histoire, et qu'il existait jadis deux types de firmes dans le pays de la liberté que l'Amérique voulait créer : les premières avaient pour mission d'exécuter des tâches spécifiques, démocratiquement jugées d'intérêt public, comme la construction de canaux (l'Ohio était connu pour la rigueur avec laquelle il veillait à ce que les sociétés commerciales n'abusent pas de leurs privilèges pour engranger des profits personnels) ; les autres avaient obtenu des chartes leur permettant de faire ce qu'elles voulaient (le New Jersey étant connu pour la prodigalité avec laquelle il les accordait). Le système du New Jersey l'a progressivement emporté, privant le public de tout contrôle sur les activités des firmes commerciales. Celles-ci constituent un système qui n'est vieux que d'un siècle et n'est pas forcément le seul à pouvoir stimuler la prospérité ou le plaisir. De même l'agriculture n'a pas été inventée pour apporter à tous une égale satisfaction ; les paysans qui travaillaient le sol n'en ont généralement pas tiré autant de profit que les citadins qu'ils nourrissaient. Ce n'est pas par un choix fait en toute liberté que les travailleurs sans emploi ont afflué dans les tristes usines de la civilisation industrielle. Aucun scrutin libre n'a décidé que les spéculateurs constitueraient la minorité tirant le maximum de profit du labeur de l'humanité.

Le nombre d'individus qui choisissent aujourd'hui librement comment ils gagnent leur vie est étonnamment faible, et la liberté même de cette minorité est compromise par le type de travail auquel elle se livre. Les gouvernements ne sont pas les seuls à paniquer ni à inciter leurs citoyens à paniquer. Les employeurs paniquent à l'idée que leurs profits vont diminuer si leurs salariés laissent leur esprit s'évader des tâches qu'ils sont censés effectuer. Ils ont trouvé une solution miracle dans les équipements technologiques, qui permettent de surveiller tous les faits et gestes de leurs salariés et d'exercer ainsi un contrôle bien plus rigoureux que tout ce que l'on a pu connaître dans l'histoire. Rien ne permet de croire que la liberté va progressivement gagner le monde entier, prenant pour modèle les rares pays réputés pour la valeur qu'ils lui attachèrent par le passé. L'idée que l'économie de marché encourage l'amour de la liberté a été réfutée par de nombreux pays qui ont associé concurrence économique et régime autoritaire. Périclès disait qu'il fallait être libre pour accéder au bonheur et qu'il fallait être courageux pour accéder à la liberté. Or la société n'a pas été édifiée pour rendre les gens courageux.

De trop nombreuses formes de travail semblent avoir été conçues pour ramollir le cerveau et priver le corps de tout ressort ; trop peu cherchent à rendre les gens plus vifs, plus intéressants, plus éveillés. Un bon test, pour se sentir vivant, est de se demander si la contribution que l'on apporte à la société par son travail est appréciée, si l'on exerce avec talent et savoir-faire une compétence estimée, et si l'on ne se contente pas de se plier docilement aux quatre volontés des plus riches. Trop souvent, la conscience de ce besoin ne s'est introduite dans les organisations que sous la forme d'un sédatif destiné à minimiser le stress qu'elles engendrent. Dans l'Athènes antique, le travail était réservé aux esclaves ; il était déshonorant, pour un homme libre, de courber l'échine devant autrui en travaillant pour un gain ; aujourd'hui, au contraire, il est honteux d'être au chômage et l'on considère que se vendre en esclavage à temps partiel est une marque de réussite. Aussi accepte-t-on docilement comme un fait naturel de n'être pas libre pendant la moitié de ses heures de veille ; en même temps, plus un pays devient prospère, plus ses habitants rêvent d'être libres dans leur travail et de choisir l'utilisation qu'ils font de leurs talents et de leur temps sans avoir à ramper ni à flatter. Un immense champ d'exploration s'est ouvert où l'on peut essayer de trouver la meilleure façon d'exercer un plus grand contrôle sur son travail, de se montrer inventif, indispensable, et d'être apprécié. De nombreuses formes de travail ne le permettent pas. Et bien des gens n'ont pas même idée de le réclamer, parce qu'ils partent de l'hypothèse que le travail doit être tel qu'il est, parce qu'ils se sont adaptés aux maigres récompenses qu'il offre, ou parce qu'ils ont appris à chercher leurs satisfactions ailleurs. Rares sont ceux qui ont pris conscience qu'on les oblige à entrer dans des moules créés il y a des siècles et à se sacrifier sur l'autel de l'efficacité.

Et pourtant, on pourrait reconcevoir le travail comme un billet d'entrée dans une vie plus épanouie. Le droit au travail a été proclamé au moment de la révolution de 1848, mais rien n'empêche de dépasser l'idée que n'importe quel type d'emploi est préférable à l'absence d'emploi. Nous aurons bientôt affaire à un nouveau milliard de jeunes qui ne réclameront pas seulement le droit de travailler, mais celui d'exercer des métiers qui ne les ennuieront ni ne les abrutiront. Qui va inventer un milliard de nouveaux emplois captivants, stimulants et utiles ? Tous les métiers, toutes les professions attendent d'être repensés pour permettre de répondre à ces attentes. Sans une réforme du travail, les merveilleuses promesses de liberté, d'égalité et de fraternité ne seront jamais qu'une devise incomplète. Le travail n'est qu'une des activités susceptibles d'engendrer l'« appréciation » d'autrui, ainsi qu'une certaine « animation ». Le volet « affection », lui, est plus complexe.

Je vais me pencher à présent sur la manière dont les femmes et les hommes ont affronté ces mystères, avant de poursuivre mon exploration de la contribution que pourraient apporter de nouveaux modes de travail.

L'inspecteur de police japonais n'a peut-être pas trouvé la solution définitive au problème de la réalisation d'objectifs louables, mais il a posé la question essentielle : quels sont les idéaux qui valent que l'on meure pour eux, ou que l'on travaille pour eux, ou que l'on vive pour eux ? Bien sûr, quand les idéaux se concrétisent, ils peuvent perdre de la beauté qu'ils renfermaient, à l'instar des papillons qui ne sont plus aussi beaux, une fois épinglés en sous verre, que lorsqu'ils voltigeaient de fleur en fleur ; ils sont l'invisible monnaie de l'imagination. La politique est l'art de mettre les idéaux en pratique. Malheureusement, une fois devenus réalités, ils perdent leurs superbes ailes multicolores et se transforment en vers qui se repaissent des cadavres de l'espoir. Il est temps de sauver les idéaux de la tombe où ils ne reposent pas en paix.

17.

Femmes et hommes pourraient-ils se traiter autrement ?

Quelle est la guerre la plus cruelle et la plus interminable de toutes, celle qui a fait le plus grand nombre de victimes ? À des degrés divers, la guerre des sexes a estropié la moitié de la population mondiale et appauvri la sensibilité et l'imagination de l'autre. C'est cette guerre qui a le plus compté pour moi, parce que l'amitié avec les femmes a joué un rôle décisif dans ma vie. Les mesures législatives, l'octroi du droit de vote, l'accès à l'éducation, l'organisation d'un mouvement de masse, la contestation des monopoles professionnels masculins, le défoncement de ce plafond de verre auraient dû déjà modifier l'attitude des hommes à l'égard des femmes. Mais les armes que les femmes ont employées dans cette lutte ont été pour l'essentiel les mêmes que celles que les hommes avaient utilisées avant elles, et elles ont oublié que les hommes n'avaient jamais obtenu autant de liberté, d'égalité et de fraternité qu'ils l'espéraient. Dans les pays islamiques, les femmes ont recouru, elles aussi, à des méthodes traditionnelles, par exemple en réinterprétant les textes saints, mais elles n'en ont retiré que des résultats encore très limités. Quand les Soviétiques ont décrété l'abolition des inégalités entre les sexes, ils ont découvert que la législation ne suffisait pas à venir à bout d'habitudes ancestrales. Aux États-Unis, depuis l'œuvre de pionnière de Margaret Fuller (1810-1850), qui proclamait qu'« il n'existe pas d'homme entièrement masculin, pas de femme purement féminine », on a rarement enregistré des progrès qui n'aient été suivis de reculs et de réactions brutales, en même temps que de fuite hors du réel, ainsi qu'en témoignait Margaret Fuller lorsqu'elle disait : « Je connais maintenant tous les gens qui valent la peine d'être connus en Amérique et ne trouve aucune intelligence comparable à la mienne. » Au fil des siècles, le statut des femmes a connu des hauts et des bas et rien ne permet d'affirmer avec certitude qu'il s'améliorera régulièrement à l'avenir. Quant à suggérer que si l'on confiait le gouvernement du monde aux femmes, la douceur et la bonté l'emporteraient, c'est oublier que le pouvoir corrompt inexorablement. Devant tant de motifs de découragement, dois-je en conclure qu'il est aussi vain d'imaginer que la guerre des sexes puisse prendre fin un jour que de croire à la disparition de celle des prédateurs dans notre environnement naturel ?

Jusqu'à présent, la lutte pour les privilèges et pour le pouvoir a détourné l'attention d'un élément beaucoup plus insaisissable. La guerre des sexes a été comme une bataille terrestre, avec des combats au corps à corps aboutissant à la conquête ou à la perte de quelques mètres de territoire, alors que la maîtrise de l'air restait incontestée. J'entends par « air » l'atmosphère qui entoure les relations entre les femmes et les hommes, les bulles de rêve dans lesquels ils évoluent, les mentalités qui se refusent à changer. Alors, quels autres genres de batailles faut-il encore mener ? Ce n'est pas là une guerre qui se gagne par des batailles. Je m'intéresse davantage à trois gaz toxiques qu'il est difficile d'éviter d'inhaler et qui ont eu de profondes séquelles sur les énergies humaines.

Le premier est l'idée que la « condition humaine » est immuable. C'est une illusion dont m'a affranchi la rédaction de *L'Histoire intime de l'humanité*[1]. Il n'en demeure pas moins que des mentalités existant depuis la nuit des temps ne

1. Paris, Fayard, 1994.

disparaissent jamais tout à fait et qu'il est dangereux d'oublier ce qui les maintient en circulation.

Que vous soyez homme ou femme, vous et moi portons le même nom, *Homo sapiens*, que nous a attribué Carl von Linné (1707-1778). Malgré l'apparent compliment qui pourrait donner à entendre que nous sommes plus sages que d'autres créatures, Linné n'éprouvait guère d'estime pour les hommes, et pour les femmes moins encore. Après une longue carrière consacrée à l'étude minutieuse de milliers de plantes et d'animaux, voici comment il définissait l'espèce humaine : « Notre tâche quotidienne consiste à préparer, à partir de notre nourriture, des fèces répugnantes et de l'urine puante. Pour finir, nous sommes condamnés à devenir les cadavres les plus pestilentiels. Pourquoi Dieu nous a-t-il créés plus misérables que tout autre animal ?... Pour Son propre plaisir, pas pour celui de l'homme. »

Linné est célèbre pour avoir inventé le système de classification de tous les végétaux et de tous les animaux par genre et par espèce. Il a su ainsi satisfaire le besoin de la plupart des gens de s'identifier par l'appartenance à tel ou tel groupe, et de pouvoir ranger tout ce qui les entoure dans des catégories clairement étiquetées – en partant de la supposition, toujours en vigueur, que cela simplifie la vie. Le critère que Linné choisit pour distinguer les plantes était leurs caractéristiques sexuelles. Au début, les prudes le condamnèrent en le traitant de « pornographe botanique », et lui reprochèrent de prôner « une détestable prostitution », mais sa classification a fini par s'imposer universellement en ce qu'elle organisait de façon aisément intelligible la déroutante diversité de la nature. Quand chaque plante a eu un nom utilisé et accepté par tous, les gens ordinaires ont pu avoir l'impression d'être parvenus à comprendre la nature. Linné fut acclamé comme un libérateur ; de même que le système métrique affranchissait les hommes du chaos d'une multitude de poids et mesures locaux, son système a créé un consensus sur les relations entre différentes formes de vie. Cependant, sa passion pour la simplification n'était pas une libération destinée à encourager une réflexion autonome. Il ne se sentait vraiment bien que lorsqu'il pouvait étiqueter chaque créature sur la foi d'une unique caractéristique facile à définir. Cette attitude intellectuelle a continué à exercer un profond effet sur la manière dont hommes et femmes se traitent réciproquement. Elle limite leur vision de ce que chacun peut faire pour l'autre.

Linné était issu d'une famille de cinq générations de pasteurs luthériens, et il considérait que l'étude de la botanique relevait de la même mission : enseigner l'existence d'un ordre divin, expliquer que toutes choses sont telles qu'elles devaient être, telles que Dieu les avait créées. Il avait pour tâche de révéler une loi de la nature établie une fois pour toutes ; ses ouvrages scientifiques étaient rédigés comme des sermons, et il se présentait effectivement comme un nouveau Luther. Ayant obtenu un diplôme de médecine après un passage éclair de huit jours dans une obscure université hollandaise et la rédaction d'une thèse de treize pages, il devint médecin, spécialiste de la syphilis. Il était convaincu qu'on devenait épileptique en se lavant les cheveux et ne put empêcher sa propre santé d'être affectée par la goutte, la migraine, des caries dentaires et plusieurs attaques bénignes. Il n'en fut pas moins un brillant défenseur de la taxonomie, science de la classification, ainsi qu'un prédicateur impressionnant dont la popularité tenait également aux agréables parties de cueillette de plantes qu'il organisait. Ramasser et nommer les plantes devint un passe-temps universel. Linné démocratisa la science comme Luther avait démocratisé la théologie. Toutefois, quand la science popularise une approche précise du monde, elle détourne simultanément l'attention d'autres approches possibles. Les hommes – l'exemple de Linné l'illustre bien – apprécient qu'il y ait des limites à la curiosité. La plupart d'entre eux ne font pas bon accueil aux idées nouvelles, qu'ils trouvent dérangeantes. Quand ils semblent les accepter, c'est généralement en les modifiant pour les faire ressembler aux anciennes. Le cerveau est construit pour intégrer des idées étrangères au sein de catégories connues. Changer les mentalités, particulièrement quelque chose d'aussi profondément enraciné que les relations entre hommes et femmes, ne peut se faire par des mesures législatives ni par la simple persuasion ; c'est un processus de longue haleine qui progresse par l'exemple et l'expérimentation.

Loin de vouloir changer les mentalités, Linné avait pour ambition d'étayer ses propres hypothèses de fond. Il souhaitait exploiter sa connaissance de la flore à des fins pratiques, et par là ménager une stabilité dans sa propre vie et dans celle de son pays. Il aurait aimé que la Suède devînt économiquement autarcique, se lance dans la culture du riz, du thé et des épices, et que, au lieu de s'aventurer dans les Indes occidentales en quête d'autres produits exotiques, elle se contente de ce qu'elle pouvait trouver en Laponie. Il exhortait ses compatriotes à adopter le régime alimentaire frugal des Lapons, leur promettant de multiplier ainsi par deux leur espérance de vie. Décidé à simplifier tout ce qui était compliqué, il érigeait la vie du « noble sauvage » en modèle et considérait l'élégant raffinement de l'élite européenne comme un fléau ; il cessa d'ailleurs de se rendre à l'étranger. Il lui suffisait de parler le suédois, sa langue natale, et le latin, langue académique, car il voyait la vie comme une longue tragédie émaillée de péchés. C'était un fervent collectionneur non seulement de plantes, mais aussi de récits d'horreur, d'infamies, de tribulations en tout genre, peuplés de « prostituées » châtiées par le feu ou l'eau bouillante. Dans son univers, hommes et femmes seraient toujours aux antipodes, comme le bien et le mal, et cette opinion était verrouillée par toutes ses autres convictions. Sa vision du monde et son comportement sont loin d'avoir disparu aujourd'hui. La sécurité, la certitude, un ordre clairement défini restent des priorités pour une grande partie de l'humanité, bien que la sécurité elle-même soit toujours aussi insaisissable – et sans doute aussi pour cette raison. Un autre type de relation entre les sexes est impossible sans une tout autre vision générale du monde.

Une dose d'urbanité et de lumières pourrait-elle l'apporter ? Il s'agit d'une deuxième hypothèse que la plupart des gens ont avancée sur les éléments dont aucune société réellement civilisée ne saurait se passer. Le critique le plus acharné de Linné, le savant français Buffon (1707-1788), dont l'imaginaire était moins sombre, cultivait des intérêts et des goûts artistiques très vastes. Il se moquait de la prétention de Linné à ranger la faune et la flore dans des catégories immuables en se fondant sur une seule et unique caractéristique. Les ressemblances superficielles, déclara-t-il, sont moins importantes que la « réalité profonde » qui les sous-tend et qui englobe tout ce qui permet à une créature de vivre, de se reproduire puis de dégénérer, ainsi que de nouer des relations très diverses. « Nous ne pouvons connaître les choses en soi », disait-il, elles devaient toujours être considérées dans leurs interrelations. Aussi entreprit-il de décrire avec une foultitude de détails non seulement la structure physique de toutes les espèces, mais aussi l'intégralité de leurs particularités et habitudes, ainsi que la manière dont les humains pouvaient en user et établir des liens avec elles. Il a élargi l'étude du monde, lançant des réflexions sur la manière d'envisager la nature et sur les souffrances endurées par chaque créature, depuis les « mauvais traitements » infligés à l'âne et la « servitude » du cheval jusqu'à la misère des esclaves noirs. Il n'ignorait rien des contradictions de l'existence : « Tout s'opère parce qu'à force de temps, tout se rencontre. » Les trente-six volumes de son *Histoire naturelle, générale et particulière* ont été des best-sellers dans toute l'Europe, éclipsant Voltaire et Rousseau, bien que son succès ait irrité les experts qui méprisaient sa popularité auprès des « femmes et des enfants ». C'était un écrivain remarquable qui peignait avec les mots, se délectant des moindres nuances et de l'infinie diversité d'une nature à ses yeux par-dessus tout séduisante. Pour lui, la nature était là pour susciter l'admiration.

Buffon a ouvert plus largement la porte à l'imagination et à la curiosité que Linné, mais seulement dans certaines limites. C'était « un homme du monde » et, pour lui, les femmes ne jouaient de rôle qu'en coulisse. Quoique absorbé par la quête du bonheur, il se lamentait en constatant que « nous sommes malheureux dès que nous désirons d'être plus heureux » ; il épousa à quarante-cinq ans une jeune fille de vingt ans, affirmant que l'amour était une passion animale qui donnait plaisir au corps mais n'apportait pas de bonheur à l'âme. Son biographe le résume en ces termes : « Il aimait l'argent et est devenu riche. Il aimait le pouvoir et a fréquenté les puissants…. Il aimait les femmes, mais pas seulement pour la beauté de leur âme. » Il mérite de rester dans l'histoire pour avoir fait du Jardin des plantes de Paris un grand centre de recherche, et pourtant, bien qu'il ait observé les animaux de son zoo avec une extrême attention, il n'a guère écouté les femmes, et n'en a rien appris. Son souci premier n'était pas les relations humaines. Il n'a pas appliqué son vaste savoir à la conduite de sa vie intime. Cette incapacité à articuler sphère publique et sphère privée a été au demeurant, chez lui, l'un des obstacles majeurs sur la voie de la compréhension mutuelle. De sorte que, malgré toute la culture, l'érudition et le charme de cette grande figure des Lumières, l'aride conclusion de ses études était que la Terre finirait un jour par geler et mourir. La guerre des sexes ne pouvait se dissimuler et à peine se relâcher que par un écran de fumée de politesses.

La troisième sorte de brouillard qui a largement contribué à empêcher les humains de se reconnaître mutuellement est la conviction que la vie privée est totalement distincte de la vie publique et ne peut guère l'influencer. Narcyza Zmichowska (1819-1876) mérite de rester dans les mémoires pour avoir entrepris d'ébranler cette illusion. Fille d'un employé de bureau d'une mine de sel polonaise, elle fut quelque temps gouvernante d'un prince polonais à Paris. Mais elle fut renvoyée pour avoir manifesté trop d'indépendance en fréquentant la Bibliothèque nationale pour y lire Kant, Leibniz, Schlegel et Fichte. Son premier roman, *Poganka* (titre qui signifie la païenne, la marginale, la rebelle, puisque c'est ainsi qu'elle se considérait), offre une série de portraits à peine romancés de ses amis, lesquels s'étaient baptisés « les Enthousiastes ». Elle y disséquait les difficultés et émotions des hommes aussi bien que des femmes avec une précision peu commune, tout en affirmant qu'il n'existait « aucun moyen de nous comprendre réciproquement. Chacun a une expérience différente de l'amour ». Comme de presque tout le reste, au demeurant. Déterminée à affranchir femmes et hommes de tous les stéréotypes, elle prit soin de ne pas substituer aux vieux clichés de nouvelles « identités » masculine ou féminine, lesquelles, pensait-elle, les auraient enfermées dans un « ghetto ». Les hommes ne gagnaient rien à être idéalisés, estimait-elle, mais leur amitié lui dispensait un énorme réconfort. La quête de solutions politiques à laquelle s'étaient livrés les hommes s'était trop souvent soldée par un échec ; un trop grand nombre d'entre eux s'étaient retrouvés en prison ou en exil. Il fallait donc que les femmes trouvent une autre voie, en s'alliant aux hommes tout en étant conscientes qu'il n'y aurait pas de consensus entre eux, ni du reste entre femmes. Celles-ci pouvaient désormais poser « des questions plus audacieuses » et « risquer des expériences impossibles » en rejetant les abstractions inhérentes aux philosophies masculines. Son groupe était « libre de toute pensée dogmatique..., aucun [de ses membres] n'avait jamais songé à s'attacher au dogme commun d'une foi quelconque. Ils étaient unis par une amitié sincère... et par des discernements tout à fait contradictoires, par des principes opposés. » Elle accordait une valeur suprême à l'amitié, pour elle la seule vraie solution. Orpheline, elle n'ignorait rien de la solitude et appréciait la création de liens hybrides capables de remplacer ou compléter ce que ne procuraient pas ou plus les familles.

Il fallait, affirmait-elle, rechercher l'amitié au-delà de ses limites habituelles, au-delà de la sécurité du petit cénacle littéraire au sein duquel évoluaient les écrivains, et tendre la main aux artisans et aux gens de toutes sortes, mais en se gardant de faire des sermons. « Dois-je vraiment leur dire ce dont ils manquent ? Non, ne leur dis rien – les fruits de la morale d'autrui pourrissent rapidement ; seule la vérité que procure une quête personnelle guérit et soulage, enrichit et éclaire. » À ses yeux, tout individu était un artiste en puissance. Il fallait pour cela que chacun mette à profit son insatisfaction et sa curiosité pour rechercher des occasions de servir autrui. Son amie Jadwige n'était-elle pas « une vraie poétesse ? » demandait-elle. « Oh ! Je peux vous dire qu'elle l'était, bien que tout le monde ne s'en doutât point, car elle parlait peu... et n'a jamais écrit une seule strophe. Elle avait une apparence robuste et parfois seulement, parfois son âme pétillait de sincérité dans ses yeux, son regard ardent... Elle juge l'avis que je porte sur elle très insultant mais, croyez-moi, elle possède en si grand nombre les dons nécessaires à tout poète qu'elle devrait les distribuer entre la bande de littérateurs de Varsovie. » La volonté passionnée de Zmychowska de découvrir l'artiste chez autrui supposait de renoncer aux sujets de conversation habituels et fastidieux par lesquels les familles s'anesthésiaient, « à propos de récoltes, de vodka, de volaille et de planchers à cirer ». Ses romans sont sans point culminant, sans dénouement, et chacun d'eux relève d'un type différent, leur objectif étant de découvrir différents angles d'approche pour mieux s'introduire dans l'esprit d'un autre. Elle n'a évidemment jamais atteint son idéal. « Dans la hiérarchie des réalisations humaines, le livre occupe le degré inférieur ; des volumes entiers de déclarations brûlantes ne valent pas l'étincelle unique qui réchauffe un cœur vivant ; les systèmes les plus savants ne valent pas une seule noble action. » Elle n'a jamais pu échapper à sa propre frustration, ni à son sentiment d'échec. Tel est le défi qu'elle a légué à la postérité. Zmychowska fut emprisonnée quelque temps, car on la soupçonnait de fomenter un complot alors même qu'elle était hostile à tout activisme politique, et ce séjour en prison ruina définitivement sa santé. On l'a présentée comme l'« auteur féminin le plus accompli » de Pologne tout en reconnaissant que ses « potentialités ne s'étaient jamais pleinement réalisées ». Elle illustre un autre obstacle de taille à une meilleure entente entre hommes et femmes : malgré les prodiges de l'éducation et de la technologie, ils ont toujours d'immenses difficultés à communiquer.

Il semblerait qu'aujourd'hui la science favorise un regain d'intérêt pour ce qui a revêtu traditionnellement une importance capitale : l'identité de vos parents et de vos ancêtres, les patronymes figurant sur votre arbre généalogique. Les découvertes de la génétique ont encouragé l'idée que la meilleure manière d'aborder la diversité des animaux et des végétaux est d'essayer de discerner leur ascendance et leurs origines communes. Mais la science s'est également lancée dans une entreprise beaucoup plus originale en se concentrant sur d'infimes détails dont nul ne soupçonnait même l'existence. Linné et Buffon se limitaient à l'espèce et ignoraient l'individu. Aujourd'hui, on ne se contente pas de donner des noms aux individus, on va jusqu'à baptiser leurs composantes les plus infimes, lesquelles sécrètent des idées et des énigmes jusqu'alors imprévues. La réflexion de l'humanité sur ce qui compte le plus dans les relations entre les sexes n'a pas encore atteint un tel niveau de raffinement. Malgré l'influence des forces extérieures, la qualité de ces relations est pourtant ressentie par chacun avec d'infinies nuances, elle est sensible aux variations les plus microscopiques. C'est à ce nanoniveau qu'il est possible d'imaginer une approche différente. Faute de haut commandement, la guerre des sexes ne saurait s'achever par un cessez-le-feu universel. L'exemple des héroïnes des mouvements féministes est encore plus édifiant si on ajoute l'histoire des kyrielles d'essais et d'erreurs auxquels chacun peut se livrer dans sa vie privée. Chaque récit de ces tentatives est comme une bougie de plus qui s'allume pour éclairer la vérité telle qu'elle est réellement vécue.

Prétendant résumer la sagesse universelle, Oscar Wilde écrivait : « Entre les hommes et les femmes, aucune amitié n'est possible. Il y a de la passion, de l'hostilité, de l'adoration, de l'amour, mais pas d'amitié. » C'est historiquement faux. Il y a eu des temps et des lieux, peu fréquents il est vrai, où ces inhibitions ont été surmontées. L'amitié est un art que les gens sont censés découvrir par eux-mêmes, et il ne faut pas s'étonner de la confusion qui règne sur la méthode à employer. Tant que les femmes ont été considérées comme un bien, toute amitié avec les hommes était exclue ; que mari et femme puissent se considérer comme les meilleurs amis du monde a constitué l'une des innovations les plus radicales de l'humanité. Quoique certains théologiens aient donné de la religion une interprétation interdisant aux hommes et aux femmes de se regarder dans les yeux, source de « tentation », le prophète Mahomet déclarait à propos de son épouse Zaynab : « Celle qui fait palpiter le cœur renforce le mien. » L'ivresse de l'amour romantique non plus que les rapports sexuels n'ont jamais garanti qu'ils donneraient naissance à de l'amitié. De l'amitié nous avons conservé de nombreuses interprétations antiques, celles-ci englobant des alliances superficielles reposant sur l'opportunisme, voire la peur, tandis que la moderne constitution de réseaux relève plus souvent d'un avantage concurrentiel que d'un renouveau moral.

Quand, inspiré par les amitiés et les conversations avec des femmes qui ont façonné une grande partie de ma vie, j'ai assisté à la réunion inaugurale du Mouvement britannique de libération des femmes, qui s'est tenue au Ruskin College d'Oxford en 1970, l'amitié n'était pas à l'ordre du jour, d'autres objectifs paraissant plus concrets et urgents. Le mouvement féministe se concentrait sur le pouvoir des hommes bien plus que sur leurs vulnérabilités, si bien qu'on ne s'était pas encore vraiment interrogé sur ce qu'hommes et femmes liés par une amitié mutuellement enrichissante pouvaient réaliser ensemble. Quand on m'a demandé de rédiger un des volumes de l'*Histoire de l'Europe moderne* éditée par l'université d'Oxford, et qu'à la consternation des directeurs de publication j'ai présenté une *Histoire des passions françaises* qui consacrait de longs chapitres à l'amitié, à l'amour et aux femmes, nul n'avait encore eu l'idée de faire figurer à un programme universitaire des sujets considérés comme aussi privés. Depuis cette époque, cependant, de nombreuses enquêtes d'opinion ont révélé que l'amitié constitue une priorité, juste après l'amour. Les réseaux sociaux offrent un défilé d'amis que vous n'avez jamais rencontrés, et il est même loisible aujourd'hui de louer des « amis » à la journée sans que ces pseudo-amitiés aient entamé la demande d'amitiés réelles. Nombre de femmes se plaignent que beaucoup d'hommes ne les écoutent pas. L'amitié repose sur l'écoute. Pour moi, la guerre des sexes est une guerre des silences. Ce sont les silences qui rigidifient le monde.

Dans l'amitié, le désaccord ne sous-entend pas l'hostilité, et on peut reconnaître des divergences de vues sans perdre la face ni provoquer le désintérêt. L'importance historique de l'amitié entre hommes et femmes est d'offrir une solution de rechange à l'idée séculaire selon laquelle la guerre et les autres formes de compétition constituent les marques de virilité les plus convaincantes. On découvre alors que le consensus n'est pas le seul ciment capable d'assurer la cohésion de la société, et que les échanges les plus enthousiasmants sont ceux qui demeurent sans vainqueur ni victoire.

La libération d'un seul sexe n'a pas de sens. La guerre entre les hommes et les femmes ne peut s'achever par de menues concessions, ni par une trêve, ni par des négociations au coup par coup pour obtenir tels ou tels ajustements insignifiants, dans les coutumes professionnelles et sociales, qui ne satisfont plus ni les uns ni les autres. Les hommes attendent eux aussi de nombreuses formes de libération.

18.

Comment remédier à la pénurie d'âmes sœurs ?

Les gens ont-ils de plus en plus de mal à s'apprécier mutuellement ? Sont-ils trop nombreux à s'enorgueillir de leur indépendance d'esprit ou à se considérer comme des êtres terriblement compliqués, des anticonformistes farouches, des outsiders ou des francs-tireurs ? Trouver une âme sœur qui soit et reste un compagnon ou une compagne parfaits est-il devenu une tâche trop laborieuse ?

Si être différent signifiait jadis appartenir à une minorité, l'histoire de Samuel Augustus Maverick (1803-1870) inspire d'autres conclusions. Ses ancêtres, arrivés en Nouvelle-Angleterre en 1624, y avaient prospéré, mais lui-même était bien décidé à devenir plus riche encore. Il alla donc s'installer au Texas, emmenant avec lui quarante-cinq esclaves et vingt chevaux. Il y devint une légende, parce qu'il refusait de marquer son bétail au fer, comme tout le monde. Pourquoi ne s'est-il pas plié aux usages ? Certains prétendaient qu'il trouvait le marquage cruel, d'autres y voyaient un subterfuge lui permettant de prétendre que toutes les têtes de bétail non marquées lui appartenaient. Peut-être aussi son statut de maire de San Antonio et de sénateur de l'État, ainsi que sa réputation bien établie de plus grand propriétaire foncier du monde après le tsar de toutes les Russies, lui donnaient-ils l'assurance nécessaire pour ignorer les coutumes. Il était si célèbre que le mot *maverick* est entré dans le vocabulaire américain pour désigner un veau non marqué, avant d'être appliqué aux hommes politiques indépendants ne portant la marque d'aucun parti. En 1886, un journal de San Francisco, le *California Maverick,* définissait « un individu qui a des idées "*maverick*" comme quelqu'un qui n'est pas contaminé par des opinions partisanes ». En 1905, un homme politique s'est porté candidat à des fonctions officielles, dans le Massachusetts, en se présentant comme un *maverick*, précisant : « Je ne porte la marque de personne. » Récemment encore, un écrivain américain affirmait : « Le *maverick* est désormais acclamé comme le représentant de l'idéal américain, quelqu'un qui suit sa propre voie. Un *loner*, un solitaire [mot qui n'est apparu dans la langue anglaise qu'en 1907], peut être cinglé, alors qu'un *maverick* est un esprit indépendant. »

Dans la vraie vie, Sam Maverick était un juriste réservé et prudent, sobrement vêtu et d'une grande simplicité de manières, si bien que l'on peut s'étonner qu'il soit devenu le symbole même de l'originalité à tout crin. Il excellait dans l'art d'acheter et de vendre des terres, et finit par être à la tête d'un domaine de plus de cent vingt mille hectares. Sa femme, de quinze ans sa cadette, n'était pas plus révolutionnaire que lui ; elle écrivit : « Je ne comprends pas pourquoi le savoir et la science sont interdits aux femmes – mais je suis heureuse de respecter la coutume, consacrée par l'usage, d'aimer, d'honorer et d'obéir. » Ce qui ne les empêchait pas de se désigner eux-mêmes comme des « aventuriers ». Lui se considérait comme un homme de la frontière, il adorait sa « vie aventureuse et extravagante », son « amour acharné de la terre », ses marchandages avec des immigrants et le défi de l'inconnu. Son épouse était fière, elle aussi, d'appartenir à « une famille d'aventuriers… allant aux extrêmes limites où des Américains ont la possibilité d'aller » ; il est vrai que, pour elle, l'aventure a consisté à faire un premier pas hors de son rôle strictement domestique en se tournant vers la religion et à considérer le monde comme « un vaste foyer » qui avait besoin de l'engagement moral et spirituel des femmes. La correspondance intime du couple révèle le sentiment de collaborer « dans la direction où nous souhaitons aller tous deux », sans que celle-ci soit jamais précisée. « Je ne crains rien », disait-il. Le mépris de la peur, ou du moins de certains types de peur, lui permettait d'être partiellement non conformiste. Le collet monté et l'aventurier coexistaient en lui. Maverick a montré comment une infime mutation, une étincelle de courage dans un unique champ de l'existence, pouvait transformer un homme apparemment « normal » sur la plupart des plans en modèle d'indépendance. À l'inverse, un certain nombre d'individus qui se sont considérés comme des non-conformistes se sont pliés aux normes en maints aspects de leur vie.

Depuis l'époque de Maverick, la notion même de différence s'est trouvée bouleversée par les découvertes scientifiques, qui ont établi que les organismes vivants se distinguent des objets inanimés par le fait que chacun d'eux est différent. « Chaque grain de sel est identique à tous les autres, mais chaque organisme est une nouveauté. » Vous et moi sommes identiques à 99 %, « nous ne nous distinguons que par une lettre sur mille de nos génomes…, mais à partir d'un génome de trois milliards de lettres, cette différence sur mille veut dire qu'il y a trois millions de différences entre nous. » Les individus qui possèdent le même capital génétique se distinguent eux aussi en ce qu'ils le combinent de manière unique. Chaque système immunitaire repousse les intrusions, aussi similaires soient-elles, comme autant de corps étrangers (à quelques rares exceptions près). Les êtres humains sont si différents que certains ont besoin de deux fois plus d'énergie que d'autres pour rester simplement en vie. Chaque cerveau humain est légèrement différent, et chaque expérience accentue cette différence. Il n'existe pas de séquence de génome « normale » : « Nous sommes tous des mutants. » Les mutations associées au cancer ne s'expriment pas à l'identique chez tous les patients atteints de cette maladie. La médecine, qui rangeait traditionnellement les individus par catégories de compagnons de misère affligés de maux communs, considère désormais la variabilité individuelle comme le mystère suprême. Aucun remède n'est censé convenir à tous. L'individualité des empreintes digitales est connue depuis l'époque babylonienne, et les ordinateurs ont établi aujourd'hui que chacune des quelque cent parties différentes du visage humain peut varier d'une centaine de manières identifiables. On a découvert que les vrais jumeaux eux-mêmes sont sujets à des changements épigénétiques qui tendent à estomper leur ressemblance physique. La normalité a pris un sens nouveau : chaque individu est différent, et il est anormal de trop ressembler à autrui.

Aujourd'hui, tout le monde est obligé d'être d'une manière ou d'une autre non conformiste, au moins dans tel ou tel aspect de sa vie, parce qu'il est devenu plus difficile de savoir au juste à quoi on est censé se conformer. Les classes sociales et de nombreuses autres catégories ne sont plus aussi nettement définies qu'autrefois. Les institutions initialement créées pour faciliter le consensus encouragent elles-mêmes l'indépendance d'esprit et mettent à mal la respectabilité du conformisme. Les familles, qui avaient jadis pour priorités l'accumulation des biens et l'accroissement du prestige, accordent désormais plus d'importance au développement de l'autonomie et de la sensibilité. Les enseignants s'efforcent de stimuler l'esprit critique, présenté comme l'expression du talent et de l'autonomie individuels, et ne prêchent plus le caractère sacré de la discipline. Au travail on réclame de l'initiative individuelle autant que de l'obéissance. La majorité des salariés des pays prospères rêvent de se mettre à leur compte et de ne pas avoir à ployer l'échine devant leur patron, même si, dans la vie réelle, ils cèdent à l'attrait d'une fiche de paie régulière. On accorde de plus en plus de valeur à la spiritualité individuelle au-delà de la simple exécution d'un rituel. Les penseurs indépendants ne sont plus brûlés sur le bûcher, et de puissants hommes d'affaires paient aujourd'hui très cher pour qu'on leur apprenne à « être innovants ».

On pourrait penser que tous ces constats ne sont valables que pour l'Occident et contrastent avec la subordination de l'individu à la famille et à la communauté, jugée caractéristique de l'Orient. En réalité, les Chinois de l'Antiquité s'intéressaient tout autant à l'individualité que les anciens Grecs. On fait remonter l'apparition de l'individualisme au livre consacré à ce sujet par Théophraste (371-288 avant J.-C.), successeur d'Aristote à la tête de l'Académie de Platon, lequel s'interrogeait en ces termes : « Je ne puis encore comprendre, quelque sérieuse réflexion que je fasse, pourquoi toute la Grèce, étant placée sous un même ciel, et les Grecs nourris et élevés de la même manière, il se trouve néanmoins si peu de ressemblance dans leurs mœurs. » La réponse qu'il donnait restait pourtant superficielle et ne dépassait guère une amusante galerie de portraits du raseur, du flatteur, de la mauvaise langue et de l'idiot. Les Athéniens ont produit quelques esprits d'une admirable indépendance, ce qui ne les empêchait pas de vouloir des citoyens vertueux et rationnels, et de consacrer une rare énergie à définir ce que cela recouvrait, condamnant Socrate pour ses idées trop individualistes et refusant la citoyenneté à ceux des habitants de la cité dont ils estimaient qu'ils ne possédaient pas les qualités requises.

En Chine, dès le VIe siècle avant J.-C., un texte royal affirmait que « les cœurs des hommes ne sont pas plus semblables que leurs visages », cependant qu'au IVe siècle une lettre de protestation déclarait que « nous devons suivre nos inclinations », faute de quoi ce serait « comme vivre en prison, aux fers ». Entre le Ier et le IVe siècle de notre ère, après une longue période de respect de l'orthodoxie confucéenne, un mouvement de rébellion de la jeunesse, soutenu par les insatisfaits de tous âges, dénonça les normes sociales collectives, jugées « antinaturelles ». Un certain nombre d'individus cherchèrent alors à vivre de manière plus singulière, reconnaissant qu'ils « rivalisaient pour être étranges et excellents, chacun voulant surpasser les autres par son comportement spécifique ». Les *Anecdotes contemporaines et nouveaux propos* (430 après J.-C.) tracent le portrait de plus de six cents personnages historiques en relevant leurs particularités et leurs « menus propos ». Ces « menus propos », condamnés par Confucius qui n'y voyait que bavardage frivole, sont considérés à présent comme la clé permettant de comprendre ce qui faisait de chaque individu un être à part : sa façon concrète de s'exprimer, de manifester de la grossièreté, de l'extravagance, de la colère, de la passion, de la mesquinerie, entre une multitude d'autres caractéristiques dont chacune méritait d'être observée attentivement. Alors que les générations précédentes avaient réservé leur admiration à la conduite morale, ou, par temps de crise, au talent pratique d'organisation et au courage, on s'intéressait désormais davantage aux aspects esthétiques et psychologiques. Cette évolution était d'autant plus originale que l'on choisit alors pour critère déterminant la faculté d'exprimer ses dispositions et ses sentiments sans détour, de se révéler ouvertement aux autres, de se montrer franc avec les étrangers, de les traiter comme de vieux amis, d'être « aussi spontané que la nature elle-même ». Au lieu de considérer que les personnalités sont immuables et de se concentrer sur des qualités ou défauts abstraits, l'ouvrage, dont la popularité ne s'est pas démentie au fil des siècles et qui a été abondamment imité, présentait des individus en conversation et en relation constantes avec autrui ; il ne s'intéressait pas seulement aux « qualités intérieures », mais aux réactions au monde extérieur, et il s'efforçait d'observer l'intégralité d'une même personne sous différents angles. Alors que, jusqu'alors, on avait principalement jaugé le caractère individuel pour chercher à établir si tel ou tel était apte à exercer certaines fonctions de pouvoir, désormais les membres de la petite noblesse commencèrent à se pencher sur les complexités de l'être humain, estimant que leur compréhension était un élément capital de l'art de vivre.

Les jeunes gens, déçus entre autres par l'engagement politique et sa vanité, mécontents de la répression dont la dissidence faisait l'objet et désireux de pouvoir laisser leur imagination et leur esprit s'exprimer plus librement, organisèrent alors ce qu'ils appelaient de « pures conversations ». Ils furent les précoces précurseurs des salons de l'Europe du XVIIIe siècle (les femmes n'étaient pas exclues de leurs cénacles) et, à certains égards, ceux de la contre-culture du XXe. Ils cherchaient en toute conscience à ébranler l'ordre établi et s'adonnaient parfois délibérément à des comportements extravagants, aidés par une abondante consommation de vin. Ils avaient pour objectif la quête de la vérité plus que la recherche de leur intérêt personnel, ils s'efforçaient d'inciter à la franchise et à l'indépendance, discutaient de poésie et de sexe, et essayaient d'atteindre ce qu'ils appelaient le « Profond » : la possibilité d'un changement encore plus riche de sens. Ce mouvement a fini par disparaître et les gris nuages de l'obéissance sont revenus protéger la société de la dangereuse clarté de la pensée indépendante. Des étincelles d'indépendance ont cependant continué à resurgir sporadiquement.

L'idée que l'Occident aurait été la seule région du monde à s'intéresser à l'individu est également démentie par l'histoire de nombreuses religions qui, par-delà l'allégeance collective, ont encouragé leurs fidèles à cultiver une spiritualité personnelle, chaque individu s'engageant dans une quête unique de vérité et ayant à rendre compte de ses choix et de ses comportements. Les premiers soufis musulmans n'hésitaient pas à « choquer leurs contemporains par leur conduite scandaleuse et leurs propos paradoxaux destinés à dénoncer les failles morales des institutions traditionnelles ». Il leur arrivait de négliger délibérément leur apparence extérieure et de s'exposer au mépris d'autrui, ils faisaient fi des distinctions sexuelles et sociales, et affirmaient que « la liberté est la liberté du cœur, et rien d'autre ». Un soufi suivait sa propre « voie », laquelle a varié historiquement du quasi-athéisme au solipsisme, de l'ascétisme à l'ambition politique, à la participation au gouvernement et aux activités militaires et mondaines, du sacrifice de soi au recours à la musique, à la danse, à la drogue et à la boisson comme adjuvants permettant de devenir « ami de Dieu », un « miroir dans lequel les autres peuvent contempler le reflet de leurs propres turpitudes ». Les soufis se répartissaient en outre en une multiplicité de fraternités propres à séduire de nombreux tempéraments opposés.

Le saint soufi égyptien Dhu'l Nun al-Misri (vers 796-859) se moquait de l'establishment et de sa prétention au monopole du savoir. « J'ai appris, déclarait-il, le véritable islam auprès d'une vieille femme, et la vraie galanterie auprès d'un porteur d'eau. » Les soixante mille vers de poèmes et de chansons qu'écrivit Rumi (1207-1273) rejetaient l'imitation et le conformisme : « Si vous voulez la certitude, sautez dans le feu », chantait-il avant de conclure : « Ouvrir des fenêtres : voilà le rôle de la religion. » Le soufisme est la face cachée de l'islam, le contrechamp de son apparent conformisme. Plus on étudie minutieusement une civilisation, plus on y relève de déviances. Amartya Sen a montré comment, en Inde, la controverse a été portée à un tel degré de raffinement qu'elle est devenue un des plaisirs de la sociabilité, et il existe bien d'autres pays où le fait d'avoir une opinion personnelle est considéré comme une vertu.

Au XVIe siècle, les peintres et sculpteurs européens ont entrepris de faire de certains individus des portraits destinés à les présenter comme des êtres uniques, non comme de simples incarnations d'un certain type. On se sert aujourd'hui de la photographie pour prouver qu'aucun humain ne ressemble tout à fait à un autre. La littérature a fait ses délices de la description de caractères singuliers par opposition à des archétypes. Nul n'oserait imiter Pope qui écrivait que « la plupart des femmes n'ont pas le moindre caractère », ou Karl Marx qui considérait les paysans français comme un « sac de pommes de terre » dont les éléments ne présentaient « pas de diversité de développement, pas de variété dans les talents, pas de richesse dans la situation sociale ». On ne tient plus pour admis que les gens doivent se contenter définitivement des aptitudes et particularités qu'ils ont reçues de naissance, ni qu'il leur soit impossible de se défaire des masques dont ils s'affublent en présence d'autrui.

Il est vrai que, malgré tout ce que l'on peut dire du triomphe de la liberté, le monde a toujours été organisé – et l'est de plus en plus – pour empêcher une trop grande indépendance, ou à tout le moins son expression publique. Quand le chef d'état-major de l'armée britannique a contesté l'obstination de son gouvernement à maintenir des troupes en Irak, il s'est hâté d'ajouter qu'il n'était pas un *maverick*, un esprit frondeur, et que son objectif on ne peut plus conservateur était de sauvegarder l'armée. De même, quand on a qualifié de *maverick* un des banquiers investisseurs les plus prospères au monde, son équipe de communication est montée au créneau pour le défendre, terrifiée à l'idée que sa réputation pût en pâtir. Il n'aura révélé qu'en privé qu'il était las de la routine de la vie de bureau et des réunions d'affaires. Ce n'est qu'en vacances ou dans ses moments de loisir qu'il pouvait donner libre cours à son intérêt pour l'art, la philosophie, la théologie, et se replonger dans sa passion de jeunesse pour la chorégraphie ; mais toutes ces singularités restaient cantonnées dans la sphère privée, car il est dangereux de s'affirmer publiquement comme un *maverick*. Quand un patron inflige à ses employés de longs sermons sur la nécessité d'être créatifs, mais reconnaît en privé qu'il faut des limites à cette créativité, parce qu'il n'a pas l'intention de voir remettre en question sa propre position, pourquoi ses salariés ne le mettraient-ils pas au pied du mur ? Pourquoi un magnat ne fait-il preuve de compassion qu'en privé, et se montre-t-il implacable au travail ?

La raison en est simple : les institutions ont été inventées pour introduire de la prévisibilité dans la fantaisie humaine, et la plupart d'entre elles partent toujours de l'hypothèse que les gens ne sont ni uniques, ni insondables, mais qu'on peut et doit les ranger en catégories, sinon en utilisant les anciennes notions de classe, de sexe ou de race, du moins par des tests psychologiques et autres « marqueurs comportementaux ». On rédige donc des « profils d'emploi » pour définir un idéal professionnel dont les candidats doivent se rapprocher le plus possible en faisant fi de leurs goûts et de leurs tempéraments individuels, et en acceptant de sacrifier leur indépendance. Classer les êtres humains (à l'école, au travail et dans toutes les circonstances sociales), les récompenser en fonction de la catégorie à laquelle on les a affectés, puis les consoler parce qu'ils ont été mal classés, absorbe toujours une importante fraction des budgets nationaux. Si l'admiration devant l'originalité est peut-être en hausse, elle a été compensée par de nouvelles motivations qui poussent à feindre d'être comme tout le monde, ou du moins comme ceux qui sont admirés, et toute une industrie se consacre à exhorter les gens à penser et acheter comme les autres. Gravir l'échelle sociale a été érigé en ambition suprême, ce qui oblige à faire siennes les obsessions des plus haut placés que soi.

Cependant, si le désir d'être « intégré » dans un groupe quel qu'il soit reste aussi vif que jamais, on assiste à une fragmentation, voire à la dissolution des allégeances traditionnelles. En Grande-Bretagne, les gouvernements ont beau affirmer que l'« identité britannique » doit être inculquée et enracinée par l'apprentissage scolaire du nom et des dates de tous les monarques anglais ayant régné un jour, seuls 13 % des Britanniques se sentent appartenir à leur communauté de naissance. Moins de la moitié d'entre eux (44 %) estiment que le qualificatif « britannique » est celui qui les décrit le mieux. Un tiers affirme que leur sentiment d'appartenance a considérablement évolué au cours de leur existence. Seuls 22 % jugeraient pertinent de mentionner leur métier lorsqu'ils se présentent. L'engagement dans des activités bénévoles est souvent éphémère et inconstant. Seuls 15 % des hommes et 5 % des femmes considèrent le parti politique qu'ils soutiennent comme un élément important de leur vie. Et 15 % seulement sont fiers d'appartenir à un syndicat. Être supporter d'une équipe de foot constitue souvent une affirmation d'allégeance plus forte que la foi religieuse. Mais, pour 65 % des personnes interrogées, le vrai ciment de la société est l'amitié : se faire des amis et les conserver est un sujet de préoccupation récurrent ; 88 % affirment accorder une priorité aux liens familiaux, mais la famille emprunte de plus en plus de traits à l'amitié, nécessitant entretien, réparation et réinvention selon que les affections tiédissent ou se réchauffent.

La guerre entre conformistes et non-conformistes qui a dominé toute l'histoire et a provoqué tant de dégâts commence à être à court de munitions. Il n'y a plus deux armées rivales, mais sept milliards de guérilleros – ou de victimes de la guérilla – aux griefs mouvants, aux objectifs incertains, toujours plus ou moins imprévisibles. Être quelqu'un d'ordinaire, un « monsieur Tout-le-Monde », a pris un sens nouveau : c'est être différent des autres. Tout le déroulement de l'histoire a représenté un immense effort pour nier, retarder ou éviter les conséquences de cette fragmentation, mais il est désormais possible d'imaginer comment construire quelque chose de plus intéressant à partir de ces mille morceaux.

La première conséquence est que le plus fondamental, le plus fascinant, le plus déconcertant de tous les besoins humains, le désir de trouver un partenaire permanent, est loin d'être devenu plus facile à satisfaire. Bien qu'aujourd'hui 55 % des mariages contractés de par le monde soient encore, nous dit l'Unicef, arrangés par les parents, avec un taux de divorce ne dépassant pas les 6 %, cette majorité diminue tandis qu'un nombre croissant d'individus de différents pays cherchent des partenaires sans tenir compte des conseils parentaux. C'est une évolution aussi capitale que le déplacement de 50 % des êtres humains dans les villes. Cela veut dire que l'humanité saute en parachute au-dessus d'un territoire inconnu sans disposer du moindre indice touchant le lieu où elle va se poser ; jamais, en effet, on s'est aussi peu accordé sur la définition du partenaire idéal ou de l'âme sœur. Jadis, cette dernière était choisie depuis les cieux ou par la destinée pour constituer votre seconde moitié, vous compléter. Se perdre dans un autre être n'est plus aujourd'hui une ambition universelle ; malgré tous les plaisirs qu'on peut en tirer, se réfugier dans un cocon d'admiration mutuelle peut inspirer une certaine claustrophobie du jour où les couples découvrent qu'ils n'ont plus rien de nouveau à se dire et où à l'ivresse se substitue la routine. Tout le monde ne recherche pas l'ivresse, loin de là ; cependant, plus l'éducation stimule l'esprit critique et la curiosité, plus la culture se transforme en exploration de l'inconnu au lieu de se contenter de rassurer par des rituels familiers, et plus les individus cherchent à découvrir d'autres individus, à acquérir grâce à eux des aptitudes et des sensibilités nouvelles, à être reconnus comme des êtres intéressants en soi plutôt que comme la moitié d'un autre.

À en croire les sociologues, ceux qui croient avoir trouvé l'âme sœur sont aussi ceux qui rompent le plus souvent ; en effet, dès qu'ils se heurtent à une faille chez l'être élu, ils en concluent qu'ils ont dû se tromper et réessaient encore et encore, découvrant à chaque fois qu'il leur est impossible d'atteindre leur idéal insaisissable. Des psychologues précisent que les femmes sont attirées par l'odeur d'hommes différents d'elles alors que lorsqu'elles prennent la pilule, elles préfèrent ceux qui leur ressemblent, comme s'il leur fallait, pour concevoir un enfant, un autre partenaire que celui avec lequel elles peuvent cohabiter dans l'harmonie. Tous ces doutes n'ont fait que conforter l'idée reçue selon laquelle tomber éperdument amoureux et être idolâtré comme l'être le plus merveilleux et le plus beau du monde par au moins une personne constitue la recette du bonheur.

L'attention s'étant principalement concentrée sur la manière de trouver l'amour, de le conserver, de gérer le désir, la possessivité et le compromis, on s'est beaucoup moins intéressé à la manière dont l'expérience amoureuse peut aider à mieux comprendre la multitude d'êtres humains pour lesquels on n'éprouve pas d'amour, mais que l'on voudrait tout de même connaître. L'amour peut être un premier pas vers la faculté de voir le monde à travers d'autres yeux ; il peut donner un avant-goût de ce que l'expérience des sentiments d'autrui est susceptible d'apporter. Au lieu de se contenter de réparer celles qui se rompent, on pourrait faire place à d'autres expériences de relations humaines. L'amour entre deux êtres est un premier pas vers l'élargissement de la compassion au-delà de soi, puis au-delà de l'abnégation que requièrent les enfants. Il peut ainsi devenir la source d'un courage que l'on ne possède jamais en suffisance et qui permet d'affronter seul les craintes qui empoisonnent la vie : crainte du rejet, crainte de la perte, de l'insuffisance, et toutes les angoisses dissimulées derrière les façades du bonheur.

L'idéal incarné par l'orgueilleuse originalité individuelle de la Renaissance ne suffit plus, parce qu'il se révèle souvent trop fragile, tenaillé par un insatiable désir d'approbation et d'estime. L'idéal romantique, passionnant affranchissement des contraintes de la raison rigide ou de ses calculs, aboutit souvent à nous rendre esclaves de chimères. L'antidote qu'a apporté le XXe siècle à ces incertitudes débilitantes, à l'obsession de la définition de soi, est l'idéal de l'identité qui conduit l'introspection, incapable de se libérer de ses doutes, à faire inlassablement les cent pas dans sa cage. Inutile donc de se lamenter parce qu'on ne trouve pas d'âme sœur sur le modèle traditionnel. Préserver ses singularités en s'entourant de ceux qui sont d'accord avec vous et qui vous ressemblent ne peut déboucher que sur cette question : qu'est-ce qui empêche les gens de s'intéresser à toutes les formes de vie dans la mesure où la vie est ce qu'ils possèdent de plus précieux ? La réponse est que les êtres humains sont si souvent impénétrables que la réaction instinctive, élémentaire, consiste à les traiter comme des insectes bourdonnants et piqueurs qu'il vaut mieux systématiquement écraser. La quête du consensus et de l'harmonie a conduit à instiller l'obéissance et à encourager l'imitation plus qu'à s'efforcer d'apprécier la différence.

S'il est un domaine où la différence et l'impénétrabilité ont gagné leurs lettres de noblesse, c'est la gastronomie, qui ne s'est pourtant pas encore entièrement débarrassée du poids de l'habitude. Seuls les braves suivent l'exemple du juriste de Boston Jeffrey Steingarten (né en 1942) qui, abandonnant son métier pour devenir critique gastronomique, se rendit aussitôt compte qu'il ne réussirait pas tant qu'il ne se serait pas affranchi de ses « vives préférences alimentaires, qu'il s'agisse de phobies ou d'envies ». Il entreprit donc de façon systématique et avec persévérance de manger un grand nombre d'aliments qu'il détestait, et apprit sinon à les aimer, du moins à les apprécier. La plupart des gens évitent ce qu'ils n'aiment pas, comme les Grecs de l'Antiquité qui utilisaient du parfum à profusion pour dissimuler leurs défauts et accroître leur séduction. Les hommes comme les femmes enduisaient chaque partie de leur corps d'une fragrance différente : chacun « trempe ses pieds dans de riches onguents égyptiens ; il frictionne ses mâchoires et sa poitrine d'épaisse huile de palme ; et ses deux bras d'extraits de menthe douce ; ses sourcils et ses cheveux de marjolaine ; ses genoux et son cou d'essence de thym pilé ». Aux dîners, les convives n'étaient pas seulement nourris, mais aspergés de nombreux parfums, tout comme l'étaient les spectateurs au théâtre, et même les chiens et chevaux. L'arôme d'un baiser était considéré comme le plus mémorable, cependant que les dieux grecs se nourrissaient d'odeurs. Le roi Darius III de Perse (380-330 avant J.-C.) avait quatorze parfumeurs à son service. Il a fallu attendre que l'égalité devienne la vertu suprême pour que les déodorants triomphent afin d'éviter la discrimination résultant d'odeurs déplaisantes ou différentes. Et ce n'est que lorsque la virilité s'est sentie menacée qu'on a décrété que le parfum devait être réservé aux femmes.

L'espoir de trouver l'âme sœur exprime le vœu qu'il existe forcément quelqu'un, fût-ce une seule personne au monde, qui vous comprenne. Il se heurte pourtant à toutes sortes d'obstacles, le moindre n'étant pas que chacun est incité, à force d'encouragements ou d'intimidations, à prétendre être ce qu'il n'est pas. La vie privée devrait offrir un vrai refuge où se prémunir contre de telles pressions, mais aucune statistique n'est là pour indiquer si c'est fréquemment le cas.

19.

Un autre type de révolution sexuelle est-il envisageable ?

En 1870, à Suchow, non loin de Shanghai, Shen Fu épousa Chin Yun. L'un comme l'autre avaient dix-sept ans. « Nous avons vécu ensemble, a-t-il écrit, avec un immense respect mutuel pendant vingt-trois ans, et, les années passant, nous n'avons cessé de nous rapprocher l'un de l'autre... Nous étions inséparables. » Elle disait : « Je me demande s'il existe au monde un seul couple aussi amoureux que nous. » Et, sur son lit de mort, elle déclara à Fu : « J'ai été heureuse d'être ton épouse... Tu m'as aimée, tu as toujours été à mes côtés en toute chose, et tu ne m'as jamais rejetée malgré mes défauts. Ayant eu pour mari un ami intime comme toi, je n'éprouve aucun regret. » Il avait décidé de l'épouser sitôt qu'il l'avait vue, alors qu'ils n'avaient que treize ans, non parce qu'il avait été ému par sa beauté – tout ce qu'il dit à ce sujet est qu'elle avait de beaux yeux qui compensaient ses dents en avant –, mais parce qu'il admirait ses poèmes. Ayant appris à lire toute seule et à apprécier la poésie grâce aux livres de son frère, elle n'avait pu cependant franchir les limites dictées par son sexe et avait dû consacrer l'essentiel de son temps à des travaux de broderie pour faire vivre sa famille ; en chinois, l'idéogramme « femme » représente quelqu'un qui tient un balai, comme si les femmes étaient éternellement condamnées aux tâches domestiques. Ce n'est que plus tard que Fu découvrit la générosité de Yun, sa douceur ainsi que son émotivité, la disant « trop sensible pour être tout à fait heureuse ».

Fu échoua à ses examens, n'acheva jamais ses études, resta sans emploi pendant de longues périodes et démissionna des différents postes qu'il décrochait parce qu'il n'appréciait pas ses employeurs ou ses collègues. Il ouvrit une échoppe, mais sans plus de succès que lorsqu'il chercha à gagner sa vie comme peintre. Il se querella avec ses parents et regretta d'avoir « rarement procuré le moindre bonheur à son père ». Sa pauvreté était telle qu'à un moment donné il n'eut plus que ses sous-vêtements à mettre en gage. Cependant, « les chagrins de l'infortune » ne l'accablaient guère : « J'aime avoir ma propre opinion et ne pas prêter attention à l'approbation ou à la désapprobation d'autrui. Lorsqu'il est question de poésie ou de peinture, je suis toujours enclin à ignorer ce que les autres apprécient et à me prendre d'intérêt pour ce que d'autres ignorent. Il en va de même de la splendeur d'un paysage célèbre... Il y a des lieux réputés pour leur pittoresque qui ne me paraissent pas du tout extraordinaires, et il est des sites inconnus que je trouve absolument merveilleux. L'honneur d'un homme est de pouvoir se tenir debout... Toute ma vie j'ai été sincère. » Il gardait un souvenir moins vif de ses nombreux malheurs que des journées entières passées à discuter des grandes œuvres de la littérature avec Yun, à parcourir la campagne avec elle, à admirer les fleurs « rivalisant de beauté », à lui tenir la main au clair de lune, à boire du vin et à rire aux éclats. « Elle comprenait ce que disaient mes yeux et le langage de mes sourcils. Elle faisait tout au gré de mon expression, et tout ce qu'elle faisait était tel que je le souhaitais. » C'est ainsi que, partant de l'idée que sa femme était là pour agir comme lui-même le voulait, il se montra lui aussi incapable de se soustraire au rôle masculin traditionnel, tout en échouant à accomplir ce qu'on attendait d'un homme : faire bouillir la marmite. Pourtant, en définitive, il a réalisé quelque chose d'exceptionnel : il a transformé l'échec en inspiration en consignant ses « vrais sentiments » sur leur vie commune, les « joies de la chambre conjugale » aussi bien que « les délices d'une promenade à l'écart ». Quand son manuscrit fut publié, soixante ans après sa mort, il devint une des histoires d'amour préférées des Chinois, et c'est toujours le cas depuis, sans doute parce qu'il suggère que l'amour entre deux êtres suffit à faire oublier l'adversité.

Cette histoire a pourtant une signification plus profonde. Le couple se jugeait en fonction de ses relations avec autrui. Yun considérait sa vie comme un échec parce que c'était par sa faute que son mari avait perdu l'affection de ses parents. « Alors que j'ai fait de mon mieux pour être une bonne bru [ce qui était aussi important, pour les épouses chinoises, que de satisfaire leur mari], j'ai échoué. » Le père de Fu adopta vingt-six fils, et sa mère neuf filles : laisser derrière eux une multitude de descendants pour entretenir leur mémoire était alors, pour des parents, le meilleur moyen d'approcher l'immortalité. Yun elle-même, tout en s'occupant de leurs deux enfants et en faisant tout ce qu'elle pouvait pour satisfaire son mari, cousant ses vêtements, érigeant la frugalité domestique en art à part entière, demeurait frustrée. Elle aurait voulu pouvoir accomplir ce que les hommes étaient autorisés à faire, accompagner Fu dans ses voyages et voir le monde. Surtout, elle aurait souhaité élargir l'éventail de leurs attachements, ambition concernant les êtres aussi bien que les lieux. En tant que femme, Yun n'avait pas la liberté dont jouissaient les hommes, mais aurait-elle été plus heureuse si elle l'avait conquise ? Elle ne se rendait pas compte que les hommes n'étaient pas libres non plus. Fu a révélé les limites de ce qui était permis aux hommes quand il disait : « Jamais je n'ai pu chercher et explorer tout seul des lieux retirés. » Nous avons là un indice de la direction que pourraient emprunter de nouvelles révolutions dans les relations entre les sexes. On passe à côté de beaucoup de choses quand on ne voit dans ces relations qu'une impulsion naturelle, ou une manifestation de l'amour, ou un critère de moralité, ou une lutte de pouvoir, ou une pièce de théâtre dont les gènes et les hormones seraient les personnages principaux. Elles relèvent également de ce qu'un individu ne peut pas faire seul de façon satisfaisante.

Un jour, Yun annonça à Fu qu'elle allait lui trouver une concubine qui viendrait vivre sous leur toit. Comment, demanda-t-il, pouvaient-ils se payer pareil luxe ? Prendre une concubine, non par désir mais pour avoir des descendants, idéalement avec l'approbation d'une épouse fidèle ignorant tout sentiment de jalousie, était devenu une pratique traditionnelle particulièrement répandue dans les classes les plus aisées et soutenue par l'empereur qui allait jusqu'à fournir des concubines à ses hauts fonctionnaires. « Nous sommes si heureux en ménage, protesta Fu. À quoi bon chercher quelqu'un d'autre ? » Yun ne se laissa pourtant pas détourner de son but et trouva une jeune femme « tout à la fois belle et charmante… Ses yeux étaient aussi jolis que la surface d'un étang à l'automne » et « son savoir littéraire remarquable ». « Je l'aime aussi », expliqua Yun qui, par échange de serments, devint la sœur de la concubine. Fu demanda à Yun si elle cherchait à imiter l'héroïne d'une célèbre pièce de Li Yu (1611-1680) dans laquelle l'épouse tombe amoureuse d'une femme et l'introduit dans son foyer pour qu'elle devienne la concubine de son mari. « Oui », répondit Yun. Le romancier et dramaturge Li Yu, qui avait lui aussi été recalé à ses examens, était devenu un audacieux analyste de l'érotisme (et de la gastronomie) et un ardent défenseur de l'originalité et de l'inventivité. Son message était le suivant : « Quand bien même vos goûts seraient erronés, si vous cultivez vos propres erreurs, ce ne sont plus des erreurs. » En définitive, cette idée de concubine fut abandonnée et Yun mourut à quarante ans, trop pauvre pour faire venir un médecin.

Sans le vouloir, elle avait fait œuvre de pionnière en vivant en couple avec Fu séparément des parents de son mari, lesquels suivaient l'usage de l'époque, resté la norme dans bien des régions du monde : une famille élargie de plusieurs générations vivant sous le même toit, avec souvent, en outre, des employés et des domestiques. Cependant, d'innombrables couples modernes qui ont remplacé ce mode de vie par l'indépendance et l'intimité ont été frappés par une épidémie imprévue : l'ennui, le fait de n'avoir plus rien à se dire. L'industrie du divertissement s'est efforcée d'offrir un précaire soulagement à cette détresse récurrente, mais le remède n'est pas efficace, car le divertissement peut lui aussi devenir fastidieux. La solution qu'avait imaginée Yun en introduisant dans son foyer une tierce personne afin d'élargir la portée de son expérience de vie a généralement été rejetée, le couple se définissant précisément par l'exclusion de tout tiers. Selon les sondages, la majorité des Américaines préfèrent ne plus fréquenter leurs amis de sexe masculin quand elles se marient afin d'éviter à leurs époux jaloux de se sentir menacés. Éradiquer la jalousie du couple est un problème qui a cours depuis l'aube de l'humanité. La toute première conversation entre deux amants qui ait été consignée se situe en Mésopotamie vers l'an 1750 avant J.-C. ; elle met en scène une femme qui soupçonne son amant d'avoir des vues sur une autre et qui est déterminée à le reconquérir : « Non, elle ne t'aime pas, dit la femme… Je l'emporterai sur ma rivale… Je reconquerrai mon bien-aimé… C'est de ton amour que j'ai soif. » Toutefois, la jalousie n'est qu'un des obstacles qui empêchent de rendre plus belles les relations de couple.

Les révolutions sexuelles ne sont pas une invention moderne. Au IIIe siècle après J.-C., les moralistes chinois se plaignaient que le Céleste Empire s'engageât dans une ère de débauche ; les gens, affirmaient-ils, ne s'intéressaient qu'à la satisfaction des sens et cédaient à des « impulsions lascives » ; même des femmes bien éduquées « plaisantent de façon obscène, boivent et chantent en même temps ». Des provinciaux aisés, exclus du pouvoir, écœurés par l'incompétence et la corruption de l'empereur et de sa cour, firent de la conquête sexuelle un substitut de l'action politique. C'était pour eux une façon d'affirmer leur indépendance par rapport au moralisme prôné par l'État et de manifester leur liberté d'agir à leur guise, en tout cas avec les femmes ; une façon de se ménager un petit champ d'autorité et de se donner un objectif qui les inspirait. Mais il n'en résulta rien de plus spectaculaire que l'essor d'un commerce de courtisanes encore plus raffinées pour divertir la petite noblesse et les nouveaux riches marchands insatisfaits. Même lorsque les taoïstes transformèrent le sexe en expérience cosmologique, promettant la longévité grâce à des cérémonies charnelles sophistiquées, complexes, des liturgies, des massages, différentes formes de copulation, bien souvent ils ne firent qu'avilir eux aussi les femmes tout en leur accordant parfois un rôle actif.

Sur ce que les hommes et les femmes attendent les uns des autres, la « débauche » a inspiré une foule d'interrogations sans apporter beaucoup de réponses concrètes. Juan Chi (210-263 après J.-C.) se demandait si la morale sexuelle traditionnelle était dépassée : « Les rituels ont-ils été établis pour les hommes de notre temps ? » L'épouse de Hsieh An (320-385) observait : « Si les règles de conduite sexuelle avaient été rédigées par une femme et non par un homme, elles seraient différentes. » Liu Ling (221-300), connu pour ne pas porter de vêtements quand il était chez lui, est l'auteur d'une des premières déclarations sur le droit à la vie privée : « Les pièces de ma demeure sont mon pantalon. Messieurs, qui vous a permis d'entrer dans mon pantalon ? » Une femme qui s'entendait reprocher par son mari de s'être adressée à lui sans employer les habituelles et alambiquées formules de respect eut l'audace de répliquer : « Je suis intime avec toi, donc je te dis *tu.* » Au cours des siècles qui suivirent, chaque fois que les gens se sont départis de leur respect ou de leurs craintes envers le gouvernement, ou qu'ils ont eu l'impression de pouvoir ignorer les contrôles impériaux sur leur comportement, ils ont cherché à introduire une révolution sexuelle. Chaque fois que les empereurs ont réaffirmé leur autorité, ils ont mis un terme aux intermèdes de licence sexuelle. Ce va-et-vient entre liberté et répression s'est répété à maintes reprises. Au XXe siècle, sous Mao, toute allusion au sexe fut bâillonnée, et le progrès économique mobilisa toutes les énergies. Mais sitôt après sa chute, le sexe a refait son apparition, entraînant de nombreuses publications sur les « arts de la chambre » ainsi que des enquêtes décrivant les techniques sexuelles précises auxquelles on pouvait recourir.

Ces révolutions sexuelles avaient pour objectif de séparer la vie privée de la vie publique et de mettre la première à l'abri de toute censure officielle. On a cependant découvert que cette liberté était un but trop restreint. La « libération sexuelle » a suscité à maintes reprises des réactions puritaines et n'a pas nécessairement permis aux hommes et aux femmes de mieux se comprendre, ni augmenté l'affection qu'ils se portent, ni élargi leur idée de ce que la vie peut offrir.

Du vivant de Fu et de Yun, certaines régions d'Europe connurent un flux et un reflux du même genre. En 1763, année de leur naissance, John Wilkes, qui fut un temps membre du Parlement, lord-maire de Londres, et s'affirma comme un grand défenseur de la liberté tant en Angleterre que dans les colonies américaines, écrivit :

> La vie n'a guère à offrir
> Que quelques bonnes baises,
> Et puis il faut mourir.

C'était là une application extrême de la doctrine voulant que la quête du bonheur soit l'objectif suprême de la vie. Le plaisir charnel, jusqu'alors condamné comme dangereux, était désormais célébré par certains comme « le plus exquis et le plus extatique ». Les appétits masculins étaient affranchis de toute entrave : « Douze peuvent jouir d'une femme… cela ne la rendra jamais moins consentante à un treizième. » Le Hellfire Club d'Angleterre, qui au XVIIIe siècle se parait de la devise : « Fais ce que voudras », avait pour adhérents des personnages respectables membres du clergé, éminents hommes politiques, officiers, nobles, marchands et universitaires, qui se réunissaient pour reluquer des femmes nues, lire des ouvrages pornographiques, comparer leur pénis et se masturber au cours de « rites complexes de célébration phallique ». Cependant, comme en Chine, cette phase fut éphémère, et en 1800 la piété et la pudeur étaient de retour. Bien que les années 1920 puis les années 1960 aient été marquées par un regain de liberté sexuelle, le contrecoup n'a pas tardé à se faire sentir. En 2012, l'écrivain Alain de Botton concluait qu'il n'y avait pas de « solution à la plupart des dilemmes que nous pose le sexe », ajoutant que les humains feraient bien d'apprendre à vivre avec leurs frustrations. De fait, les individus sont aujourd'hui plus rigoureusement catégorisés en fonction de leur orientation sexuelle qu'autrefois. Et aucune personnalité publique n'oserait entretenir ouvertement une relation du genre de celle du roi Jacques Ier avec le duc de Buckingham au début du XVIIe siècle : les deux hommes communiquaient par plis non cachetés dans lesquels le roi s'adressait au jeune duc en l'appelant « mon doux enfant et épouse » et signait « Ton cher papa et mari », tandis que le duc répondait : « Toutes mes pensées se portent vers le moment où je tiendrai dans mes bras les jambes de mon cher papa et maître » et concluait par : « Le très humble esclave et chien de Sa Majesté ».

Contrairement à la Chine, l'Inde était convaincue que la divinité encourageait la recherche du plaisir sexuel, considéré même comme un des buts de la vie. Inutile donc de se battre pour cette liberté ; en revanche, obéir aux règles de la religion imposait également de respecter les structures sociales. Le *Kamasutra*, rédigé il y a quelque six siècles, a valu au sous-continent indien la réputation d'être le lieu le plus près de concilier conscience et connaissance charnelle en révélant que l'on pouvait ériger les soixante-quatre manières de faire l'amour au rang d'art et de religion. Chaque geste, chaque étreinte, chaque position prenaient un sens, l'orgasme devenait une union mystique de l'homme et de la femme, un scénario complexe régissant les relations sexuelles transformait ce commerce en théâtre tandis que l'échange de fluides corporels était érigé en rituel d'expiation des péchés. Les temples regorgeaient au demeurant d'œuvres d'art érotiques assimilant le sexe à la quête du divin. S'étonnant de la sophistication et de la variété de l'éducation sexuelle, les visiteurs européens pensaient avoir trouvé un remède idéal contre l'adultère ; en effet, dans leurs propres pratiques sexuelles, « la monotonie engendr[ait] la satiété », tandis que cette civilisation permettait de « vivre avec une épouse comme avec trente-deux femmes différentes, chacune variant le plaisir qu'elle offre et empêchant la lassitude ». Ils étaient surpris d'apprendre que les Indiennes ne « peuvent être satisfaites en moins de vingt minutes ». Pourtant, hors de la chambre à coucher, les hiérarchies sociales demeuraient intactes. Les contraintes traditionnelles pesant sur le comportement individuel, souvent ambiguës, furent même parfois renforcées. La grande épopée sanskrite, le *Mahabharata*, qui date du IXe siècle avant J.-C., suggère qu'il aurait pu en être autrement :

> La femme est la moitié de l'homme, le meilleur des amis…
> Avec une femme, l'homme trouve du courage…
> D'elle dépendent les joies de l'amour, du bonheur et de la vertu.

Douze siècles plus tard, cependant, l'*Arthasâstra* affirmait clairement que tout ce qu'on attendait d'une épouse, c'était l'obéissance : « Elle ne devrait rien faire de son propre chef, même dans sa propre maison. Soumise à son père dans son enfance, à son mari dans sa jeunesse, puis à ses fils à la mort de son mari, elle ne devrait jamais jouir d'indépendance… La femme vertueuse devrait même adorer son maître comme un dieu. »

L'intimité sexuelle n'a nullement abattu les barrières entre hommes et femmes. Le *Poème d'amour pour une épouse* d'A. K. Ramanujan (1929-1993) s'achève par ces mots : « Ce qui nous sépare est notre enfance non partagée » : hommes et femmes reçoivent une éducation trop différente. Selon des sondages d'opinion publiés dans l'*Hindustani Times*, aujourd'hui encore les trois quarts des Indiens âgés de moins de vingt-cinq ans sont favorables aux mariages arrangés. Dans les films de Bollywood, l'amour n'est généralement pas censé l'emporter sur la famille. Les harcèlements dont les femmes sont victimes restent un sujet majeur de plaintes. Décidément, la liberté sexuelle ne suffit pas à modifier les relations entre hommes et femmes.

Pas davantage ne le font la prospérité et le luxe, ni le développement ou le déclin des civilisations. Quand on cultive la sensualité, le problème est qu'on finit fatalement par se demander par quoi la faire suivre, si ce n'est par davantage de sensualité. Aux deux premiers siècles après J.-C., à l'instant même où l'Empire romain paraissait au faîte de sa puissance, des gens qui en apparence possédaient tout se sont rebellés contre l'idéal du plaisir charnel, et le christianisme a rejoint cette contestation en plaquant son autorité religieuse sur la philosophie stoïcienne. La chair meurt, l'esprit vit, affirmaient les prédicateurs ; les plaisirs spirituels sont les plus importants. Mondial, le mouvement monachique exaltant le célibat ne concernait pas seulement l'activité sexuelle, mais exprimait une autre idée de ce qu'étaient censés être les humains. Moines, religieuses et ermites tentèrent une expérience héroïque : posséder une foi si absolue dans le divin qu'ils n'auraient pas besoin d'enfants pour s'occuper d'eux dans leurs vieux jours. Beaucoup, de toute façon, considéraient que la fin du monde était imminente. Ils voulaient se distinguer des simples animaux en résistant par le seul pouvoir de leur volonté à toutes les tentations naturelles, et être capables d'éprouver de l'amour non seulement pour un partenaire unique mais pour le monde entier. Leur ambition de s'affranchir de la domination du sexe n'était pas moins audacieuse que celle des communistes qui cherchèrent plus tard à se libérer de la domination de l'argent, et elle se révéla tout aussi astreignante. Pacôme (286-346), le saint égyptien qui fut le père fondateur du monachisme occidental, affirmait qu'entre cinquante et soixante-dix ans il n'avait pas passé une seule nuit ni une seule journée sans désirer une femme, y compris même lorsqu'il s'efforçait de se concentrer sur ses prières. Saint Jean Cassien (v. 360-v. 435), qui a introduit le monachisme en Europe à partir de l'Égypte, prétendait pouvoir respecter une chasteté absolue sur un laps de temps de six mois : il suffisait, pour se purger de la luxure, du désir et de la gloutonnerie, de se contenter de deux miches de pain par jour, ce qui transformait le sens même du fait d'être en vie. L'idée que l'on puisse accepter la souffrance pour vérifier qu'on est capable d'en triompher, et que l'on puisse surmonter le désir sexuel en échange de gratifications spirituelles, a constitué un objet d'admiration pendant de longs siècles, à l'instar du refus de tout contact avec un autre corps humain ; en effet, la chair était un rappel de la condition de mortel, et le désir charnel un signe de la faiblesse de l'homme au service de Dieu. Les femmes adoptèrent l'ascétisme en devenant les fiancées du Christ. Toutefois, quand les prêtres catholiques prétendirent s'immiscer dans la vie sexuelle des laïcs, n'autorisant la copulation que cent quatre-vingt-quatre ou cent quatre-vingt-cinq jours par an, et utilisèrent la confession pour sanctionner les pratiques sexuelles qu'ils ne jugeaient pas orthodoxes, ils découvrirent les limites de leur pouvoir. À l'inverse, tout le système économique actuel a été construit pour une part sur le rejet de la maîtrise de soi.

Changer le sens que l'on confère à sa vie est l'une des manières d'accomplir une révolution sexuelle. Une autre consiste à changer ce que l'on entend par sexe. En 1905, en anglais, l'adjectif *sexy* désignait les individus obnubilés par le sexe. En 1923, ce sens avait évolué pour se rapprocher de celui de séduisant. *Sexy* pourrait-il désigner aujourd'hui celui qui est capable d'apprécier les complexités inhérentes à l'existence de deux sexes ? Les Chinois encouragent une telle approche, car le mot qu'ils utilisent pour désigner le sexe, *xing*, possédait un sens plus général avant le XXe siècle, puisqu'il recouvrait l'ensemble de la personnalité d'un individu, au lieu de désigner exclusivement ses organes génitaux. Pourtant, l'intégralité de la personnalité est encore loin d'être ce qui attire au premier chef deux humains l'un vers l'autre. Selon les chercheurs qui aiment à mettre des chiffres sur tous les sujets, y compris même celui-ci, c'est avant tout l'apparence qui séduit (55 %), puis la façon de parler (38 %), la teneur de ce qui est dit arrivant loin derrière (7 %). Faut-il voir là un indice supplémentaire de ce à quoi pourrait s'intéresser une nouvelle révolution sexuelle ? En 1511, le mot conversation signifiait fréquentation. Au XVIIIe, « être surpris en conversation criminelle », c'était être pris en flagrant délit d'adultère. Au XXIe siècle, une « conversation intime » rappelle que le magnétisme qui attire les gens l'un vers l'autre ne relève pas toujours d'un désir de pénétration d'orifices corporels, mais qu'ils peuvent également prendre plaisir à explorer l'esprit, les goûts, l'expérience d'autrui. Les manuels d'éducation sexuelle qui contiennent des instructions précises sur la manière de provoquer l'excitation et l'orgasme apparaîtront peut-être comme une pittoresque relique de la foi dans l'efficacité mécanique le jour où l'on prendra conscience qu'en répétant ce qu'un autre vous a enjoint de faire et de dire, on n'est plus que l'ombre de cet autre.

En Chine, Yun ne pouvait savoir que, à l'instant même où elle parlait à Fu, un membre de l'Assemblée constituante, sous la Révolution française, demandait qu'après la Déclaration des droits de l'homme, qui avait « rendu l'homme libre et heureux dans la vie publique », on assure « sa liberté et son bonheur dans la vie privée » ; le seul résultat de cette motion fut une loi autorisant le divorce, et une autre abolissant le pouvoir des pères sur leurs enfants adultes. Les hommes politiques n'avaient pas relevé que si, jusqu'alors, les romans français avaient raconté des histoires d'enfants rebelles tenant tête à leurs pères autoritaires, on y rencontrait de plus en plus souvent des personnages de pères recherchant l'affection de leurs enfants. Les promesses d'affection n'ont jamais figuré dans aucun programme électoral, et le slogan « Faites l'amour, pas la guerre » n'a pas été le fruit de recherches approfondies destinées à établir si faire l'amour engendre de l'affection. Le mot « amour » ne figure pas dans la Déclaration universelle des droits de l'homme, pas plus que dans la devise Liberté, Égalité, Fraternité. On pourrait croire que les autorités publiques adhèrent encore à ce propos de Confucius : « Je n'ai jamais rencontré personne qui eût autant d'appétit pour la vertu que pour le sexe », et admettent qu'elles sont impuissantes à encourager l'amour, bienfait suprême, celui que tout le monde désire par-dessus tout, et lesdites autorités comme tout un chacun. Ceux qui exercent du pouvoir ou possèdent de l'argent ont des idées bien arrêtées sur la meilleure manière d'assurer le bonheur de l'humanité : il suffit de lui donner plus de pouvoir et plus d'argent. Rien n'empêche pourtant ceux qui n'ont ni pouvoir ni argent d'essayer autre chose, de faire un usage plus inventif de ce mystérieux magnétisme, de cette faculté d'attraction et cette répulsion que les humains éprouvent les uns pour les autres.

Les obstacles sont redoutables. Chaque sexe s'accroche à ses prérogatives traditionnelles quand bien même il les critique. Le sexe continue d'être associé à la conquête et à la domination, et les signes de démilitarisation sont rares. À travers le monde, les trois quarts des hommes, selon une « enquête portant sur trente-cinq cultures », aimeraient avoir des relations sexuelles sans lendemain. Dans les couples qui reposent sur l'amour plus que sur le devoir, les femmes continuent à veiller au bien-être quotidien des hommes, l'amour offrant un alibi commode à la perpétuation des corvées domestiques traditionnelles : « Je ne laverais pas ses chaussettes si je ne l'aimais pas. » Il y a un siècle, on considérait qu'avoir un mari qui rapportait un salaire à la maison importait plus que ses insultes, sa violence ou ses infidélités, et les scènes de ménage du samedi soir n'avaient rien de honteux ; aujourd'hui les femmes, même après avoir acquis l'indépendance financière, n'échappent pas toujours à des formes de mépris plus subtiles. N'existe-t-il vraiment aucun remède à ces motifs de conflit persistants ?

Les efforts des pouvoirs publics sont loin d'avoir été fructueux. Les couples ordinaires pourraient-ils faire mieux dans leurs expériences personnelles ? Ils sont les seuls à pouvoir tirer au clair ce qu'ils attendent du sexe et de l'amour ; ils sont les seuls à pouvoir mettre en place des formes de communication plus satisfaisantes. Il est vrai que Yun n'a pas réussi, comme elle le souhaitait, à ouvrir son couple par trop étanche, et que Fu n'a pas su agir avec l'héroïsme et l'indépendance qu'il croyait requis des hommes. Deux siècles plus tard, pourtant, l'un et l'autre auraient peut-être trouvé une issue à leur dilemme. Aux États-Unis, en tout cas, une récente enquête a montré que ce que les hommes et les femmes détestent le plus, c'est qu'on leur mente ; ils sont presque deux fois plus nombreux à donner cette réponse qu'il y a quarante ans, époque où l'on admettait bien plus couramment la dissimulation des infidélités sexuelles : aujourd'hui, en revanche, 91 % des personnes interrogées considèrent que tromper son partenaire est infiniment plus répréhensible que tous les tabous du passé tels que le divorce, les relations sexuelles avant le mariage et les enfants illégitimes, autant de faits sanctionnés jadis par l'humiliation privée et l'opprobre public. La franchise entre amants a été l'un des premiers remèdes à l'ennui conjugal que des femmes intelligentes ont imaginé dès le début du XIXe siècle, mais les hommes n'y étaient pas prêts. Aussi s'est-on préoccupé par priorité de faire obtenir aux femmes les mêmes droits que ceux dont jouissaient les hommes. Mais que les femmes ressemblent davantage aux hommes n'a pas constitué en soi un progrès. Il y a encore tant d'hommes qui n'ont pas envie ou ne sont pas capables d'exprimer leurs émotions, voire d'appréhender les complexités de l'intimité. Les couples qui ne se parlent pour ainsi dire jamais sont légion. L'une des rares enquêtes sur ce que les couples se disent a révélé que la moitié d'entre eux restent silencieux quand ils font l'amour, alors que les autres lâchent « des mots tendres ». Les spécialistes conseillent aux amants d'échanger « des propos sentimentaux », et d'aucuns vont jusqu'à proposer une liste de formules appropriées, d'une remarquable banalité, comme si les relations sexuelles pouvaient se comparer à une liturgie religieuse dans laquelle chacun devrait répéter l'équivalent de la même prière favorite. Les experts sont toujours déconcertés par les pensées saugrenues et les fantasmes sexuels apparemment étranges qui accompagnent souvent les relations sexuelles, et les rares études scientifiques menées à ce sujet se contentent de les rattacher à des catégories pathologiques connues comme l'angoisse, au lieu d'y voir d'intéressantes révélations sur l'imaginaire, voire des incitations à engager la conversation sur des idées que chaque partenaire est souvent incapable de démêler, voire qu'il est même inconscient de nourrir. On s'est tellement concentré sur le plaisir physique et émotionnel propre aux rapports sexuels, et sur l'euphorie assez voisine de celle des drogues qu'ils provoquent, qu'il reste encore énormément de choses à découvrir sur la manière dont ils peuvent stimuler chez tous nos fameux *« Appreciation, Affection, Animation »*.

Rien ne nous oblige plus à comparer le désir sexuel à la faim de nourriture. Une des raisons pour lesquelles la cuisine a accompli plus de progrès que le sexe est qu'elle ne vise pas seulement à satisfaire l'appétit individuel, mais encourage la convivialité, transformant le repas en fête destinée à divertir, à charmer et à surprendre des convives très divers, et à élargir la connaissance de la variété des aliments et des goûts existant de par le monde. Le sexe est au contraire devenu privé, secret. Il y a bien longtemps, il était au cœur d'une convivialité universelle, des communautés entières rendant un culte public et festif à la fertilité de tout ce qui vit, célébrant collectivement la copulation de la même manière que les semailles ; les cultures qui levaient et la naissance d'enfants étaient une seule et même chose. Aujourd'hui, avoir le plus grand nombre possible d'enfants a cessé d'être l'objectif premier des relations sexuelles et l'ambition de « croître et se multiplier » a été remplacée par la quête du plaisir et de l'amour, et par la volonté d'assurer des chances égales à cette moitié de l'humanité dont le rôle s'est longtemps limité à la procréation. Aussi apparaît-il avec évidence que les vieux mythes sur la virilité et la fertilité requièrent un sérieux dépoussiérage. L'entreprise n'est pas simple, car les stéréotypes sexuels sont si profondément ancrés, la séduction est un jeu si prenant que les relations pourront longtemps continuer à n'être que des pièces de théâtre que l'on rejoue inlassablement. La Chinoise du IVe siècle qui pensait que les règles du sexe seraient toutes différentes si elles avaient été rédigées par des femmes et non par des hommes, découvrirait aujourd'hui que son pronostic ne s'est pas réalisé, et que, de surcroît, nous serions bien en peine d'en prédire le résultat.

L'élément nouveau est que la vie privée n'est plus condamnée à être jugée inférieure, d'une manière ou d'une autre, à la vie publique, plus insignifiante et plus égoïste qu'elle ; elle n'est plus destinée à n'être qu'un refuge hors de la vie publique, l'impénétrable asile de vérités dissimulées par l'hypocrisie du monde. Elle apparaît au contraire comme le lieu où se forgent les relations dont dépend la vie publique et où se nourrit une infinie variété d'attachements, un atelier animé où se brassent sympathie et curiosité, où se nouent et parfois se rompent des liens affectifs et intellectuels. Elle a donc un rôle capital à jouer pour encourager cette égalité qui reste un mirage en dépit de tous les efforts déployés par la politique et l'économie. Seule l'affection privée peut transformer en précieux avantages des disparités apparemment tenaces, de caractère ou de talent entre individus. Aucune loi, aucun trésor, aucun remède ne saurait apaiser les craintes qui tenaillent chaque individu et déterminent en dernier recours la part de vie dont chacun dispose ; l'égalité des chances est une vaine promesse si la réussite impose de triompher de tant de craintes et du rappel obsédant de nos propres insuffisances. L'inégale distribution de l'angoisse est accentuée par la distribution inégale de l'affection que dispense la vie privée. Les gens sont tellement privés d'affection – non seulement d'affection reçue, mais de possibilités d'en donner – qu'ils l'offrent à des célébrités qu'ils n'ont jamais rencontrées et ne se plaignent pas qu'elle demeure sans réponse. La vie privée, quand elle est une pépinière d'affection, est un indispensable catalyseur de l'égalité.

C'est également dans la vie privée que l'on peut approfondir le sens de la fraternité au-delà des efforts des gouvernements et des philanthropes qui s'évertuent à réduire la détresse des minorités désavantagées. Tout le monde a besoin de fraternité, tout le monde a besoin d'en donner et d'en recevoir, de transmettre ce qu'il possède et, par-delà les barrières de l'amour-propre, d'acquérir des qualités qu'il ne possède pas, d'intégrer des sensations qu'il n'a pas éprouvées, de s'introduire dans les pensées d'autrui, d'être plus conscient de potentialités qu'il n'a pas osé envisager. C'est surtout par le biais de conversations privées que les gens acquièrent l'assurance et le courage nécessaires pour tenter ce qu'ils n'auraient peut-être jamais cru possible auparavant, et trouvent des partenaires qui leur permettront d'accomplir des choses qu'ils n'auraient jamais pu faire seuls ; ils pourront ainsi être animés par le sentiment qu'en découvrant les autres et en étant découverts par eux, en assimilant ce que chacun offre à l'autre, ils sont devenus plus pleinement vivants. *« Appreciation, Affection, Animation »* : voilà donc ce que la vie privée peut ajouter à la vie publique. Les révolutions politiques les ont négligées. Il reste aux révolutions sexuelles à élargir l'idée de couple, à replacer les problèmes que rencontrent les amants dans le cadre de la question plus universelle des relations à deux telles qu'elles affectent tous les domaines de l'existence.

L'histoire de Fu et de Yun reste inachevée. Les fruits de l'art d'être deux sont encore à découvrir.

20.

Quels objectifs peuvent avoir les artistes au-delà de l'expression de soi ?

Dans le Japon médiéval, au sein d'une des sociétés hiérarchisées les plus rigides qui aient jamais existé, une classe dirigeante héréditaire de farouches guerriers samouraïs découvrit que l'écriture de poèmes leur inspirait une incroyable douceur et que leur attitude à l'égard des étrangers en était elle-même transformée. « Même quand nous nous rencontrons pour la première fois..., nous éprouvons une intimité réciproque... et nous sentons aussi proches que des cousins. » Cette citation est du poète Sogi (1421-1502), maître du *renga* ou « strophes en chaîne », poèmes composés par deux personnes ou plus, chacune étant chargée d'en inventer une à tour de rôle. Sogi mérite une place dans la mémoire collective de l'humanité parce qu'il était insurpassable dans l'art de tisser des liens délicats entre divers collaborateurs : son charme rassemblait les étrangers les plus inattendus dans une commune quête de beauté. La poésie conçue comme une conversation intime remonte à une date antérieure au IXe siècle, avec la composition du *Dialogue entre un pauvre homme et un homme indigent*, mais Sogi l'a poussée encore plus loin. Voyageant à travers le pays avec pour tout bagage son matériel d'écriture, logeant dans une cabane, il organisait des fêtes de poésie qui révélaient à quel point, dans un pays ravagé par un violent conflit politique, l'art pouvait rapprocher de parfaits inconnus. Cette collaboration inspirait un tel plaisir à ses compagnons poètes amateurs que, disait-il, « nous avons aussi pensé que nous nous retrouverions peut-être dans l'autre monde ». Ces poètes « n'éprouv[aient] aucune gêne à s'entretenir avec leurs cadets, et ceux de noble extraction ne fu[yaient] pas ceux qui leur [étaient] socialement inférieurs ». Tout le monde était libre d'assister à ces réunions dans un complet anonymat, garant d'égalité : ils pouvaient dissimuler leur identité sous d'amples vêtements et des chapeaux en paille de riz à large bord qui masquaient leurs visages. Comme ils étaient souvent assis à l'ombre d'un cerisier, « sous les fleurs », l'empathie pour l'environnement naturel ajoutait une dimension supplémentaire à leur sentiment communautaire : la fleur favorite de Sogi, l'églantine jaune pâle, attestait pour lui que l'« essence du *renga* est de donner un esprit à ce qui n'en a pas et d'accorder la parole à ce qui ne peut s'exprimer ».

À maints égards, sa poésie préfigurait le sport en encourageant les classes sociales à se mélanger, à l'instar des membres d'un club qui se sentent provisoirement égaux sous leurs polos ; mais elle le faisait à un niveau plus profond en ce qu'elle impliquait l'expression choisie d'émotions esthétiques et la faculté de faire écho avec élégance à celles de ses partenaires. La « philosophie du savoir-faire artistique » japonais, *gei-do-ron*, était l'art de s'entretenir avec des étrangers. Cependant, ce genre de poésie devant respecter des règles précises, elle resta d'abord impersonnelle, l'objectif principal étant davantage de créer un ensemble cohérent à partir d'éléments disparates que de reconnaître ou d'encourager l'originalité de chacun. Elle ne représentait qu'une première étape dans la quête d'inspiration auprès d'étrangers en les faisant participer à une activité qui estompait leurs singularités.

La seconde étape a été d'ériger l'extranéité en vertu praticable et perfectible par tous. Une fois de plus, l'art a servi de catalyseur en incitant différentes professions et classes sociales à abattre temporairement les barrières qui les séparaient, en faisant fi de tout statut. La pratique d'un art pouvait apprendre aux gens à mener deux vies distinctes : l'une officielle, déterminée par la naissance, l'activité professionnelle et la richesse, l'autre personnelle, façonnée par l'activité artistique. Officiellement, tout le monde devait, sa vie durant, se plier à des obligations bien définies, les bonnes manières imposant que l'on respectât ses supérieurs ; mais, en privé, en adhérant à des cercles artistiques, les gens pouvaient trouver une certaine liberté à travers les échanges sociaux. Les artistes ont inventé le « monde flottant », réalité de substitution où les règles morales pouvaient être enfreintes, où les plaisirs charnels pouvaient être cultivés à la fois dans la gaieté et dans le raffinement, où les joies du partage pouvaient être intenses.

L'art est également devenu un substitut à la contestation politique. Dans le Japon du XVIIe siècle, les jeunes gens issus des franges de l'aristocratie – des samouraïs de rang inférieur ou dépourvus de maître, sans espoir de se distinguer au combat alors que la paix régnait – devinrent des sortes de « skinheads ». Front et tempes rasés, le reste de leurs cheveux pendant librement dans le dos au lieu d'être noués en chignon sur le haut du crâne, ils fumaient du tabac tout en traînant dans les lieux publics, dansant et chantant par les rues, fiers de leurs vêtements à la mode – cols de velours, kimonos courts et larges ceintures. Certains faisaient étalage de leur homosexualité, rejetant les allégeances traditionnelles. On finit par les surnommer les *kabuki* : les « tordus », les excentriques, les zazous.

C'est alors que des femmes indépendantes entreprirent de rendre cette contestation encore plus radicale. Elles avaient à leur tête Izumo no Okuni (1572-1613), première vedette féminine du théâtre japonais, dont l'importance a fini par être reconnue en 2003 quand on a érigé, à Kyoto, une statue à son effigie. D'innombrables légendes entourent sa vie, à l'image de celle de son contemporain Shakespeare, mais les sources anciennes l'évoquent comme un être quasi divin. Elle avait « un visage unique au monde, des mains intelligentes, un cœur qui permettait à ses sentiments de s'exprimer par le chant, et sa douceur se parait de profondes couleurs. En tenant une fleur, elle pouvait suggérer le murmure d'un amant au clair de lune… C'était une authentique poétesse. » Un autre écrivait : « Elle mérite d'être appelée la Première Femme de l'Univers. Or je ne puis devenir le premier homme de l'univers : ne pas être l'égal de cette femme me mortifie, et je me sens anéanti. » D'abord gardienne d'un sanctuaire bouddhiste, elle entreprit de longs voyages en tant qu'artiste pour collecter les fonds nécessaires à sa réparation, à l'instigation de prêtres qui estimaient que ce n'était pas « par des sermons ennuyeux et tarabiscotés » qu'on ferait apprécier le plus facilement la doctrine du Bouddha, « mais en s'abîmant dans l'extase grâce au chant et à la danse ». Okuni, qui obtint sur-le-champ une gloire et un succès nationaux, inventa ainsi le théâtre kabuki.

Le kabuki était initialement un spectacle de chant et de danse grivois, satirique, sexuellement suggestif, émaillé de saynètes burlesques. Sa distribution intégralement féminine, vêtue d'élégants vêtements masculins, imitait et raillait les hommes « tordus ». Le gouvernement fit fermer ce théâtre pour cause d'immoralité, mais de beaux garçons vinrent alors remplacer les femmes. Les acteurs devinrent ainsi ceux qui donnaient le ton en matière de mode, arborant des tenues et des coiffures qui ne cessaient de fasciner tant les hommes que les femmes. Une industrie de la mode trouva dès lors à s'épanouir. L'apparence personnelle devint une véritable obsession, et ceux qui ne pouvaient se payer de la soie arboraient avec orgueil des cotonnades rayées dernier cri. L'élégance devint l'échappatoire à la vulgarité. L'art développait les sensibilités tout en apportant du raffinement à l'érotisme. Les gens ordinaires pouvaient accepter leur rang inférieur dans le monde « réel », le monde pragmatique, en détournant leur contestation vers le monde « flottant » et la rébellion esthétique. Ils exprimaient leurs émotions intimes en « écriture de femme » (les caractères japonais) pour se distinguer de la caste officielle, qui utilisait le chinois dans les documents administratifs, comme les Européens le latin. C'était là une précoce remise en question de l'idée selon laquelle hommes et femmes étaient irrévocablement étrangers les uns aux autres.

Cependant, si les artistes ont joué un rôle important d'intermédiaires non seulement entre individus, mais aussi entre civilisations qui se considèrent elles-mêmes comme étrangères, s'ils ont exercé une influence plus subtile et plus durable que les diplomates, leurs réalisations se sont toujours heurtées à certaines limites. Le fait de se montrer esthètes et généreux dans le monde « flottant », le soir ou en dehors du travail, ne rendait pas nécessairement les mécènes moins implacables dans leur lutte quotidienne pour le pouvoir et le profit. Au contraire, cette pratique a eu des conséquences désastreuses sur l'activité professionnelle, en prêtant de la crédibilité à l'idée que les plaisirs les plus délicieux devaient être cultivés après les heures de labeur et que celui-ci avait des fins bien plus sérieuses et pragmatiques. Par le passé, quand ils étaient livrés à eux-mêmes, les humains étaient d'un tout autre avis. Les premiers visiteurs de l'Amérique découvrirent avec stupeur que la population indigène passait manifestement l'essentiel de son temps à ne rien faire du matin au soir, et certains estimèrent qu'ils pourraient « vivre avec moins de travail et plus de plaisir et d'abondance, en tant qu'Indiens », qu'il ne leur était possible de le faire dans leur pays natal. Même dans l'Angleterre d'avant la révolution industrielle, malgré la pauvreté, le chômage saisonnier, l'absence de tous les éléments de confort dont nous ne pourrions plus nous passer, le travail était plus informel et convivial qu'il ne l'est devenu par la suite : il ménageait des pauses fréquentes pour se reposer, parler et boire, et davantage de jours chômés pour contrebalancer des horaires plus longs ; le travail était intégré au reste de la vie au lieu d'en être coupé. Les Japonais étaient peut-être plus habiles à louvoyer entre une pluralité d'identités grâce à leur art, acceptant l'ambiguïté et la fragilité dans la sphère esthétique tout en insistant sur la hiérarchie et l'obéissance dans la sphère économique, ce qui a pu les aider à intégrer quelques étranges innovations occidentales sans renoncer pour autant à leurs traditions – même si l'art n'y a pas suffi.

Aujourd'hui, malgré les brillantes réussites du Japon en de nombreux domaines, 80 % de ses habitants déclarent s'attendre à mourir de surmenage – ce qui donne à penser qu'ils n'adhèrent plus à leur métier, de même qu'ils ne conçoivent plus d'être heureux de mourir pour leur patrie. Quand des bandes dessinées présentent les toilettes comme le seul refuge que des pères jadis vénérés peuvent trouver pour lire leur journal en paix, quand les magazines féminins déclarent que les femmes n'envient plus les hommes, quand les deux tiers des femmes préféreraient avoir une fille plutôt qu'un fils, quand, malgré l'important développement de toutes sortes de divertissements destinés à rendre le monde flottant plus excitant, les Japonais sont de plus en plus nombreux à répondre aux sondages que leur vie n'a pas de sens et qu'« ils deviennent plus stupides que leurs ordinateurs », ils se reconnaissent comme étrangers dans leur propre pays, étrangers les uns aux autres. L'art ne les a pas protégés, non plus que la foi dans leur cohésion sociale et leurs traditions indéracinables, dans leur première place mondiale en matière de technologies, ou dans leurs entreprises qui sont presque devenues des familles de substitution.

Les riches du monde entier ornent les murs de leurs vastes demeures de toiles d'avant-garde, à l'instar des pécheurs qui faisaient construire des églises ou des temples pour expier leurs fautes, mais les protecteurs des arts et de la religion n'ont pas forcément modifié pour autant les méthodes qui leur ont permis d'acquérir leur suprématie. C'est ainsi que la « culture » a pu prospérer dans son coin, parfois brillamment, tandis que la force brute et le travail abrutissant continuent à dominer le reste de l'existence. La fracture entre art et travail est une des pires tragédies de l'histoire.

C'est dans le cadre du travail que l'on rencontre le plus d'étrangers. Le principal attrait d'emplois apparemment ordinaires est de mettre en contact avec des gens qui ouvrent des fenêtres sur des mondes inconnus. Le travail a été intégralement repensé à deux reprises par le passé : par les révolutions agricole et industrielle. Le repenser une troisième fois pour l'adapter aux aspirations contemporaines supposerait de transcender le divorce entre commerce et spiritualité, entre pouvoir et amitié, entre monde « flottant » et monde matériel. Le monde matériel n'incarne pas plus le monde réel que le monde flottant de l'imagination. Tous deux existent en étant étrangers l'un à l'autre. Les supermarchés, les bureaux, les usines, où l'art n'est qu'un décor qui passera à la trappe dès qu'il faudra réduire les coûts, sont-ils définitivement condamnés à être tels qu'ils sont ? Les différentes activités et professions qui absorbent une si grande part de l'énergie humaine et exigent une négociation constante avec des étrangers ne pourraient-elles pas développer davantage de relations qui, au lieu d'être simplement mercenaires, élargiraient la compréhension humaine ? Peut-on envisager de nourrir une ambition qui dépasserait la recherche d'un « équilibre vie/travail », préservant l'espoir d'une existence plus agréable par la valorisation d'occupations extérieures à l'activité professionnelle et détournant ainsi l'attention des effets abrutissants que de nombreux emplois imposent encore à tous, hormis une infime minorité de privilégiés ? Dans les chapitres qui suivent, je décrirai les efforts que j'ai entrepris pour découvrir, par des expériences pratiques, comment réorganiser le travail afin qu'il convienne à des gens qui ont envie d'être plus curieux, plus aventureux, plus intelligents, plus sensibles ou plus artistes, sans être obligés, pour compenser son caractère souvent inutile et fastidieux, de se rabattre sur des activités de loisirs.

Ceux qui, dans notre monde, prennent les grandes décisions ont peut-être manqué de perspicacité quand ils ont décidé d'épouser la science du management et de traiter l'art comme une maîtresse dont le seul rôle était de les distraire dans leur temps libre. Leur mariage n'est peut-être pas – pour user d'une des épithètes qu'ils ont sans cesse à la bouche – « durable ». La science du management s'inscrit tout entière dans le changement perpétuel ; or plus d'innovation, c'est aussi plus d'incertitude concernant l'avenir. Aussi les jeunes évitent-ils de plus en plus de s'en remettre à des aptitudes qui risquent d'être dépassées demain et se lassent-ils de plus en plus souvent d'un travail ingrat qui ne leur laisse pas un instant de répit. Je ne dis pas qu'autrefois tout le monde adorait son métier. Mais les gens se résignaient plus fréquemment à effectuer celui qui leur était échu par les hasards de la naissance. Plus la spécialisation des tâches et des entreprises augmente, plus ceux qui travaillent ensemble deviennent des étrangers incapables de se comprendre les uns les autres. Plus les progrès technologiques dégagent de longues heures de loisir, plus on a le temps de s'angoisser et de se demander non seulement « quel est le genre de travail qui me satisferait ? », mais « quel est le genre de monde qui me plairait ? ».

Quand on demande aux gens s'ils sont contents ou insatisfaits de leur travail, leur réponse dépend du nombre de minutes qu'on leur accorde pour la formuler et de la profondeur de la réflexion qu'ils consacrent à des regrets qu'ils écartent le plus souvent, les sachant inutiles et irrémédiables. Un cadre de Marks and Spencer a pu ainsi me raconter qu'il était vraiment fier de travailler pour une société aussi remarquable, et qu'il se sentait très flatté quand le grand patron sollicitait son avis ; mais, après avoir passé deux heures à chanter les louanges de son entreprise, il a lâché tout à trac : « Je déteste mon patron », et m'a avoué qu'il avait l'intention de se consacrer à temps plein à sa passion pour le théâtre, la seule chose qui l'intéressait vraiment. Ce sont les doutes des privilégiés vivant dans les pays les plus « avancés » qui lancent les signaux d'alarme les plus significatifs.

Les hésitations des Français sont particulièrement révélatrices, s'agissant du peuple qui déclencha une révolution en 1789. Leur nation était la plus puissante et la plus prospère d'Europe, ce qui ne les empêchait pas de vouloir davantage que la prospérité et la puissance. Ce n'est pas seulement le dénuement et l'oppression qui nourrissent les révolutions, mais tout aussi fréquemment la déception de ceux qui ont réussi et se mettent à éprouver des doutes et à se demander quel autre objectif ils pourraient s'assigner. Aujourd'hui, les Français comptent toujours parmi les peuples les plus riches du monde tout en travaillant moins d'heures que la plupart, mais, une fois encore, ils veulent davantage. Ils sont nombreux, bien sûr, à aimer leur travail et à être fiers de leurs compétences, et il existe de nombreux types d'emplois passionnants dont l'exercice constitue un privilège. Pourtant, quand on leur demande « Quelle est la priorité dans votre vie ? », ils placent la famille en première position (63 %), loin devant les loisirs (18 %) et le travail (12 %). Il existe encore beaucoup d'emplois aliénants et une foultitude de gens sont toujours condamnés par leur travail à sacrifier des ambitions cachées, ou regrettent d'avoir consacré de trop longues années de leur vie à travailler trop dur, négligeant par là des activités qu'ils ont découvertes trop tard pour pouvoir s'y adonner. Suffit-il que le travail apporte prestige, motivation, satisfactions sociales et maîtrise d'une compétence ? Pourquoi se transforme-t-il si souvent en simple moyen de rester en vie, de gagner suffisamment d'argent pour payer ses impôts, rembourser ses dettes, acheter des biens dont on n'a pas forcément besoin, voire impressionner ses voisins pour qu'ils cessent de vous traiter en étranger ?

L'art pourrait-il jouer un rôle différent, ne pas se contenter d'être une forme de distraction ? Pourrait-il dépasser à la fois sa fonction culturelle d'autrefois et sa concentration actuelle sur l'expression de soi ? Pourrait-il devenir une pépinière où cultiver un autre type de courage, susceptible de préserver l'ordinaire de la vie professionnelle des tourments qui trop souvent l'accablent ? Pourrait-il empêcher les rivalités et jalousies au travail de transformer des collègues en étrangers ? Les plaisirs du métier doivent-ils être gâchés par la crainte de devenir étranger à soi-même parce qu'on est confronté à ses propres incompétences ? Peut-être est-ce trop demander à l'art que d'espérer qu'il puisse remédier à tous ces maux. Cependant, ses contributions aux réalisations de l'humanité ont été bien plus grandes qu'on ne le croit habituellement ; son rôle n'a pas été de simple décoration, de distraction marginale. Aucune religion, aucune idéologie sans doute ne se serait répandue sans son concours. L'art a exercé une énorme influence en abolissant des préjugés, en encourageant une créativité indépendante, en offrant de la respectabilité à « tout ce que l'esprit, l'imagination ou le caprice humains peuvent inventer ». Il n'a rien perdu de son prestige, même lorsque l'expression personnelle dérape en auto-idolâtrie ou est blessée par la frustration qu'engendre la prise de conscience qu'autrui ne partage pas votre opinion sur votre propre « génie ». Les artistes n'ont pas épuisé tous les rôles qu'ils pourraient être appelés à jouer.

Les biographies d'artistes constituent dans bien des cas une litanie de luttes et de souffrances, de drames et de déceptions, engagés qu'ils ont été de façon croissante dans la quête d'une forme d'existence différente de celle de l'immense majorité. Aujourd'hui plus que jamais, cette quête est pourtant d'une plus grande pertinence. Plus les gens sont instruits, plus ils s'intéressent à une vie artistique qu'ils n'explorent souvent que trop tard, l'âge de la retraite venu. On peut cependant nourrir aujourd'hui une tout autre ambition que de chercher à ressusciter un monde idéalisé d'artisans façonnant des objets de leurs propres mains. Comment transformer sa propre vie en œuvre d'art, tel est le nouveau défi.

La piste que nous ouvre l'art est qu'il ne se contente pas de rechercher un objectif prévisible ni une simple compétence technique. Il exprime une vision individuelle qui se manifeste alors même qu'elle se construit, si bien que la direction de la recherche, sa perspective et son but peuvent évoluer au fur et à mesure des découvertes faites ; c'est une aventure dans l'inconnu. Aucune recette, aucun mode d'emploi ne peut enseigner davantage que quelques compétences élémentaires. Tout en étant individuelle, chaque œuvre d'art est en même temps une œuvre de communication qui inspire à autrui des idées et émotions échappant à son contrôle. Elle constitue en cela un entraînement au courage, une modeste étape dans l'apprivoisement de la peur.

Apprendre aux enfants à être « créatifs » par le dessin et la peinture n'a eu que des résultats limités. Ils peuvent y gagner en assurance, mais, dès qu'ils quittent l'école, ils sont bien obligés de travailler pour des entreprises ou des institutions qui ne leur demandent pas de donner libre cours à leur imagination, mais d'accomplir des tâches précises. En tout état de cause, la créativité n'est pas en soi un objectif suffisant ; elle peut même aboutir à des résultats inutiles ou préjudiciables. La procréation est un concept plus intéressant, car elle apparie deux imaginations pour engendrer quelque chose qui constitue une surprise pour l'une comme pour l'autre avant même de poursuivre l'expérience jusqu'à l'apparition d'un résultat qui peut aller au-delà des espérances.

Le divorce entre art et travail a été consacré par Frederick Winslow Taylor (1856-1915), dont les idées sur l'« organisation scientifique du travail » se sont emparées des esprits partout dans le monde, dans la première moitié du XXe siècle, exerçant une influence encore supérieure à celle du travail à la chaîne selon Henry Ford. Ce que Taylor proposait était une « révolution mentale » qui ne s'appliquait pas seulement à l'usine, comme celle de Ford, mais à toutes les formes de travail, y compris même à l'éducation ou au jardinage. Taylor était convaincu que la science était à même de résoudre le problème des méthodes de travail. Il a commencé par analyser minutieusement la manière d'augmenter l'efficacité des machines, réussissant dans de nombreux cas à en tripler la productivité. Il a ensuite étudié tous les mouvements qu'accomplissaient les individus dans différents types d'activité et a montré qu'ils pouvaient eux aussi obtenir un gain de productivité considérable s'ils observaient précisément ses instructions, respectant scrupuleusement ce que son chronomètre et sa règle à calcul définissaient comme l'emploi optimal de leur énergie, le résultat idéal d'une journée de travail effectuée en y mettant toute leur ardeur. En contrepartie, il a doublé ou triplé les salaires et enregistré des résultats impressionnants : dans une papeterie, il a fait passer la production de vingt tonnes par jour à trente-six, abaissé les coûts à la tonne de 75 à 35 dollars, et le prix de la main-d'œuvre de 30 à 8 dollars par tonne. Tous le monde aurait dû s'en trouver plus heureux et plus riche, et Taylor était effectivement convaincu que les conflits entre employeurs et employés disparaîtraient, le surplus de richesse devenant si important que sa répartition ne ferait plus l'objet de contentieux.

Le problème était que son système transférait tout le pouvoir d'initiative des ouvriers à des cadres spécialisés. Les ouvriers ont donc protesté car ils se sentaient humiliés, asservis, transformés en simples automates ; on fabriquait sans doute plus de marchandises, mais « pour ce qui est de l'homme, c'est une destruction », déclara notamment un dirigeant syndical ; ce que Taylor considérait comme un mouvement ou un geste superflus, voire une pause inutile, représentait « souvent l'instant où l'étincelle divine d'une idée nouvelle » jaillissait dans l'esprit de l'ouvrier. Or celui-ci n'était pas censé penser. Ce qui revenait, déclarait ce dirigeant syndical, à ignorer le précédent de James Watt (1736-1819) qui avait précisément profité de quelques instants de répit pour observer une bouilloire, concevant ainsi ses idées révolutionnaires sur la machine à vapeur. Taylor s'obstina à inciter ses ouvriers à redoubler d'efforts, en leur proposant des gratifications et des primes de plus en plus élevées, mais ils répliquèrent que ce travail les épuisait au point de leur gâcher l'existence, poussant même leurs épouses à menacer de les quitter. Ceux qui étaient prêts à tout pour gagner davantage d'argent inquiétaient tout autant Taylor dans la mesure où ils devenaient « extravagants et dissolus… Notre expérience, écrivit-il, a montré que dans leur intérêt même, il n'est pas bon, pour la plupart, de s'enrichir trop rapidement. » Dans le même temps, il rappelait à tous les employés que l'objectif de leur labeur était de verser des dividendes aux propriétaires : « ils ne devraient jamais perdre de vue cette réalité ». Les techniciens qualifiés furent remplacés par des robots humains qui se contentaient de surveiller les machines ; un grand nombre d'entre eux furent licenciés et on leur conseilla de se faire enseignants ou travailleurs sociaux ; une nouvelle classe de cadres à col blanc vit le jour, totalement distincte des ouvriers ; les contremaîtres perdirent les rôles diversifiés qui étaient les leurs et leurs tâches furent réparties entre plusieurs spécialistes chargés de vérifier que chaque geste respectait scrupuleusement les règles.

En 1910 l'efficacité devint le nouvel idéal de l'Amérique, lorsqu'un conflit national provoqué par la décision des compagnies ferroviaires d'augmenter leurs tarifs donna lieu à une démonstration spectaculaire du gain d'efficacité qu'aurait représenté l'application des méthodes scientifiques de Taylor : celles-ci leur permettaient de réaliser cent millions de dollars d'économies, rendant ainsi inutile toute augmentation des tarifs. Réduire le coût de la vie devint ainsi un slogan populaire, malgré les conditions de travail plus rudes et les licenciements qui en étaient la rançon. L'Europe et le Japon eurent tôt fait d'emboîter le pas aux États-Unis. Jugés inefficaces, le rythme paisible du travail traditionnel et la fierté personnelle qu'inspirait la compétence professionnelle s'en trouvèrent condamnés.

L'organisation scientifique du travail a dispensé un certain nombre de leçons depuis l'époque de Taylor, et sa signification a considérablement évolué ; nul n'oserait plus affirmer aussi brutalement que l'objectif du travail est de verser des dividendes aux propriétaires ; on ne licencie plus aussi arbitrairement les ouvriers qui refusent de travailler plus dur, et quand certains se suicident parce qu'ils ne supportent plus le stress de leur vie professionnelle, ces drames font les gros titres de la presse. Mais peut-être serait-il opportun de se demander comment l'organisation scientifique du travail pourrait poursuivre son évolution, comment elle pourrait s'inspirer de l'art. Après tout, un poète, au sens premier du terme, n'était-il pas un fabricant doublé d'un ingénieur ?

21.

Devenir un leader est-il le sommet de l'ambition ?

Presque tout le monde s'accorde à dire que le leadership est essentiel pour affronter les défis de la vie. Les leaders sont nos héros, jusqu'au jour de leur échec. Pour les encourager, on oublie leurs déboires. Je vais donc examiner ici la face, souvent cachée, de leur histoire.

Sir Francis Bacon (1561-1626) fut l'un des premiers à se poser la question. Thomas Jefferson a dit de lui qu'il était l'un « des trois plus grands hommes à avoir jamais vécu », et on lui reconnaissait un talent si exceptionnel que d'aucuns sont allés jusqu'à lui attribuer la paternité des pièces de Shakespeare. Bacon a réinventé l'approche scientifique, transformant ce qui était une quête contemplative en véritable recherche expérimentale consacrée à des inventions pratiques censées « soulager la misère de l'humanité » ; pionnier de la colonisation des Amériques, il rêvait aussi de liberté religieuse et de réforme législative. Il s'est affirmé comme un leader dans tous les domaines qu'il abordait et a fini par devenir Lord Chancelier d'Angleterre, équivalent du titre de Premier Ministre. Sa vie n'en fut pas moins un désastre. Il fut renvoyé pour corruption, plaida coupable, implorant miséricorde et avouant qu'il n'était pas digne de confiance. Son épouse, de trente et un ans sa cadette, un véritable panier percé qui se plaignait constamment qu'il ne lui donnât pas suffisamment d'argent pour satisfaire ses goûts dispendieux, lui fut infidèle et finit par le quitter. Criblé de dettes pendant la majeure partie de sa vie, il devait encore des sommes considérables à sa mort : au moins trois millions de livres actuelles. Admiré par beaucoup, il fut également un objet d'exécration et de méfiance pour d'autres, n'ayant pas hésité à pratiquer la fourberie et la félonie pour accéder aux plus hautes fonctions. Après sa chute, les satiristes le présentèrent comme « le plus sage, le plus brillant et le plus misérable spécimen du genre humain ».

Si Bacon reste aussi aujourd'hui une figure majeure, c'est parce qu'il sut prendre ses distances avec ses revers de fortune et analyser la question de l'ambition avec une lucidité d'une pertinence universelle. Il reconnaissait sans honte avoir été incapable de suivre les principes de vertu et d'honnêteté qu'il prônait. Il avait mené deux vies distinctes, affirmait-il, et ses idéaux avaient été terrassés par des tentations imprévues : « Mon âme me fut une étrangère au long de mon parcours. » Les fruits de l'ambition n'avaient pas été ceux qu'il avait espérés. Il n'avait compris que trop tard qu'il s'était imprudemment laissé prendre au piège de « l'étrange désir de briguer le pouvoir et de perdre sa liberté, ou de rechercher le pouvoir sur autrui et de perdre le pouvoir sur… soi ». Il ne savait pas l'expliquer davantage qu'il ne comprenait pourquoi tant d'autres souffraient de cet étrange désir. Les hautes fonctions, à son grand étonnement, l'avaient réduit au rang de « serviteur »… des routines de l'administration. Le processus de conquête du pouvoir était « parfois vil » ; il était difficile de le conserver car il vous glissait entre les doigts, et sa perte était source de « mélancolie, [car] quand un homme sent qu'il n'est plus ce qu'il a été, il perd tout intérêt pour la vie ». Le prix du succès était trop élevé : « C'est par les déshonneurs que les hommes accèdent aux honneurs. » Sa soif de pouvoir l'avait effectivement rendu maître dans l'art de ployer l'échine devant les gens influents, de multiplier les promesses et trahir ceux qui avaient été ses amis mais avaient perdu toute utilité pour lui. Il en concluait que le pouvoir l'avait isolé des autres humains ; il était le premier à relever les défauts d'autrui et le dernier à reconnaître les siens. Pis encore, absorbés « par les casse-tête des affaires, [les puissants] n'ont pas le temps de veiller à la santé de leur corps ni à celle de leur esprit. »

Deux siècles et demi plus tard, sir Robert Barlow (1891-1976), issu d'une famille pauvre et illettrée de l'est de Londres, devint le fondateur et le patron d'une multinationale, la Metal Box Company, qui employait plus de cinquante mille salariés. Ce géant de l'industrie de l'emballage arrivait en seconde position mondiale, juste derrière la géante American Can Company, sans jamais renoncer à essayer de la devancer. Barlow usait d'un mélange d'astuce, de courage, de férocité, d'inflexibilité, de générosité et de bonté « avec tant de charme que même ceux qu'il blessait parlaient de lui avec affection », tandis que d'autres le traitaient de « sale type ». Il a été salué comme un des hommes d'affaires les plus brillants de sa génération, ce qui ne l'empêchait pas de dire : « Je n'en tire aucun bonheur. » Il passait son temps à combattre des collègues et rivaux qui contestaient son pouvoir. « Je ne sais pas pourquoi je continue, se lamentait-il. Je suis écœuré de cette vie. Tout le monde complote contre moi… Gardez-vous de l'ambition. Cela n'engendre que de la détresse. N'occupez jamais un poste comme le mien. Mieux vaut la mort. » Il continua pourtant à résister à toutes les tentatives visant à l'évincer, ripostant par des explosions de colère aux « conflits personnels qui occup[aient] tant de place dans l'esprit de [ses] cadres », contre « le climat exécrable » qui régnait dans son entreprise et contre le « heurt des personnalités. » Malgré tous les succès qu'il remporta de son vivant, le coup le plus brutal lui fut asséné juste après sa mort : sa réussite fut condamnée (en 1976) comme une « manifestation indésirable de la société de consommation, ajoutant frais et dépenses superflus au processus de distribution, faisant un emploi extravagant de matériaux rares, défigurant le paysage par des déchets et contribuant – surtout dans l'industrie agroalimentaire – à la dégradation du goût par des produits cultivés et transformés à l'aide de procédés artificiels. » Jamais il n'aurait pu prévoir pareille évolution des attentes de la société.

Si les héros et les saints occupent une place incontournable dans l'histoire de l'ambition, c'est également le cas de ceux, bien plus nombreux, qui ont dénoncé au fil les siècles les dangers de l'ambition, lui reprochant d'être en contradiction avec la philosophie de l'abnégation recommandée par la plupart des religions. « Un homme ambitieux est un malade », écrivit un médecin en 1841, alors que l'ambition n'avait encore que des débouchés limités, l'industrie n'offrant que 1 % de postes d'encadrement et le commerce dans les 7 %. Ce n'est que récemment que l'ambition de gravir les échelons est devenue une obsession quasi universelle et que les « incitations » sont devenues l'aphrodisiaque du travail. Au XXe siècle, la Grande-Bretagne a multiplié par sept le nombre de ses cadres ; plusieurs armées du monde ont triplé voire quadruplé la proportion de leurs officiers : le tiers des effectifs de l'armée chinoise est ainsi formé d'officiers, et un autre tiers de sous-officiers. Aujourd'hui, pourtant, l'ambition est en crise : les leaders ne peuvent être plus nombreux que leurs subalternes, puisqu'ils n'auraient plus personne à qui donner des ordres. Des attentes plus élevées rendent la réalisation de l'ambition de plus en plus inaccessible, même si l'aristocratie s'élargit indéfiniment en méritocratie. Personne n'a encore su répondre à l'affirmation brutale de Thomas Hobbes déclarant que toutes les distinctions entraînent supériorité et infériorité, et qu'il est impossible que tous jouissent d'un égal respect, car « si tous les hommes le possèdent, nul ne le possède ». Point plus important, jamais encore on ne s'est livré à un examen aussi impitoyable des faiblesses de ceux qui ont réussi, des puissants et des riches. Jamais on ne s'est demandé avec un tel acharnement s'ils ne font pas plus de mal que de bien. Ce n'est que dans les pays qui émergent à peine de la pauvreté qu'ils continuent d'inspirer admiration et respect ; dès que leurs effectifs se multiplient, le sortilège est rompu.

En l'an 2000, un professeur d'économie du MIT a résumé le critère du succès : « La richesse s'est de plus en plus imposée comme l'unique instrument de mesure de la valeur personnelle… C'est la seule partie à jouer si vous voulez faire vos preuves. C'est la Ligue 1. Si vous n'y jouez pas, vous êtes par définition relégué en seconde division… La richesse vous donne le pouvoir de faire ce que vous voulez. Plus votre richesse est grande, plus vous êtes heureux. » Mais ce n'est peut-être pas là le fin mot de l'histoire. Chacun sait que les grands joueurs ne peuvent faire tout ce qu'ils veulent. S'ils dirigent de grandes entreprises ou de vastes organisations, ils découvrent que le pouvoir est souvent insaisissable. Leurs ordres ne cessent d'être reformulés, réinterprétés, contrés. Leurs problèmes sont souvent trop complexes pour être résolus. Ils passent de plus en plus de temps à s'inquiéter des risques qui les menacent. Ils se donnent le nom de « leaders », mais ne sont même plus des « serviteurs » tels que les décrivait Bacon : ils sont prisonniers des actionnaires, des analystes, des gestionnaires de fonds de pension qui les harcèlent sans trêve pour qu'ils réalisent davantage de profits. Les leaders politiques déçoivent parce qu'ils n'accomplissent pas de miracles et ne réalisent même pas, bien souvent, les programmes qui leur ont permis de remporter les élections. Tous les leaders consacrent aujourd'hui un temps fou à soigner leur « image », comme s'ils n'osaient montrer leur visage sans fard. Certains deviennent des personnages de pure fiction, chefs-d'œuvre d'hypocrisie et d'aveuglement. Ils ont beau s'exprimer brillamment sur n'importe quel sujet, manifester affabilité ou humilité, composer des poèmes ou observer les oiseaux pour rester sains d'esprit et montrer qu'ils sont toujours des humains comme les autres, ils n'ont jamais été aussi vulnérables, jamais ils n'ont risqué à pareil point d'être anéantis du jour au lendemain par des erreurs difficilement évitables. Ils ont beau savourer leurs privilèges, apprécier l'excitation d'être à la barre, goûter le sentiment d'avoir réussi, bien peu parviennent à échapper au stress de tous les instants et au fiasco de leur vie privée. Le prix à payer pour réaliser ses ambitions est rarement défini d'avance. Voltaire se plaignait que, dans la carrière des lettres, « si vous avez le malheur d'être médiocre, voilà des remords pour la vie ; si vous réussissez, voilà des ennemis : vous marchez […] entre le mépris et la haine ».

L'éducation, pourtant conçue pour aider chacun à réussir, peut étrangler l'imagination aussi bien que la faire chanter.

Il y a deux mille cinq cents ans, quand Athènes fonda la première démocratie, elle hésita entre ambition lente et ambition rapide. Les philosophes estimaient que ses citoyens devaient simplement s'efforcer de respecter des critères moraux, d'honorer la vérité et la vertu pour le bien collectif, et ne pas s'attendre à des récompenses immédiates. Des professeurs itinérants appelés « sophistes » dispensaient des cours pour apprendre à appliquer ces idéaux dans la vie pratique, et jouaient un rôle décisif dans le développement de la démocratie athénienne. Mais, caricaturant la sagesse traditionnelle, les plus impatients des sophistes enseignèrent que puisque les humains recherchent plaisir et richesse, sont mus par les passions et l'intérêt personnel, toujours les forts domineront inéluctablement les faibles. Il n'y n'avait donc qu'une chose à comprendre : comment obtenir ce qu'on voulait, et il n'existait pour cela qu'une recette magique : l'art de la persuasion. Ils ont été les premiers à enseigner l'art de la réussite, prétendant que n'importe qui pouvait apprendre à obtenir des autres qu'ils suivent leur leadership. Au lieu de la physique et des mathématiques, ils se concentrèrent sur l'art de la persuasion (qui n'est pas si éloigné de la gestion). Le pouvoir, prétendaient-ils, résultait du contrôle des émotions (idée ressuscitée bien des siècles plus tard sous le nom d'« intelligence émotionnelle »). Ils attirèrent de très nombreux étudiants en leur promettant qu'ils apprendraient rapidement à exercer de l'influence et en leur montrant qu'il était possible de faire accepter n'importe quel argument à condition d'avoir acquis des compétences rhétoriques. Anticipant l'idée selon laquelle il faut mettre la main au portefeuille pour accorder du prix à quelque chose, ils se faisaient rémunérer leurs leçons, contrairement aux philosophes. Cela fit scandale, d'autant plus que leurs tarifs étaient exorbitants. Alors qu'un juge touchait une drachme pour une journée de travail, les sophistes en réclamaient jusqu'à cinquante. Il paraît même que l'un d'eux exigeait dix mille drachmes, soit plus que les dix sculpteurs les plus célèbres de la cité réunis.

Seuls les riches pouvaient se payer leurs cours, ce qui les rendit impopulaires sans entamer pour autant leur attrait.

Ces sophistes ne considéraient pas Athènes comme un phare de la civilisation, mais principalement comme un haut lieu du commerce maritime où s'amassaient des richesses offrant accès au luxe et aux banquets. Leurs écrits ne nous sont pas parvenus, parce qu'ils n'écrivaient pas davantage pour la postérité que ne le font les auteurs actuels de manuels de gestion. Une seconde vague de sophistes apparut chez les Romains, obtenant encore plus de succès. Ils parcouraient l'empire en attirant des foules immenses grâce à un talent de persuasion improvisée qui en faisait presque les précurseurs des intervenants en motivation. Les sophistes étaient des pragmatiques, pas des idéalistes.

Depuis ce temps, les écoles de commerce ont été les principales institutions à orienter et encourager l'ambition. Il y a cinquante ans, un diplômé de la Harvard Business School déclarait : « Nous ne sommes pas l'élite intellectuelle, ni l'élite héréditaire, ni l'élite artistique ou créative. Ce qu'on nous prépare à devenir, c'est l'élite compétente. On nous forme pour être les types qui restent sobres dans les fêtes. On nous fournit les outils nécessaires pour, une fois sortis d'ici, aller diriger tel ou tel truc » ; il s'agissait de surcroît d'outils qui, « comme l'aspirine ou la dynamite, marchent pour presque tout ! ». Ce mélange de modestie et d'arrogance s'est pourtant révélé inadapté. Les écoles de commerce ont été initialement créées pour faire des managers et des commerciaux les membres d'une profession plus estimée, mieux formée, plus respectée, mais en se concentrant trop étroitement sur l'aspect administratif et financier aux dépens de la culture, des cadres qu'elles formaient elles ont fait des unijambistes, vulnérables et dépendant de leur aptitude à fairc constamment des profits, incapables de trouver une autre raison d'être quelle qu'elle soit. Aussi les écoles de commerce ont-elles été obligées de se repenser.

Le premier à populariser l'idée qu'être manager n'était pas le comble de la réussite, mais que le véritable objectif était d'être un « leader », fut en 1977 un professeur de la Harvard Business School. Persuadé que les psychanalystes détenaient la clé d'un avenir meilleur, il rédigea un ouvrage sur « la manière dont la théorie freudienne peut transformer de bons cadres en meilleurs leaders ». Abraham Zaleznik (1924-2011) reprochait aux managers d'être trop rationnels, trop impersonnels, de ne s'intéresser qu'à l'efficacité et aux *process*, ce qui les conduisait à négliger les idées, l'intuition et l'empathie. Il leur offrait une chance de « renaître » et d'accéder à l'estime de soi. Pour ce faire, disait-il, il vous faut « convaincre les autres de la validité de vos propres conclusions ». Ce qui impliquait de « s'assumer » en s'affranchissant des doutes présents dans l'inconscient, qui empêchent l'émergence des talents. Le problème d'un trop grand nombre de managers était l'absence d'une figure de père, physique ou métaphorique, laquelle engendrait l'anxiété, un désir de maîtriser l'incertitude et une aspiration à « renaître ». Zaleznik associait à cette idée une seconde source d'inspiration fort à la mode dans les années 1980 : le Japon qui menaçait alors la suprématie industrielle de l'Occident. Il idolâtrait Konosuke Matsushita (1894-1989), industriel en électronique, autodidacte, dont la société s'appelle aujourd'hui Panasonic et dont la philosophie du management est religieusement préservée dans un Institut pour la paix et le bonheur par la prospérité (fondé en 1946). Sa biographie a été rédigée par le successeur de Zaleznik à la chaire que Harvard a créée grâce à une dotation de Matsushita.

Depuis cette époque, les cours de leadership ont toujours été des baromètres de l'humeur et des attentes changeantes de la classe dirigeante. Chaque année, on publie plusieurs milliers de livres et d'articles intégrant une nouvelle préoccupation ou une nouvelle idéologie dans le leadership, et l'on relève actuellement sur Google 284 millions de références sur le sujet. Comme le leadership ne supprime en rien la frustration de ceux qui ne deviennent pas des leaders, on y a ajouté une version égalitariste suggérant que presque tout le monde peut devenir un leader (d'une espèce ou d'une autre). On a affirmé que les *followers*, les « suiveurs », étaient presque aussi importants que les leaders, parce que aucun enseignement, aussi approfondi soit-il, ne saurait empêcher les leaders de commettre des erreurs, et que leur succès dépend donc de l'existence de suiveurs susceptibles de les corriger. On a même redéfini le leader pour le présenter simplement comme quelqu'un qui, aussi modeste soit-il, « fait qu'il se passe quelque chose », qui « crée du changement ».

À l'origine, le leadership était évidemment un concept militaire, mais ce que les écoles de commerce ont emprunté à l'armée était une version déjà dépassée et abandonnée par les états-majors. Se préparant pour la guerre à venir, l'armée américaine commença à s'intéresser à la psychologie du leadership en 1945, avant de réviser intégralement ses idées dans la foulée de la démoralisation consécutive à sa déroute au Vietnam et de la découverte d'un véritable système de tricherie à l'académie militaire de West Point. Désormais, un officier était censé posséder des connaissances allant bien au-delà des questions militaires ; scientifiques et techniques, seize matières à option furent introduites dans le cursus de formation en même temps que huit sujets de cours consacrés aux humanités. Les nouvelles listes de lectures présentaient un vif contraste avec celles qui avaient été proposées en 1910 et qui comprenaient quarante-huit ouvrages sur la guerre et seulement trois d'histoire générale, en y ajoutant un dictionnaire des synonymes, le *Roget's Thesaurus*, et un glossaire de « mots fréquemment mal prononcés ». Le dernier débat en date sur le leadership au sein de l'armée américaine met l'accent sur le fait que les officiers assument de plus en plus de rôles de non-combattants, ce qui exige des compétences en technologie, en diplomatie et en économie ; il souligne qu'une formation spécialisée ne suffit pas à satisfaire ces besoins, car il faudrait des individus possédant des connaissances beaucoup plus générales pour être en mesure de coordonner toutes ces compétences : or, tout enseignement généraliste demeure un idéal inaccessible. Les écoles de commerce n'en sont pas encore arrivées à cette conclusion, ce qui explique que les militaires soient aujourd'hui plus admirés que les chefs d'entreprise et leur soient préférés comme candidats à la présidence. La « gestion hiérarchique » reste l'un des héritages ambigus que l'armée a légués au monde des affaires.

En 2008, une nouvelle récession a clairement révélé que les leaders étaient responsables d'une catastrophe mondiale. Les professeurs de leadership ont été obligés de repenser tout leur enseignement, presque comme les professeurs communistes après l'effondrement de l'Union soviétique. Le doyen de la Harvard Business School a reconnu que les leaders qui avaient « causé tant de souffrances à tant de gens… avaient perdu leur légitimité » ; leur échec ne se manifestait pas seulement dans la débâcle économique des entreprises, mais aussi dans leur « débâcle morale » et dans la « confusion qu'ils avaient engendrée et la perte de sens qui en a résulté ». Il fustigea l'enseignement du leadership, lui reprochant de reposer sur des recherches universitaires qui non seulement « manquent de rigueur intellectuelle », mais sont incapables de fournir des réponses aux questions importantes. Un professeur de leadership à la Harvard School of Government a annoncé la « fin du leadership », sans préciser toutefois ce qui le remplacerait. On ne s'est pas débarrassé du concept de leadership, même si les spécialistes en la matière affirment que les leaders qu'ils ont étudiés souffraient souvent de « la crainte de paraître ignorants, idiots, ou à la limite de leurs compétences quand ils traitaient de sujets auxquels ils étaient obligés de s'intéresser mais sur lesquels ils n'avaient pas l'impression d'être correctement informés ». « Il leur arrive de se laisser facilement dévorer par une multitude de demandes (à la fois internes et externes à leur organisation), au point que leur attention se disperse et qu'ils sont incapables de réaliser quoi que ce soit de substantiel. » Ils jugent « étonnamment difficile » d'obtenir des informations solides et « sont coupés des réseaux informels » qui pourraient leur donner à voir la réalité ; dans le même temps, « ils doivent faire attention à qui ils réclament des informations », de crainte de compromettre l'autorité des cadres supérieurs. « Bien qu'en apparence ils soient maîtres de leur temps, la réalité est que leur temps est soumis à des sollicitations sans nombre. » Ils « se trouvent souvent surchargés de travail, ou consacrent leur temps à des activités qu'ils regrettent ». Ils en font grief à leurs subordonnés : « Leur plus grand remords est de n'avoir pas agi avec plus de célérité pour remplacer les membres peu performants de leur équipe de cadres supérieurs. » Ce qui ne leur évite pas d'essuyer d'incessants reproches et d'être impitoyablement démis de leurs fonctions en raison des déceptions sur lesquelles débouchent autant d'attentes. Qu'il soit bon ou mauvais, l'effet qu'ils exercent sur l'organisation qu'ils dirigent est contesté ; les évaluations chiffrées de leur influence l'estiment avec une précision frôlant l'imaginaire, à 14 % en moyenne, avec une fourchette allant de 2 % à 21 % en fonction de la branche d'activité ; d'autres appréciations sont encore plus négatives. Une étude a conclu qu'il serait peut-être plus judicieux que les organisations soient dirigées par de simples hommes de paille plutôt que par de puissants leaders. Faisant écho à ces préoccupations, 77 % des Américains ont répondu aux enquêteurs qu'il y avait « crise du leadership ». Cet effondrement a été aussi spectaculaire que la « crise de l'aristocratie » qui affecta l'Europe au XVIIe siècle.

Quant aux leaders eux-mêmes, ils sont restés remarquablement flous sur leurs objectifs. La mission officielle de Harvard était de « former des leaders qui font évoluer le monde », celle de Stanford, de « changer le monde », celle du MIT, de « rendre le monde meilleur ». Mais comment ? L'incertitude et les doutes des leaders occidentaux, qui se demandent si les indispensables sacrifices pour se hisser au sommet se justifient vraiment, n'ont pas tourmenté les pays émergents. Selon le *China Youth Daily*, les deux tiers de ses lecteurs projettent de devenir des leaders et affirment que c'est l'ambition de 91 % de l'ensemble des jeunes. Pourtant, bien que les universités et les entreprises continuent à multiplier les créations d'instituts et de cours de leadership, on doute de plus en plus que celui-ci soit une compétence qui puisse s'enseigner, et qu'il diffère beaucoup du savoir que l'on peut acquérir en une semaine ou quinze jours de cours.

L'un des auteurs américains les plus admirés et les plus humanistes à s'être intéressés aux questions de leadership, Warren Gamaliel Bennis (né en 1925), a fait montre d'une rare et éclairante franchise sur son expérience personnelle du leadership. Il voulait être un leader, dit-il, parce que « je ne voulais pas ressembler aux gens que je connaissais déjà ». Pendant son enfance et sa jeunesse, ses origines modestes et l'échec de son père, un immigré qui n'avait pas réussi, l'avaient « déprimé ». Dès qu'il put se le permettre, il fit six années de psychanalyse à raison de cinq séances par semaine pendant trois ans, puis de quatre séances hebdomadaires pendant les trois années suivantes. Il suivit plus tard un cours en « technique de la transformation » proposé par le gourou New Age Werner Erhard. Bennis était convaincu d'être en quête d'un père plus conforme à son idéal. Son frère aîné, qui avait dix ans de plus que lui, était à ses yeux un leader naturel. Depuis sa tendre enfance, dit-il, il s'était demandé comment il pourrait lui aussi devenir un leader. Durant son service militaire, il prit son capitaine pour modèle, et à l'université, l'Antioch College, il éprouva une immense admiration pour son président (le psychologue Douglas McGregor, qui déclarait faire plus grand cas de ses quatre ans de psychanalyse que de ses quatre premières années de fac). « J'essayais de lui ressembler de toutes les façons possibles. Je faisais une lèche éhontée à mes mentors. Peut-être étais-je aussi attiré par le génie dans la mesure où je me sentais moi-même terriblement ordinaire. » Au Massachusetts Institute of Technology, « j'imitais mes professeurs et les plus brillants de mes condisciples… Quand j'ai commencé à enseigner [la psychologie aux] étudiants de premier cycle, je ne savais pas toujours qui j'allais être ce jour-là. Il m'arrivait d'avoir l'impression d'être un parfait imposteur. » Son « funeste désir de plaire » le tourmentait. Ayant goûté à la sinistre réalité du leadership charismatique, les réfugiés de l'Allemagne hitlérienne qui ont joué un rôle majeur dans le développement de la psychologie aux États-Unis se méfiaient à l'évidence de tous les leaders, mais Bennis avait le sentiment qu'il avait besoin d'« une structure et [du] soutien » d'un père parfait sachant associer autorité et amour.

Maître de conférences dépourvu de pouvoir, il rêvait de pouvoir. Tenaillé par un « terrible sentiment d'incertitude », il avait « besoin de l'illusion d'être compris pour [s]e sentir en sécurité ». Il était attiré par ceux qui semblaient être sûrs d'eux, ayant une vision à toute épreuve, et pouvaient satisfaire sa « propension naturelle à poétiser... Je suis, avouait-il, incapable de résister à une vision ». Il renonça donc à l'enseignement pour se lancer dans l'administration et devint recteur de l'université de Buffalo, établissement que son président « visionnaire » avait l'ambition de transformer en « Berkeley de la côte est ». Cela se passait dans les années 1960-70, l'époque des révoltes étudiantes. Le rêve « n'a jamais quitté les bâtiments de l'administration... Nous avons saboté ce que nous voulions le plus : nos actions et même notre style nous ont mis à dos ceux qui auraient été les plus concernés par les changements que nous proposions. » Bien des années plus tard, il a résumé en ces termes sa tentative pour accéder au leadership : « Je n'avais pas appris à associer intimité et ambition. Je ne l'ai toujours pas appris. »

Il avait pourtant retenu quelque chose : « Sans histoire, sans continuité, il ne peut y avoir de changement. » Il en conclut qu'il avait agi trop précipitamment, en ignorant la tradition, et entreprit un nouvel essai à la présidence de l'université de Cincinnati. Mais, une fois de plus, un certain nombre de problèmes eurent raison de son zèle. « C'est quand j'ai exercé le plus de pouvoir que j'ai éprouvé le plus grand sentiment d'impuissance... Au bout d'un an, j'ai dit : Ou bien c'est moi qui n'arrive pas à gérer cet établissement, ou bien c'est qu'il est ingérable. J'étais devenu la victime d'une conspiration involontaire pour empêcher quiconque de faire quoi que ce soit pour modifier le statu quo. Malheureusement, j'étais l'un des principaux conspirateurs. » Le poids de la bureaucratie ne lui laissait pas de temps à consacrer à la réflexion créative ni aux réformes de fond. « Je me suis bercé du rêve illusoire qu'on m'aimerait pourvu qu'on arrivât à me connaître vraiment...

Les leaders ne devraient pas chercher à être aimés. » Il s'est effondré, victime d'un infarctus. Trois mois de convalescence consacrés à l'écriture de poèmes le persuadèrent qu'il devait renoncer à chercher le leadership et ne serait jamais heureux à la tête d'une organisation. Mieux valait rédiger des livres pour expliquer aux autres comment devenir leader, tâche qu'il a accomplie brillamment et avec un immense succès. Quelqu'un devrait faire de l'autobiographie de Bennis une messe de requiem pour le XXe siècle où les privilégiés chanteraient en chœur des hymnes d'autosatisfaction tout en rêvant secrètement d'être délivrés de leurs doutes intérieurs.

Après avoir été obsédé toute sa vie durant par le leadership et l'avoir étudié attentivement, Bennis en est arrivé à la conclusion qu'être leader se résume finalement à être quelqu'un de bien. (Mais le monde des affaires ou de la politique est-il conçu pour qu'il soit facile d'être quelqu'un de bien ?) Il a également découvert qu'il avait mal défini ses priorités : « Mes trois enfants, a-t-il décidé, sont plus importants que tout le reste. » (Mais alors, pourquoi la vie de famille est-elle si souvent sacrifiée au travail ?) Surtout, insista-t-il, aucun leader ne peut être complet sans « vision », mais la seule vision qu'il sut proposer était « d'être soi ». (Est-ce suffisant pour la multitude profondément et tristement consciente de ses insuffisances ?)

Je vis dans un pays où tout le monde est libre de choisir comment gagner sa vie, mais dans lequel 57 % des actifs affirment avoir choisi un mauvais métier. Nul ne peut plus croire qu'ils seraient d'un autre avis s'ils étaient tous propulsés d'un coup de baguette magique au sommet du mât et acclamés comme des leaders charismatiques. Ce type de réussite n'est pas le seul à exister. Bacon, Barlow et Bennis ne nous offrent que quelques exemples des pièges que l'idée du salut par le leadership tend à la vie personnelle de ceux qui y aspirent. Juger le leadership aux résultats qu'il produit pour les organisations, c'est ignorer ses effets sur le caractère même du leader.

À la fin du XVIIe siècle, à Hangzhou que Marco Polo avait désignée comme « la ville incontestablement la plus belle et la plus noble du monde », des femmes instruites se retrouvèrent au sein du cercle de poésie de la Bananeraie, vêtues de sobres tenues de soie grège, sans bijoux, les cheveux noués en chignon, pour méditer sur ce qui importait dans l'existence, ou, comme elles disaient, pour « examiner les choses d'un peu près ». Elles aboutirent à la conclusion que les hommes qui rivalisaient pour le pouvoir tout en se prétendant moraux étaient des « imposteurs ». Mais ces femmes ne savaient comment obtenir le soutien de celles « qui se préoccupent de maquillage et de toilettes élégantes » et qui leur faisaient pitié ; aussi estimèrent-elles que trouver des manières plus honnêtes de travailler était un idéal « inaccessible ». Ignorant les obsessions masculines, elles décidèrent de mener de leur côté une « vie esthétique » en cultivant les arts et en créant de beaux jardins. Depuis cette époque, les femmes n'ont exercé qu'une influence limitée sur l'organisation du travail rémunéré. De nombreux hommes ont continué à croire que leur soif de pouvoir et les gains qu'il assure attirent les femmes, et certains continuent à ne se tourner vers les femmes que pour se consoler de leurs échecs et de leurs humiliations, perpétuant ainsi la tradition des chevaliers français du Moyen Âge qui, venant de perdre une bataille, disaient : « Nous en parlerons dans la chambre des dames. » Bien que le désir de plaire aux femmes ait pu parfois inciter les hommes à cultiver des manières plus douces, il ne les a pas conduits à remettre en cause la valeur de leurs luttes entre rivaux pour la richesse et l'influence. L'« idéal inaccessible » est rendu un peu plus accessible toutes les fois que des femmes éradiquent le leadership à l'ancienne de leur sphère privée, mais encore faut-il le rattacher à celle du gagne-pain.

Le danger inhérent au culte du leadership est que ses adeptes risquent de finir en acteurs s'évertuant à jouer le rôle qu'ils s'imaginent qu'on attend d'eux. Coller le nom de leader à presque tous revient en somme à élever tout un chacun au rang de noble en lui accordant le titre de Monsieur ou

Madame. Après avoir passé dix ans au poste de directeur général d'IKEA, Anders Dahlvig a fait preuve d'une honnêteté peu commune en admettant que ce qu'il appréciait le plus, c'était d'être reconnu, et que c'était le « principal moteur de l'humanité ». Or, rares, on l'a vu, sont les gens qui se sentent dûment reconnus et appréciés. La reconnaissance publique est trop souvent une façade illusoire brusquement retirée à la moindre erreur. La reconnaissance privée est bien plus profonde, sans valeur aucune dès lors qu'elle n'est pas authentique.

D'autres types de leaders, les prophètes, les sages, les saints, les soufis, les gourous, les tsadiks, qui ont conseillé de renoncer à la vanité des ambitions terrestres, n'ont toujours pas inventé comment inscrire les qualités qu'ils prônent – sagesse, émancipation spirituelle, loyauté, raffinement moral, dévouement au bien-être d'autrui – dans un bilan financier. L'injonction de Confucius à la « personne profonde » (*juntzi*) par opposition à l'être mesquin – « N'impose jamais à autrui ce que tu ne choisirais pas pour toi-même » – reste aux antipodes des pratiques du monde du travail. Pour l'essentiel, le succès entraîne toujours de grands sacrifices que soulage quelque peu la thérapie et que le refus de principe de porter un jugement moral met à l'abri des critiques. La question de Francis Bacon – pourquoi les gens continuent-ils à rechercher le pouvoir sur autrui à seule fin de perdre leur propre liberté ? – n'a toujours pas trouvé de réponse.

Pourquoi, au lieu d'être un leader, ne serait-on pas un intermédiaire qui ne reçoit pas plus d'ordres qu'il n'en donne ? C'est ce qu'étaient les prêtres qui s'entremettaient entre les humains et les dieux, ainsi que les marchands et les prêteurs qui s'entremettaient entre ceux qui n'avaient pas assez et ceux qui avaient trop. Ils sont malheureusement trop nombreux à avoir succombé à la tentation du pouvoir. La société de services aurait pu être le paradis des intermédiaires, mais elle aussi a été accaparée par des gens assoiffés d'hégémonie. Aujourd'hui, l'arrivée imminente d'un milliard de jeunes qui ne trouvent pas leur place dans l'économie mondiale, à quoi il faut ajouter la frustration des femmes découvrant que la place qui leur est faite n'est pas du tout aussi séduisante qu'attendu, pourraient faire miroiter la possibilité de créer un nouveau type de travail. L'agriculture, l'industrie, les services ont tous été inventés pour répondre à des accroissements démographiques aussi considérables que soudains. Tous ont circonscrit les activités de ceux qui y ont pris part, rétrécissant leur vie, les transformant en spécialistes, en managers ou en ouvriers. Il n'empêche que les jeunes, peut-être destinés à être centenaires, pourraient vouloir goûter et explorer des variétés d'existence bien plus nombreuses, ne pas être des leaders mais des astronautes curieux de découvrir sinon l'univers entier, du moins autant de pans de la vie que possible. Explorer les différentes façons de réinventer les moyens de gagner sa vie afin de satisfaire sa curiosité plutôt que sa cupidité ou ses peurs : voilà à mes yeux une des grandes aventures de notre temps.

C'est une aventure qui implique des attitudes différentes devant la compétition. On a déjà pu les entrevoir dans le milieu du tennis féminin. Alors que Chris Evert, la grande championne des années 1974-1981, était obsédée par sa détermination à gagner à tout prix, à « écraser » son adversaire, sa rivale, Martina Navratilova, l'immigrée, la marginale, la féministe, cherchait quant à elle à se lier d'amitié avec ses concurrentes, à mériter l'affection du public, à se faire accepter – malgré ses qualités moins conventionnelles – par son pays d'adoption. N'oublions pas qu'auparavant Suzanne Lenglen (1899-1938) avait déjà élargi les perspectives du sport en y apportant son élégance – aussi bien par ses mouvements de ballerine que par ses vêtements et chaussures époustouflants –, contribuant ainsi à accroître la popularité du tennis féminin. Mais je réserve ce sujet des possibilités qu'offrent le sport (et les plaisirs au grand air) à d'autres occasions.

22.

À quoi bon travailler aussi dur ?

« Je n'ai jamais été très porté sur la réflexion », déclarait Sam Walton (1918-1992), fondateur de Wal-Mart, entreprise américaine de grande distribution dont la famille est aujourd'hui à la tête de la plus grosse entreprise mondiale, puisqu'elle emploie plus de deux millions de salariés. Ce qui ne l'empêchait pas d'avoir parfaitement conscience du « seul élément de [s]a vie à avoir vraiment compté pour [lui]. » C'était la « passion de la compétition ». « J'adore toutes les compétitions », disait-il. Il jouait au tennis avec une farouche volonté de gagner ; il se vantait qu'aucune équipe de football dont il avait été membre eût jamais perdu un seul match ; et le duel d'un homme armé d'un fusil et d'un chien contre un oiseau – la chasse à la caille – représentait pour lui le summum du sport. Il admirait son père (fermier et banquier) parce qu'il était capable de « soutirer aux autres jusqu'à leur dernier dollar », qu'il était toujours disposé à conclure un marché, quel qu'en fût l'objet ou presque – chevaux, bétail, maisons, fermes, voitures –, et prêt à troquer sa montre contre un cochon si c'était une bonne affaire. Il décrivait son beau-père (juriste) comme « un formidable vendeur, un des individus les plus persuasifs que j'aie jamais rencontrés ». Walton employait toute son énergie à convaincre les gens qu'il leur offrait ce qu'ils voulaient. Il « adorai[t] commercer » : « c'est une de mes passions absolues », disait-il. « J'aime vraiment fixer le prix d'un objet, même s'il s'agit de l'article le plus ordinaire qui soit, puis attirer l'attention sur lui. Nous achetions donc d'énormes quantités d'un produit quelconque que nous présentions de façon spectaculaire… J'adore me trouver face à une foule et vanter les mérites d'un article. » Pour lui, réussir en affaires ne consistait pas seulement à réduire les dépenses et à augmenter le rendement, mais à repérer comment n'importe quel objet pouvait « prendre d'un coup une grande valeur et générer de gros profits, à condition d'être juste assez malin pour le repérer et prendre la peine d'en faire la publicité ». Travaillant jour et nuit, fier de tout avantage que son astuce lui avait permis d'arracher, il s'était donné pour mission d'acheter et de vendre à un prix inférieur à celui que d'autres pouvaient offrir, tout en empochant du profit. La concurrence lui donnait le sentiment d'être en vie, comme une bataille fait battre le cœur du soldat.

Mais la compétition est-elle une fin en soi ? Autrefois, boutiquiers et artisans s'en méfiaient et n'empiétaient pas sur leurs territoires respectifs. Sam Walton a cependant connu une réussite si complète en si peu de temps qu'il a bientôt été suffisamment riche pour racheter ses concurrents ; l'excitation d'en dévorer un, d'en éliminer un autre, lui donnait l'impression d'être à même de « tout conquérir ». Parler conquête, c'est s'inspirer de l'éthique militaire au lieu d'en inventer une à soi. Les descendants de Sam Walton mènent aujourd'hui des guerres dans la distribution en quinze pays ; quand leur invasion est repoussée, comme ç'a été le cas en Allemagne, ils foncent sur une autre cible comme l'Inde. Sam Walton n'a jamais vu aucun motif de mettre des limites à son ambition. Ce n'était pas l'argent qu'il recherchait, mais l'excitation. Un ami qui le connaissait bien a dit de lui fort justement qu'il voulait simplement « être en haut de l'échelle ». Il souhaitait pourtant y parvenir dans la discrétion et la modestie : il avait horreur des milliardaires qui faisaient étalage de leur fortune en multipliant les extravagances.

Sam Walton était fier de ne pas faire comme tout le monde, d'enfreindre les règles du commun des mortels, de se montrer plus malin que les autres, allant jusqu'à soutenir les francs-tireurs qui enfreignaient ses propres règles. Il n'appréciait pas pour autant l'originalité pour l'originalité : c'était un homme du Moyen Âge plus que de la Renaissance. Il était toujours ravi de reprendre les idées de ses concurrents ; il les observait attentivement et leur rendait de fréquentes visites, de sorte que son empire était un patchwork des inventions d'autrui. Sa société n'a pas été la première à adopter le self-service, mais elle s'est empressée d'imiter l'entreprise qui l'avait inventé ; il a emprunté au John Lewis Partnership l'idée de distribuer aux employés des actions de sa société, a décidé d'encourager le travail d'équipe après un séjour au Japon, et ses *supercenters* s'inspiraient des hypermarchés Carrefour. À la fin de sa vie, selon ses propres dires, il relevait « une importante contradiction » dans son tempérament, qu'il ne comprenait toujours pas tout à fait : « Je suis un type plutôt conservateur dans un certain nombre de mes valeurs fondamentales. Mais, je ne sais pourquoi, en affaires j'ai toujours été incité à me rebiffer contre le système, à innover, à porter les choses au-delà du point où elles se trouvent. En société je suis un vrai pilier de l'establishment ; pourtant, sur le marché, j'ai toujours été un franc-tireur qui aime à faire bouger les choses et à semer un peu d'anarchie. Il est arrivé à l'establishment de me rendre fou. »

Il n'y avait là aucune contradiction. Il se servait des instruments de la modernité pour s'en protéger, et l'impressionnante technologie de pointe qu'il maîtrisait et qui sous-tendait la logistique de son entreprise ne visait qu'à perpétuer la tradition. Bien qu'il ait souvent persuadé ses clients d'acheter ce dont ils n'avaient peut-être pas vraiment besoin, tout ce qu'il leur vendait était une bonne affaire, et ses prix étaient étonnamment bas, de sorte qu'ils pensaient, tout comme lui, que, loin de dépenser de l'argent, en réalité ils en économisaient ; ainsi étaient-ils heureux de manifester leur fidélité à la vertu ancestrale de l'épargne. En outre, il n'incitait pas ses clients à se montrer cupides ou égoïstes, puisqu'ils réalisaient ces achats pour leurs familles et que la préservation de la famille contre les assauts du laxisme moderne était une mission qu'il partageait avec eux.

Il rendait un véritable culte à l'Amérique des petites bourgades, à l'instar de sa femme qui refusa toujours de vivre dans une ville de plus de dix mille habitants. Le siège de sa société géante se trouve toujours en pleine cambrousse, dans la petite ville de Bentonville, au fin fond de l'Arkansas. Wal-Mart prenait pour référence le vieil idéal de l'entité économique familiale et longtemps il engagea un personnel local – jusqu'à trente membres de la même famille purent ainsi travailler dans le même magasin –, ce qui bénéficiait à la population du cru. Ses salariés n'étaient pas chargés d'encourager une consommation machinale ou obsessionnelle, mais de donner aux clients ce dont ils avaient besoin pour gagner la considération d'autrui. « Je suis un type ouvert qui parle toujours aux gens dans la rue », disait Sam. Quand il descendait de l'hélicoptère qu'il passait son temps à piloter pour aller surveiller ses magasins aux quatre coins du pays, il prenait place derrière un comptoir pour aider une vendeuse ou emballait les achats à la caisse, bavardant avec ses employés et prêtant l'oreille à ce qu'ils lui disaient ; ils avaient le sentiment qu'il les écoutait vraiment. Les entretiens d'embauche se déroulaient souvent chez lui, et il invitait les conjoints et les enfants des candidats à venir eux aussi. Il encourageait ses employés à parler aux clients de « leur basse-cour, de leurs cochons, de leurs vaches et de leurs gosses », et à cultiver une extrême courtoisie dans toutes leurs relations, bien qu'il pût arriver à son propre charme, pour grand qu'il fût, de s'estomper un bref instant pour laisser place à des propos cinglants.

Le passéisme de Sam Walton se reflétait aussi dans les divertissements traditionnels qu'il encourageait pour « lutter contre la monotonie » des bourgades où il ne se passait jamais rien. « Nous avons toujours cherché à rendre la vie aussi intéressante et surprenante que possible, à organiser des trucs dingues pour attirer l'attention des gens et les inciter à concevoir à leur tour des surprises. » Exploiter les talents des amateurs du coin, faire des blagues, même cruelles, enfiler des déguisements bizarres, défiler dans les rues avec des majorettes, briser la routine des jours par des carnavals – le comité stratégique réunissant les directeurs le samedi matin était lui-même égayé par des numéros improvisés de chant ou de comédie. Dix mille actionnaires étaient invités chaque année à Bentonville pour un week-end de divertissements à tout casser organisé par Sam Walton dans l'espoir que les étrangers de Wall Street « nous remarqueraient et nous apprécieraient ».

Sam Walton n'aurait jamais eu l'idée de se dire pratiquant, se contentant d'apprécier la fréquentation de l'église et le patronage comme des piliers de l'ordre établi. Pourtant, dans leurs relations avec Wal-Mart, ses employés comme ses clients ont de plus en plus trouvé une sorte de justification religieuse à la patiente résignation avec laquelle ils jouaient leur humble rôle social. La direction de l'entreprise a adopté l'évangile du « Servant Leadership » – le « leadership de service » – diffusé par Bruce Barton (1886-1967), fondateur de BBDO, l'une des plus grosses agences de publicité mondiales. Fils d'un pasteur et d'un descendant du fondateur de l'université Yale, Barton fut un farouche adversaire conservateur de Roosevelt et du New Deal. Son best-seller, dans lequel il présentait Jésus sous les traits d'un homme d'affaires, a popularisé l'idée que le commerce obéissait à une vocation spirituelle ; acheteurs et vendeurs étaient donc invités à ne pas se considérer comme des automates, une main-d'œuvre obéissant aux ordres, mais comme des individus aidant leur prochain dans un esprit chrétien, qui se mettaient au service de leurs voisins et permettaient ainsi aux familles de mener une existence honorable. Wal-Mart a concilié religion et commerce, devenant le plus gros vendeur d'articles chrétiens sans cesser pour autant d'être attentif aux réalités économiques et d'ouvrir ses magasins le dimanche. Tout en préservant la supériorité biblique du sexe masculin, la religion professée par un grand nombre de ses clients confortait les femmes en exaltant la maternité, en érigeant la vie de famille en rite chrétien, en persuadant les hommes de faire de leur foyer leur vrai centre d'intérêt, en s'opposant à l'avortement et à l'homosexualité, considérés comme les pires menaces planant sur la famille. Wal-Mart s'est allié à d'autres géants de la sphère économique pour soutenir de petites universités chrétiennes afin de lutter contre l'influence prétendument subversive et laxiste des grands établissements universitaires. Sam Walton se méfiait même de ce qu'il appelait péjorativement le *charity business*, l'« économie caritative », préférant consentir des dons directement et personnellement à des causes locales, déclarant que sa firme était une bienfaitrice publique en permettant aux clients de faire des économies par les bas prix qu'elle pratiquait. Il voulait, affirmait-il, que Wal-Mart fût « une force de changement », mais le principal changement qu'ait réalisé son entreprise a été de se développer. Malgré le plaisir qu'éprouvait Sam à ne pas faire les choses comme tout le monde, les huit mille cinq cents magasins Wal-Mart existant de par le monde sous cinquante-six enseignes différentes sont plus ou moins des clones du modèle d'origine. Les syndicats y sont mal vus et se plaignent en vain que la plupart des employés soient payés au salaire minimum et ne touchent qu'une infime part des profits ; ils rejettent l'idée que Wal-Mart soit un créateur d'emplois, faisant remarquer qu'il provoque plus de licenciements qu'il n'offre de postes en conduisant les magasins rivaux à la faillite. Aujourd'hui, la clientèle américaine de Wal-Mart coïncide pour l'essentiel avec le tiers de la population qui a perdu la lutte pour le mieux-être et qui sauve la face en adhérant aux valeurs ancestrales du voisinage, contre l'anonymat de la grande ville. Au XXIe siècle, les trois quarts d'entre eux ont voté à la présidentielle pour George W. Bush. La « Wal-Mart Mum » – la mère de famille qui fait ses courses chez Wal-Mart – est une force politique.

On pourrait croire que Wal-Mart n'a aucune raison de changer. Les analystes financiers constatent avec satisfaction que cette firme possède la formule magique qui lui permet d'accumuler régulièrement du profit, et que la période de récession lui est encore plus favorable ; ses dépenses publicitaires ne dépassent pas le quart de celles de son plus proche concurrent, et ses ventes sont six fois plus importantes, ce qui lui permet d'obtenir de ses fournisseurs des rabais plus importants. Son habileté à comprimer les coûts est si techniquement parfaite que jusqu'aux thermostats de chaque magasin sont contrôlés depuis Bentonville. Si Wal-Mart est devenu l'entreprise la plus prospère au monde, c'est aussi celle qui compte le plus d'ennemis ; elle est régulièrement la cible de manifestations, de procès, d'accusations de basses manœuvres : on lui reproche par exemple que la majorité de ses salariés ne touchent jamais le moindre intéressement aux bénéfices parce qu'ils doivent travailler deux ans avant de pouvoir y prétendre, moment auquel les plus mal payés risquent fort d'avoir changé d'emploi. Alors que dans les années 1950 le directeur général de General Motors, alors le modèle de l'entreprise prospère, touchait un salaire cent trente-cinq fois supérieur à celui d'un ouvrier à la chaîne, cinquante ans plus tard le directeur général de Wal-Mart gagnait mille cinq cents fois plus que le salarié de base ; un chef d'atelier de GM, responsable de deux à trois mille ouvriers, était payé cinq fois plus que ceux-ci ; mais un directeur de magasin de Wal-Mart percevait dix fois plus que ses vendeurs. La masse salariale dans la distribution représentait autrefois la moitié de celle de l'industrie ; aujourd'hui, elle n'en représente plus que les deux cinquièmes.

Si l'entreprise la plus prospère au monde n'a pas trouvé la clé permettant de passer au mieux son temps sur terre et si la plupart des gens ont toujours le sentiment de n'être pas récompensés comme ils le mériteraient pour leur travail et estiment que vouer leur existence à gagner leur vie n'a pas produit le résultat qu'ils escomptaient, peut-on concevoir une autre manière de gagner sa vie ? N'y a-t-il vraiment pas d'autre solution que de sacrifier son énergie à gagner de l'argent et de faire moutonnièrement ce que tous les autres semblent faire, dans l'espoir que le maigre pécule qu'on arrivera à accumuler permettra enfin, souvent trop tard, de découvrir tous les aspects de la vie que l'on n'avait pas abordés ni même perçus ?

Jusqu'où peut nous conduire la réponse européenne à Wal-Mart, c'est-à-dire IKEA ? Ingvar Kamprad (né en 1926), qui a fondé cette entreprise à l'âge de dix-sept ans, est, comme Walton, originaire d'une petite bourgade perdue (du sud de la Suède) où se situe toujours le siège de sa société. Lui aussi a cherché à perpétuer les valeurs rurales traditionnelles du travail et de l'épargne, mais là où les *Dix Règles de Sam pour créer une entreprise* ne parlent que d'engagement (« J'ai triomphé de tous mes défauts sans exception par la simple passion que j'ai mise dans mon travail »), de la nécessité d'apprécier ses collègues et de fêter les succès avec eux, de donner aux clients ce qu'ils attendent et même un peu plus (« Les deux mots les plus importants que j'aie jamais écrits figuraient sur la première enseigne de Wal-Mart : Satisfaction garantie »), les neuf principes du *Testament d'un marchand de meubles* d'Ingvar y ajoutent un aperçu des « joies de la découverte », la volonté de « se développer en tant qu'êtres humains », de « devenir des êtres plus libres... avec un mode de vie plus naturel, affranchi des contraintes », de « créer une vie quotidienne meilleure pour les nombreuses personnes » dont les ressources sont limitées, et de produire des articles « gais », plus beaux, qui procurent un plaisir durable. « Pourquoi les pauvres sont-ils condamnés à supporter des objets aussi laids ? » s'est demandé Kamprad : à ses yeux il était injuste que seuls les riches puissent se payer de belles choses. « J'ai toujours eu horreur de la dureté du capitalisme américain, dit-il, et j'admets cultiver quelques principes socialistes... Je suis capable d'associer ce qu'il y a de bon dans une affaire rentable à une vision sociale à la fois humaine et durable. »

Sa nostalgie pour la vie simple de la Suède rurale ne l'a pas empêché de se soucier de l'avenir tout en essayant d'imaginer comment le rendre magnifique. Dès qu'il a accompli une tâche, il dit : « Le plus gros du travail reste à faire. » Il existe toujours un « avenir radieux » vers lequel tourner les yeux et il refuse de vendre des actions de sa société pour ne pas avoir à se soumettre aux exigences d'investisseurs rapaces susceptibles de le détourner de son objectif. Au lieu de verser des dividendes, il préfère épargner pour ne pas courir le risque de se faire racheter par des concurrents. « Il faut toujours penser aux mauvais jours et s'y préparer », répète-t-il. Aussi reverse-t-il les profits de sa société à une fondation à but non lucratif, garante d'une indépendance définitive grâce à un ensemble de dispositions juridiques d'une complexité inextricable qui met sa fortune à l'abri du fisc et de l'effondrement apocalyptique des États-nations, qu'il redoute. Il ne cherche pas à perpétuer le passé, mais l'œuvre de sa vie, non pas à assurer l'immortalité de son âme, mais celle de son entreprise et la « vie éternelle » de ses idéaux qu'il présente comme un « idéal sacré ». « Nous sommes une entreprise reposant sur un idéal. Si nous nous accrochons à cet idéal, nous ne mourrons jamais. » La richesse est un fardeau « trop pesant » pour l'individu, et bien qu'il ait accordé à ses enfants un rôle influent au sein de sa société, c'est la fondation qu'il a créée qui est propriétaire d'IKEA.

IKEA a proposé une forme de religion de substitution, laïque, non mystique, avec l'humilité pour mot d'ordre et un peu du culte viking de l'égalitarisme modéré pour rituel. Alors que Sam Walton parlait de ses employés comme d'« associés », Kamprad se considère comme le père de ses « collaborateurs » et a défini le leadership par l'« amour ». Aux premiers jours de sa société, les plus heureux dans son souvenir, « nous travaillions à la manière d'une petite famille ». Une différence subtile distingue pourtant son idéal familial de celui de Sam Walton. « C'est comme si nous étions amoureux. Rien à voir avec l'érotisme : c'est simplement que nous nous aimons énormément. » Il choisit ses collaborateurs parce qu'il les apprécie pour leur bon sens plus que pour leurs qualifications théoriques, à l'issue d'entretiens qui peuvent durer la journée entière et se poursuivre jusque tard dans la nuit, privilégiant ceux qui se réclament d'objectifs sociaux élevés et manifestent des dispositions de touche-à-tout. Un économiste en charge des finances a été immédiatement renvoyé quand il s'est mis à prendre de grands airs et à laisser entendre que c'étaient les comptables qui dirigeaient réellement la boîte. IKEA est la famille de Kamprad, pas une famille de parents biologiques ni de proches voisins, mais une famille extensible à l'infini, englobant tous ceux qui veulent participer à sa quête d'une vie socialement responsable. L'émotion et la sincérité président à leurs réunions, et Kamprad témoigne son affection à grand renfort d'accolades ; il prend plaisir à entonner des chants populaires, à tenir les mains de ses collègues, et ces marques de camaraderie lui procurent un plaisir viscéral. Tout en étant le patron incontesté, il évoque constamment ses « défauts » et a présenté publiquement ses plus plates excuses pour la « stupidité » qui l'avait conduit à être attiré par des idées pronazies dans sa jeunesse. (Sa famille n'avait quitté l'Allemagne pour la Suède que trente ans avant sa naissance : « J'ai été élevé par une grand-mère allemande et un père allemand », a-t-il expliqué.) Son premier mariage s'est terminé par un divorce parce que, a-t-il dit, « j'étais un salaud » : « Manque d'assurance, difficulté à prendre des décisions, capacités d'organisation lamentables et réceptivité d'une affreuse médiocrité sont autant de défauts dont j'ai moi-même pleinement conscience… Je ne suis jamais satisfait. Quelque chose me dit que ce que je fais à l'instant devra être refait le lendemain, en mieux… Je suis si inquiet qu'il faut toujours que je sois à l'aéroport avec une heure et demie d'avance pour avoir l'esprit tranquille, et je suis terriblement confus si j'arrive à une réunion avec une minute de retard. » Il n'a pas honte d'avouer qu'il a été alcoolique – « un bon moyen d'oublier » – et dyslexique. Les seules qualités qu'il revendique sont « un certain flair pour les affaires et une dose raisonnable de bon sens paysan ».

Il a beau exhorter ses employés à innover et à se fier à leur propre jugement, leur liberté d'action est en réalité soumise à des règles très strictes. C'est ainsi qu'à l'image de Wal-Mart IKEA s'est développé tout en restant identique à lui-même. Il s'est imposé sur le marché international à la suite d'un boycott décrété par ses concurrents suédois, furieux de le voir casser les prix : pour survivre, il a dû acheter ses fournitures à l'étranger, à bien meilleur marché, d'abord en Pologne, puis en d'autres pays pratiquant une politique de bas salaires. Les sympathies de Kamprad sont plus internationales que celles de Walton : « J'étais à Prague le jour où les chars russes ont écrasé un étudiant qui manifestait, provoquant l'indignation mondiale. Je suis arrivé à Berlin deux jours après la chute du Mur. » Il est « tombé amoureux » du peuple polonais, de « son bon cœur et de ses talents », et a déclaré que la Pologne était pour lui « une seconde patrie ». Il a appris quatre langues à ses enfants. Mais la panacée des prix cassés l'a obligé à acheter ses produits dans des pays pauvres à bas coût de main-d'œuvre, solution qui ne pouvait durer éternellement ; par ailleurs, la majorité de la population mondiale est toujours trop pauvre pour se payer des meubles IKEA. L'incompatibilité entre les valeurs de l'épargne et la nécessité commerciale de pousser les clients à dépenser le plus possible n'avait pas encore trouvé de solution. Pour créer une image de marque unique, Kamprad a exigé que sa société affirme son identité suédoise, à la fois enracinée et immuable, ce qui n'a pas séduit forcément les habitants de vieilles civilisations cultivant d'autres canons de l'élégance. Ses fournisseurs indiens, souvent fort éduqués et qui connaissent aussi bien les traditions occidentales que les leurs, se sont formalisés du fait que les acheteurs d'IKEA n'aient que délais de livraison et tarifs à la bouche, se dérobant à leurs offres d'amitié et refusant d'assister à leurs mariages sous prétexte d'éviter les accusations de conflits d'intérêts et de corruption. Tout en craignant que les liens affectifs qui assurent la cohésion de son entreprise ne se délitent si celle-ci poursuivait sa croissance, Kamprad est heureux qu'elle continue à se développer en raison du sentiment de réussite que cela lui inspire ; ce qui ne l'empêche pas de se plaindre ensuite que les résultats ne soient pas ceux qu'il escomptait. Du fait des économies d'échelle et de la production de masse, les magasins IKEA du monde entier se ressemblent tous et offrent les mêmes produits.

« J'aimerais, a dit Ingvar Kamprad, être un peu cultivé, comme Margaretha [sa femme, une ancienne institutrice]. Elle lit des romans. Le mieux que je sache faire, c'est prendre des catalogues et les feuilleter. » Il sent qu'il lui manque quelque chose, mais est incapable de préciser ce que la culture pourrait apporter au commerce. La raison en est que le rapprochement entre le milieu des hommes d'affaires et celui de l'art n'est pas encore assez poussé pour inciter les premiers à s'interroger sur ce qu'ils seraient capables de réaliser en plus s'ils réfléchissaient davantage aux nouveaux horizons où pourraient les mener leurs différences. Faire du commerce, ce n'est pas seulement acheter et vendre, c'est aussi communiquer, ce qui est également l'objectif de la culture. Faire du business, ce n'est pas seulement gagner de l'argent, c'est aussi essayer de mieux comprendre les désirs de ses clients et les capacités de ses fournisseurs. L'article le plus précieux n'est pas l'or, mais le temps, la possibilité de décider ce que l'on peut faire chaque jour de plus utile. Toutefois, la culture ayant été largement reléguée au rôle de divertissement ou de réconfort après le travail, au lieu d'être reconnue comme l'ingrédient qui lui donne sens, le commerce ne s'est guère attaché à mettre en valeur l'inspiration que l'on pourrait tirer de sa vaste gamme d'expériences. Tant que le commerce sera traité comme une technique qui s'enseigne, il sera dans l'incapacité d'offrir ce qu'on appelle couramment une « philosophie », c'est-à-dire une vision de la vie. Une technique est une méthode utilisée pour accomplir une tâche, alors qu'une « philosophie » vous pousse à chercher, votre vie durant, une compréhension plus vaste, dépassant largement l'occupation particulière de chacun. Tant que le monde des affaires ne se préoccupera que de bilans, il oubliera que la richesse sans sagesse est comme du pain sans eau, et que l'on meurt plus rapidement de soif que de faim. Parce que le succès financier ne confère pas d'autorité morale, le monde des affaires a fondé son prestige sur des idéologies d'emprunt ; c'est ainsi qu'il « conquiert » des marchés dans la plus pure tradition militaire, qu'il encode ses pratiques dans le langage des sciences sociales, ou réinterprète les doctrines religieuses pour répondre à ses propres objectifs. Il reste piégé dans des attitudes contradictoires à l'égard du travail, ne sachant trop si le loisir est l'objectif ultime, si certains types d'activité sont plus nobles que d'autres, ou s'il est possible de s'épanouir en exerçant une compétence unique mais solidement maîtrisée. Le monde des affaires est-il encore en pleine adolescence, se grisant de sa fougue juvénile, chaque génération cherchant à éclipser la précédente ? Doit-il attendre, pour accéder à la vraie maturité, d'avoir approfondi sa réflexion sur l'intérêt des « à faire » et de s'être vraiment demandé pour quoi il vaut la peine de s'affairer, et comment utiliser au mieux son temps ? Gagner du temps au nom de l'efficacité, se battre contre la montre parce qu'on n'a jamais assez de temps, tuer le temps parce qu'il passe trop lentement, gaspiller son temps comme si c'était de l'argent alors que de toute évidence le temps est plus précieux que l'argent : voilà autant d'approches liminaires des « à faire », lesquelles se doivent encore de révéler comment l'infinie variété de chaque instant de la vie peut être chargé de sens et devenir mémorable.

Le temps n'est plus ce qu'il était au lendemain de la Seconde Guerre mondiale, à l'époque où Wal-Mart et IKEA définirent leurs ambitions. Jamais l'espèce humaine n'a bénéficié d'une telle espérance de vie (trente ans de plus qu'en 1900), jamais non plus elle n'a disposé d'autant de temps libre (la semaine de trente-sept heures et même celle de quarante-huit heures, étalée sur toute l'année en tenant compte des week-ends et jours fériés, ne représente que quatre à cinq heures de travail par jour). Pourtant jamais les hommes ne se sont autant plaints de ne pas disposer d'assez de temps pour satisfaire à toutes les exigences qui leur sont imposées et céder à toutes les tentations susceptibles de les distraire. Quand les employés sont cantonnés à l'exécution de tâches strictement définies, on ne les convie pas à goûter aux multiples qualités de temps dont les différentes activités offrent l'expérience. Le monde du travail est dans l'impasse quand il parle d'équilibre entre le travail et la vie, car il sous-entend par là que le travail n'est pas la vie. Ce que les gens attendent du travail n'est plus aussi évident qu'autrefois. Toutes ces réalités ouvrent sur la possibilité de redéfinir le monde des affaires, d'entamer un nouveau chapitre de ses finalités et de sa signification, de repenser le travail, de découvrir une valeur encore inexplorée dans les différentes formes de mémoire, de curiosité et d'imagination que l'on appelle culture, indispensables à une vie épanouie et que chaque client porte avec lui.

La « société de consommation » n'est peut-être qu'une première étape dans l'évolution des interactions humaines. Poussée par l'ingéniosité d'un petit nombre d'individus qui inventent en permanence de nouveaux objets, elle traverse des crises successives dues à la difficulté de trouver des acheteurs ayant les moyens de les acquérir. On pourrait penser qu'il n'y a pas d'issue, puisque le consumérisme résiste depuis au moins cinq cents ans à toutes les critiques qui en font l'opposé matérialiste des valeurs spirituelles non seulement en Occident, mais aussi bien en Asie ; ces critiques resurgissent à chaque période de prospérité et de dilapidation, mais elles ont peu d'effets concrets dans la mesure où les consommateurs sont également des travailleurs produisant des biens qui ont absolument besoin d'acheteurs. La consommation, de surcroît, s'est imposée comme une forme de langage muet qui utilise des biens en lieu et place de mots pour révéler le genre d'individu que l'on voudrait être, pour manifester son affection à travers les cadeaux que l'on offre, pour impressionner les voisins en faisant étalage de ses acquisitions et pour affirmer son goût individuel ou sa solidarité de groupe à travers ses choix. Tant que certains personnes disposeront de beaucoup plus de biens matériels que d'autres, la société de consommation conservera son attrait. Il peut cependant être utile de se demander si la soif toujours croissante de nouvelles expériences et l'incessante remise en question des pratiques existantes ne pourraient pas provoquer l'émergence, parallèlement à la société de consommation, d'autres formes de sociétés qui la contesteraient à la fois de l'intérieur et de l'extérieur.

23.

Existe-t-il des manières plus amusantes de gagner sa vie ?

Que se passerait-il si Ingvar Kamprad, le fondateur d'IKEA, imitait sa femme et se mettait à lire des romans ? Son *Testament d'un marchand de meubles* ressemble déjà à un roman, avec sa fervente et idyllique vision d'un monde plus beau, d'un petit groupe de gens qui « s'affranchissent du statut et de la convention », résolus à préserver l'esprit de leur jeunesse et leur « indomptable enthousiasme », toujours prêts « à se tendre une main secourable », prenant toujours le temps de se parler, attachés à « la bonté et à la générosité », refusant de ne travailler que pour l'argent, s'inspirant de l'esprit collectif qui règne dans une équipe de football, appréciant leur singularité, toujours en quête de nouvelles solutions, prêts par exemple à se rendre dans une fabrique de fenêtres alors qu'ils cherchent des pieds de table, voire dans un atelier de chemiserie pour obtenir les housses de coussins les moins chères, affirmant mordicus qu'ils n'auront jamais « deux magasins identiques » parce que aucun ne pourra jamais être parfait, ne craignant pas de se tromper, méprisant les comités, la bureaucratie, les statistiques et la « planification à outrance », « cause la plus fréquente de la mort d'une entreprise », ne réagissant pas au vol d'une de leurs idées par un concurrent en lui intentant un procès, mais inventant un modèle nouveau et meilleur, refusant surtout d'admettre que quelque chose puisse se révéler impossible et toujours impatients de s'engager dans des aventures inédites. *Lista* était le vieux mot suédois préféré de Kamprad, terme qui signifie « faire ce que tu as à faire avec le minimum de ressources » : le gaspillage était à ses yeux « un des plus grands maux de l'humanité », ce qui lui a permis de s'inscrire aisément dans l'idéologie du « développement durable ». Cependant, plus IKEA s'est agrandi, plus il est devenu prisonnier des contraintes qu'il dénonçait. D'un autre côté, ses clients ne sont plus les consommateurs néophytes qu'ils étaient à ses débuts ; ils ont défini des idéaux qui pourraient se combiner à la vision de l'avenir du travail chère à Kamprad pour inaugurer une nouvelle phase de l'entreprise sociale.

L'organisation actuelle du travail n'a rien d'une fatalité. La lutte pour gagner sa vie n'est pas condamnée à rester aussi âpre. On peut encourager de nouveaux types de relations dans le monde de l'entreprise comme on l'a fait dans la vie privée. Les jeunes pourraient inventer des genres d'emplois différents qui leur conviendraient mieux. Il est possible d'éviter de tomber dans le piège des tentations utopiques en se livrant à de modestes expériences concrètes permettant d'examiner comment on pourrait changer les choses sans pour autant bouleverser la routine de toute une organisation.

À mes yeux, la carrière de Kamprad reste inachevée, car bien que les magasins IKEA, telles des pyramides, soient des monuments élevés à sa mémoire, ses rêves étaient plus ambitieux encore et il est devenu difficile d'amender ses structures de management. Les foyers que Kamprad avait entrepris de meubler ne sont plus ce qu'ils étaient naguère. Il ne suffit plus qu'IKEA les équipe de ses neuf mille cinq cents modèles de tables, chaises, lits et biens d'équipement ménager. Un foyer peut être dans un premier temps un abri où l'on s'entoure de ses affaires personnelles, mais il évolue pour devenir un lieu que l'on apprécie par-dessus tout parce que c'est celui où l'on se sent compris, qualité tout aussi importante que le confort matériel, où l'on peut échanger ses joies et ses peines avec des êtres qui s'apprécient mutuellement. Un foyer est l'endroit où l'on se soucie des autres et où ils se soucient de vous, où l'on peut offrir l'hospitalité à des amis réels ou potentiels, et où l'on peut s'exprimer en toute liberté, révélant ses pensées et ses émotions sans courir de danger. Mais un foyer peut être aussi un lieu de solitude. C'est devenu l'une des grandes œuvres d'art mi-individuelles, mi-collectives que tous les humains passent leur vie à essayer d'édifier et à empêcher de s'écrouler : c'est une construction culturelle. Un magasin de meubles qui promet « une vie meilleure » et prend cette évolution en compte ne peut se contenter d'exposer quarante-huit pièces meublées en guise de modèles de ce que pourrait être concrètement un logement. Qu'IKEA se batte sur les prix quand des consommateurs à court d'argent s'efforcent d'acquérir matériellement les signes extérieurs de la respectabilité peut avoir un sens, mais quand ces mêmes consommateurs nourrissent des aspirations culturelles plus amples, faire des affaires avec eux pourrait revêtir une tout autre signification.

Il y a deux siècles, les magasins étaient cinq fois plus nombreux en Grande-Bretagne qu'aujourd'hui : un pour cinquante habitants. Ils n'accueillaient parfois que deux ou trois clients par jour, et beaucoup ne tiraient du commerce qu'un complément de revenu ; la moitié des boutiquiers de Londres avaient sous leur toit des pensionnaires. À la fin du XIXe siècle, dans les villages du nord de la France, une maison sur trois vendait du vin ou de l'alcool. Aux États-Unis, les magasins ruraux étaient au cœur de l'ensemble des activités agricoles et artisanales du cru et acceptaient toutes sortes de produits comme moyens de paiement. Les premiers grands magasins ne se contentèrent pas de vendre des marchandises : ils cherchèrent à satisfaire les aspirations des classes moyennes en organisant des concerts et des expositions, et s'affirmèrent comme des lieux publics où les femmes pouvaient se rendre seules en toute sécurité, développer des goûts nouveaux et dépenser leur argent à leur guise. En 1881, « le spectacle de femmes adonnées à ce vice destructeur du porte-monnaie » poussa les rédacteurs masculins du *New York Times* « à désespérer, ou peu s'en faut, de l'avenir de notre pays » ; à quoi Gordon Selfridge, qui fonda son magasin de Londres en 1909 et publia un ouvrage intitulé *The Romance of Commerce*, dans lequel il présentait le shopping comme une activité à laquelle on se livrait par plaisir et non par nécessité, répliqua : « Ce n'est pas un magasin, c'est une communauté. Si les femmes y viennent, c'est parce que c'est tellement plus gai que chez elles ! » Les bazars orientaux ont longtemps été des sortes de parlements informels. Les boutiques de fripes tenues par des associations caritatives sont souvent des lieux de sociabilité où les gens passent quotidiennement pendant leur pause-déjeuner, simplement pour bavarder, parce qu'ils ne savent pas quoi faire d'autre. Les magasins ont su par le passé faire preuve d'imagination en se transformant et, de toute évidence, ils ne sont pas condamnés à rester éternellement ce qu'ils sont aujourd'hui.

Alors qu'IKEA continuait à ouvrir plusieurs nouveaux magasins par an, Kamprad a mis ses collaborateurs en garde en déclarant qu'« une entreprise qui a l'impression d'avoir atteint ses objectifs est rapidement condamnée à stagner ». Sa société dispose désormais de ressources financières suffisantes pour se livrer à des expériences plus audacieuses. Elle a atteint la maturité suffisante pour accueillir moins timidement les six cents millions de personnes qui franchissent les portes de ses magasins chaque année et qui ne viennent pas toutes uniquement pour faire des emplettes : leurs aspirations affectives, intellectuelles ou morales comptent autant pour elles que leur mobilier. Chacune a une histoire à raconter, des mystères à élucider touchant leurs tentatives individuelles d'accéder à « une vie meilleure ». Ce sont ces clients d'une infinie diversité qui peuvent prêter à chaque magasin l'insaisissable originalité qu'espérait en vain leur apporter Kamprad. Les lumières vives de la ville sont de plus en plus voilées par une brume de solitude, si bien que l'itinéraire qui traverse le magasin et conduit les clients, comme un troupeau de moutons, devant une myriade d'objets exposés sans qu'ils s'adressent mutuellement la parole, néglige une des principales motivations qui les ont conduits à venir faire des achats : échapper à la solitude et à l'ennui de leur propre foyer. Les grandes surfaces oublient qu'elles sont un substitut de la grand-place et du marché où les gens venaient non seulement faire leurs courses, mais entretenir des liens sociaux, conclure des affaires, trouver un emploi, voire chercher un partenaire. Elles ont encore un effort à faire pour se concevoir en centres culturels et éducatifs dont la mission serait de rendre la vie de leurs clients plus riche au lieu de se borner à les encombrer d'objets plus nombreux.

L'expérience que j'ai été autorisé à mener dans un magasin IKEA pour étudier la manière de procéder à cette transformation a révélé que les clients étaient ravis de rencontrer d'autres clients qu'ils ne connaissaient pas ; et quand on organisait à leur intention une conversation avec un inconnu devant un dîner au restaurant, avec un « menu de conversation » pour garantir qu'ils ne se contenteraient pas de bavarder dans le vide, mais aborderaient des sujets essentiels pour eux et réfléchiraient à ce que l'expérience d'autrui pouvait leur apporter, les commentaires ont été dithyrambiques, certains allant jusqu'à dire qu'une telle rencontre leur inspirait une « reconnaissance éternelle ». Les hypermarchés actuels ont prospéré en posant pour principe que plus la variété de marchandises proposées aux consommateurs est grande, plus l'offre est abondante, et plus les clients sont libres dans la mesure où ils peuvent faire leur choix en toute indépendance ; mais, pour finir, les gens sont plus intéressés par leurs semblables que par les produits. Les cartes de fidélité et les rabais ne sont que des palliatifs à une sociabilité déçue.

IKEA ne se résume pas aux bâtiments bleu et jaune que voient les acheteurs. En effet, plusieurs milliers d'habitants d'une multitude de pays exotiques travaillent pour cette firme, fabriquant et livrant les marchandises qu'elle écoule, mais le silence plane sur la sueur, les larmes et les arrière-pensées de celui qui a fabriqué chaque objet vendu. N'importe quel abat-jour devient plus intéressant et se transforme en messager d'un espoir insatisfait quand on sait qu'il a été confectionné dans une usine de Delhi par l'une de ses deux cents ouvrières, courbées sur leur établi huit heures par jour, qui rêvent d'assurer une « vie meilleure » à leurs enfants. Nous disposons déjà des techniques nécessaires pour retracer l'origine de chaque article en vente, et il serait aisé d'y recourir pour que l'acheteur puisse voir la personne qui l'a fabriqué et lui parler, donner son avis et apprendre quelque chose sur les compétences nécessaires à sa production. C'est sous-estimer les clients que de croire que la seule chose qui les intéresse est d'acheter tel abat-jour au meilleur prix possible. Et c'est se méprendre sur les fournisseurs que de croire qu'ils n'ont envie de parler que de tarifs et de délais de livraison.

Dans le cadre de l'expérience que j'ai menée dans une grande surface IKEA, nous avons organisé des cours de langue et des séances de conversation pour étrangers et immigrés, mettant ainsi à leur disposition un public passionné par les histoires extraordinaires qu'ils avaient à raconter et qu'ils mouraient d'envie de transmettre, tout en permettant aux clients de mieux être au courant des souffrances et de la résilience des habitants d'autres pays. Les enfants turbulents, traînés par des parents qui se demandaient ce qu'ils avaient ou non les moyens d'acheter, étaient ravis qu'on leur propose des occupations bien plus amusantes, comme des leçons d'ukulélé où on leur apprenait à chanter sur les mélodies qu'ils interprétaient. Un parking n'est pas obligatoirement une étendue d'asphalte uniforme où il ne se passe jamais rien ; on peut en faire une galerie d'art en plein air, chaque espace constituant un élément d'un immense tapis à motifs, entouré d'espaliers aménagés sur les murs environnants. Avec le développement du commerce en ligne et la transformation croissante des magasins en salles d'exposition où les visiteurs viennent toucher les marchandises proposées à un prix plus avantageux sur internet, des spectacles de théâtre et de danse issus des civilisations qui ont produit les marchandises en vente peuvent transformer radicalement l'expérience du shopping. Quand les magasins reconnaîtront qu'ils peuvent faire partie intégrante du système éducatif et concurrencer l'industrie du spectacle, la justification commerciale de l'intégration d'activités culturelles leur apparaîtra avec évidence. Un magasin n'est pas condamné à n'être qu'un temple de la consommation ayant pour vocation exclusive la conclusion d'une transaction commerciale ; il abrite également une communauté de clients qui cultivent une idée plus large de la convivialité. De la même manière que les réformes religieuses ont été le fruit d'une combinaison de nouveaux rituels et d'anciens par les assemblées de fidèles, combiner éducation et commerce pourrait conférer un caractère différent à la société de consommation.

Les vendeurs, aujourd'hui plus éduqués et plus ambitieux alors que, dans le même temps, ils sont menacés en permanence par des réductions d'effectifs au nom de la productivité, seraient heureux de disposer d'une plus grande marge de manœuvre pour exprimer leurs talents inexploités. Au cours de l'expérience que j'ai menée, la responsable du rayon literie, une ancienne employée de banque et intendante de collège qui avait beaucoup voyagé, a entrepris bénévolement de consacrer l'heure de sa pause-déjeuner à faire la lecture à des enfants ; le vendeur de mobilier de bureau, titulaire d'un master en horticulture, a parlé des plantes tropicales qu'il cultivait chez lui ; qu'il s'agisse de la vendeuse du rayon pâtisserie, dont la vraie compétence était la couture, ou du directeur de marketing, passionné de médecines parallèles, tous avaient bien davantage que du baratin publicitaire à offrir à leurs visiteurs. IKEA pourrait proposer à ses jeunes vendeurs une formation internationale d'un type nouveau s'il leur offrait la possibilité de travailler dans chacun des quelque quarante pays où il opère. Si l'aspect financier est évidemment prépondérant dans le commerce, la réussite est aussi une question de réputation, et la récompense du directeur du magasin en question a été le sentiment de servir sa communauté d'une manière qui faisait de son personnel et de lui-même des personnages qui comptent dans la vie d'individus de plus en plus nombreux. Rien n'oblige le commerce à s'humilier par la flagornerie, ni à ressasser inlassablement que « le client a toujours raison » ; il peut au contraire inspirer de nouvelles idées aux acheteurs. Rien n'oblige les distributeurs à limiter leur mission à l'établissement d'une relation entre les clients et la société anonyme : ils peuvent aussi favoriser les liens entre les clients eux-mêmes. Les villes ne sont pas condamnées à se ressembler de plus en plus, à aligner les succursales toutes pareilles de chaînes de distribution multinationales et à seriner à l'infini des slogans de marques. Un acheteur est un être humain, ça n'est pas juste un porte-monnaie.

Être sans cesse incité à travailler plus dur pour arriver à se payer une multitude constamment renouvelée d'objets désirables est une forme déprimante de liberté. Les grandes entreprises n'ont pas encore imaginé de quelles façons elles pourraient se refondre afin d'être des sources de libération personnelle, d'encourager la créativité individuelle que tant de gens sont aujourd'hui contraints de chercher hors de leur travail quotidien. À l'origine, la société de consommation exprimait une révolte contre le sort et une soumission docile, une manière de protester contre l'idée qu'il fallait se résigner et qu'il ne servait à rien de se plaindre. Elle proclamait la suprématie du désir individuel. Mais, loin de toujours libérer, le désir peut aussi bien asservir. Pour ne plus être un simple moyen d'accès à d'autres fins et devenir partie intégrante d'une vie culturelle épanouie, le commerce ne peut plus se contenter d'offrir aux consommateurs ce dont on leur fait croire qu'ils ont envie, ni d'imposer à ses employés les servitudes matérielles inhérentes à l'obligation de gagner sa vie ; il doit voir plus loin. Les hommes d'affaires qui ont réussi, qui ont obtenu honneurs et richesse, peuvent ne pas se soucier de toutes les réalisations intellectuelles, artistiques, spirituelles ou morales qu'ils ont négligées ; mais quand ils voient que leurs enfants refusent de suivre leur exemple et tournent en rond, ne sachant que faire de leur existence, ils comprennent que le système qui les nourrit a perdu tout son sens pour un grand nombre de membres de la génération suivante.

Ce sont précisément ces pertes de sens qui, au cours des siècles précédents, ont incité les jeunes à se lancer dans de nouvelles aventures – pas tous, loin de là, car ce sont toujours des minorités qui prennent des initiatives périlleuses. La solution du « retour à la nature » n'en est plus une : Henry David Thoreau (1817-1862) lui-même, pionnier des adeptes d'une vie simple dans un environnement naturel, a dû admettre que la nature pouvait être aussi « hostile » que « sublime ». Néanmoins, la panique croissante que suscite la destruction de l'environnement ranime de nostalgiques réminiscences de forêts et de campagnes où tout le monde pouvait à loisir cueillir des baies et des champignons et élever des animaux, et de villes où les habitants cultivaient leurs propres denrées alimentaires. Le moine dominicain Henry Daniel (1315-1385), qui faisait pousser deux cent cinquante-deux espèces végétales différentes dans son jardin de Stepney, à Londres, nous rappelle ce qu'une civilisation d'usines et de bureaux perd en se coupant de la nature et en consommant le divorce entre ville et campagne. Assurer la durable viabilité de la planète n'est qu'un début ; vient ensuite, plus ardue, la tâche d'éviter d'avoir à gagner autant d'argent pour simplement rester en vie et à l'abri.

Déjà la technologie permet d'entrapercevoir d'autres manières possibles de se nourrir, de se loger et de s'habiller. Elle a conçu pour les citadins des tours d'habitation qui sont des jardins verticaux hydroponiques ou aéroponiques, un empilement de plantes irriguées automatiquement qui fournissent des récoltes vingt fois supérieures à celles des cultures en plein champ, sans dépasser 8 % des besoins en eau de l'agriculture traditionnelle. Le Controlled Ecological Life Support System de la NASA permet aux astronautes de disposer de l'autonomie alimentaire sur les planètes désertifiées de l'espace. Alors que le XXe siècle s'est voué à équiper chaque logement d'une salle de bain, peut-être le plus modeste appartement sera-t-il bientôt incomplet s'il ne possède pas son propre potager vertical intégré, aménagé peut-être dans cette même salle de bain. Il reste tant de plantes comestibles à découvrir, tant de végétaux inutilement rejetés par des modes qui ont limité la palette gustative à quelques denrées, qu'il serait bon de lancer une révolution alimentaire :

de nombreux procédés inédits pour éradiquer la faim et satisfaire l'appétit attendent d'être découverts. Cela pourrait entraîner une transformation de ce que les gens ingèrent, en même temps que du lieu où ils le mangent et de la compagnie en laquelle ils le font. « Nous ne nous asseyons pas à table pour manger, mais pour manger ensemble », écrivait le biographe romain Plutarque (v. 46-v. 125 après. J.-C.). La plupart des gens passant l'intégralité de leur vie à manger en compagnie d'une petite poignée de congénères, l'avenir de l'alimentation n'est pas un simple problème de ressources et d'accroissement de la productivité, mais aussi de convivialité. Les expériences des « Incroyables Comestibles » – cultiver collectivement des fruits et légumes dans les villes et villages sur tous les terrains disponibles –, qui font actuellement tache d'huile en Europe, ne sont qu'un indice de la volonté de s'émanciper de la pression exercée en permanence par la nécessité de gagner sa vie et de la ségrégation sociale qui en résulte.

Trouver un lieu de vie oblige souvent à consacrer pendant vingt-cinq ans, voire plus, le tiers de son salaire au remboursement d'un crédit immobilier, ce qui équivaut à purger une peine de sept ans de prison. Au Japon, la nécessité de se loger a parfois obligé les gens à contracter un emprunt remboursable sur cent ans par leurs descendants, version moderne du servage héréditaire. Les importants écarts de prix de l'immobilier ont réparti pauvres et riches dans des ghettos distincts ; la nécessité de faire la navette entre plusieurs espaces (commerciaux, industriels, récréatifs et résidentiels) a raccourci les journées, obligeant en quelque sorte les salariés à vivre dans un hiver polaire permanent. Lénine avait promis que le communisme apporterait des logements sans loyer, mais tout ce qu'il a réussi à faire a été de cantonner les familles soviétiques dans une unique pièce d'appartements communautaires. La carence de logements ne peut que s'accentuer d'année en année en raison de l'accroissement démographique et du développement des aspirations. Ni les pavillons de banlieue ni les tours d'habitation ne peuvent constituer le summum de la créativité architecturale, pas plus que le béton et le verre ne sauraient en être les matériaux d'élection. Qui prendra l'initiative de créer de nouveaux types de logements avec de nouveaux matériaux, ou de nouveaux modèles de migration, ou de nouvelles formes de transport pour se substituer à ceux qui ont été inventés par une époque révolue ? Et l'industrie du vêtement qui attend une cure de rajeunissement lui permettant de renoncer à ses pratiques ancestrales ? Une révolution textile poindrait-elle à l'horizon ? Dans la mesure où les êtres humains n'ont jamais eu suffisamment d'argent, l'ultime défi lancé à la technologie est de réussir à les affranchir de la menace de la faim et de l'absence de toit, de la tyrannie de l'argent et de la corvée que représente si souvent la nécessité de gagner sa vie.

Au cours des siècles précédents, quand les jeunes n'arrivaient pas à trouver du travail en Europe, ils embarquaient pour l'Amérique. Aujourd'hui, ils doivent s'inventer un travail là où ils vivent. Ils sont de plus en plus nombreux à refuser d'imiter leurs aînés, conscients que les emplois proposés ne conviennent pas à tous les tempéraments, qu'ils ne permettent pas l'épanouissement de tous les talents, et qu'il n'y aura jamais suffisamment d'emplois attrayants pour tous. Quand ils s'entendent dire qu'on ne peut les embaucher parce qu'ils manquent d'expérience ou n'ont pas suivi la bonne formation, il ne leur reste qu'à recourir à leur imagination pour créer de nouvelles façons de gagner leur vie. On invente bien de nouveaux jeux, de nouveaux gadgets, de nouveaux airs. Pourquoi ne pourraient-ils inventer de nouveaux emplois ? Baisser les bras n'est pas une voie d'avenir.

Ils peuvent exiger que le travail ne soit pas dicté par les seuls besoins de l'agriculture, de l'industrie ou des services – qu'ils soient de nature commerciale ou d'ordre philanthropique –, mais par un droit de l'homme qui n'a pas encore fait l'objet d'une déclaration : l'ambition légitime de découvrir le monde et les formes de vie infiniment variées qu'il recèle, de faire personnellement l'expérience d'un plus large éventail de compétences parmi celles, innombrables, que les humains ont acquises, de sortir de son cocon et d'éprouver le sentiment d'avoir mené une vie pleine tout en ayant aidé les autres à faire de même. S'il est évidemment magnifique d'être un professionnel respecté, il n'est plus possible d'épouser l'évolution des connaissances dans un domaine donné sans comprendre les idées, le langage et les méthodes de plusieurs autres disciplines. La spécialisation a été à la base de maintes améliorations dans les compétences et les connaissances, mais elle ne peut aujourd'hui porter de fruits que si elle est fécondée par des pollinisateurs extérieurs venus d'autres spécialités, et si elle échappe à la paralysie due aux surdoses de traitements bureaucratiques. Se pénétrer de l'idée qu'on est vraiment fait pour telle ou telle carrière rappelle trop les traditions d'autrefois qui attribuaient chaque individu à une caste ou lui imposaient un destin prédéterminé. Par ailleurs, le monde des affaires peut très bien se détacher des archétypes militaires qu'il continue à cultiver et qui le conduisent à comptabiliser ses résultats en termes de territoires conquis, de concurrents vaincus, de butin rapporté. Rien non plus ne l'oblige à entretenir des relations aussi ambiguës avec la vie privée. Il pourrait juger préférable les analogies avec la gastronomie, faire le tri entre ce qui est appétissant et ce qui ne l'est pas, apprendre à apprécier des goûts nouveaux et se débarrasser des préjugés du passé.

Les écoles de commerce sises à la périphérie d'universités pourraient jouer les intermédiaires en offrant aux étudiants de toutes les facultés, quelle que soit leur discipline, la possibilité d'engager la conversation avec des représentants de nombreux métiers différents, ce qui servirait de base à des réflexions sur ce que le travail a apporté, apporte et pourrait apporter, à l'avenir, aux esprits et aux cœurs aussi bien qu'aux porte-monnaie. Au lieu de se contenter de préparer les jeunes à des carrières, rien n'empêche les universités et les écoles de commerce de devenir des laboratoires où des gens de toutes disciplines et de tous métiers se livreraient à des expériences visant à rendre la quête d'une « vie meilleure » plus complète et imaginative. Rien n'est plus difficile que de changer les institutions, mais il y a toujours eu des âmes bien trempées pour aimer penser l'impensable.

24.

Que faire dans un hôtel ?

Tous ceux qui prêtent l'oreille aux avis de leurs contemporains se voient constamment exhortés à être eux-mêmes, à mieux se connaître et même à s'aimer, alors même qu'une multitude d'experts leur serinent qu'ils se trompent sur leur propre compte, qu'ils sont accablés de problèmes et ont grand besoin de se réparer, de s'éduquer, de s'enrichir, de se civiliser, de se socialiser et même de changer de look. Pourtant ces experts sont loin de s'entendre sur les remèdes à apporter à tous ces défauts, et même sur la définition du défaut. Comment faire face à toutes ces contradictions ? Comment comprendre tous ceux que l'on connaît, ou que l'on croit connaître, et sur les caractères et qualités desquels on dispose si souvent d'informations divergentes ? Que l'on approuve Pascal quand il affirme que les humains ne sont que « mensonge, duplicité », ou Mao Zedong qui prétendait que les contradictions peuvent toutes être résolues, celles-ci font partie de la vie et il est plus intéressant de les connaître que de refuser de les voir.

Je me tournerai donc à présent vers Dostoïevski (1821-1881) qui toute sa vie a cherché à comprendre les contradictions humaines et les indécisions de son propre esprit. Je l'ai choisi parce qu'il a épousé l'un après l'autre toute une série d'idéaux incompatibles. Il les a traités comme des maîtresses entre lesquelles il était incapable de choisir pour de bon, les repoussant sans les oublier pour autant, et restant parfaitement conscient de leurs attraits, même pour ceux qu'il avait fini par détester. Ses romans sont des conversations entre des personnages aux prises avec des diagnostics opposés sur les dilemmes humains, aucun ne les satisfaisant jamais entièrement ni durablement. Peu d'auteurs ont décrit avec autant de minutie un ciel obscurci par diverses nuances de doute, de mélancolie, de culpabilité, brièvement illuminé par des éclairs d'espoir qui s'évanouissaient aussitôt. Il a été, paraît-il, traduit dans quelque cent soixante-dix langues, ce qui donne à penser qu'à travers le monde existent d'innombrables êtres songeurs déchirés, comme lui, entre fascination, perplexité et répulsion face aux idéologies contradictoires de l'Europe occidentale. Pourrait-on imaginer une autre réaction à pareille confusion ?

Condamné à mort à vingt-huit ans mais gracié quelques minutes avant que le peloton d'exécution n'ouvre le feu, Dostoïevski s'est interrogé avec une intensité peu commune sur la signification de l'existence. Ayant échappé à la mort, il éprouvait un « grand élan d'amour pour la vie », le désir de s'y « immerger », la conviction que « dans tous les malheurs possibles, ne pas perdre espoir et courage, voilà où est la vie, où est son but ». Quatre années dans un bagne de Sibérie lui ont offert une autre rare expérience, puisqu'il y apprit à côtoyer des individus extrêmement différents de lui, des criminels « grossiers, amers et irascibles » qui le détestaient parce qu'il appartenait à la classe dirigeante qui les avait condamnés et parce qu'il ne souriait pas, qu'il était taciturne et méfiant, souffrant, comme il le dit clairement, du « terrible tourment » de n'être pas seul un instant, ayant l'impression d'avoir été « enterré vivant, enfermé dans un cercueil ». Pourtant, il se lia peu à peu d'amitié avec certains de ses codétenus et finit par en comprendre d'autres. Au lieu de se plaindre d'être entouré de « cent cinquante ennemis » qui ne se lassaient pas de le persécuter, il commença à se dire que l'élite instruite avait beaucoup à apprendre des gens sans instruction. « Parmi des brigands, écrivit-il, j'ai fini par découvrir des hommes, des *hommes* véritables, des caractères profonds, puissants et beaux. De l'or sous l'ordure ?... Quel peuple extraordinaire ! Je n'ai pas perdu mon temps... Que d'histoires d'aventuriers et de brigands j'ai recueillies ! De quoi en écrire des volumes ! » Et pendant un temps il s'est convaincu en imagination que ces hommes-là, que l'éducation n'avait pas corrompus, pourraient sauver le monde de la décadence et de la corruption.

Au cours de ses nombreuses vies, Dostoïevski a été tour à tour romantique, socialiste, chrétien orthodoxe, appréciant aussi bien la foi que l'incroyance, inspiré par la pensée européenne tout en la condamnant comme malade. Il méprisait le matérialisme alors que toute sa vie fut dominée par l'argent dont il manqua toujours, ce qui l'obligeait à écrire comme un enragé pour acquitter ses factures, rédigeant parfois deux histoires en même temps pour respecter les délais de publication en feuilleton, mais dilapidant aussitôt tous ses gains parce que c'était un joueur invétéré. « Sans argent, on ne peut pas faire un pas dans quelque direction que ce soit. » Il calculait le prix de tout et était fasciné par ceux qui, au lieu de gagner de l'argent par des procédés ordinaires, avaient recours à des voies criminelles ; en même temps, il déplorait l'obsession de l'argent qui trahissait, selon lui, la tradition russe de générosité, de fraternité et de spiritualité. Malgré son attachement aux valeurs traditionnelles, il remettait en question la famille conventionnelle, soulignant les tragiques malentendus qu'elle provoquait. Ton père « t'a conçu et tu es son sang, donc tu dois l'aimer », mais, réplique-t-il aussitôt, « m'aimait-il en me concevant, m'a-t-il vraiment conçu pour moi ? Il ne me connaissait même pas ! Devrais-je l'aimer simplement parce qu'il m'a conçu et n'a pas su m'aimer ensuite de toute ma vie ? » D'un côté, Dostoïevski fait dire à un personnage : « Qui ne désire la mort de son père ? », de l'autre il répète avec insistance : « Il est de notre devoir d'aimer notre famille, même si nous ne l'apprécions pas. Cela nous apprend à aimer tous les humains. »

« Je suis un enfant de l'incroyance et du doute, écrivait-il. Je l'ai toujours été et le serai (je le sais) jusqu'au jour où l'on refermera mon cercueil. » Ce qui ne l'a pas empêché d'être toute sa vie désespérément avide de croire en quelque chose ; dans le même temps, plus sa soif de croire le taraudait, plus ses arguments contre la foi se renforçaient. En tant que journaliste, il était déterminé, dogmatique, prêchant un nationalisme fervent, refusant de s'appuyer sur la raison et l'approche scientifique : la Russie avait pour mission de civiliser l'Europe, de porter à maturité la vocation inachevée de celle-ci, de synthétiser les idées de ses différents peuples et de l'affranchir de l'athéisme et du socialisme. Mais le jour où la Russie perdit la guerre et fit faillite, il décréta « l'Europe nous méprise » et lui tourna le dos : la Russie ferait mieux de poursuivre sa mission civilisatrice en Asie, déclara-t-il.

En tant que romancier, pourtant, il était le contraire même d'un esprit dogmatique, examinant chaque problème sous tous les angles, décelant la sainteté potentielle du pécheur, conscient de la cruauté de la souffrance et de son omniprésence, mais aussi de son pouvoir de « rédemption ». Il considérait le crime comme l'une des nombreuses formes de transgression qui pouvaient se révéler comme des manifestations de liberté, de curiosité et de courage : « Nous transgressons tous chaque jour ; nous devons souvent choisir entre deux biens ou deux maux. » Le mal était incurable, il était inhérent à la condition humaine. Aucune discussion ne pouvait déboucher sur la vérité, celle-ci étant trop insaisissable pour pouvoir être verbalisée. Cela l'obligeait à être un artiste qui découvrait une forme de vérité en apprenant à regarder les choses de façon à débusquer leur beauté. « Ô pouvoir merveilleux d'un rayon de soleil sur l'âme humaine ! »

Dostoïevski est un poète de la complexité, le peintre des dilemmes insolubles, l'artiste qui sculpte dans la glace fondante les frêles espoirs de l'humanité. Depuis qu'il est mort, tout est devenu encore plus compliqué, les connaissances se sont multipliées, les attentes diversifiées, tandis que s'étiolait la conviction qu'un groupe, quel qu'il soit, possède le monopole de la sagesse. Je vais donc aborder le problème de l'impénétrabilité et des contradictions des individus de manière plus prosaïque, en me demandant s'ils exploitent toutes les potentialités dont ils disposent pour explorer le labyrinthe des pensées informulées. Il se trouve qu'en 2012 les effectifs mondiaux de touristes ont atteint le milliard, ce qui veut dire que jamais encore il n'y a eu davantage d'inconnus pour se croiser, généralement en silence, sans révéler ni demander ce qu'ils pensent les uns des autres, pas plus que ce qu'ils pensent d'eux-mêmes. L'hôtel où ils logent est ce qui ressemble le plus à un parlement où chacun est évalué plus ou moins mal à partir de sa nationalité, de son aspect ou de tout autre détail trivial. On pourrait penser que les hôtels ne permettent que des rencontres superficielles de courte durée, contrairement aux prisons où les détenus peuvent progressivement découvrir leurs complexités respectives, plus profondes, dissimulées sous leurs forfaits. Mais s'il est nécessaire d'apprécier les contradictions des individus pour nouer avec eux des relations fécondes, il peut être utile de se demander, puisque les hôtels sont aujourd'hui les lieux de passage d'un si grand nombre d'êtres humains, s'ils ne pourraient pas jouer un rôle non négligeable en favorisant une meilleure compréhension entre étrangers énigmatiques et voisins mystérieux. L'idée est moins tirée par les cheveux qu'il n'y paraît, car les hôtels étaient autrefois des institutions essentielles en de nombreuses villes.

Au XIXᵉ siècle, les Américains ont reconnu la fonction majeure que les hôtels pouvaient exercer dans un pays neuf. Ils y voyaient l'équivalent de l'*agora* grecque où tous les citoyens étaient libres de se rencontrer. Leurs premiers hôtels, présentés comme des « palais du public », prêtaient une expression architecturale aux idéaux démocratiques en offrant de vastes salles des fêtes ouvertes à tous, avec espaces de restauration et de divertissement, ainsi que des « bibliothèques commerciales » contenant bordereaux d'expédition, listes tarifaires et presse. Alors que les monarchies autoritaires redoutaient les réunions privées aussi bien que publiques, imaginant partout des complots révolutionnaires, les Américains se considéraient comme une nation d'étrangers qui s'étaient donné le droit constitutionnel de se réunir et de s'associer à tous ceux avec qui ils avaient envie de poursuivre des objectifs communs. Ils étaient conscients de la solitude de *L'Homme des foules* décrite par Edgar Allan Poe en 1840, qui raconte l'histoire d'un étranger que le narrateur suit jour et nuit à travers une ville pour constater qu'il n'a rencontré aucune connaissance, n'a pas échangé un mot avec qui que ce soit, n'a pas même pris conscience de l'existence d'autrui. En 1818 déjà, des habitants de Pittsburgh se plaignaient de ne pas connaître leurs voisins de palier. Les hôtels sont ainsi devenus des lieux de réunion où se déroulaient toutes sortes d'activités. On servait le dîner à une table commune avec menu unique, rassemblant hôtes de passage et résidents locaux. « Le charme d'aller en ville est de dîner en compagnie de deux cents personnes élégamment vêtues dans un splendide salon. » L'hôtel offrait ainsi le plaisir de manger ensemble en public, ce qui était aux antipodes des habitudes des Européens, soucieux de préserver leur intimité et ne se montrant en société que pour faire étalage de leur raffinement. Si les repas des hôtels étaient souvent « dévorés avec une rapidité qu'une meute de chiens courants soumis à une semaine de jeûne chercherait vainement à concurrencer », aucun décorum ou cérémonial ne venait entraver l'intérêt que l'on éprouvait pour son prochain. Domingo Sarmiento (1811-1888), futur président de la République argentine, s'amusait de la « curiosité sans gêne » des clients : « Si les boutons de votre pardessus sont ornés de têtes de daim, de cheval ou de sanglier en relief, tous ceux qui les aperçoivent viendront à vous et les examineront un à un, vous faisant tourner de gauche et de droite pour mieux observer ce musée ambulant. » Un voyageur anglais écrivait quant à lui : « Le système de l'hôtel est la plus égalisatrice de toutes les institutions américaines. » On n'y rencontrait ni « servilité » ni « affirmation de l'importance individuelle ». Ces caractéristiques reflétaient la manière dont un grand nombre de ces hôtels ont été financés (un temps) : ils appartenaient à toutes les classes, leurs actions étant achetées par les artisans aussi bien que par les plus fortunés.

Mais les buts commerciaux ont fini par avoir raison de cette convivialité. La seconde originalité des hôtels américains a été d'adopter les méthodes de la production de masse. Ellsworth Minton Statler (1863-1928) a fait pour eux ce que Henry Ford a fait pour l'automobile, en baissant les prix – « un lit et un bain pour un dollar et demi » – grâce à la standardisation et en donnant à ses employés des instructions très strictes qu'ils devaient mémoriser et suivre à la lettre sous peine de licenciement. Bien que certains hôtels soient devenus meilleur marché, d'autres ont suivi l'évolution inverse. Quand six cents employés ont été chargés de s'occuper d'un millier de clients, l'efficacité est devenue la priorité absolue. Des hôtels installés dans des gratte-ciel remirent en cause l'atmosphère feutrée des petits établissements familiaux. Il a fallu passer des diplômes pour se faire hôtelier ; les chaînes hôtelières sont devenues des centres de profit, trois d'entre elles détenant à elles seules près de deux millions de chambres. L'« industrie hôtelière » était née. La commercialisation de l'hospitalité, avec son amabilité monétisée, est une autre des grandes révolutions qu'ont connues les relations humaines. On a assisté à la fin d'une ère et à l'abandon d'une idée qui avait prévalu dans presque toutes les civilisations, à savoir que tout le monde était censé offrir gratuitement le gîte et le couvert, voire plusieurs, aux étrangers de passage.

Le changement déterminant s'est produit quand dans l'hôtellerie le « plan américain », où le prix de la chambre comprenait les repas collectifs, a cédé la place au « plan européen » privilégiant l'intimité avec des repas « à la carte » pris et payés séparément. César Ritz (1850-1918), fils d'un pauvre paysan suisse qui, après avoir été aide serveur, avait gravi tous les échelons jusqu'à devenir propriétaire et directeur de certains des plus prestigieux hôtels européens fréquentés par les têtes couronnées et les nababs, remplaça l'égalitarisme par le luxe et la distinction, par d'épais tapis, une robinetterie en or et un personnel obséquieux. « Je veux apprendre à vivre aux gens », déclarait-il. En réalité, il était fasciné par une vision idéalisée des us et de l'extravagance de la haute société, épaté par son aplomb et terriblement désireux de l'imiter. Il créa donc des similipalais permettant à ceux qui en avaient les moyens de singer les rituels aristocratiques d'opulence ostentatoire, affranchie des contraintes des réalités domestiques. Les hôtels chics sont devenus des théâtres ouverts vingt-quatre heures sur vingt-quatre, le personnel jouant le rôle de laquais déférents, satisfaisant tous les caprices des clients sans poser de questions. Dès lors, les différentes classes – riche, moyenne et pauvre – se sont trouvées isolées dans des hôtels distincts.

Il n'empêche que l'hôtel est aujourd'hui une sorte de Nations unies en miniature, employant et hébergeant des gens venus de toute la planète. Pourrait-il s'affirmer comme un artisan plus efficace de la paix ? Est-il condamné à être, dans sa version de luxe, une forteresse protégeant ses détenus de la racaille extérieure ? Pourrait-il tirer quelque enseignement de Dostoïevski et de sa sinistre demeure, la prison, qui protégeait ceux qui n'avaient encore jamais été poursuivis pour leurs crimes de ceux qui l'avaient été, cette prison qui lui apprit tant de choses sur les contradictions humaines ? Avec une équipe de quatre chercheurs, j'ai consacré un an à interroger les employés et les clients d'une chaîne d'hôtels, et cette année a suffi pour me faire prendre conscience d'un profond mystère : on trouvait parmi les employés une quantité et une diversité extraordinaires de talents, d'expériences et de connaissances, à tous les niveaux de la hiérarchie, ce dont les clients n'avaient absolument pas conscience. Les femmes de chambre étaient souvent des étrangères qui ne demandaient qu'à apprendre une langue nouvelle, et plusieurs étaient dotées de diplômes universitaires. Certains membres du personnel d'entretien avaient suivi une formation d'infirmière ; un portier était le fils d'un dirigeant de son propre pays ; un réceptionniste faisait le tour du monde en travaillant dans des hôtels pour rassembler de la documentation destinée à un roman. Pourtant la base de données des « ressources humaines » de l'établissement ne contenait que les renseignements les plus banals à leur sujet : une poignée d'évaluations et de réclamations ; sans doute jugeait-on inutile d'approfondir ces informations, les hôtels étant la branche d'activité où la rotation du personnel est le plus rapide. De temps en temps, mais rarement, des directeurs nouaient des liens d'amitié, superficiels ou non, avec les clients, mais il était bien rare que ces derniers eussent l'occasion de tirer le moindre bénéfice de la présence de nombreux employés qu'ils ne voyaient jamais ou qu'ils croisaient en silence. Le personnel était même formellement dissuadé de « fraterniser » avec la clientèle, obsédé qu'il était par le dogme du « service clients ». Les hôtels pensent exercer des fonctions strictement limitées ; ils sous-estiment les facultés de leur personnel et n'imaginent pas que leurs employés pourraient apporter la moindre contribution originale et proactive au développement de l'imagination ou à l'enrichissement de l'expérience de ceux qu'ils hébergent, de ceux qu'ils emploient ou de la cité dans laquelle ils sont situés. Le succès commercial des hôtels s'est accompagné en parallèle d'un amoindrissement de leur fonction sociale.

Autrefois, le pub anglais jouait un rôle essentiel dans l'activité publique, juridique, militaire et sociale, car il servait de cadre à de nombreux événements officiels. Aujourd'hui, seule la nostalgie étaie encore sa prétention à être une source de la convivialité nationale. Depuis 1800, alors que la population anglaise a été multipliée par six, le nombre des pubs est demeuré constant, avant de décliner rapidement ces derniers temps ; on prévoit prochainement quatre mille fermetures. Dans une rue du sud de Londres, tous les pubs ont disparu et ont été remplacés par six points de vente de jeux d'argent. Le pub n'est plus l'endroit où se retrouvent les gens pour discuter sérieusement. Selon une enquête réalisée par un brasseur, les conversations sérieuses ont lieu dans un cadre privé avec son conjoint (74 %), ou avec des collègues de travail (57 %), des amis (57 %), des parents (38 %), rarement avec son patron (11 %) et pour ainsi dire jamais avec des serveurs ou des vendeurs (2 %). Les pubs attirent certes plus de clients que les grandes églises ne rassemblent de fidèles, mais les deux tiers d'entre eux se disent trop intimidés pour engager la conversation avec les étrangers qu'ils y rencontrent, et beaucoup se limitent à des échanges de ragots, des plaisanteries ou des bavardages superficiels ; ils reconnaissent eux-mêmes que la moitié des conversations qu'ils tiennent au pub est sans intérêt et que 4 % seulement durent plus d'une demi-heure. Le bistrot français est lui aussi une institution en pleine désaffection : son nombre était dix fois supérieur en 1900 à ce qu'il est aujourd'hui ; un cinquième seulement de la population s'y rend régulièrement au moins une fois par semaine, et les deux cinquièmes seulement lui reconnaissent un rôle important dans les relations sociales.

Bien qu'elle constitue elle aussi un emblème national, l'auberge japonaise peut encore moins prétendre être un lieu de découverte mutuelle ; elle inspire au contraire un attachement nostalgique, car on y voit une relique capable de faire le lien entre les actuels obsédés du travail stressés et un passé qu'on imagine plus stable et plus propice à l'accomplissement de l'harmonie et de l'amour. Une auberge créée en 718 de notre ère et dirigée par la même famille depuis quarante-huit générations a beau être située aujourd'hui dans un immeuble de béton de huit étages capable d'héberger quatre cent cinquante personnes, elle n'en est pas moins appréciée comme un sanctuaire où échapper aux pressions de l'uniformité mondialisée, où ressusciter des souvenirs historiques et élaborer, fût-ce en imagination, la vision d'une existence plus clémente et plus belle à laquelle on aimerait s'identifier. La découverte de soi plus que la découverte d'autrui : tel est l'objectif qu'encourage la tradition encore vivace du *tabi*, qui était à l'origine un voyage à pied dans les étendues désertiques afin de s'éloigner des rivalités et jalousies humaines, dans l'espoir que la communion avec la nature aiderait à mieux entrevoir les vraies valeurs personnelles. De nos jours, les voyageurs peuvent ainsi considérer que descendre à l'auberge c'est faire un pas dans le passé, ce qui conforte leur vague aspiration à échapper aux tentations du succès conventionnel et à retrouver le goût de leurs ancêtres pour les épreuves et les aléas, la beauté de l'éphémère et le chagrin de quitter gens et lieux. Se soustraire à la rigoureuse discipline des voyages organisés reste le message de *Chikyu No Arukikata* (« Comment parcourir le monde »), le guide favori des voyageurs indépendants et des *datsu-sara* (ceux qui ont « renoncé à leur salaire »), mais cette évasion de soi et d'une dure réalité n'a aucune destination bien définie.

Aussi bien des gens ont-ils cherché une autre solution que celle de l'hôtel trop onéreux, trop ennuyeux ou trop contraignant à leurs yeux. Ils ont envie de rencontrer des gens qu'ils ne connaissent pas, de voir des lieux que les touristes ne visitent guère. Hajj Sayyah, qui a parcouru le monde au XIXe siècle, a aujourd'hui des millions de descendants. Ceux-ci n'entretiennent aucun contact avec les touristes des voyages organisés ; les gouvernements ne peuvent pas plus les contrôler qu'ils ne peuvent promulguer de lois pour obliger les oiseaux à lâcher leur fiente en des emplacements précis ; quant aux urbanistes, obligés d'accorder la priorité aux exigences des résidents et des sociétés commerciales, ils doivent s'efforcer d'oublier que ce qui donne de la vie à une ville et ce qui la distingue d'un dortoir est la présence d'étrangers qui ne s'intéressent pas qu'aux sites vantés par la publicité officielle. L'industrie du tourisme et du voyage est aujourd'hui celle qui connaît la plus forte expansion : elle représente le dixième de la totalité des emplois et contribue davantage au PIB que l'industrie automobile. Les hôtels continuent pourtant à être gérés selon des présupposés dépassés, associés à la recherche effrénée du profit immédiat pour compenser les coûts sans cesse accrus qu'implique la nécessité de sauvegarder les apparences par de nouveaux robinets extravagants et une décoration au goût du jour. Ils sont restés prisonniers du rêve d'ascension sociale, de professionnalisation et de luxe croissant des XIXe et XXe siècles ; s'ils ont du mal à s'en extraire, c'est que l'héritage des corporations médiévales qui contrôlaient jalousement l'accès à toutes les spécialités de l'ensemble des branches de l'activité artisanale domine encore les carrières actuelles. Constituant désormais une profession en soi, les hôteliers doivent laisser d'autres métiers accomplir des tâches dont ils pourraient fort bien se charger eux-mêmes ; personne n'a envie de vivre comme les paysans d'autrefois, soumis au rythme des saisons et qui consacraient l'hiver à de nombreuses occupations productives qui n'avaient rien à voir avec l'agriculture.

Les hôtels n'ont pas encore découvert comment ils pourraient s'occuper pendant les saisons creuses, quoique certains aient souvent de nombreuses chambres libres au cours de ces périodes de relâche et ne soient même pas complets durant les mois d'affluence. Rien ne les oblige à se limiter à offrir des lits et des repas. Rien ne les oblige à croire les cabinets de conseil du XXe siècle, qui prônent le « changement » comme unique voie du salut pour les entreprises, un changement toujours orienté vers les mêmes objectifs de profit et de bonheur, chaque changement débouchant ainsi sur un autre changement, et tous estimant n'avoir jamais suffisamment de bonheur ou de profit. Le changement peut être utilement remplacé par la découverte, qui s'en distingue en ce qu'elle ouvre sur des objectifs que l'on n'avait pas encore imaginés. La technologie comprend ce que cela veut dire, mais l'orthodoxie du monde des affaires exige des résultats prévisibles. L'explosion du tourisme et les déplacements de main-d'œuvre internationalisent les hôtels et multiplient la proportion de voyageurs qui n'attendent pas de se prélasser dans des lits luxueux, mais de découvrir des gens différents. On peut imaginer autre chose que de dépenser des sommes folles dans de luxueuses rénovations dans le seul but d'augmenter le prix de la nuitée : s'intéresser davantage aux connaissances, à l'imagination, aux ambitions de chaque touriste pris individuellement. Les hôtels peuvent aujourd'hui devenir des relais encourageant la création de liens plus profonds et mieux étayés entre leurs différents clients, entre leurs clients et les habitants de la cité, entre clients et employés. Sur le modèle des premiers hôtels américains qui rassemblaient les migrants du Vieux Continent en facilitant entre eux les contacts personnels, ceux d'aujourd'hui pourraient, avec des méthodes comparables quoique différentes, rendre le monde plus conscient de la diversité, de la complexité et des contradictions que recouvrent les normes nationales et professionnelles. Ce sont pour l'heure des chaînes hôtelières internationales qui n'assument guère leur rôle international.

S'il arrive occasionnellement aux clients d'hôtels de bavarder avec les chauffeurs de taxi, il est bien rare qu'ils aient des conversations mémorables avec les employées payées au SMIC chargées de faire les chambres. Celles-ci ne sont pas des cellules de prison puisque les clients sont libres d'en sortir à leur guise, mais, à l'image des condamnés, ils ne savent souvent pas vers où et vers quoi s'en évader. Près de la moitié des clients de la chaîne d'hôtels que j'ai étudiée ont affirmé être occupés à plein temps par les affaires qui les avaient conduits en ville et n'avoir qu'une envie : qu'on les laisse tranquilles. Les autres, en revanche, avaient de longues heures à tuer après avoir accompli la tâche pour laquelle ils étaient venus, ou en attendant leurs rendez-vous ; le problème était qu'ils ne connaissaient personne à qui ils auraient pu rendre visite. Quand ils étaient venus en couple, ils disaient qu'ils auraient bien aimé faire la connaissance de familles du cru ; et ceux qui étaient seuls auraient été ravis d'accepter des invitations de professionnels locaux qui auraient pu leur apprendre quelque chose d'utile pour leur propre activité. Assis dans le hall de leur hôtel, ils ne pouvaient savoir qu'à quelques pas de là un autre client silencieux partageait leurs intérêts. Le concierge pouvait bien sûr leur obtenir des billets de théâtre, leur recommander des magasins ou des restaurants, mais il ne connaissait pas suffisamment chaque client ou chaque habitant de la ville pour suggérer des rencontres susceptibles d'être bien plus dignes d'intérêt.

Les voyages organisés ont fait découvrir des lieux exotiques aux masses tout en révélant les difficultés qu'on éprouve à les apprécier. Dans une station balnéaire tunisienne, la plupart des clients qui arrivent à l'hôtel sont trop lessivés par leur travail pour avoir envie de faire autre chose que se reposer, et n'adressent jamais la parole aux autochtones ; ils rentrent chez eux sans en savoir beaucoup plus long qu'avant sur le pays où ils se sont rendus, tandis que les habitants du cru qui ont nettoyé leurs chambres et leur ont servi leurs repas se sont sentis humiliés par leur manque d'intérêt. À Cancún, les clients des deux cents hôtels que l'on y a construits ignorent tout de l'éruption d'un nombre équivalent de bidonvilles dissimulés derrière eux ; les habitants se plaignent que, bien que le tourisme crée des emplois et fasse rentrer de l'argent, les quatre cinquièmes des dépenses des vacanciers tombent dans l'escarcelle d'organisateurs étrangers, créant ainsi un nouveau type de colonialisme : « Nous sommes gouvernés de l'extérieur », rouspètent-ils. Le tourisme de masse a atteint les limites de son inventivité ; les gens n'ont pas forcément pour envie exclusive d'échapper brièvement aux réalités de leur propre pays ; il n'existe pas une demande infinie de lieux de séjour spécialisés dans le sexe, la drogue, les casinos, l'alcool ou une parodie occidentalisée de la cuisine étrangère. Les Allemands ont forgé un mot pour désigner ce qui en résulte : *Freizeitstress*, le « stress du temps libre ». L'Église orthodoxe a introduit des prières pour « ceux que la vague touristique met en danger ». Il ne manque donc pas d'incitations à expérimenter d'autres solutions.

Le propriétaire de la chaîne d'hôtels que j'ai étudiée m'avait dit : « Faites de mon hôtel votre laboratoire. » Mais les hôtels ne sont pas des laboratoires ; ils sont là pour assurer des services rigoureusement définis, pas pour inventer. Les écoles hôtelières enseignent des méthodes et des rituels approuvés, donc une formation toute différente de celle des clients dont leurs élèves sont censés satisfaire les désirs. Plus les clients sont instruits, plus ils déclarent qu'une de leurs principales visées est d'acquérir des connaissances, mais les hôtels ne se considèrent pas encore comme des établissements encourageant l'apprentissage. Pourtant, un grand nombre d'entre eux sont situés dans des lieux qui leur permettraient de jouer un rôle majeur dans les relations internationales et le dialogue entre civilisations. Les diplomates auront beau signer des traités promettant l'amitié entre les peuples, c'est aux individus eux-mêmes de décider qui ils ont envie d'appeler leur ami. Il n'y a aucune raison pour que les hôtels restent à jamais les fournisseurs passifs de locaux dans lesquels des organisations extérieures viennent tenir des colloques, alors qu'ils pourraient eux-mêmes être à l'initiative de réunions et de conversations. Au lieu de se contenter de proposer des lits aux touristes partis toute la journée visiter des monuments historiques, ils pourraient organiser des rencontres entre clients et membres de la population locale ; la réalité quotidienne serait ainsi transformée par l'émergence de sympathies personnelles apportant quelque chose de différent et de mémorable aux deux parties. Au lieu de dorloter leurs clients en les comblant de luxe matériel, ils pourraient s'intéresser à leur esprit et à leur cœur, et se faire reconnaître comme sources d'inspiration culturelle. Au lieu que les clients repartent chez eux avec pour tout bagage des photos et quelques souvenirs, ils pourraient devenir des ambassadeurs du pays qu'ils ont visité, ambassadeurs d'une espèce nouvelle qui ne s'exprimeraient pas en qualité de représentants de millions de personnes mais en tant qu'individus pétris de contradictions, admettant l'existence de paradoxes non seulement au sein des nations, mais plus encore au sein des individus qu'ils ont rencontrés. Il ne faut pas croire que les hôtels reculent devant le coût de telles initiatives – un plan de développement a démontré au contraire qu'elles pourraient leur être très profitables, surtout en morte-saison –, c'est plutôt qu'ils n'ont pas la formation requise pour les mettre en œuvre. Les diplômés en sciences humaines des plus prestigieuses universités décident rarement de devenir hôteliers, mais il n'est pas exclu qu'ils soient plus nombreux, à l'avenir, à faire ce choix ; il y a quelques dizaines d'années, nul n'aurait prédit qu'un aussi grand nombre d'entre eux deviendraient des chefs cuisiniers réputés.

La chaîne d'hôtels que j'ai étudiée s'enorgueillit d'offrir le confort et la courtoisie d'antan sur le modèle de la « grande maison de campagne ». En réalité, les maisons de campagne offraient bien davantage que le confort. C'est là que les membres des classes dirigeantes pouvaient se côtoyer et apprendre à mieux se connaître ; ils s'y rendaient pour discuter avec des gens intéressants, entretenir des relations sociales, encourager les vertus urbaines aussi bien que rurales. Plus le maître et la maîtresse de maison pouvaient éblouir leurs invités par leurs connaissances artistiques et culturelles, meilleure était leur réputation. Les hôtels pourraient organiser des échanges permettant à leurs clients de découvrir différents types d'habitants de la ville où ils se trouvent, ils pourraient exposer des portraits d'individus exerçant des activités différentes et d'origines diverses, révélant ainsi une diversité d'intérêts ordinairement cachée aux visiteurs. Les hôtels auraient eu du mal, naguère, à éviter d'être des salons élitistes pour devenir des centres de discussion rassemblant un vaste éventail de participants ; or force est de reconnaître aujourd'hui que le personnel hôtelier compte de nombreux individus de talent qui ne demandent qu'à jouer un rôle social plus important en tant qu'hôtes et hôtesses ; ce sont des personnes intéressantes qui ont connu des expériences extraordinaires en de nombreuses régions du monde ; les clients ont beaucoup à en apprendre et autant à leur apporter. La superficialité de la communication entre eux est une séquelle de préjugés caducs. Apprendre ne signifie plus seulement acquérir des informations, c'est aussi apprendre avec et par les autres, mû par un désir de transmettre ses connaissances, un désir de donner, et un véritable intérêt pour ceux qu'on a aidés à apprendre. L'apprentissage deviendrait réciproque, évinçant l'idéal du « service clients » qui domine encore la mentalité du monde des affaires. Les hôtels se donnent beaucoup de mal pour s'assurer la fidélité de leurs clients en leur distribuant de menus cadeaux et de petits privilèges, mais les clients feraient preuve d'une plus grande fidélité s'ils pouvaient donner en retour à l'hôtel ce qu'ils sont seuls à pouvoir offrir : leur savoir et leur expérience.

Puisque leurs employés sont si nombreux à avoir envie d'apprendre une langue nouvelle, pourquoi les hôtels ne sont-ils pas également des écoles de langues ? Ce n'est pas seulement parce que, après avoir fait le ménage de quatorze chambres par jour, les employées sont trop fatiguées pour étudier ; c'est surtout parce que les cadres moyens sous les ordres desquels elles sont placées n'imaginent pas que ce puisse être une mission de leur hôtel. Comme disait l'un d'eux : « J'apprends aux femmes de chambre à être des femmes de chambre. » Les hôtels sont souvent situés près d'universités et emploient des étudiants à temps partiel ; pourquoi ne se sont-ils pas demandé ce qu'ils pourraient faire ensemble pour leurs clients aussi bien que pour ces étudiants ? Pourquoi n'entretiennent-ils pas davantage de relations actives avec des organisations professionnelles, culturelles et caritatives ? À l'heure actuelle, ils ne font au mieux que flirter très superficiellement avec celles-ci ; ne seraient-ils pas très différents s'ils avaient le courage de s'associer pour de bon avec elles et d'affirmer publiquement leur ambition de devenir des sources d'inspiration morale, culturelle, spirituelle ou intellectuelle, d'être reconnus comme des « muses », et pas seulement comme des recommandations du guide Michelin ? Une bonne nuit de sommeil est une divine aubaine, mais une bonne conversation reste bien plus longtemps dans la mémoire et peut porter des fruits infiniment plus précieux.

25.

Que peuvent encore demander les jeunes à leurs aînés ?

En 1831, du temps où Trieste était un port franc important et prospère, sorte de précurseur méditerranéen de Hong-Kong, un groupe d'hommes de différentes nationalités tint une réunion capitale. Ils étaient là pour affaires, mais les affaires, comme bien souvent, n'étaient pas ce qui les préoccupait le plus. L'un écrivait en hébreu de la poésie que l'on disait « d'un certain mérite » ; deux étaient des révolutionnaires italiens qui finirent par participer activement au renversement du gouvernement de leur pays ; un quatrième, originaire de Francfort, avait pour ambition de devenir aristocrate et finit baron en Hongrie. La grande idée qui les rassemblait était qu'il était plus que temps d'assurer « la sécurité de la vie humaine dans toutes ses ramifications ». Ils ne voulaient pas seulement protéger leurs semblables contre les pertes maritimes ou les catastrophes naturelles – comme d'autres et eux-mêmes l'avaient déjà fait –, mais plus généralement venir à bout de toutes les craintes que suscite l'avenir. Ils fondèrent la compagnie d'assurances Generali qui, en l'espace de quelques décennies, ouvrit des succursales dans le monde entier, d'Alexandrie aux États-Unis en passant par la Chine. Nous ne savons pas grand-chose de la vie personnelle de ces fondateurs ; ils ont été presque entièrement oubliés, même de ceux qui travaillent pour cette compagnie. Et l'on en sait moins encore sur ce que cette dernière a apporté, en bonheur ou en malheur, à chacun des individus – leur effectif s'élève aujourd'hui à quatre-vingt cinq mille – qui ont passé leur vie dans ses bureaux. Le seul de ses employés dont la postérité ait gardé souvenir est Franz Kafka (1883-1924), l'un des rares à avoir décrit ce que l'on éprouve à n'être qu'un rouage de la grande machine de l'industrie des assurances. Le poète W. H. Auden (1907-1973) surnommait Kafka « le Dante du XXe siècle », et, en effet, l'assurance est davantage qu'une industrie ; c'est quasiment une religion, vouée à exorciser la peur, et une grande partie de l'humanité lui fait de son plein gré des offrandes votives régulières.

Kafka trouvait le monde de l'assurance « extrêmement intéressant » : il était spécialisé dans les accidents du travail et était fort estimé de ses collègues qu'il admirait comme des « modèles d'équilibre et de conscience professionnelle » ; lui-même était très consciencieux, accomplissant les tâches qui lui étaient confiées avec une remarquable efficacité. Ce qui ne l'empêchait pas de détester son emploi, « cette activité atroce » dont il cherchait vainement à se consoler en se disant : « J'imagine qu'il faut bien gagner sa tombe. » Au bout d'un an, il se fit embaucher par une autre compagnie d'assurances parce qu'il avait été écœuré par le fait qu'un de ses collègues se fût fait « réprimander de manière particulièrement insultante ». Ses employeurs ne comprirent pas sa réaction et expliquèrent sa démission par « une dépression nerveuse liée à un accès de tachycardie ». Ce nouvel emploi ne fut cependant pas plus satisfaisant que le précédent, en dépit d'horaires moins chargés ; Kafka se plaignait toujours de somnoler au bureau et d'être épuisé en fin de journée, alors qu'il passait une grande partie de son temps à regarder par la fenêtre, à fantasmer sur les filles, à blaguer et discuter littérature. Il n'avait entrepris des études de droit que parce qu'il ne savait pas quoi faire de sa vie, mais ce travail-là n'était pas la vie. « En arrivant au bureau tous les matins, j'étais accablé d'un tel désespoir qu'un caractère plus fort, plus constant que le mien, aurait allègrement pu se suicider. » Il avait rêvé que son travail dans les assurances le mènerait dans des contrées étrangères où il pourrait « contempler par la fenêtre de [son] bureau des champs de canne à sucre ou des cimetières musulmans ». L'échec de ce projet n'eut cependant pas raison de son énergie. Sorti du bureau, et « bien que la dépression à l'idée de devoir y retourner se fît déjà sentir », il menait une vie sociale animée, eut de nombreuses liaisons, fréquentait le bordel, adorait la pornographie tout en restant, comme le relevait son meilleur ami, « torturé par le désir sexuel ». Il montrait une passion toute particulière pour le cabaret : « Je crois qu'il m'inspire une compréhension profonde, immensément profonde, et que je l'apprécie tant que les battements de mon pouls s'accélèrent. » C'est cependant dans la littérature qu'il découvrait ses « frères de sang », et à travers la littérature qu'il révéla les absurdités et les cauchemars qui le hantaient. « C'est en écrivant que je me maintiens en vie », disait-il ; « écrire c'est se révéler à l'excès ». Il voyait aussi dans l'écriture « une forme de prière ».

Son emploi dans les assurances n'a pas guéri Kafka de ses peurs, ni de la crainte de paraître laid aux yeux de tous ceux qui le rencontraient, mais il lui a permis de réfléchir à la manière de réagir à ses angoisses. Il finit par en conclure que celles-ci constituaient « probablement la meilleure part de [lui-même] ». Bien que s'assurer contre elles ne fût sans doute pas la meilleure solution, il comprenait que certains jugent « souvent plus sûr d'être enchaînés que libres ». Peut-on en déduire que les assurances n'ont pas encore trouvé leur complète vocation ?

Si l'assurance est presque une religion, pourquoi n'a-t-elle pas connu de Réforme ? Les compagnies d'assurances suivent encore les traces de leurs fondateurs du XVIIIe siècle. Elles sont les filles des Lumières par leur audacieux renoncement à l'idée que tout ce qui advient est la volonté de Dieu et que contester celle-ci appellerait un châtiment divin. Elles ont adopté la nouvelle attitude scientifique, s'évertuent à maîtriser la nature et à faire échec à ses caprices imprévisibles. En même temps, tout en offrant des garanties de sécurité rationnelles reposant sur des calculs mathématiques, elles ont séduit le public en faisant appel à une émotion profonde : la peur. Être assuré apaisait la peur. L'assurance prémunit contre un éventail de craintes qui ne cesse de s'élargir, tout en stimulant des angoisses que l'on n'a encore jamais imaginées. Toutes les sphères de l'activité humaine ou presque sont aujourd'hui considérées comme potentiellement dangereuses et exigent donc une assurance. On peut certainement tirer un plus grand profit de l'assurance contre la peur que des activités et objets assurés.

Cependant, les nouvelles générations, plus instruites, sont de plus en plus mues par d'autres ambitions et d'autres émotions que la peur. Les jeunes gagnent en autonomie, et se voient encouragés à rechercher la satisfaction immédiate de leurs désirs. Aussi sont-ils moins attachés à la foi séculaire dans les vertus de l'épargne sur laquelle se sont fondées toutes les civilisations antérieures. S'ils ont peut-être envie de sécurité, nombre d'entre eux veulent également de l'aventure et de l'excitation ici et maintenant. Il est bien difficile, dans ces conditions, de les passionner pour les pensions de retraite ou la prudence. En outre, l'argent ne leur suffit plus. Ils veulent par-dessus tout ce que l'argent ne peut pas acheter – c'est-à-dire principalement une vie épanouissante et des relations personnelles chaleureuses.

Voilà une chose que l'industrie de l'assurance n'a pas encore prise en compte. Elle entretient des relations minimales avec les jeunes, partant de l'idée qu'ils sont en tout état de cause trop pauvres pour que cela vaille la peine de leur proposer d'investir. Or ils investissent pourtant des sommes importantes dans d'autres industries – musique, mode, téléphones portables, jeux vidéo – qui aident les jeunes à développer leurs relations personnelles. Les assureurs ont visiblement oublié tous les efforts accomplis à travers l'histoire par de jeunes rebelles qui cherchaient à éprouver le sentiment de leur propre valeur et à obtenir l'estime de leurs aînés, à conquérir une plus grande liberté, à élargir leurs horizons, à satisfaire leur soif d'amitiés sans que celles-ci rencontrent forcément l'approbation des leurs. L'industrie de l'assurance n'a pas su non plus exploiter les énergies qui ont alimenté un si grand nombre d'inventions humaines. Elle propose une protection négative, promettant une indemnisation financière après coup qui n'a rien à voir avec les aspirations juvéniles. Pourquoi n'a-t-elle pas inventé un type d'assurance plus proactif qui intéresserait les jeunes tout en répondant à l'évolution des ambitions contemporaines ? Pourquoi n'offre-t-elle pas, à la place de l'assurance « sinistres », qui répond aux craintes suscitées par la possession de biens et par la vieillesse, une assurance « opportunités » dans la mesure où de plus en plus de gens voudraient bien accéder aux possibilités qui leur restent barrées ?

Avant l'invention des compagnies d'assurances, il existait d'autres systèmes contenant des éléments proactifs et présentant des avantages (et des inconvénients) supérieurs à ceux que nous connaissons aujourd'hui. Les familles, les Églises, les associations, les sociétés de prévoyance offraient un certain nombre des services que nous payons si cher aujourd'hui. Toutes ces institutions avaient en commun de placer les interactions personnelles, et non l'argent, au cœur de leurs activités. Elles proposaient une aide pratique, un réconfort affectif, des relations sociales et un rituel. Aujourd'hui, dans de nombreux pays où les familles sont plus restreintes et plus indépendantes qu'autrefois, et où les religions ont perdu leur position dominante, les sociétés de prévoyance dispensant aux pauvres assistance et sentiment d'intégration se sont effacées devant l'État-providence impersonnel. Voilà pourquoi les organisations religieuses intégristes constituent aujourd'hui les groupes d'assurances dont l'expansion est la plus forte. Elles attirent des gens de tous âges et de toutes catégories professionnelles, ne proposent pas de contrat écrit ni de solution collective, mais une aide personnelle, au cas par cas, pour faire face aux besoins particuliers de chacun en matière de travail, de logement, d'amitié, d'intégration sociale, de sens et d'objectifs. En choisissant de devenir une entreprise commerciale, impersonnelle, anonyme, bureaucratique, exigeant que tout soit réglé par écrit et fasse l'objet de documents comptables précis, l'industrie de l'assurance s'est coupée de son passé convivial.

Le jugement de Kafka n'était pas celui d'un critique extérieur hostile, mais celui d'un homme qui avait joué avec succès le jeu de l'assurance en respectant ses règles, et pouvait comprendre les raisons de son évolution. Il reprochait aux bureaucraties de « transformer des êtres humains vivants, changeants, en numéros de code morts, incapables du moindre changement », et affirmait que si les gens pouvaient évidemment être heureux de jouir de la sécurité d'un emploi de bureau, ils pouvaient tout aussi bien le prendre en grippe parce qu'il tenait leur imagination captive. L'arbitraire et l'irrationalité tapis derrière des règlements prétendument immuables, l'indifférence aux iniquités absurdes que ceux-ci pouvaient entraîner, engendrent de graves entraves. L'assurance ne pourrait-elle prendre une direction nouvelle en prenant davantage en compte les frustrations imposées à son imagination et à celle de ses clients ?

Les compagnies d'assurances ont inventé un équivalent monétaire du chloroforme en promettant à leurs clients la tranquillité d'esprit tout en leur garantissant, à elles, un profit substantiel grâce à de subtiles martingales mathématiques. Elles ont connu un beau succès pendant une longue période de prospérité qui s'est accompagnée d'une explosion du sentiment d'angoisse. Plus les gens ont de biens, plus ils ont à perdre ; plus grand est leur confort, plus ils souhaitent le voir perdurer. Aussi a-t-on adopté des lois rendant plusieurs types d'assurance obligatoires et accroissant la séduction de certains autres par le biais d'avantages fiscaux. Les sociétés d'assurance et les fonds de pension sont devenus des investisseurs extrêmement influents qui définissent la forme même de la civilisation, brandissant le critère du rendement financier garanti sans demander à leurs clients s'ils ne nourrissent pas d'autres désirs. Ils se sont concentrés sur l'argent en supposant que celui-ci pouvait être un remède universel et garantir que la vie se déroulerait avec la régularité d'une horloge. C'est oublier que la moitié de la population mondiale a moins de vingt-cinq ans, n'a pas d'argent, ou très peu, et cultive des passions très différentes. Comment les assurances et la jeunesse pourraient-elles cesser de vivre sur des planètes différentes ?

Il ne faut pas s'attendre qu'une industrie solidement établie remette en question des habitudes sclérosées. Il n'en est pas moins vrai que quand un nombre aussi important d'individus n'a plus de liens avec elle, quand les personnes âgées deviennent trop nombreuses pour que les actifs puissent en supporter la charge, et quand la poursuite de la viabilité, l'existence même du système d'assurance s'en trouvent menacées, il est temps d'essayer autre chose ; il n'y aurait aucun risque à mener cette expérience sur une petite échelle, parallèlement aux procédures traditionnelles, simplement pour voir s'il n'existe pas d'autres solutions. La science et la technologie s'engagent sans relâche dans des expériences nouvelles, alors que les professions organisées sont obligées de veiller au plus près aux intérêts personnels de leurs membres. Pourtant, bien que les assureurs soient l'incarnation même de la prudence, ils ont su faire preuve, au cours des cent cinquante dernières années, d'un certain esprit d'aventure sans contrevenir pour autant aux valeurs de la bonne société. Assicurazioni Generali, ancien assureur maritime, a évolué pour devenir propriétaire foncier, banquier, gestionnaire de fortunes, conseiller d'entreprises, prestataire de services d'aide à la personne, et même pédagogue quand sa filiale allemande a fondé la plus grande université technique européenne. Cependant, ni lui ni aucun autre assureur n'a imaginé qu'ils pourraient avoir pour vocation de s'intéresser aux ambitions apparemment frivoles des jeunes. C'est donc l'industrie du téléphone portable qui a proposé aux jeunes de les assurer contre leurs pires angoisses : l'ennui, la solitude, le sentiment de ne pas être appréciés. En 2006, quand la valeur du marché des portables à destination des jeunes a dépassé la centaine de milliards de dollars, les assureurs n'ont pas compris l'importance de ce cap pour leur propre avenir : il révélait pourtant que les jeunes étaient de plus en plus nombreux à chercher désespérément des amis et alliés sur les réseaux sociaux, à avoir un besoin urgent d'échapper à la frustration engendrée par la difficulté de trouver des emplois satisfaisants, d'accéder à une meilleure formation, de pouvoir effectuer des virées passionnantes à l'étranger. L'argent n'était pas suffisant : il n'était pas capable, en soi, de leur faire connaître des étrangers influents susceptibles de les aider, et de rendre leur avenir plus séduisant. Plus ils portaient le regard au-delà des frontières de leur propre pays, plus ils avaient besoin de contacts personnels pour les assister. Or personne ne leur proposait l'assurance opportunité leur garantissant l'accès au genre de vie auquel ils aspiraient.

Jusqu'à présent, on n'a jamais imaginé qu'un assuré pourrait avoir quelque chose à dire à un autre assuré, si ce n'est pour se plaindre des artifices bureaucratiques qu'une compagnie ne manque jamais d'invoquer pour limiter ses engagements. Generali (ou ses concurrents) pourrait pourtant fort bien prendre conscience des avantages potentiels d'un tel dialogue. La compagnie compte trente millions de titulaires de polices qui sont autant d'actifs dormants : ils possèdent en effet un savoir, une expérience et des réseaux qui pourraient aider les jeunes à faire face à un certain nombre de leurs préoccupations les plus pressantes. La redistribution du savoir entre générations n'exige pas une révolution, mais une nouvelle réflexion sur l'usage que chacun fait de ses journées.

L'avantage des compagnies d'assurances par rapport aux réseaux sociaux est que leur survie dépend de la confiance qu'inspire leur aptitude à soutenir leurs clients dans ce qu'ils attendent de la vie ; jusqu'à présent, toutefois, elles se sont contentées d'une interprétation étroite de cet objectif en se définissant comme des établissements financiers engagés dans des transactions monétaires. Pourtant, même si elles ne communiquent avec leurs clients qu'une fois par an, ou lorsqu'ils leur réclament une indemnisation, l'approfondissement de la confiance mutuelle est essentiel à leur réussite. Or rien n'entretient aussi bien la confiance que l'appréciation des talents de chacun. Tous les assurés possèdent des compétences quelconques, mais on ne leur offre pas l'occasion d'en faire la démonstration ni de les exploiter dans le cadre de leur contrat d'assurance, on ne leur donne pas l'impression de faire partie d'une communauté où ils pourraient échanger leurs connaissances pour leur profit mutuel, bien sûr, mais aussi pour le bien général.

Les entreprises commerciales préfèrent évidemment s'en tenir à leur mission première ; certaines compagnies aériennes ont cependant eu l'audace d'envisager de proposer des voyages en avion entièrement gratuits, en gagnant de l'argent grâce à d'autres services qu'elles vendraient alors à leurs clients. Les grandes compagnies pétrolières tirent de plus grosses recettes des boutiques qu'elles ont installées près des stations-service que de la vente du carburant. Les revenus de Google ne doivent rien à ses remarquables moteurs de recherche, et tout à son attractivité pour les publicitaires. Les cinémas comptent sur les profits de la vente de friandises à l'entracte, pas seulement sur la vente de billets.

Les assurances n'ont pas encore compris qu'elles disposent d'un immense gisement inexploité d'informations touchant trois des ingrédients essentiels de la vie : emploi, formation, voyage. Chacun sait qu'un grand nombre d'emplois sont décrochés indirectement parce qu'on connaît la bonne personne, et que l'intérêt de tel ou tel poste ne peut être découvert sans accès à des informations internes. Pourtant, personne ne donne aux assurés la possibilité de se rendre utiles les uns aux autres, ni d'aider la génération suivante qui a des centres d'intérêt bien plus immédiats que les questions de sécurité. Plus les jeunes rencontrent de difficultés à obtenir un travail qui leur convienne, plus ils ont besoin de l'aide de ceux qui possèdent une expérience personnelle des réalités dissimulées derrière les apparences. Les demandeurs d'emplois évitant délibérément d'engager leur vie entière auprès d'un unique employeur, le besoin de contacts devient encore plus primordial. Pourquoi les clients de Generali ne pourraient-ils pas briser l'omerta qui sépare ceux qui ont du travail de ceux qui n'en ont pas ?

Voire le silence entre gens cultivés et ceux qui se battent pour le devenir ? Un nombre croissant d'individus aimeraient pouvoir étudier hors de leur patrie, mais n'ont accès qu'à très peu d'informations locales de première main ; quand ils arrivent sans amis dans un pays étranger, ils finissent dans bien des cas par fréquenter essentiellement d'autres expatriés comme eux. Les brochures officielles ne sont pas seulement insuffisantes, elles induisent souvent en erreur sur les choix complexes qui se révèlent indispensables. Si les étudiants peuvent tranquillement attendre quelques années pour se soucier du sort de ceux qui seront à leur charge lorsqu'ils mourront, ils ont un urgent besoin de meilleures solutions pour régler leur problème immédiat, celui du manque d'argent, et pour trouver des gens qui les aideront à trouver un emploi, à temps plein ou à temps partiel, et qui soit dans l'idéal un poste intéressant. En Chine, quatre millions d'étudiants (le quart de la population étudiante) vivent au-dessous du seuil de pauvreté. En Inde, une banque est arrivée à la conclusion que les conseils personnalisés sont plus appréciés et plus utiles qu'un versement d'espèces ou un crédit. Les patrons de compagnies d'assurances rétorquent que ce n'est pas leur affaire. Les jeunes ne sont-ils vraiment pas leur affaire ?

Quand les jeunes entreprennent des voyages plus aventureux, que ce soit par goût de l'exotisme ou pour le frisson de défis inattendus, l'assurance tous risques n'est pas leur principal souci. Quand ils entreprennent d'explorer l'inconnu, d'aller sonder les secrets de l'étranger et de se mettre consciemment en danger, ils ne s'intéressent pas au tourisme de masse conçu sur mesure pour les travailleurs fatigués, aux hôtels sécurisés et aux plages surveillées, ni aux packs de réservation tout compris garantis par une assurance voyage. Ils veulent savoir à quelle porte ils pourront aller frapper, quelle que soit leur destination. En réalité, les personnes plus âgées partagent les mêmes envies. Le tiers des Britanniques a l'intention de prendre sa retraite à l'étranger, et les quatre cinquièmes d'entre eux souhaiteraient voyager en d'autres pays après leur retraite. Une indemnisation en cas de sinistre ne suffit pas ; l'espoir est bien plus important, en particulier le genre d'espoir que l'argent ne peut acheter, l'espoir de pouvoir être utile, par son savoir et son expérience, à des gens qu'on ne rencontrerait pas dans la vie ordinaire, l'espoir de pouvoir apprendre d'autrui ce à quoi on n'aurait jamais eu l'idée de s'intéresser.

Les compagnies d'assurances ne retirent aucun profit à se cacher derrière des dénominations dépourvues de sens. Au Moyen Âge, quand on a inventé les universités, les cours qu'elles proposaient s'appelaient *Studia Generali* et n'avaient pas grand-chose à voir avec ce que leurs homologues enseignent aujourd'hui ; ils constituaient en effet une introduction au savoir universel, à toutes les informations disponibles à l'époque. Le groupe Generali pourrait mettre à profit ce rapprochement et diverses compagnies d'assurances commencer par prendre des dénominations exprimant leurs caractères singuliers. Les clients de Generali pourraient devenir les membres d'un nouveau genre d'institution voué, en sus de son activité commerciale plus prosaïque, à élargir l'horizon des gens et à les libérer de leurs illusions étriquées.

Les compagnies d'assurances comptent parmi les organisations les plus riches, mais aussi les plus impénétrables qui soient au monde. Generali a au nombre de ses actifs la propriété de certains des plus remarquables monuments historiques d'Europe. La compagnie dépasserait largement son statut d'entreprise commerciale si ses clients pouvaient avoir le sentiment que, par leur investissement, ils accomplissent un acte culturel et deviennent dans le même temps gardiens de leur patrimoine, contribuant à le faire apprécier plus largement. Ce sentiment serait encore plus fort si la compagnie organisait des fêtes réaffirmant le lien que l'assurance entretenait jadis avec la sociabilité et permettant aux clients, aux actionnaires et aux employés de nouer des relations sociales autant qu'intellectuelles. L'impersonnalité des entreprises actuelles est un phénomène récent qui va à l'encontre de toutes les traditions de sagesse.

Rien n'oblige à traiter les employés de bureau comme des animaux en cage qu'on ne lâche qu'occasionnellement pour des séances de travail ou des formations ; rien n'oblige non plus ces formations à être aussi étroitement ciblées. On voit surgir un peu partout des « universités d'entreprise » qui ne sont en fait que de pâles imitations des vraies universités, parce que leur mission se limite au développement de l'efficacité plus qu'à celui de la culture. Elles n'ont pas encore élargi leurs ambitions jusqu'à encourager une réflexion sérieuse et étendue sur des questions plus vastes en dehors du business, sur la manière dont on pourrait réinventer l'art de vivre aussi bien que le travail et l'entreprise afin de mieux répondre aux idéaux de l'humanité, donnant ainsi envie à des personnes extérieures de les fréquenter, d'écouter, de participer, ce qui leur vaudrait en contrepartie d'être appréciées du public pour autre chose que les produits qu'elles écoulent.

Le jeu de hasard est un autre rival méconnu des contrats d'assurance. Il offre à ceux qui sont déçus par l'échec de leurs ambitions la délicieuse illusion qu'ils vont peut-être pouvoir prendre leur retraite sur-le-champ. On estime qu'à l'échelle mondiale les joueurs dépensent mille milliards de dollars américains par an, ce qui représente à peu près autant que les dépenses mondiales en matière de défense. L'industrie du jeu de hasard connaît une expansion plus importante que celle des assurances ; en France, par exemple, les mises ont doublé en valeur au cours des vingt-cinq dernières années. Plusieurs pays européens consacrent entre 1 et 2 % de leur PNB à cette activité, et les estimations concernant la Chine et le Japon sont encore plus élevées. Les assureurs pourraient avoir un nombre de gagnants bien supérieur. Ce ne sont pas des entrepreneurs de pompes funèbres : ils sont au service des vivants et en mesure de consacrer une fraction significative de leurs profits pour financer des bourses, des voyages, des aventures pour les jeunes, au lieu de se contenter des montants symboliques qu'ils accordent actuellement au nom de la responsabilité sociale de l'entreprise.

Woody Allen a dit un jour : « Il y a des choses pires que la mort. Vous avez déjà passé une soirée avec un courtier d'assurances ? » Si l'industrie de l'assurance contribuait davantage à aider les gens à s'entraider, non seulement de façon anonyme par la mise en commun de leurs primes, mais en stimulant leur compréhension mutuelle, elle imprimerait une direction nouvelle à la lutte contre la peur. Il ne sert à rien de se réfugier derrière la célèbre formule : « La seule chose que nous ayons à craindre, c'est la crainte elle-même. » Si on ne peut pas vaincre définitivement la peur, on peut l'étouffer ou l'oublier quand on a l'esprit captivé par des aventures nouvelles et passionnantes. Voilà pourquoi s'assurer contre la peur ne suffit pas, et pourquoi les compagnies d'assurances sont marquées d'incomplétude ; voilà pourquoi un bel avenir attend celles qui offriront de nouvelles opportunités aux isolés, aux inquiets et à ceux qui espèrent.

26.

Suffit-il de rester jeune de cœur pour éviter de vieillir ?

L'architecte brésilien Oscar Niemeyer (1907-2012) a continué à concevoir d'étonnants bâtiments et à se rendre à son bureau tous les jours jusqu'à sa mort à près de cent cinq ans. Peut-il servir de modèle à ceux qui redoutent de vieillir ?

Niemeyer a su très jeune ce qu'il voulait et est resté obstinément fidèle aux valeurs qu'il avait alors embrassées. Professionnellement, il voulait libérer l'architecture du carcan de l'angle droit, qui obligeait les bâtiments à être ou carrés ou rectangulaires. Pourquoi les immeubles ne pourraient-ils pas présenter des courbes, demandait-il, tout comme le paysage, les fleurs, les femmes, tout ce que contient la nature ? Pourquoi l'architecture ne pourrait-elle pas viser à la beauté plutôt qu'à la « logique structurelle » et au « fonctionnalisme » ? Pourquoi ne pourrait-elle pas être en harmonie avec la nature, et pourquoi, au lieu de reproduire des cases de verre uniformes, ne pourrait-elle pas « surprendre » ? Pour lui, l'architecture était un art dont la finalité était le plaisir, et toute sa vie il est resté un « artiste du béton », se consacrant à l'« invention pure », révélant les miracles qui peuvent être accomplis avec le béton armé. Être un artiste, c'est être libre de concevoir à sa guise. Quand d'aucuns restaient perplexes devant l'apparence de ses bâtiments, il s'écriait : « Vous n'avez encore jamais vu une forme pareille ? »

Toutefois, il ne voulait pas seulement créer de l'art, mais « changer la société », mettre fin à l'inégalité, à l'injustice et à la pauvreté. Il adhéra au Parti communiste et jamais ne changea de position à son sujet, quand bien même le parti vieillit et dépérit. Sa foi dans la fraternité humaine ne l'empêchait cependant pas d'éprouver un profond patriotisme ; il était profondément attaché au Brésil, déclarant avec force que tous ses défauts tenaient au fait que c'était un pays neuf, donc regorgeant de promesses, destiné à accomplir, après avoir été exploité pendant des siècles par les Européens, ce que les civilisations anciennes, encombrées de traditions rigides, ne pouvaient réaliser : c'était le pays de l'avenir. En même temps, il se passionnait pour toutes les formes d'« humanisme » : « Pour moi, lire est fondamental, disait-il, ne sous-estimez jamais l'importance de la lecture : il est nécessaire de toujours lire, surtout sur des sujets qui ne sont pas liés à votre profession… Ne jamais laisser les disciplines plus techniques affaiblir ou exercer une influence négative sur l'intuition créatrice. » À ses yeux, écrire était tout aussi indispensable. Il dessinait ses plans à l'aide de mots aussi bien que de croquis, alternant les deux modes d'expression.

Et pourtant, quand on l'interrogeait sur ses priorités, il plaçait toujours en premier la famille et les amis. Une famille, c'était une « amitié de toute une vie ». « Nous sommes tous très proches, nous nous serrons les coudes. » Il prenait plaisir à évoquer l'éducation qu'il avait reçue avec des parents qui discouraient et des enfants qui obéissaient docilement, et, à la fin de sa vie, il confia la gestion de son cabinet d'architecte à l'une de ses cinq petites-filles. Son autobiographie est un long hymne à ses amis, dans lequel il détaille tout ce qui, chacun à sa manière, les rendait merveilleux. « La vie est plus importante que l'architecture… La vie, c'est savoir comment se comporter, c'est prendre plaisir à être bon et juste… La vie, c'est aussi avoir une femme à ses côtés. » Deux ans après la mort de son épouse, au terme de soixante-quinze ans de vie commune, il s'est remarié à quatre-vingt-dix-neuf ans. Le bénéfice de la vieillesse, disait-il, est d'apporter la sérénité. « Autrefois, je me heurtais souvent à ceux qui rejetaient mes idées en matière d'architecture. Ce n'est plus le cas. Après tout, ils défendent ce qu'en bons professionnels ils ont réalisé pendant des années. Le temps passe et j'accueille avec plaisir tous les types d'architecture. » Il abordait avec la même tolérance les interminables dissensions au sein du Parti communiste : « On y trouvait tant de caractères différents et conflictuels que seul le commun dénominateur d'une profonde amitié pouvait nous rassembler... En vieillissant, un chaud sentiment de camaraderie m'a envahi le cœur, surmontant les ressentiments anciens, et je vois le bon côté de chacun. »

S'agit-il de la sagesse que seule peut apporter le grand âge ? Non, cette philosophie-là n'était qu'un faux-semblant. Niemeyer était tourmenté par la brièveté de l'existence. « La mort a été une hantise permanente... Quand j'étais un garçon de quinze ans seulement, j'étais angoissé en songeant au destin de l'homme... Au fil du temps, ces pensées me sont revenues avec une fréquence croissante... J'ai essayé d'écarter les idées noires qui me taraudaient tant quand j'étais seul. J'affichais un masque de juvénile optimisme et de bonne humeur contagieuse. J'étais connu pour avoir un caractère jovial, spontané, et pour aimer le style de vie bohème, alors qu'au plus profond de moi je nourrissais un terrible chagrin rien qu'à penser à la condition humaine, à la vie. » Seule la compagnie permanente d'amis était à même de dissiper cette mélancolie, mais le drame de la vieillesse est que les vieux amis meurent. En dépit de son athéisme, Niemeyer se sentait proche de la hantise de la mort qui est au cœur de toute religion. L'art était sa planche de salut. Mais l'art qui n'est que l'expression d'une imagination unique est un art de la solitude.

Niemeyer appréciait l'optimisme du communisme, sa conviction qu'un monde meilleur était possible, imminent, ainsi que sa faculté de se remettre de toutes les déceptions, à l'instar des chrétiens que le report réitéré du retour du Messie laisse imperturbables. Pourtant, au fond de lui-même, il ne croyait pas à la possibilité de changer beaucoup les hommes ; bien qu'il se soit consacré à l'édification d'un monde meilleur, il y avait en lui un fatalisme qu'il n'a reconnu qu'en quelques occasions : la vie, disait-il, est « ce que nous offre la destinée ». En dépit de son patriotisme, il estimait que le Brésil ne méritait pas son « image stéréotypée de société conviviale, exempte de complications », et il demandait : « Quand ferons-nous du Brésil un pays d'amitié et de solidarité ? Nos frères travailleurs ne cessent de s'appauvrir. » Pis encore, ceux-ci ne partageaient pas le caractère grandiose de sa vision : « Notre peuple vit dans une misère si abjecte que les plus pauvres de nos frères n'ont d'autre désir que de posséder un petit lopin où construire une misérable cabane. » Quand on lui demandait pourquoi il concevait essentiellement d'énormes bâtiments publics, il répondait que les pauvres qui passaient devant pourraient être ragaillardis par leur beauté, par le spectacle de « formes aussi étranges qu'imprévues ». Il était plus prudent que Le Corbusier qui prétendait que le but de l'architecture était de changer la vie ; Niemeyer préférait dire que son objectif était de donner du plaisir en créant de la beauté. Mais il y a des limites au « pouvoir de la beauté ».

Niemeyer répondait à la frustration par la générosité. Il adorait aider les autres ; même si ses cadeaux n'entraînaient pas de changements définitifs, ils procuraient ne serait-ce qu'un instant de bonheur. Toute sa vie il avait éprouvé « du mépris pour l'argent », disait-il, et il lui arrivait souvent de travailler pour des honoraires modiques, voire gratuitement. Sa fille se plaignait en constatant l'état de son compte en banque : « Papa, cesse donc d'aider tout le monde ! » Quand l'appartenance au Parti communiste devint un délit et que, poursuivi par la police, il fut contraint à l'exil, il s'enorgueillit d'avoir publiquement pris la défense de ses amis communistes. L'important, disait-il, était de rester fidèle à ses convictions et de continuer à s'indigner. Ce qui ne l'empêchait pas d'avoir conscience qu'avec le temps ses vieux compagnons ne faisaient que ressasser perpétuellement les mêmes histoires.

Niemeyer a réalisé l'une des ambitions les plus anciennes de l'humanité : vivre le plus longtemps possible en bonne santé, mais ce n'est pas grâce à sa jeunesse de cœur qu'il a accompli cet exploit. Ni sa bonhomie, ni son génie architectural n'ont jamais eu raison de la mélancolie qui l'avait gagné durant son adolescence et dont il ne guérit jamais. Ceux qui parlent de rester jeune en dépit de l'âge font l'impasse sur toutes les peurs de l'enfance et toute les incertitudes de l'adolescence. Les réalités de la jeunesse et de la vieillesse ne sont plus ce qu'elles étaient autrefois.

Si je vivais parmi les Wisigoths au lendemain de l'effondrement de l'Empire romain, je vaudrais, puisque j'ai passé soixante-cinq ans, cent pièces d'or, autant qu'un enfant de moins de dix ans. Un adolescent de quatorze ans en valait alors cent quarante, un homme adulte de moins de cinquante ans, trois cents, et une femme fertile entre quatorze et quarante ans, deux cent cinquante ; sa valeur retombait ensuite à quarante pièces pour devenir presque nulle à soixante ans passés. Ces estimations reflètent les préoccupations foncières d'une société où le rôle des femmes était de produire des enfants et celle des hommes d'être de valeureux guerriers. D'autres critères d'évaluation sont cependant envisageables.

Affirmer qu'autrefois les vieillards gouvernaient le monde et jouissaient du respect de tous n'est qu'une semi-vérité. L'âge n'a jamais été un critère de compétence en matière d'exercice du pouvoir. Les vieillards séniles ou malades étaient souvent laissés à l'abandon, voire éliminés, y compris dans les sociétés sans écriture où la perpétuation des traditions dépendait de la mémoire des anciens. Nous possédons des récits de défis lancés aux vieux par les jeunes dès l'époque de la Mésopotamie antique. À Athènes, la démocratie a renversé la gérontocratie, et Sparte est la seule cité où les plus de soixante ans conservèrent leur ascendant. Bien qu'Aristote ait admiré certains philosophes âgés, cela ne l'a pas empêché d'écrire que la plupart des vieilles gens sont pessimistes, soupçonneuses, mesquines, et ne cessent de ruminer le passé tout en étant si profondément humiliées par leurs échecs qu'elles n'ont plus d'autre ambition que de rester en vie. L'aristocratie romaine était paralysée par une âpre opposition entre pères et fils. En Inde, la religion incitait les vieillards à se retirer de toute activité terrestre et à se préparer à la mort. « Mieux vaut un gamin indigent mais sage qu'un roi vieux mais insensé », dit l'Ancien Testament. Malgré toute la sagesse qu'était censée apporter l'expérience, les habitants de l'ancienne Égypte avaient en horreur les infirmités du grand âge : Ptahhotep, Premier ministre du Pharaon, affirmait en 2450 avant J.-C. que ce que la vieillesse inflige à l'homme est négatif – faiblesse, pertes de mémoire, souffrances. C'est d'ailleurs cette civilisation qui a inventé la crème antirides.

Néanmoins, il peut se révéler aussi difficile de rester jeune que d'être vieux. La jeunesse continue à être à la fois enviée et critiquée comme elle l'a toujours été, aimée et réprimée, idéalisée à l'excès et sous-payée, tantôt admirée pour son énergie et son « innocence », tantôt attaquée pour son indocilité, son dévergondage, sa frivolité et je ne sais quels autres péchés. Que signifie rester jeune : ne jamais grandir ? rejeter le mode de vie de ses aînés ? Est-ce parce que les vieux ont perdu confiance dans leurs propres choix qu'ils conseillent à leurs enfants de trouver une manière à eux d'être heureux ? Et si la forme physique est la marque de la jeunesse, pour quelle raison tant de jeunes des pays prospères deviennent-ils monstrueusement obèses et en mauvaise condition physique ? Les enfants qui participaient jadis aux travaux des adultes sont désormais préservés de leurs tristes réalités et exhortés à se distraire alors que, dans le même temps, la scolarité obligatoire les forme aux compétences exigées par les adultes, lesquels n'hésitent pas à les sanctionner s'ils sont incapables de s'intégrer. On les encourage à être eux-mêmes, mais aussi à se soumettre à un apprentissage incessant dont le but est de les transformer. La « culture jeune » ne leur appartient même pas ; celle-ci fait l'objet d'une telle commercialisation qu'il est hors de prix d'y prendre part et que les profits sont engloutis ailleurs. Quelques minorités sont sans doute rebelles, inventives, dynamiques, mais la majorité des jeunes, à en croire les sociologues, adoptent généralement les valeurs de leurs parents en même temps que leurs convictions religieuses. Dans les pays qui accèdent actuellement à la prospérité, beaucoup de jeunes affirment avoir pour objectif de s'enrichir, sans réussir pour autant à concevoir une autre approche que celle de leurs parents qui ont pourtant échoué sur ce plan.

La distinction entre jeunes et vieux a récemment été brouillée par une transformation radicale de leur statut : ces deux générations ont été éliminées de la population active, les jeunes par les nécessités de la formation, les vieux par la mise à la retraite. Jamais encore autant d'individus physiquement aptes n'ont été payés pour être professionnellement inactifs. Néanmoins, les vieux présentent une trop grande diversité d'état de santé et de niveau de richesse pour pouvoir constituer une catégorie unique. Tous n'apprécient pas d'être officiellement catalogués comme inutiles : si la retraite constitue une libération pour ceux qui détestent leur travail, elle est un affront pour tous ceux qui n'ont nulle envie d'être coupés de la société active. La signification prêtée aux pensions de retraite a du reste connu une évolution constante ; elles ont été inventées au profit des masses laborieuses à la fin du XIXe siècle, par les grands propriétaires fonciers prussiens désireux de les neutraliser en les détournant de la révolution socialiste ; initialement, pourtant, les travailleurs rejetèrent cette idée de retraite, et les syndicats américains se mirent même en grève pour s'y opposer, non sans motifs : la rudesse des conditions de travail minait la santé des pauvres qui n'avaient guère de chances de survivre assez longtemps pour jouir durablement de leur pension, et c'étaient donc les classes moyennes qui en étaient les principales bénéficiaires. Maintenant que le régime des retraites est en passe de s'effondrer par suite de l'accroissement de la longévité, l'idée même de retraite est bonne à mettre à la retraite. Si les gens vivent un siècle, ils ne peuvent passer quarante ans de leur vie à travailler et quarante autres années à profiter d'une retraite. Aucune merveille d'ingéniosité boursière ne pourrait financer un tel système. Il faut donc inventer autre chose. En outre, à une époque où la moitié des jeunes de certains pays n'arrivent pas à trouver du travail, rester jeune revêt une signification amère.

Une nouvelle vision de l'avenir commence à poindre si, au lieu d'être obnubilé par les différences entre vieux et jeunes, aussi utile que cette distinction puisse être dans certains cas, on entreprend de demander aux gens non pas combien d'années ils ont vécu, mais *comment* ils ont vécu. Le premier outil de mesure réside dans le bric-à-brac que chacun trimballe dans sa tête : souvenirs, habitudes, préjugés, contes de fées datant de siècles divers. Le comportement de chacun est en partie façonné par des idées héritées du passé ; nul ne vit exclusivement dans le présent, de sorte que personne n'a un seul âge : tout le monde en a plusieurs. On a pu penser un jour que « d'heure en heure nous mûrissons, mûrissons, et ensuite d'heure en heure nous pourrissons, pourrissons », mais cette évolution régulière est un leurre ; au contraire, du fait des allées et venues entre humeurs et souvenirs, on n'a pas forcément le même âge selon les moments. L'obsession de la mort qui taraudait Oscar Niemeyer, son fatalisme, son attachement à sa famille, sa passion pour la contestation, pour la surprise et pour les courbes, sa loyauté, sa générosité et son humanisme, tout cela montre qu'il se nourrissait de traditions et d'ambitions d'une ancienneté variable, mais auxquelles leur mélange a prêté un parfum unique. La qualité d'une vie dépend en partie de l'habileté, de l'élégance, de l'absence de souffrance avec lesquelles les souvenirs se combinent pour inspirer des expériences qui, ensemble, accomplissent davantage que ce que leurs différentes composantes pourraient réaliser à elles seules. Rien de tout cela ne saurait se mesurer au nombre d'années vécues.

Notre bric-à-brac peut être constamment réapprovisionné, ou rester immuable, à prendre la poussière. L'âge physique d'un individu ne nous apprend rien sur l'âge de ses idées. Ces dernières présentent la particularité de pouvoir résister au temps sans perdre de leur fécondité et en restant capables d'engendrer de nouvelles idées quand de nouvelles questions les enlacent ; quoique, bien sûr, il leur arrive aussi de se fossiliser. Si la fécondité sexuelle est la fleur de la jeunesse, la fécondité intellectuelle est ce qui transforme en musique les béances entre passé, présent et avenir. Confucius espérait que ses disciples auraient cet objectif quand il disait : « Celui qui repasse en esprit ce qu'il sait déjà, et par ce moyen acquiert de nouvelles connaissances, pourra bientôt enseigner les autres. » Tout le monde consacre son temps à épouser, écarter, ignorer, mal comprendre les reliquats de pensées passées, et n'en engendre de nouvelles que fortuitement. Une conversation qui étonne, défie, stimule, apaise ou enflamme parce qu'elle réaménage ces reliefs permet de discerner ce qui manque à sa propre vie. Dans chacun de mes chapitres, j'ai été incité à pousser ma réflexion au-delà de mes convictions existantes à la suite de la rencontre d'une figure du passé qui ne voyait pas le monde comme moi. Au XXe siècle, il est devenu à la mode, dans certains pays, de se contenter, pour atténuer ses angoisses, d'exhumer souvenirs personnels et familiaux. On obtient pourtant des résultats bien plus intéressants en explorant les idées de gens dont on n'aurait jamais imaginé qu'on puisse les avoir pour ancêtres, et des lieux fort éloignés de tous ceux où l'on s'est soi-même rendu. Chercher à ne connaître que soi, c'est choisir de se boucher les oreilles aux cris dont l'écho retentit à travers l'histoire, et être incapable de distinguer ceux qui expriment la joie de ceux qui disent la douleur.

La rapidité avec laquelle une personne devient imperméable à ce qu'expriment les autres est le deuxième critère permettant de mesurer sa vie autrement qu'au nombre d'années qu'elle a vécu. L'interaction d'un bébé avec sa mère, la rencontre d'enfants avec des camarades de jeux, d'adolescents avec leurs héros, d'étudiants avec leurs professeurs, d'amants avec leurs partenaires, sont autant d'étapes décisives dans la prise de conscience de la vision que les autres se font du monde. Le processus peut être freiné quand on a du mal à se faire de nouveaux amis ou à acquérir de nouveaux pôles d'intérêt, ou quand on se borne à compter sur les réseaux sociaux qui ne tissent que des liens superficiels. Tout récemment, des IRM fonctionnelles ont suggéré que dans une réunion, l'essentiel est ce qui se passe une fois qu'elle est terminée, ses effets dépendant de la dose de réflexions consacrées à en percer la signification, celles-ci se poursuivant avec le plus de persévérance au cours du sommeil. Quand quelqu'un dort et est apparemment inactif, certaines zones de son cerveau continuent à avoir une intense activité et consomment 20 % de son énergie physique, soit 5 % de moins seulement que ce qu'utilise le cerveau quand, éveillé, il est attentif à des problèmes précis requérant une concentration immédiate. Cette activité est, semble-t-il, consacrée au réexamen de souvenirs personnels, d'expériences actuelles, d'éventualités futures, ainsi qu'à des efforts visant à comprendre autrui, le cerveau évaluant en permanence des scénarios de ce qui pourrait advenir et cherchant des moyens d'éviter de douloureuses surprises. Il ne faut pas seulement en conclure que ce que font les gens dans leur sommeil peut être aussi décisif que ce qu'ils font à l'état de veille, mais aussi et surtout qu'ils sont loin de consacrer suffisamment de temps à réfléchir à ce qu'ils voient et entendent.

La question que pose l'exemple d'Oscar Niemeyer n'est donc pas de savoir comment il a fait pour rester aussi actif pendant de si longues années ; il est plus intéressant de se demander dans quelle mesure il a été refaçonné par les gens et les idées qu'il a croisées au cours de ses 104 années d'existence, combien de temps il est resté réceptif à des idées différentes des siennes, comment les livres qu'il a lus ont corroboré ses propres réflexions ou lui en ont inspiré de nouvelles. Il n'a lui-même répondu que partiellement à ces questions, suffisamment toutefois pour que l'on perçoive l'importance qu'ont eue ses premiers mentors pour lui faire comprendre où il ne voulait pas aller ; ils ont été précieux parce qu'ils étaient différents de lui et l'ont incité, par la force de leurs personnalités et de leurs convictions, à découvrir ce qui comptait davantage pour lui que leurs propres idéaux, et ce qu'il était capable de faire contrairement à eux. Il a été d'abord l'élève de l'urbaniste Lucio Costa et a beaucoup admiré Le Corbusier, de vingt ans son aîné, avant de frayer sa voie indépendamment de l'un et de l'autre, et d'affirmer ainsi sa personnalité qu'il a façonnée en réaction aux autres. En modelant le béton de ses bâtiments, il n'a pas seulement exprimé ses goûts mais donné naissance à ses architectures en interaction avec ses maîtres, ses collaborateurs et ses matériaux. Le Corbusier, qui s'appelait en réalité Jeanneret, avait adopté ce pseudonyme parce qu'il estimait que chacun devait se créer soi-même. Ce n'est cependant pas quelque chose que l'on puisse réaliser seul. On se fera une meilleure idée de la manière dont on peut y parvenir grâce à l'exemple d'artistes contemporains de Niemeyer.

Celui-ci est né l'année de la première exposition publique d'une toile cubiste ; au moment où il entreprenait de libérer l'architecture du rectangle, le cubisme affranchissait la peinture de la perspective. Georges Braque (1882-1963) apporte un complément à l'histoire de Niemeyer dans la mesure où, en se définissant progressivement lui-même, lui aussi a eu besoin d'un miroir, d'un mentor, d'une « muse » pour mieux discerner l'objet de sa quête. Ce que Le Corbusier a été pour Niemeyer, Cézanne et Picasso l'ont été pour Braque. La découverte de Cézanne a obligé ce dernier à tout repenser et à contrebattre une grande partie de ce qu'il savait déjà. Six ans durant, Braque et Picasso se sont retrouvés presque tous les soirs pour parler peinture et se livrer à de communes expériences ; ils allaient même jusqu'à échanger leurs vêtements et à s'exercer à peindre chacun dans le style de l'autre. Sous l'effet de ces conversations incessantes, Braque a découvert peu à peu qu'il ne s'intéressait pas, en peinture, à l'imitation de la nature, mais voulait créer des toiles constituant des entités indépendantes, menant leur vie propre, n'ayant pas même besoin de cadre. Il a ensuite décrété que ce n'étaient pas les objets représentés sur sa toile qui l'intéressaient, mais leurs relations, et la poursuite de cette réflexion lui a fait prendre conscience que sa préoccupation première était le rapport, les écarts, les liens entre gens et objets, et entre ceux-ci et lui-même. Cette mutation de la sensibilité n'a pas été simplement une nouvelle mode artistique. Elle exprimait également la volonté de regarder et d'apprécier les gens ou les objets non pas en fonction de leur plus ou moins grande ressemblance avec les canons de la beauté ou les archétypes à admirer, mais pour la relation qu'ils entretenaient avec soi et avec les autres, pour ce qu'ils pouvaient apporter à la compréhension de soi et à la manière dont on se comportait. Après avoir contemplé les tableaux de Braque, un visiteur s'écria : « J'ai fait le tour de ma maison en disant : Mon Dieu, mais tout ressemble à du Braque ! » Le monde contient bien plus de connexions possibles que celles auxquelles se relient les coutumes et les conventions. Voir le monde tel que d'autres le voient n'est pas forcément le voir comme le groupe d'âge auquel on appartient est censé le voir.

La tendance indéniable à reconnaître une plus grande beauté aux jeunes qu'aux vieux montre que les critères des Wisigoths n'ont pas disparu. Les vieux qui font semblant d'être jeunes peuvent être ou non aussi beaux que ceux qui sont réellement jeunes, mais ils ont d'autres possibilités, bien plus intéressantes, que de singer l'apparence et les attitudes d'une autre génération que la leur. Les civilisations antiques utilisaient les cosmétiques et les parures, par exemple, pour mettre en évidence, souvent avec grand talent, la dignité de certains individus en tant que chasseurs, guerriers ou intermédiaires avec les puissances surnaturelles. Aux époques plus récentes, au contraire, dès qu'on atteint l'âge mûr, on renonce à tout ornement personnel par trop visible, on adopte une tenue discrète, comme si l'on ne pouvait ou ne voulait plus afficher ce qu'une expérience individuelle peut offrir au reste de la société. Ceux qui ont honte de leurs échecs se félicitent d'accorder à la génération suivante une chance de faire mieux et laissent chacun vaquer à ses affaires. Alors qu'autrefois on attendait des jeunes qu'ils imitent les anciens, aujourd'hui ce sont les vieux qui imitent les jeunes sans que l'on sache au juste en quelle direction vont les uns et les autres.

Si on a du mal à déceler ce qui se dissimule derrière les apparences d'une jeunesse à la mode et derrière la figure flétrie des personnes âgées, le monde, lui, offre un visage légèrement différent chaque fois qu'on y parvient. Dans bien des cas, il suffit d'un sourire pour transformer la compréhension que l'on a d'autrui. Sur un marché aux puces des environs de Paris, j'ai rencontré un jour une vieille femme seule, pauvrement vêtue, qui cherchait à vendre une paire de souliers usés qu'elle avait posée devant elle sur le trottoir ; nul ne lui prêtait attention et cette femme était l'image même de la misère et du désespoir. Mais quand je lui ai adressé la parole, son regard s'est éclairé et elle s'est peu à peu métamorphosée : elle s'est animée et cette animation l'a rendue belle.

En 1415, un des premiers livres qui aient été imprimés à l'aide de caractères mobiles a été l'*Ars moriendi*, l'art de bien mourir, qui est resté un best-seller dans toute l'Europe durant plusieurs siècles, tout un chacun s'intéressant à ce qui se passe après la mort. À l'époque, les gens croyaient tous en un au-delà et beaucoup y croient encore. Être vieux ou jeune avait moins d'importance qu'aujourd'hui, du fait de la pétrification grandissante des rôles que l'on attribue aux différentes classes d'âge, lesquelles sont de plus en plus cloisonnées. Il n'est plus personne que l'on puisse comparer à Shunzhi Fulin (1638-1661), qui gouverna avec une belle efficacité l'immense empire chinois alors qu'il avait entre douze et vingt-deux ans, ni avec William Pitt (1759-1806), nommé Premier Ministre d'Angleterre à vingt-quatre ans et qui se révéla un des plus compétents que son pays ait jamais connus. Aujourd'hui, au lieu de demander leur âge aux gens, il serait plus indiqué d'essayer de savoir à quel point ils sont vivants ou quand ils ont cessé d'avoir de nouvelles idées. L'âge n'est souvent qu'un déguisement.

Ce n'est pas dans sa longévité ni dans son impuissance à se libérer de ses craintes juvéniles qu'il faut rechercher l'extraordinaire héritage de Niemeyer ; cet héritage survit dans ses bâtiments, mais aussi dans la reconstruction tout aussi originale de lui-même qu'il accomplit grâce à sa collaboration avec Le Corbusier, assez âgé pour être son père.

27.

Qu'est-il vraiment utile de savoir ?

J'ai beau vivre au siècle de l'information, de l'économie du savoir et de la formation permanente, je me sens profondément ignorant. On m'assure que je pourrai guérir grâce aux progrès de la technologie, de la gestion et de l'éducation. Mais cela risque de prendre du temps.

En attendant, j'aimerais savoir comment faire face à mon ignorance. Je vais m'efforcer de décrypter le peu que je sais des habitudes de mon cerveau dans l'espoir d'inciter les autres à révéler ce qu'ils savent des leurs. L'activité cérébrale recèle en effet plus de secrets que l'activité sexuelle.

Ma quête de la connaissance a commencé dès mon plus jeune âge et je lui ai voué une passion inextinguible. Je m'y suis livré sous différentes formes à l'école, à l'université, dans mes activités de professeur, d'écrivain, de chercheur, puis comme conseiller d'entreprises et de gouvernements déjà gavés mais toujours avides d'information. Pourtant, je ne comprends pas même une fraction infinitésimale de tout ce qu'on peut savoir. Je ne me souviens pas de la moitié de ce qu'on m'a enseigné. Un grand nombre de mes étudiants ont probablement oublié pour leur part la seconde moitié. Je n'écris pas ici les confessions d'un homme qui s'imagine pouvoir rester éternellement jeune en se transformant en étudiant perpétuel que rajeunirait chaque nouvelle bribe de connaissance. J'essaie plutôt de reconstituer l'itinéraire d'un spécialiste de l'école buissonnière qui ne se fait aucune illusion sur le savoir. L'éducation a été le remède à presque tous les maux de l'humanité pendant de longs siècles et pourtant, malgré toutes les merveilles qu'elle a apportées, certaines des pires folies ont été perpétrées par des individus et des nations remarquablement éduqués. Les esprits littéralement saturés d'information n'ont pas toujours su en faire bon usage. Les dispensateurs de savoir n'ont pas été exempts de tromperie. En butte aux critiques, les hommes politiques répondent systématiquement : « Nous avons su tirer les leçons du passé », mais les erreurs ne cessent pas pour autant. La confiance dans l'éducation permanente remonte au moins à l'époque de Hsun Tzu, qui rendit l'âme en 238 avant J.-C. et écrivait avec un bel excès d'optimisme : « L'apprentissage se poursuit jusqu'à la mort et ne cesse qu'à ce moment-là. » S'il est si difficile d'éviter d'être induit en erreur par ce qu'on apprend, ou si l'on a tant de mal à le mettre judicieusement en pratique, où réside l'espoir ?

Je pourrais imputer à ma naissance trop tardive mon impuissance à apprendre tout ce que je devrais savoir. Si j'étais né à l'aube du XVIIe siècle, j'aurais presque pu lire l'intégralité des quatre cents ouvrages anglais publiés chaque année au fur et à mesure de leur parution. Les hommes de la Renaissance avaient la tâche plus facile que nous. Mais, aujourd'hui, je me trouve chaque année devant une pile de deux cent mille nouveaux livres, sans compter les autres types de publications, de revues et d'émissions. Et ce chiffre ne prend pas en compte ce qui est édité au-delà de ma petite île. Chaque année, c'est un demi-million de nouveaux ouvrages qui sont publiés à travers le monde. L'humanité s'est manifestement engagée dans une nouvelle phase de l'histoire de l'ignorance.

J'ai consacré vingt années de ma jeunesse à rédiger mon *Histoire des passions françaises*, ce qui m'a donné à lire presque sans interruption ; je pourrais en bonne justice estimer n'être pas loin d'avoir consulté l'essentiel de la documentation disponible sur le sujet. Il me serait pourtant impossible aujourd'hui d'écrire un tel ouvrage, parce que les nouvelles informations se sont si bien accumulées depuis lors qu'aucun individu ne pourrait espérer s'en rendre maître. Mon expérience aurait peut-être dû me dissuader de poursuivre l'élargissement de mes ambitions en cherchant à comprendre ce que le fait d'être en vie a signifié au cours des siècles et au sein des différentes civilisations. Pas plus que quiconque, je n'avais néanmoins imaginé l'énorme nuage d'ignorance que l'explosion de l'enseignement supérieur répandrait sur le monde. Un tsunami de thèses et de monographies universitaires a métamorphosé le paysage du savoir. Par suite de l'élargissement des intérêts intellectuels en de multiples directions, chaque fois que je cherche une réponse à une question, aussi insignifiante soit-elle, je cours le risque d'être noyé sous un déluge de réponses, emporté par un ouragan de faits que je n'aurais jamais pu concevoir, assailli d'explications toujours plus ingénieuses, chacune exprimant un point de vue différent. Plus il y a d'information, plus grande est l'ignorance.

Je ne suis évidemment pas, et de loin, le premier à en avoir pris conscience. Les êtres humains ont toujours souffert d'un excès d'information (autant que de son insuffisance, car on ne peut jamais en savoir assez). Les monuments anciens qui le révèlent le mieux sont les encyclopédies. Leur magie m'est apparue pour la première fois le jour où, alors que j'avais huit ans à peine, mon père m'en offrit deux ; dès cet instant, j'ai été ébloui par la diversité de leurs critères de choix, les déformations ou réplications qu'elles ont fait subir aux faits et aux opinions. Depuis les temps les plus reculés, les plus importantes des encyclopédies ont été celles qui n'ont pas seulement cherché à rendre l'information accessible sous une forme digeste, mais qui lui ont donné un sens, veillant à ce que leurs lecteurs aient l'impression d'être nourris plus que gavés. Les faits en soi sont dépourvus de valeur, ils ne sont que grains de sable et filaments d'algues sur une plage tant qu'ils n'ont pas été collectés et que leurs éléments nutritifs n'ont pas été extraits et cuisinés pour se transformer en savoir. Entre le IIIe et le XVIIIe siècle, plus de six cents encyclopédies chinoises ont été compilées ; empilées, elles représentent presque l'équivalent des pyramides d'Égypte : l'encyclopédie de Yongle (1403-1408) est l'œuvre de 2 169 lettrés ; l'encyclopédie de 1726-1728 intitulée « Synthèse des livres et illustrations des temps anciens et modernes approuvée par l'empereur » comptait 852 408 pages. Les Chinois donnaient à leurs encyclopédies le nom de « classifications » (*leishu*), parce qu'il s'agissait essentiellement de compilations de textes anciens offrant tout le savoir disponible sur le ciel, la terre, les humains, les événements, les arts et les sciences, destinées à permettre aux hommes censément instruits qui dirigeaient le pays de savoir quelles traditions suivre, et aux candidats aux examens de la fonction publique (ils étaient plus de un million par an du temps des Ming) ce qu'il fallait en retenir. Ces encyclopédies prêtaient une finalité à des faits isolés et, accessoirement, leur rédaction obligeait des intellectuels potentiellement subversifs à se noyer dans le détail de la collation des textes au lieu de remettre les traditions en question. Ordonner les informations, c'était leur prêter une orientation, leur attribuer un message au contrôle duquel les empereurs consacraient une grande énergie.

Les grandes encyclopédies islamiques du Moyen Âge allaient encore plus loin. Elles s'engagèrent avec audace dans le collectionnement de toutes les cultures connues – mésopotamienne, grecque, indienne, iranienne, juive et arabe – tout en faisant connaître les opinions personnelles des intellectuels qui participaient à leur rédaction : l'une des plus célèbres, l'encyclopédie des frères de la Pureté, par exemple, rédigée à Bassorah au Xe siècle, exprimait leur espoir et leur attente d'une disparition prochaine du gouvernement. Au contraire, des philosophes européens comme Bacon, Descartes, Leibniz entendaient que l'information soit présentée de manière à permettre de nouvelles découvertes. Au siècle des Lumières, l'*Encyclopédie* de Diderot en vingt-huit volumes (1751-1772) porta cette ambition à un niveau de subversion sans précédent en se livrant non pas à un résumé des connaissances existantes, mais à une recherche originale et à une critique sociale visant à réinventer le mode de gouvernement, la religion, l'économie, l'éducation et j'en passe. Cet ouvrage ne remporta pourtant qu'un succès limité. Le degré d'alphabétisation n'était pas suffisant pour transformer la majorité des gens en philosophes ou en révolutionnaires. Aujourd'hui, de nombreuses encyclopédies sont de timides résumés de ce que pense tout un chacun, des auxiliaires censés aider les gens à converser poliment et à émettre des commentaires superficiels sur des noms connus et des « ismes » à la mode, tout en dissimulant leur ignorance. Harold Macmillan disait que les encyclopédies que publiait sa maison d'édition n'avait d'autre objectif que de « soulager la perplexité ». La connaissance n'exclut pas forcément l'ignorance.

Internet est le digne rejeton de cette longue lignée. S'il offre à un bien plus vaste public l'accès à des informations de toute nature, il ne permet pas de leur donner un sens. À l'image des *leishu* chinois, Wikipedia rejette les faits qui n'ont pas encore fait l'objet d'une publication, comme si la référence en bas de page à une source imprimée était une garantie de respectabilité. Internet n'a pas diminué, tant s'en faut, le grand nombre de personnes persuadées que l'intégralité du savoir trouve son origine dans un seul livre. L'apparition de bataillons de « directeurs du numérique » et de spécialistes de la « gestion des données » chargés de les réagencer pour qu'elles assurent la prospérité des entreprises et la survie des gouvernements, n'apporte aucune réponse à la question : quelles sont les connaissances utiles aux simples gens qui ont envie de mener une vie plus intéressante ? Ces experts s'intéressent aux processus permettant de stocker et traiter l'information, et non à sa valeur morale. Apprécier la poésie de l'information ne fait pas partie de leur travail. Aussi ne faut-il pas s'étonner que les humains actuels ne soient pas plus sages que leurs ancêtres. À quoi sert l'information sans sagesse ? Nul ne prétend, il est vrai, que notre siècle soit celui de la sagesse.

Pourtant, tout le temps que j'ai passé à essayer de discerner quelque chose parmi les avalanches d'informations qui empêchent largement de voir par-devant soi ne m'incite pas à désespérer, ni à regretter les prétendus calme et simplicité d'autrefois, ni à trouver moins d'intérêt et de satisfaction à tout ce que j'apprends. En quelques rares occasions, la crainte de révéler le contenu de l'invisible encyclopédie que chacun transbahute dans son crâne s'évanouit : dans le Paris de 1968, par exemple, quand l'autorité de l'État s'est subitement effondrée, j'ai vu des gens se confier à de parfaits inconnus et dire ce qu'ils avaient normalement tendance à taire. Mais ils n'ont pas tardé à retomber dans le silence. J'ai cherché dans ce livre à ouvrir les pages de l'encyclopédie que j'ai dans la tête. Si j'éprouve le besoin de découvrir ce que d'autres têtes contiennent, ce n'est pas simplement pour comprendre ce que la mienne a de particulier ni pour éviter de me cogner dangereusement à celle des autres. Il m'est impossible de me considérer comme pleinement vivant si je ne connais que mes propres pensées.

Les informations que j'ai accumulées dans mon cerveau ne vont pas toutes dans le même sens. Loin de me troubler, cela m'inspire un sentiment de liberté. Apprendre n'est qu'un commencement. Quand je rédige des ouvrages historiques, je recherche la vérité aussi honnêtement et scrupuleusement que possible, mais, arrivé à la fin, je me rends compte que j'ai écrit un ouvrage de fiction : en effet, j'ai retenu des fragments de ce que je perçois comme la vérité et les ai assemblés à ma manière pour composer un tableau qui me paraît plausible. Nul ne peut recréer le passé ni se rappeler exactement ce qu'il était. J'admire les artistes qui ont montré que le monde ne se limite pas à ce qu'il paraît être à première vue, et qui ont eu le courage d'en réagencer les éléments pour en dégager des messages plus profonds. Comme eux j'ai cherché à affranchir les souvenirs du passé des contraintes de la chronologie en juxtaposant des événements et idées issus de différents contextes, de manière à en mettre en lumière la portée universelle. Pour moi, le passé n'est pas une succession d'histoires, mais une œuvre faite de splendeurs et d'horreurs, engendrée par l'imagination à partir de l'intégralité de l'expérience humaine. Créer de la connaissance est un art qui n'a rien à voir avec l'ingestion d'informations ni avec l'élimination de l'ignorance.

J'ai reçu un jour une coupure de presse d'une revue chinoise d'économie. Celle-ci avait interviewé un célèbre visiteur occidental, une des rares personnalités à avoir influencé la vie de presque tous les habitants de la planète. Je l'avais eu comme élève, une trentaine d'années plus tôt, bien avant qu'il devienne le premier spécialiste du capital-risque à investir dans Google, Yahoo, eBay, ces modestes start-up qui ont fini par changer la face du monde. Lorsque le journaliste lui demanda quel individu avait exercé la plus grande influence sur sa carrière, il cita mon nom et expliqua son choix : je lui avais appris que les choses ne sont pas ce qu'elles paraissent être. Il est rare qu'un professeur soit ainsi compris par un étudiant. Il avait pris pourtant avec justesse la vraie mesure de mon ignorance. Chaque fois que je me trouve en présence d'une chose, d'une personne ou d'une expérience, je ne vois pas seulement ce qu'elle est, mais aussi comment elle pourrait être autrement. Je me demande toujours si elle ne pourrait pas être différente. C'est la question qui a fait des humains ce qu'ils sont aujourd'hui, car sans elle nous vivrions encore dans les arbres. Et c'est pourquoi je me demande si l'on ne pourrait pas aborder l'ignorance autrement qu'en la combattant par des doses accrues d'information en continu et d'éducation permanente.

Voici ma réponse à la question « qu'est-il utile de savoir ? » : ce qui compte, ce n'est pas simplement le volume de connaissances que je possède, mais ce que j'en fais. La création de quelque chose d'utile et de beau à partir de ce que j'apprends n'a pas grand-chose à voir avec la construction d'une maison à partir de matériaux préfabriqués. Elle se rapproche bien davantage de la peinture d'un tableau qui prend forme progressivement. Au fur et à mesure que j'ajoute ou soustrais des couleurs et des formes, chacune ouvre des possibilités que je n'avais pas encore imaginées, et je me hâte d'en approfondir la compréhension, j'explore des territoires inconnus, autant de démarches qui, à leur tour, ouvrent de nouvelles perspectives et offrent des significations inédites aux idées trop naïves ou trop simplistes que j'avais au départ. Le résultat final est généralement tout différent de ce que j'avais envisagé d'emblée. Voilà comment je choisis ce que j'ai envie de savoir : un processus dont le résultat est d'autant plus imprévisible qu'il m'entraîne en des lieux dont j'ignorais peut-être jusqu'à l'existence. L'excitation atteint un sommet quand les gens, les lieux ou les idées qui m'avaient d'abord paru sans rapport ou sans pertinence s'assemblent pour me suggérer de nouveaux aperçus, et sont capables d'en inspirer à autrui.

Je dois à Deirdre Wilson, ma femme, d'avoir su apprécier l'importance de la pertinence. Elle est le co-inventeur de la théorie de la pertinence, qui a contribué à transformer de fond en comble ce que les gens ont pensé de la communication depuis Aristote. La communication ne consiste pas seulement à adresser des messages qui sont décodés et compris conformément aux intentions de l'émetteur. La compréhension des messages et l'acquisition d'une connaissance nouvelle dépendent de la pertinence que le destinataire peut y trouver, étant donné que chaque individu possède un bagage de connaissances limité et une dose variable de volonté ou d'énergie lui permettant d'en extraire les implications. Plus ces dernières sont nombreuses et plus l'effort indispensable pour les découvrir est faible, plus la pertinence sera grande. Comprendre les implications que d'autres veulent nous faire découvrir recèle inéluctablement un paramètre de supposition. La communication est une lutte contre l'incertitude. Aussi ai-je conscience qu'une ample partie du savoir dont je traite est malléable ou diluée. Je n'ai rien à faire du dogmatisme. Cela ne signifie pas que je considère toutes les opinions comme aussi dignes de respect les unes que les autres, ni toutes les vérités comme relatives. Les découvertes que nous faisons sont, de fait, toujours sujettes à révision, ce qui ne nous empêche pas d'essayer de trouver la vérité, même si elle reste trop souvent hors de portée. Cette quête sans fin aux frontières de l'ignorance relève tout autant des jouissances de l'existence que l'incessant élargissement du goût de chacun pour les aliments exotiques.

Si je recours à des métaphores artistiques pour exprimer l'enthousiasme que m'inspirent les potentialités créatrices qu'offre le savoir, je me suis également nourri de l'attitude assez voisine qu'ont récemment adoptée les savants en renonçant aux certitudes du XIXe siècle au profit d'une interaction quasi poétique avec les énigmes de l'univers. « Même les prétentions mathématiquement formulées par la physique », écrivait Heisenberg, un des pères de la mécanique quantique (1901-1976), « ne sont en un sens que des peintures verbales par lesquelles nous cherchons à rendre l'expérience de la nature accessible et compréhensible par nous comme par les autres ». « Ce que nous appelons aujourd'hui connaissance scientifique est un ensemble de postulats dosés d'un degré de certitude variable [...] Il est d'une importance capitale que nous admettions cette ignorance et ce doute », renchérit Richard Feynman (1918-1988). « Le premier principe de la science est qu'il ne faut pas s'illusionner [...] Je vis toujours sans savoir. » Le principe d'incertitude ou principe d'indétermination se prête apparemment à au moins six interprétations. Quant au principe de complémentarité, il a été présenté, lors d'une intervention qui passe pour avoir fait date dans les annales de la physique, mais aussi pour l'un de ses textes les plus incompréhensibles, comme une « juxtaposition de plusieurs arguments coexistants adressés à différents théoriciens des quanta à propos de différents sujets ». Dostoïevski n'a pas été le seul à écrire des « romans polyphoniques »...

Je ne considère donc pas l'ambiguïté comme une ennemie, ni le désaccord comme un fléau à éradiquer. Les nouvelles idées provoquent presque inévitablement le désaccord. Le savoir est enfant du désaccord. Je ne m'attends pas à ce que les gens soient d'accord avec moi, et c'est pour cette raison que je ne fais pas ici de sermons. Quand l'historien Fernand Braudel, dont on m'a invité un jour à rédiger la biographie, affirmait avec nostalgie qu'une seule personne au monde le comprenait à la perfection, il oubliait – ce qui n'était pas dans ses habitudes – que l'incompréhension est l'éternelle compagne de la plupart des relations humaines.

J'ai mis longtemps à jauger l'éducation que j'ai reçue. Elle m'a appris à aiguiser mes facultés critiques, mais s'est moins intéressée à l'imagination, alors que seule cette dernière peut transformer la critique en pensée constructive. L'université est un zoo dans lequel une diversité d'intelligences s'emportent et s'exaspèrent mutuellement en disant : « Je ne pense pas comme vous. » À des têtes qui ont toutes des formes différentes et abritent des opinions contraires il n'est pas facile d'absorber de nouvelles idées avancées par autrui. Pourtant, « la science s'enracine dans la conversation », disait Heisenberg. Ses souvenirs, *La Partie et le Tout*, écrits sous forme de dialogue, portent en sous-titre, dans leur version originale allemande, *Conversations dans le cercle de la physique nucléaire*. On sait aujourd'hui que les deux plus grandes découvertes du XXe siècle, dans le domaine de la physique quantique et de la génétique, ont été le fruit de longues, longues conversations entre individus qui n'étaient pas du même avis. « La science repose sur les expériences ; ses résultats sont le fruit de discussions entre ceux qui travaillent dans un domaine donné et se consultent mutuellement sur l'interprétation de ces expériences. » Un accord total met fin à l'inventivité. Niels Bohr (1885-1962) était connu pour élaborer ses idées à partir d'innombrables conversations avec des étudiants et collègues ; il invita ainsi plus de quatre cents visiteurs à passer plus d'un mois dans son laboratoire. Il affirmait que les idées prennent vie quand elles sont transmises et comprises par d'autres. Il allait jusqu'à en inférer qu'« il est erroné de croire que l'objet de la physique soit de comprendre la nature. La physique a pour objet ce que nous disons de la nature. Les humains dépendent des mots. Notre tâche consiste à communiquer des expériences et des idées à autrui. Nous baignons dans le langage. » Il a d'ailleurs consacré le reste de sa vie au langage scientifique et à la manière dont les gens communiquent entre eux.

Ces révélations ont fait vibrer en moi une corde sensible. Bien que j'aime découvrir soudainement quelque chose de significatif dans ce qui paraît à première vue banal, je n'apprécie vraiment ce que j'ai retenu d'un livre ou d'une conversation que le lendemain matin. Certains anciens ont trouvé en rêve la solution à leurs problèmes. Tel n'est pas mon cas. C'est dans les premiers instants du réveil, alors que, encore allongé, je cherche à comprendre des informations qui me paraissent obscures, que des éclairs de pensée permettent à des idées encore flottantes dans mon esprit de s'associer et de prendre un sens insoupçonné ; mais ces intuitions subites ne produisent pas nécessairement une réponse compatible avec l'intégralité des faits ; le processus peut se reproduire à plusieurs reprises avant que j'estime être parvenu à un résultat cohérent et satisfaisant. Je ne prétends pas qu'il faille copier cette méthode, pas plus que je ne cite de grands scientifiques à cette fin. J'éprouve simplement du réconfort à découvrir les luttes que d'autres esprits ont menées et les nombreuses années de rumination ayant préfiguré une découverte.

Aussi est-il impossible de savoir par avance ce qu'il est utile de savoir ; ce n'est que lorsqu'un fragment de connaissance rencontre un autre fragment de connaissance qu'ils découvrent s'ils ont quelque chose à se dire et que la connexion s'établit grâce à l'imprévisible étincelle de l'imagination individuelle. Les choses étant ce qu'elles sont, la plupart des idées qui jaillissent de l'esprit humain ne rencontrent jamais ce qui pourrait se révéler leur « muse ». Voilà pourquoi j'aimerais, tous les matins, inclure au menu de mon petit déjeuner quelques bouchées d'un nouveau livre issu de n'importe quelle partie du monde, portant sur n'importe quel sujet, résumé en un millier de mots, dont le message pourrait présenter un intérêt universel, alors même qu'il risque d'échapper à l'attention de la plupart du fait d'être enclos dans la case catégorielle d'une spécialité. Il faudrait demander aux auteurs qui ont consacré des années à rédiger d'épais traités de faire l'effort d'exposer en deux pages la teneur de leurs conclusions, car on a peine à deviner qui pourrait trouver leur travail pertinent. Or le demi-million de livres publiés chaque année participe à la lutte de l'humanité contre l'ignorance et fait partie du monde avec lequel je souhaite me connecter. J'ai affiché mon idée de petit déjeuner sur mon site internet : je vais voir ce qui en résulte.

S'il est une chose qu'il me serait vraiment utile de connaître, c'est la forme du moule que j'impose aux faits qui affluent dans mon cerveau, et celle du tamis qui en élimine un si grand nombre. Cette forme ne devient visible que par comparaison avec celles des autres ; voilà pourquoi j'ai besoin que vous me disiez ce que vous avez découvert de vos goûts, ce que vous voyez et ce que vous ne voyez pas, alors même que vous ne pourrez peut-être pas le savoir tant que vous ne l'aurez pas rapporté aux découvertes de beaucoup d'autres. Je cherche toujours à agrandir mes compétences pratiques, par exemple à cultiver des légumes ou à réparer des objets brisés ; j'apprécie beaucoup la compagnie de ceux qui ont maîtrisé un certain nombre de ces savoir-faire et trouvent des solutions inattendues aux innombrables dysfonctionnements qui affectent la vie quotidienne. Rien n'a été aussi préjudiciable que la césure entre savoir abstrait et connaissances pratiques. Les hommes qui ont vécu jusque vers 1830 ont eu l'immense avantage de pouvoir participer activement à de nombreuses branches des sciences et des lettres ; d'une incroyable diversité, les inventions de Léonard de Vinci prouvent à quel point cela pouvait être profitable. La spécialisation accrue de chaque branche du savoir, qui réclame plusieurs années de concentration sur quelques infimes détails, rend plus précieuse que jamais l'interaction entre talents d'amateur et compétences d'expert. Les découvertes les plus influentes sont le fruit du hasard et beaucoup ont résulté de l'absence de tout objectif prédéterminé et d'une trop grande foi dans le fait que les choses sont inéluctablement ce qu'elles sont.

La société d'éducation permanente n'est peut-être pas le but ultime. Consommer de la connaissance à l'infini peut procurer un immense plaisir, mais être saturé de savoir peut se révéler préjudiciable à la santé mentale. Je décrirai dans un autre ouvrage la solution que je propose pour remplacer le monde universitaire, entre autres sujets sur lesquels mes réflexions doivent encore mûrir sous l'effet de maints tâtonnements et approximations.

28.

Être vivant, qu'est-ce que cela veut dire ?

« Étranger, mon message est bref », dit une inscription datant de l'Antiquité romaine. « Arrête-toi et lis. Voici la tombe bien peu charmante d'une femme charmante. Ses parents l'appelèrent Claudia. Elle aimait son mari de tout son cœur. Elle a eu deux fils, dont elle laisse l'un sur terre ; l'autre, elle l'a couché sous terre. Elle était de commerce plaisant, et douce d'allure. Elle entretenait la maison, filait la laine. C'est mon dernier mot. Passe ton chemin. »

Deux millénaires plus tard, les pierres tombales disent à peu près la même chose, et généralement moins, sur le sens de la vie. Que pourraient en dire d'autre les hommes d'aujourd'hui ? Cette épitaphe romaine résume la sagesse traditionnelle, voulant que le but de la vie soit la vie elle-même, la survie et la transmission de la vie. Elle reconnaît que la nature n'a pas ménagé sa peine pour assurer la perpétuation de la vie. Les femmes naissent avec deux millions d'ovules. Les hommes produisent quarante millions de spermatozoïdes à chaque éjaculation – du moins le faisaient-ils avant que la pollution ne les mutile. L'humble guêpe peut produire entre huit cents et trois mille cinq cents petits à partir d'un seul œuf. Gengis Khan était « naturellement » convaincu que sa mission ne se limitait pas à conquérir la majeure partie de l'Asie, mais consistait aussi à « tenir les épouses et les filles de ses ennemis dans ses bras » et à engendrer le plus grand nombre possible d'enfants, au point qu'il aurait aujourd'hui, dit-on, seize millions de descendants !

Mais les humains sont également les hérétiques de la nature. Ils ne consacrent souvent que le quart de leur existence à élever leur progéniture et délèguent une grande partie de leurs tâches parentales à des spécialistes étrangers à leur famille. Ils ont encouragé leurs enfants à n'être pas de simples copies de leurs parents, et chaque nouvelle génération constitue une variante légèrement retouchée de l'humanité. De temps à autre, ils oublient que la famille est ce qui compte le plus pour eux, que ce sont leurs enfants qui leur ont dispensé leurs plus grandes joies, que le fait de leur avoir assuré une bonne éducation est leur principal motif de fierté. À travers l'histoire, on relève des phases réitérées de chute notable, soudaine et prolongée du taux de natalité. La population de Mésopotamie avait triplé durant sa période de gloire, avant de retomber, lorsque son inventivité et son optimisme s'étaient éteints, au dixième de ce qu'elle était à son apogée. La population égyptienne, inférieure à un million d'habitants en 3000 avant J.-C., en a atteint cinq à l'époque du Christ, avant de retomber à un million et demi en l'an 1000 après J.-C. La population du Mexique s'est trouvée réduite au dixième de ses effectifs antérieurs à la suite de la conquête espagnole, baisse démographique due non seulement à la maladie mais aussi à la désespérance. La politique chinoise de l'enfant unique a été considérée comme une atteinte aux instincts naturels, alors que dans le même temps de nombreux pays – comme la Grèce, l'Italie, l'Espagne – réduisaient volontairement leur taux de natalité à un niveau bien inférieur à celui de la Chine. En Allemagne, 30 % des femmes n'ont pas d'enfants, et cette proportion est encore plus forte chez celles qui ont fait des études supérieures. Un grand nombre d'êtres humains se sont faits moines ou religieuses. La liste des personnalités sans enfant qui ont préféré une progéniture artistique à une progéniture biologique comprend Léonard de Vinci, Bacon,

Descartes, Newton, Locke, Berkeley, Hume, Kant, Keynes, Haendel, Beethoven, Tchaïkovski, Louis Armstrong, Maria Callas, Georges Brassens, Jane Austen, William Blake, Ruskin, Oliver Wendell Holmes, Magritte, Susan B. Anthony, Florence Nightingale, Simone de Beauvoir, Coco Chanel, Katharine Hepburn, Greta Garbo, sans oublier évidemment Jésus lui-même. Ils ont trouvé d'autres réponses à la mise en garde du philosophe Mencius, navré pour ceux qui n'avaient pas de famille parce qu'ils n'avaient « personne à qui confier leurs griefs ».

Quand il pleut abondamment et que les déserts se mettent soudain à fleurir, offrant de la nourriture en abondance, les sauterelles se multiplient rapidement. Plus elles sont nombreuses et plus il y a de contacts physiques entre elles, plus leurs pattes se frottent les unes aux autres, et plus elles s'excitent ; elles changent alors de couleur, abandonnant la terne livrée qui leur est habituelle pour se parer de jaune, d'orange et de noir, comme si elles avaient découvert la mode et le maquillage. Elles constituent des bandes quand elles sont jeunes, des essaims à l'âge adulte, chaque essaim pouvant rassembler soixante milliards d'individus qui dévorent toute la végétation existante sur des milliers d'hectares, jusqu'à ce qu'il ne reste rien et qu'elles meurent de faim. Les êtres humains se sont eux aussi multipliés en dépouillant la terre de ses forêts et les océans de leur faune, sans arriver pour autant à se convaincre tout à fait qu'ils finiront par mourir comme des sauterelles quand la prospérité prendra fin.

L'originalité des humains est d'avoir cru (du moins pour une majorité d'entre eux) que la vie commençait vraiment pour eux après la mort. Quand Mozart affirmait que le but de la vie est la mort, il voulait dire par là que la vie terrestre n'est qu'un bref voyage conduisant à autre vie, une vie éternelle, ailleurs. D'aucuns croient que ce voyage mène au paradis, d'autres qu'il comprend une série de réincarnations en d'autres êtres. Pour les Égyptiens de l'Antiquité, les morts devenaient des touristes de l'espace qui accompagnaient le soleil dans sa course quotidienne. L'objectif de la vie, disait

Bouddha, est de s'évader de la vie et de ses inévitables souffrances, mais il peut falloir plusieurs morts pour se libérer. La récompense de la vie, affirmaient les prophètes juifs, était d'« être réuni avec [ses] pères », et de nombreuses civilisations ont attribué aux ancêtres le rôle de veiller sur leurs descendants vivants. Bien mourir est devenu l'art suprême, épreuve plus ardue encore que la venue au monde. Le dramaturge espagnol Calderón (1600-1681) concluait : « Le plus grand crime de l'homme est d'être né. » Du temps où la vie n'était que la flamme vite soufflée d'une bougie, les idées de procréation et de vie après la mort étaient bien plus chargées de sens qu'à notre époque, où l'on ne se marie souvent qu'à trente ans passés et où l'on peut envisager avec une confiance croissante de vivre près d'un siècle.

Pourtant, la révolte la plus subversive de l'humanité a été de contester que le « sens de la vie » soit déterminé une fois pour toutes par la nature ou par Dieu, et existe indépendamment de la volonté du commun des mortels. Elle oppose à cette idée une autre conviction, à savoir que c'est à chacun de trouver une interprétation du don de la vie qui corresponde à ses idéaux et à ses aspirations personnelles. « Qu'attends-tu de la vie ? » ou « Que fais-tu de ta vie ? », ces questions ont remplacé : « À quoi dois-tu te résigner ? Quel objectif voudrais-tu donner non pas à "la" vie, mais à "ta" vie ? » Cette interrogation rend absurde l'idée même que la vie puisse avoir un but général ; il revient à chacun de définir celui de sa propre vie. Le désir a détrôné l'obéissance.

L'idée de progrès prend soudain une grande utilité en ce qu'elle offre un cadre dans lequel chacun peut donner du sens à une lutte personnelle qui risquerait, à défaut, d'être bien solitaire. Jadis, on était censé faire la même chose que ses parents, travailler, se marier, manger et s'habiller comme eux. Aujourd'hui, on est sommé d'améliorer sa condition. La vie n'est plus le voyage sur un long fleuve tranquille qu'elle était depuis la nuit des temps ; elle est désormais composée d'une succession de hautes échelles très raides, et l'avenir de chacun dépend de son aptitude à les gravir sans dégringoler. Au lieu de se considérer comme le simple maillon d'une longue chaîne d'ancêtres et de descendants, on doit lutter pour acquérir des compétences et connaître une réussite qui dépasse les rêves de n'importe quel membre de sa lignée. Mais comment choisir ? Comment passer le mois prochain, l'année, la décennie à venir ?

À en croire un minutieux professeur de l'université de Californie du Sud, les humains ne possèdent pas moins de cent trente-cinq buts différents. Pour faire face à cette profusion, on peut choisir de suivre le psychologue Abraham Maslow (1908-1970), qui réduisait l'ambition au simple schéma d'une pyramide. L'homme commence par satisfaire ses besoins physiologiques : alimentation, sexe, sommeil, qui forment la base de la pyramide ; l'étape suivante est représentée par le besoin de sécurité ; puis il gravit une marche de plus en direction de l'amour et de l'estime de soi ; enfin, lorsqu'il est arrivé au sommet, il recherche ce que Maslow appelle l'« autoréalisation ». Autrement dit, le but ultime est de développer toutes les qualités que l'on possède au fond de soi mais qui n'ont pu se manifester parce qu'on était trop occupé par la satisfaction de ses besoins élémentaires. « L'homme possède des potentialités infinies qui, judicieusement employées, pourraient rendre sa vie beaucoup plus proche des images du paradis », a écrit Maslow. Il a étudié les biographies de célèbres personnages, cherchant à découvrir comment ils avaient atteint à l'excellence. « Pourquoi ne sommes-nous pas tous des Beethoven ? » demandait-il. Sous-entendu, semblait-il : nous pourrions tous, ou presque, être bel et bien des Beethoven. D'où la prospérité qu'a connue cette théorie de Maslow. Il était réconfortant d'entendre des propos plus optimistes que les sinistres mises en garde de Freud à propos de souvenirs névrotiques. De plus, Maslow n'était pas simplement un professeur cloîtré dans sa tour d'ivoire : c'était le fils d'un couple de juifs russes immigrés de fraîche date aux États-Unis, des gens peu instruits mais qui tenaient à ce que leurs sept enfants réussissent mieux qu'eux-mêmes, et il pouvait se flatter d'une certaine expérience de la vie ouvrière, sa famille ayant fini par être propriétaire d'une petite fabrique de barriques en Californie. Son exploit majeur a été de condenser les vagues aspirations à une vie meilleure d'une génération qui ne savait que faire de sa liberté en cinq ambitions toutes simples en lesquelles chacun pouvait se reconnaître. On retrouve aujourd'hui des éléments de son analyse dans presque toutes les sphères d'activité, de la sociologie du travail et du commerce à l'éducation et au féminisme.

Le cas de Maslow offre un excellent exemple de l'excessive simplification que font très souvent subir ses disciples au message d'un auteur. En privé, il regrettait de ne pouvoir trouver que très peu de gens ayant accédé à l'autoréalisation ; seuls 2 % de la population environ pouvaient peut-être atteindre cet état, disait-il, et, à y regarder de plus près, force était de constater qu'ils étaient regrettablement « imparfaits » et « inadaptés », souffrant d'angoisse et de sentiments de culpabilité, « capables d'une dureté aussi extraordinaire qu'inattendue, et d'une froideur chirurgicale ». Ils avaient beau être de merveilleux amants, « un bon mariage est impossible si l'on n'est pas prêt à accepter la merde d'autrui ». L'enfance de Maslow, marquée par la lutte contre l'antisémitisme et le dogmatisme maternel, lui avait laissé peu d'illusions : tout en se consacrant à faire du monde un séjour meilleur, il doutait de la possibilité de transformer ses espoirs en réalités. Il était déçu que ses étudiants ne soient pas à la hauteur de son idéal et regrettait d'être incapable d'intégrer Hitler, les Allemands ou les communistes dans sa théorie.

Sans compter, déclarait-il, que très peu de gens pouvaient la comprendre. Chacun de ses collègues, brillants professeurs européens qui avaient trouvé asile aux États-Unis, possédait sa propre théorie et ne pouvait adhérer entièrement à aucune autre, puisque c'est ainsi que le monde universitaire forme à l'esprit critique : ils s'empruntaient réciproquement ce qui convenait à leurs fins. Le neurologue Kurt Goldstein (1878-1965), qui avait peu auparavant popularisé le terme d'autoréalisation en Amérique en lui prêtant d'autres connotations, reprochait à Maslow de s'être approprié son vocabulaire. En réalité, l'idée remonte à Aristote et de nombreux philosophes l'avaient défendue après lui moyennant différentes variantes. Maslow présentait l'originalité de savoir à quel point les fondements empiriques de sa propre théorie étaient « branlants », car elle ne reposait que sur l'étude « scrupuleuse de trois ou quatre douzaines de personnes auxquelles on pouvait peut-être en ajouter une ou deux centaines d'autres, mais pas d'une forme aussi consciencieuse ni aussi approfondie ». Il s'agissait donc d'« une expérience négative, ou médiocre, ou insuffisante. Je suis tout prêt à l'admettre », reconnaissait-il, « en fait je ne demande qu'à l'admettre, car je suis un peu inquiet à l'idée que ce machin, que je considère comme provisoire, soit gobé tout rond par plein de gens enthousiastes ». La mise en pratique de ses idées laissait également beaucoup de points indécis. Maslow reconnaissait que les individus créatifs « autoréalisés » tendaient à être indisciplinés, désobéissants, voire « fous, car toute idée réellement nouvelle a l'air folle au début ». « Je l'ai expliqué à une entreprise – mais j'ignore comment les managers peuvent travailler avec des créatifs qui ont tendance à semer la pagaille. Ça n'est pas mon problème. » Il laissait aux managers le soin de le résoudre en espérant qu'ils considéreraient la gestion de l'entreprise comme « une expérience psychologique » et en les exhortant à penser qu'ils étaient tout aussi imprégnés de spiritualité que des poètes ou des intellectuels « religieux », à cette différence près qu'ils usaient d'un « jargon différent » et « dissimul[aient] leur idéalisme sous un masque de ténacité, d'impassibilité et d'égoïsme ».

Ces réserves et ce flou n'ont pas empêché un grand nombre d'Américains puis de ressortissants de nombreux autres pays de s'emparer de l'idée d'autoréalisation ou d'auto-accomplissement et d'en faire la clé d'une vie réussie et d'un travail lucratif, comme si l'on avait soudain découvert un eldorado de talents et que tout un chacun fût à la veille de devenir merveilleusement riche et épanoui. L'impuissance des sages, tant à l'Est qu'à l'Ouest, à transformer les ignorants et les pécheurs en modèles d'accomplissement de soi a été bien oubliée lorsqu'une nouvelle génération d'experts en management, conduite par Douglas McGregor, du MIT, et Peter Drucker (qui a fait parler de lui pour son étude consacrée à General Motors) a donné sa bénédiction à cette panacée, désormais intégrée dans tous les programmes de formation en ressources humaines qui prétendent transformer des quidams en leaders exemplaires. Les gourous New Age des années 1960 ont transformé la psychologie de Maslow en fast-food qu'ils pouvaient combiner à leurs recettes mystiques, et en ont imprégné, à des degrés de dilution divers, une myriade de manuels de développement personnel promettant richesse, gloire et bonheur. Comme l'expliquait une publicité, il suffit de prendre « conscience que vous pouvez être, faire et avoir tout ce que vous voulez ». Betty Friedan (étudiante en psychologie au moment même où la « psychologie humaniste » de Maslow commençait à être à la mode) a eu recours à son langage quand elle a écrit dans *La Femme mystifiée* : « Le problème qui n'a pas de nom, né simplement du fait que l'on empêche les Américaines de s'accomplir pleinement, impose au pays un tribut bien plus élevé, en santé physique et morale, que n'importe quelle maladie connue. » La « psychologie positive », qui a pris le relais de la « psychologie humaniste » et dont Maslow constitue une des sources d'inspiration, est désormais une discipline universitaire qui apprend aux gens à être heureux, à « alimenter leurs points forts », à « trouver des niches dans lesquelles ils puissent réaliser pleinement [leurs] qualités positives ». Surtout, la pyramide des besoins de Maslow a procuré aux grands industriels une formule toute faite capable de convaincre les salariés que leurs emplois les aidaient à « s'accomplir ». Éprouver des sentiments positifs sur soi-même, être soi-même sont devenus les buts ultimes de l'existence. C'est comme si le seul bien dont chacun fût désormais pleinement propriétaire était ses sentiments, et qu'il fallût prémunir chaque individu contre la critique, le moindre jugement étant censé lui renvoyer une mauvaise image de soi. Tout de même, peut-on vraiment avoir pour ambition suprême d'affirmer et défendre son identité ? À quoi cela mène-t-il de cultiver l'estime de soi ?

On ne peut pas dire qu'il y ait aujourd'hui davantage de Beethoven que par le passé, ni moins de tyrans ou moins de fous. Et à ce jour, personne n'a exposé de théorie suggérant que puisque tant de génies, de prophètes et d'artistes ont souffert de la pauvreté ou de la persécution, la meilleure préparation pour qui veut atteindre les sommets de l'éminence consiste à vivre de pain sec et d'eau dans une mansarde ou une prison. Ce n'est pas la première fois dans l'histoire que les humains s'engagent dans ce voyage en solitaire, cherchant un sens à l'intérieur d'eux-mêmes. Cela est advenu dans toutes les circonstances où les institutions officielles se sont révélées incapables de répondre aux esprits en proie à l'anxiété. Le XXe siècle a rendu ce voyage encore plus pénible en persuadant de nombreux individus qu'ils n'avaient pour tout compagnon que leur propre ego, laissant au spermatozoïde isolé et à l'ovule frustré le soin de conclure la paix entre eux.

Accéder à l'auto-accomplissement n'est pas synonyme de mener une vie pleine. Quel être conscient de ses limites peut se satisfaire de n'avoir d'autre espoir que de réaliser un « potentiel » manifestement insuffisant en n'exploitant que les maigres talents avec lesquels il est né ? Bien que l'accomplissement de soi soit devenu l'orthodoxie officielle dans les nombreux pays où l'on vise à affranchir l'individu des obstacles qui l'empêchent d'être « vraiment lui-même », ce n'est peut-être pas là le but ultime de l'humanité. Ceux qui gouvernent le monde, s'étant livrés à des tentatives diverses pour rendre les gens heureux, riches, épanouis ou libres sans leur donner pour autant, en général, tout ce qu'ils voulaient, pourraient tôt ou tard se mettre en quête d'un autre élixir. Les gens heureux peuvent être égoïstes. Être riche ne vous rend pas forcément meilleur. Le pouvoir ne se borne pas à corrompre, il transmet également le virus de la mégalomanie. La liberté, aussi essentielle soit-elle, peut être ravagée par le doute si l'on ne sait quoi en faire. Il est très rare que les recettes officielles destinées à améliorer le bien-être humain aient produit les résultats escomptés. Gravir des pyramides pas à pas, en sachant où poser le pied, est une métaphore restrictive de la vie. À douze ans je suis monté au faîte de la Grande Pyramide d'Égypte et j'ai gravé mon nom tout en haut, comme font les touristes, mais il ne m'est plus resté ensuite qu'à en redescendre.

Je ne saurai pas ce que signifie la vie tant que chaque personne n'aura pas révélé ce qu'elle a trouvé – ou échoué à trouver – dans la sienne. Je ne distingue qu'un minuscule fragment de l'univers et ne peux commencer à composer un tableau d'ensemble avant d'avoir découvert ce que d'autres perçoivent. Être vivant, ce n'est pas simplement avoir un cœur qui bat, c'est aussi être conscient de la manière dont battent d'autres cœurs et dont pensent d'autres esprits en réaction les uns avec les autres. La maladie mortelle qui frappe les vivants est la *rigor vitae*, la rigidité d'esprit qui anémie la curiosité et y substitue la routine répétitive et abrutissante ; elle est plus dangereuse que la *rigor mortis*, car elle donne l'illusion d'être en vie. Or on n'est que partiellement vivant si l'on est incapable de donner naissance à des idées que l'on n'a encore jamais eues et inapte à s'inspirer des pensées d'autrui.

La compréhension de la vie n'aurait pu se transformer sans l'évolution de la compréhension de la mort. Celle-ci s'est enfin accomplie grâce aux microscopes qui ont permis d'observer de près le processus même du trépas. La mort n'est pas ce que nous croyions. Une conversation féconde n'est pas seulement ce qui nous permet de jouir mutuellement de notre compagnie, elle se déroule également, sous une forme que l'on n'a découverte que récemment, en silence, invisible à l'œil nu, dans notre chair et dans notre sang. Notre survie physique dépend d'un dialogue entre les cellules qui nous composent. Le maintien en vie d'une cellule est assuré par les liens qu'elle établit avec les autres cellules qui l'entourent. Des milliards de cellules meurent chaque jour dans mon corps, mais le vieillissement n'est pas seul en cause ; en fait, la plupart se suicident. Elles sont nées avec une capacité de suicide qu'elles activent quand elles n'arrivent pas à échanger de signaux avec leurs voisines ; elles survivent quand elles réussissent à s'associer à d'autres cellules pour produire quelque chose de plus qu'elles-mêmes. Les cellules ne cessent de se transformer en fusionnant avec d'autres, différentes d'elles ; les protéines qu'elles contiennent s'adaptent aux autres protéines environnantes comme des danseurs rejoignant un corps de ballet. Chaque cellule a le pouvoir de s'autodétruire en quelques heures, et elle décide de le faire après l'échec d'une série de tentatives pour engager la conversation avec celles qui l'entourent : quand elle coupe tout contact avec ses voisines, la sanction du silence est la mort. Ce processus veut dire que nos corps se renouvellent sans cesse, une multitude de cellules disparaissant comme feuilles d'automne tombant de l'arbre. Nos esprits eux aussi assimilent et rejettent les idées que nous empruntons à d'autres.

Les cellules ne sont pas les seules à se suicider en s'isolant. Les humains qui s'absorbent dans la contemplation de leur propre nombril ne tirent pas non plus tout ce qu'ils devraient de la vie. Le don de la vie comprend une invitation à se connecter avec l'infinie variété de l'environnement naturel et avec l'imagination et l'ingéniosité d'autrui, que l'on peut ainsi apprécier avant que ce sentiment ne se transforme en affection ; et élargir le cercle de ses affections rend plus vivant. Quand je découvre des qualités intéressantes chez autrui et que je suis capable de lui apporter une forme d'inspiration qu'un autre ne pourrait lui donner, j'ajoute quelque chose à la vie. Chaque rencontre entre deux êtres qui ne se limite pas à un échange superficiel est une occasion d'élargir la vie, au-delà du banal, par la découverte et l'invention. Quand d'autres me font peur et que je ne sais comment leur parler, pas plus qu'eux-mêmes ne savent comment me parler, ou lorsque nous n'éprouvons aucun intérêt pour nos besoins respectifs, nous sommes dans le même état que des cellules dont l'existence n'a plus aucun but. Pour autant, bien que la peur soit aussi inévitable que la faim, il y a des manières plus ou moins élégantes de réagir à l'une comme à l'autre. Explorer les peurs est une des missions de la vie, redessiner la carte de ses propres peurs en fait partie.

Les institutions, les gouvernements, les entreprises dont l'objectif est d'araser les aspérités dues au tempérament, à la colère, à l'ennui, au hasard, ainsi qu'à tous les autres aléas du quotidien, ont beau continuer à penser que les conversations intimes exercent moins d'influence que les ordres de mission et les règles de conduite que chacun se doit de respecter ; des harangueurs peuvent encore, dans certains cas, transformer subitement des multitudes humaines en vols de sauterelles, il n'en est pas moins vrai que de nouvelles possibilités s'ouvrent au monde quand l'interaction des individus affûte les esprits, apaise les peurs, crée des synergies inattendues. Nous ne souffrons d'aucune pénurie de discours, mais le discours n'est pas la conversation, laquelle est le moteur de la pensée. S'il existe aujourd'hui plus de possibilités d'interaction que jamais, les obstacles sont eux aussi plus nombreux. Même quand ses inventions en viennent à fonctionner de manière irréprochable, la technologie n'a pas éliminé les peurs qui suscitent l'effondrement d'êtres humains. Voilà pourquoi les expériences de chacun, ses tâtonnements, constituent un élément essentiel de la compréhension de la vie.

En 1084, Guillaume le Conquérant, duc de Normandie, « eut un entretien approfondi avec ses conseillers et envoya des hommes dans toute l'Angleterre, dans chaque comté, pour établir ce que chaque propriétaire foncier possédait en terres et en cheptel, quelles en étaient la quantité et la valeur ». Le résultat fut le *Domesday Book*, recensement de ce qui comptait le plus à l'époque : la propriété. Il y a place aujourd'hui pour un autre type d'inventaire. La manière dont les autres vous comprennent et dont vous les comprenez influe davantage sur votre vie que ce que vous possédez. Un livre bien plus épais que le *Domesday Book* attend d'être écrit, composé par des individus qui y exposeraient ce qu'ils apprécient, ce à quoi ils croient, ce qu'ils redoutent et ce qu'ils espèrent. Accorder le droit de vote au peuple n'a été qu'une timide amorce : ce que chacun a à dire ne saurait se résumer au dépôt d'un bulletin de vote. Un sondage a révélé que 81 % des Américains ont en tête une idée de livre et éprouvent l'envie d'en écrire un. Ce rêve n'est pas condamné à rester un projet chimérique. Les bibliothèques publiques, qui ont apporté une contribution décisive à l'auto-éducation des masses, réussiraient peut-être à éloigner les menaces de fermeture qui pèsent sur elles en s'engageant dans une nouvelle étape : au lieu de se contenter de prêter des livres, elles pourraient inviter les gens à en écrire. Elles pourraient devenir des lieux de conversations privées, en tête à tête, qui seraient enregistrées et à partir desquelles on aiderait les visiteurs à élaborer un autoportrait dans lequel ils exposeraient ce que leur vie signifie et ce qu'ils aimeraient que les autres sachent d'eux. Ces textes pourraient être courts, ce qui n'empêcherait pas de les relier joliment pour en faire de petits livres. Les bibliothèques mettraient ces volumes à la disposition des lecteurs sur des rayonnages en libre accès où des voisins qui ne se connaissent que superficiellement, voire pas du tout, seraient ainsi à même de découvrir quel bénéfice tirer des talents d'autrui. Les responsables de la bibliothèque publique de l'une des plus grandes villes du monde ont déjà accepté de s'engager dans cette aventure.

Cet ouvrage est ma propre contribution à cette entreprise. J'espère inciter ainsi mes lecteurs à entamer leur propre livre à partir de leur perspective personnelle, à évoquer le passé qui recèle le plus de sens pour eux, et à se figurer un avenir qui donnerait davantage d'espoir au présent.

Où trouver de la nourriture pour l'esprit ?

Tous les gens que j'ai rencontrés, tous ceux que j'ai trouvés aimables et sympathiques, ceux qui m'ont ouvert leur porte aussi bien que ceux qui m'ont intrigué, évité, terrifié ou horrifié, tous les livres des vivants et des morts que j'ai lus au fil de ma vie, tout ceux que j'ai pu voir et entendre, tous sont les coauteurs de cet ouvrage. Tous ont été des muses pour moi, à leur insu le plus souvent.

Contrairement au panda géant qui ne mange que du bambou, les humains peuvent transformer presque tout en nourriture mentale. La connaissance et la raison ne les rendront pas nécessairement vertueux ou sages, mais ce qui les maintient en vie, ce sont les idées échangées, les réflexions qu'elles inspirent et les nouvelles associations qu'elles font naître. Dans la République des Lettres, chacun mitonne ses plats avec les ingrédients de son choix tout en recherchant inlassablement des parfums nouveaux.

Je souhaite mentionner ici certains de ceux qui ont développé ma curiosité, de la même manière que les bons cuisiniers affinent nos goûts, et qui pourront, qui sait, vous être utiles. L'Oxford Muse Foundation (oxfordmuse.com) permet à des inconnus de se rencontrer à l'occasion de ses « dîners de conversation » accompagnés de « menus de conversation », et cherche à insuffler aux institutions et aux entreprises des ambitions plus sophistiquées. Son antenne française, OxfordmuseParis (http://oxfordmusefrance.ning.com.), lancée par Jean-Christophe Puech d'EDF et Lionel Maricalis de la Société Générale ainsi que par d'autres membres de différentes professions, dont les activités sont actuellement organisées par Marie-Aude Serra (marieaudeserra@yahoo.fr), a rassemblé des gens d'horizons sociaux extrêmement divers. Ses méthodes ont été introduites dans le monde scientifique par Luc Gwiazdzinski de l'université de Grenoble et par Michel Ida de Minatec, campus d'innovation en micro et nanotechnologies de Grenoble. Valérie Gauthier, professeur à HEC, a transformé le MBA en élargissant son contenu humaniste et culturel et a introduit les « conversations » dans plusieurs des plus prestigieuses entreprises de France, démontrant dans son livre, *Le Savoir-relier*, comment les arts et la littérature peuvent enrichir les méthodes des « ressources humaines ». Les universités du monde entier peuvent participer au projet sur « L'Avenir du travail » de l'université d'Oxford, si elles souhaitent sérieusement inventer de nouveaux métiers adaptés aux nouvelles générations. Le cinéaste Gideon Koppel, réalisateur du film *Sleep Furiously*, a démontré comment la vidéo permettait aux gens d'utiliser davantage que des mots pour exprimer leurs préoccupations. Edouard Braine, ancien ambassadeur de France, fondateur de www.santiagoaccessible.com, a ouvert de nouvelles possibilités aux personnes à mobilité réduite en montrant comment une organisation apparemment vouée au bien-être d'une minorité peut exercer un puissant effet sur la vision générale de la vie : elle encourage la prise de conscience que nous sommes tous limités, sous une forme ou une autre, et que nous avons tous besoin d'un accès plus facile, mentalement aussi bien que socialement et physiquement, à des domaines dont nous sommes exclus.

Une carte postale m'est arrivée un jour, sans signature : « J'ai lu votre livre, j'ai quitté mon appartement, j'ai démissionné de mon emploi, je pars. »

J'ai donné ces références dans l'espoir aussi que mes lecteurs pourront raconter plus intégralement à d'autres le fruit de leurs expériences.

Pour finir, je tiens à ajouter qu'avoir Claude Durand comme éditeur en France a été pour moi un vrai privilège : il prouve que l'industrie de l'édition, menacée par les changements monopolistiques et technologiques, peut continuer à prospérer en dépit des absurdités qu'il a décrites sous un jour si amusant dans son tout dernier roman.

Chez Fayard, j'ai beaucoup apprécié l'efficacité extraordinaire et aimable d'Hélène Guillaume, la traduction très soignée d'Odile Demange et l'attention pleine de sollicitude des collaborateurs de cette maison d'édition. Malgré toutes les récriminations que nous aimons faire, vous ou moi, la courtoisie, la gentillesse et l'intelligence n'ont pas disparu.

Je les remercie tous.

Cet ouvrage a été imprimé en France par
CPI Bussière
à Saint-Amand-Montrond (Cher)
en octobre 2014

Photocomposition Nord Compo
Villeneuve-d'Ascq

Pour l'éditeur, le principe est d'utiliser des papiers composés de fibres naturelles, renouvelables, recyclables et fabriquées à partir de bois issu de forêts qui adoptent un système d'aménagement durable.

En outre, l'éditeur attend de ses fournisseurs de papier qu'ils s'inscrivent dans une démarche de certification environnementale reconnue.

23-55-555/02

Dépôt légal : octobre 2014.
N° d'impression : 2012887.